高职高专“十一五”规划教材

西方经济学教程

第二版

张淑云　主编

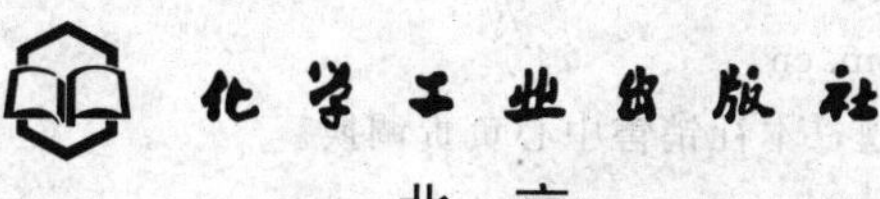

化学工业出版社

·北　京·

本教材在参考国内外已有版本同类书的基础上，兼收并蓄，扬长避短，着重对西方经济学的基本原理进行阐述，力求做到深入浅出、通俗易懂、易于学习、便于教学。本书主要讲述了供求理论，弹性理论，消费者行为理论，生产理论，成本理论，厂商均衡理论，分配理论，市场失灵与政府干预，国民收入核算理论，国民收入决定理论，失业与通货膨胀理论，经济周期与经济增长理论，宏观经济政策，开放经济与对外经济政策等。

本书可作为高职高专经济类学生教学用书，同时又是经济学的普及读物，为喜欢经济学的读者架起经济学与生活经验的桥梁。

图书在版编目（CIP）数据

西方经济学教程/张淑云主编．—2版．—北京：化学工业出版社，2008.5（2018.9重印）
高职高专“十一五”规划教材
ISBN 978-7-122-02760-3

Ⅰ．西… Ⅱ．张… Ⅲ．西方经济学-高等学校：技术学院-教材 Ⅳ．F091.3

中国版本图书馆 CIP 数据核字（2008）第 063177 号

责任编辑：高　钰　　　　文字编辑：王新辉
责任校对：宋　玮　　　　装帧设计：尹琳琳

出版发行：化学工业出版社（北京市东城区青年湖南街 13 号　邮政编码 100011）
印　　刷：北京京华铭诚工贸有限公司
装　　订：三河市畯发装订厂
787mm×1092mm　1/16　印张 19¼　字数 351 千字　　2018 年 9 月北京第 2 版第 8 次印刷

购书咨询：010-64518888（传真：010-64519686）　售后服务：010-64518899
网　　址：http://www.cip.com.cn
凡购买本书，如有缺损质量问题，本社销售中心负责调换。

定　　价：29.00 元

前言

本书自2003年出版后，由于适应高职、高专学生的特点，深受教师和学生的喜爱，到2007年已重印多次。这是因为本书具有如下特点。

简单明确 教材用最精练的语言把复杂、抽象的经济学理论，变得更为简单、具体，还经济学贴近生活的本来面目，因为经济学理论的应用在我们的生活中无处不在。正如小说家罗宾逊·戴维斯所说："写作最重要的是简单明了，而不是事无巨细包罗无遗。"本书力求让学生以较少的时间掌握经济学的基本原理。

定位准确 经济学作为一门社会学科，其理论体系应分为三个层次：初级经济学、中级经济学和高级经济学。初级经济学应注重基本原理的阐述；中级经济学应注重原理的应用；高级经济学应侧重用经济学的方法论证社会经济问题，建立数学模型，创造经济学的新学说。本书的定位是初级经济学，以必需、够用为原则，使初学者掌握最基本的经济学原理，为学生提供市场经济的基础知识，满足社会经济发展和经济运行对应用型人才的需求。

结构合理 为了适应学习者的需求，努力实现以学生为中心的设计思想，力争在适应学生自主学习为主的学习方式上取得突破。因此我们对教材的内容、结构、版式都作了一些改革性的尝试。为了帮助学生学习，我们对这本教材进行了如下设计。

第一，学习的目的和要求。在每一章的开头，用图示设计了学习导航和学习要求。要求学生把握重点掌握、一般掌握和一般了解三个层次，按照学习目的和要求进行学习。

第二，留有旁白。在教材中使用旁白的版式，使学生与教材互动成为可能，其目的就是让学生的学习由被动接受型向主动参与型转变，学生可随时记下学习体会、疑点和难点。在旁白处还加入必要的学习提示和学习导航。

第三，知识拓展。这一模块有两个部分：一是案例分析。案例教学的运用是掌握经济学基本原理的有效方法。我们编写和筛选了典型的经济学案例，使学生加深对经济学基本原理的理解，提高学生的学习兴趣。二是参考资料。克服教材的局限性，使相关理论得到拓展。

第四，本章小结。对教材的重点、难点和知识点进行总结、归纳和概括，力求概括出教材的核心内容。

第五，主要概念。提炼了各章最基本的概念和经济规律。

第六，思考与应用。按照知识的能力层次和考试要求，给出部分选择、判断、计算、问题与思考题，检验学生的学习效果，提高学生思考问题、分析问题和解决问题的能力。

经济学是一门动态的科学，它所揭示的经济现象在这几年里发生了很大的变化，尤其是本教材第一版中的案例已不能反映变化了的实践，作为教材应当与时俱进，因此，根据使用本教材的教师和出版社的要求，笔者对教材进行了重新修订，使教材更加符合学习者的需求。

在保持原教材结构、章节、体系和版式结构基本不变的基础上，修订版的主要变动有以下几点。

第一，对个别章的章、节、目进行重新编排，力求使各章的体例、结构一致。

第二，对各章的内容进行修订，讲究语言艺术，用通俗易懂的话描述经济学的基本原理，使学生更容易接受。

第三，充分考虑高职、高专学生的特点和初级经济学定位，以与时俱进和“够用”为原则，个别章节增加了一些新的必需内容，删除了一些较为深奥和难懂的理论。

第四，对原教材的“资源共享”改为“知识拓展”。对各章引用的案例进行严格筛选，突出案例典型性，用必要的资料使教材内容得以延伸和拓展。

第五，对各章的“思考与应用”予以扩充，使各种题型反映教材的重点、难点和知识点，提高学生的思考、分析和解决问题的能力。

第二版是在 2003 年编写的第一版（李文和教授编写第二章、第三章、第十一章、第十二章；李丽杰老师编写了第六章、第七章；王凤振副教授编写了第四章、第五章；蔡国栋副教授编写了第九章、第十三章、第十四章）基础上进行修订的。本教材第一版为第二版提供了较好的基础，在此衷心感谢第一版教材的编者；感谢徐毅教授在百忙之中对全书进行了审阅、校对，并提出修改意见，使全书增色不少；感谢国内外同行专家出版的各种经济学教材与著作，为修改此教材提供了有益的参考。

由于水平有限，书中难免存在疏漏和欠妥之处，欢迎广大读者批评指正。为随时能够听到批评意见，切磋经济学难点、热点问题，交流教学体会，欢迎发送邮件到 zhangsy@tjrtvu.edu.cn 联系。

编者

2008.4

目 录

导　言

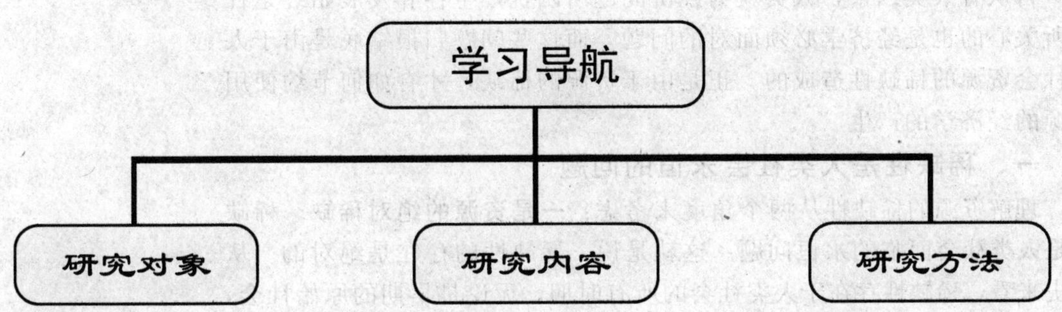

重点掌握

- 资源与资源稀缺性含义
- 选择与机会成本
- 资源的配置与利用
- 微观经济学与宏观经济学的含义

一般掌握

- 微观与宏观的假设条件
- 微观经济学与宏观经济学的关系
- 实证经济学与规范经济学的区别

一般了解

- 生产可能性曲线
- 实证分析方法

> 经济学讨论的是我们身边真实的生活……为什么要学习经济学的一条最重要的理由是在你的一生中——从摇篮到坟墓——你到处会碰到无情的经济学真理。
>
> ——保罗·萨谬尔森

西方经济学，是指流行于西欧、北美发达国家的经济理论和政策主张。15世纪西方经济学产生，18世纪西方经济学建立，特别是19世纪70年代以后至今，西方经济学被认为是能够说明当代市场经济运行和国家调节的重要理论、概念、政策主张和分析方法，进行了综合和系统化而形成的。至今，经济学已经发展成为体系完整、论述严密、流派纷呈的"社会科学之王"。这个"社会科学之王"研究的对象是什么？研究的主要内容又是什么？它采取了哪些方法进行研究？这就是本章要让读者所了解的内容。

第一节　西方经济学的研究对象

自从有人类以来，人类就为经济问题所困扰，生存和发展始终是社会所关心的也是经济学必须面对的问题。而这些问题归根结底是由于人类社会资源的稀缺性造成的。正是由于资源的稀缺，才有如何节约使用资源的经济学的产生。

一、稀缺性是人类社会永恒的问题

理解资源的稀缺性从两个角度来考虑：**一是资源的绝对稀缺**。稀缺性是人类社会面临的永恒问题。这就是说，稀缺性的存在是绝对的。从历史来看，稀缺性存在于人类社会的所有时期，无论是早期的原始社会，还是当今的发达社会。从现实来看，稀缺性存在于世界各地，无论是贫穷的非洲，还是富裕的欧美。社会上的每个人，无论是富可敌国的比尔·盖茨，还是一贫如洗的阿富汗难民，都面对稀缺性，只是稀缺的内容不同而已。所以，稀缺性是人类社会永恒的问题，只要有人类社会，就会有稀缺性。**二是资源的相对稀缺**。相对于人们的无穷欲望而言，资源总是不足的。人的欲望要用各种物质产品（或劳务）来满足。物质产品（或劳务）要用各种资源来生产。这些资源包括人力与自然资源及资本资源。谁都知道，一个社会无论有多少资源，总是一个有限的量。无限欲望与有限资源之间的关系就是经济学所说的稀缺性。可以给稀缺性下这样一个定义：**相对于人类社会的无穷欲望而言，经济物品，或者说生产这些物品所需要的资源总是不足的。**这种资源的相对有限性就是稀缺性。这里所说的稀缺性不是指资源绝对数量的多少，而是指相对于无限的欲望而言，再多的资源也是稀缺的。这就是稀缺性的相对含义。

注意：稀缺性是相对的；稀缺性与经济学的关系。

经济学（Economics）正产生于稀缺性的存在。因此，经济学的研究对象也正是由这种稀缺性所决定的。人类面对稀缺资源不是无能为力，在有限资源和无限欲望面前人类必须作出选择。

二、稀缺性与选择

在稀缺资源和无穷欲望面前，人们是有理性的，理性的人能作出选择，首先满足哪些欲望，然后再满足哪些欲望。**选择就是用有限的资源去满足什么欲望的决策或者说如何使用有限资源的决策。**美国经济学家斯蒂格利茨（J. Stjiglits）认为："经济学研究我们社会中的个人、厂商、政府和其他组织如何进行选择，以及这些选择如何决定社会资源的使用方式。"

《经济学》上册，第2版，10页，北京：经济科学出版社，2000。

对于企业来说，经济学家把选择概括为三个相关的问题。

第一，生产什么物品与生产多少。假定社会资源只有一亩土地，是生产粮食还是生产棉花，是生产多少粮食，多少棉花，即在粮食与棉花的可能性组合中选择哪一种。

第二，如何生产，即用什么方法来生产粮食与棉花。是多用资本，少用劳动，用资本密集型方法来生产；还是少用资本，多用劳动，用劳动密集型方法来生产。不同的方法可以达到相同的产量，但在不同的情况下，其经济效率并不相同。

第三，生产出来的产品如何分配，也就是为谁生产的问题。根据不同人投入要素的不同，分配结果也不同。

所以，选择即**"生产什么"、"如何生产"和"为谁生产"的问题，也就是人类社会所必须解决的基本问题。这三个问题被称为资源配置问题。**厂商在资源稀缺的情况下必须作出选择，以获得最大利润。

对每个人、每个家庭来说，由于资源稀缺，我们一生也离不开选择，在成长过程中选择幼儿园、小学、中学、大学；毕业后选择工作；在货币资源有限的情况下，选择把有限的收入用于购买什么商品、购买多少商品，使其获得满足或效用最大。

在市场经济条件下，政府在资源配置中发挥了很大的作用，是社会资源合理配置不可缺少的重要组成部分。在现实中，人类社会往往面临这样一种矛盾：一方面资源稀缺；另一方面稀缺资源还得不到充分利用，由此引申出。

第一，为什么资源得不到充分利用?

第二，在资源既定的情况下，为什么产量有时高有时低，这就是一般所说的"经济波动与经济增长"问题。

第三，现代社会是一个以货币为交换媒介的商品社会，货币购买力的变动对资源配置与利用所引起的各种问题的解决影响很大。这样，解决这些问题必然涉及货币购买力的变动问题。这也就是一般所说的"通货膨胀或通货紧缩"问题。对于上述问题，企业与个人是无能为力的，只有依靠政府的宏观调控。

由此可以看出，稀缺性不仅引起了资源配置问题，而且还引起了资源利用问题。前者由微观经济学解决，后者则是宏观经济学课题。正因为如此，许多经济学家把经济学定义为**"研究稀缺资源配置和利用的科学"**。

三、选择与机会成本

注意：稀缺性与选择的关系。

无论是政府、厂商还是每个人，在稀缺资源下产生了选择的必要性。选择就是善于利用有限的资源，"尽我们所有的，做我们最好的"。

由于人们的选择有优劣之分，所以选择必然有一个得失权衡和利弊比较问题，有所得就有所失，经济中选择的价值标准为机会成本。

机会成本（Opportunity Cost）是一种资源用于某种用途而放弃其他用途的最高收益。为了得到某种东西而放弃的另一种东西就是作出决策的机会成本，也可以说作出一种选择而放弃另一种选择的实际代价。机会成本事实上是一种选择成本，它是因选择行为而产生的成本。例如，一个人选择上大学，则放弃了4年工作所得到的收入，这就是选择上大学的机会成本。生活中充满了选择，到处存在机会成本。由于资源是稀缺的，因此，必须不断地决定利用有限的时间和收入。当你决定是否学经济学，是否买车买房，或是否上大学时，你都必须考虑所作出的选择需要放弃多少其他机会。而放弃的选择就被称为该项决策的机会成本。

机会成本的概念是19世纪新古典学派经济学家根据萨伊和西尼尔的思想发展而来的。这个概念在现代经济学中被广泛用于消费理论、生产理论和公共决策理论等领域。

四、选择与生产可能性曲线

社会普遍面临的稀缺性和人们的选择行为，可以用生产可能性曲线的概念来说明稀缺性、选择和机会成本的关系。

生产可能性曲线（Production Possibility Frontier）又叫生产可能性边界线或生产转换线，表明在既定资源和技术条件下生产两类商品最佳产出数量的不同组合点的轨迹。

从人类社会产生开始，就面临着一个基本的矛盾，即人类欲望的无限性和满足欲望资源的有限性之间的矛盾。经济资源是稀缺的，这是西方经济学认定的一条普遍法则，可以用简单的数字和图形来说明资源的稀缺性。经济学家们经常谈论“黄油和大炮（或者消费品和资本品）的矛盾”，就是指任何一个社会拥有的用于生产各种物品的资源是一定的。由于资源数量是一定的，所以能生产出的各种物品的量就是有限的，多生产某物品就要少生产其他物品。假设全社会资源只生产黄油和大炮两种物品，如果多生产黄油就必须少生产大炮，要多生产大炮就要少生产黄油。这就是“黄油和大炮的矛盾”，即“鱼和熊掌不可兼得”。

在一定技术水平下，一个社会或一国的全部资源所能生产的物品的最大数量总是一定的。假定在技术水平和资源既定的条件下，如果只生产黄油可以生产50万吨，只生产大炮可以生产150万门，在两种极端的可能之间，黄油和大炮可以有不同的数量组合，如表0-1共有*A*、*B*、*C*、*D*、*E*、*F*六种组合。

表0-1 既定资源下黄油和大炮的组合

组　合	黄油/万吨	大炮/万门	组　合	黄油/万吨	大炮/万门
A	0	150	*D*	30	90
B	10	140	*E*	40	50
C	20	120	*F*	50	0

根据表 0-1 可以作出图 0-1。

在图 0-1 中，横轴表示黄油的数量，纵轴表示大炮的数量，A、B、C、D、E、F 点分别表示在一定技术水平下，利用既定的资源所生产的黄油和大炮的最大数量的各种组合，连接这些点的 AF 曲线即为生产可能性曲线，随着曲线上的点从 A 逐渐向 F 移动，资源由大炮生产转向黄油生产，大炮数量逐渐减少，而黄油数量逐渐增多。

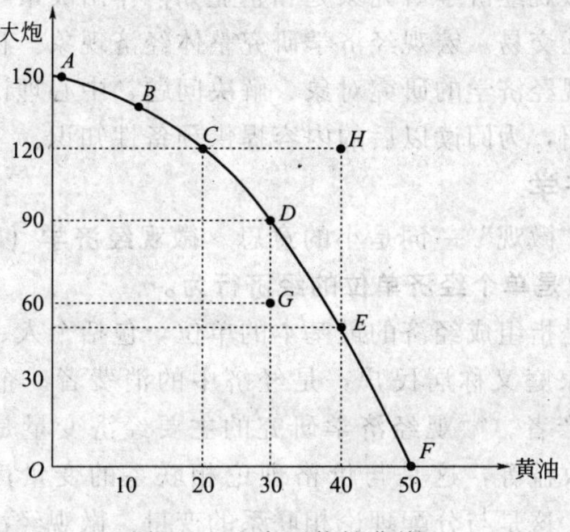

图 0-1 生产可能性曲线

从图中还可以看到 AF 曲线内的任意点 G，黄油和大炮的组合（30 万吨和 60 万门）也是现有既定资源条件下可以达到的，但它不是最大数量的组合，也就是资源没有被充分利用。而 AF 曲线以外的 H 点，黄油和大炮的组合（40 万吨和 120 万门），在现有资源和技术条件下是无法实现的。所以说，生产可能性曲线是表示一个经济社会在一定技术条件下，充分利用现有资源所能生产的各种商品的最大数量的组合。

生产可能性曲线说明了**稀缺性、选择和机会成本**这三个重要概念。

生产可能性曲线的斜率代表机会成本。

在存在稀缺性的情况下，人们必须作出生产多少黄油和大炮的决策，这就是人们所面临的选择问题。生产可能性曲线上的所有点都是人们所作出的选择。在资源既定时，多得到 1 门大炮就要放弃若干吨黄油，所放弃的若干吨黄油正是得到 1 门大炮的机会成本。

资源的稀缺性迫使人们必须对无穷欲望的轻重缓急作出选择。实际上，**经济学就产生于资源的稀缺性以及由此而引起的选择的需要。**以黄油和大炮为例来说，也许在某一时期（如战争时期）社会更需要大炮，而在另一时期（如和平时期）更需要黄油。由于各种资源又有不同的用途，既可以用于生产大炮，也可以用于生产黄油。这样，在解决稀缺性问题时，人类社会必须对如何使用资源作出选择。所谓选择，就是如何利用既定的资源去生产经济物品，以便更好地满足人类的需要。

生产可能性曲线上的点代表稀缺资源的不同配置及产品的数量组合。到底选择哪一种组合，即生产什么，而生产多少由选择方式（计划或市场）决定。如何生产，用什么方法更有效率，则需要对各种生产要素进行组合。总之，**经济学产生于稀缺性，要解决任何一个社会和个人面临稀缺资源的选择和利用问题。**

第二节　西方经济学的研究内容

经济学的研究对象是稀缺资源的配置与利用。在传统上经济学领域被分为两个层次。微观经济学研究家庭和企业如何作出决策，以及他们在某个市场上的相互交易。宏观经济学研究整体经济现象。在这一节中对微观经济学与宏观经济学的研究对象、解决问题、中心理论以及研究方法等进行简单介绍，为阅读以后的内容提供预备性知识。

一、微观经济学

微观经济学是经济学的重要组成部分。

微观经济学的“微观”一词是小的意思。**微观经济学（Micro Economics）的研究对象是单个经济单位的经济行为。**

单个经济单位是指组成经济的最基本的单位，包括个人、家庭、企业。其中，个人和家庭又称居民户，是经济中的消费者。企业又称厂商，是经济中的生产者。微观经济学研究的主要经济变量是效用、成本、价格、产量、收益等，这是与价格理论相联系的变量；工资、利润、利息、地租等，这是与分配理论相联系的变量。微观经济学通过研究单个经济单位的经济行为和相应的经济变量数值的决定，说明价格机制如何解决社会的资源配置问题。例如，一个消费者用什么价格购买商品？一个企业生产多少商品才能满足消费的需要？在这个产品定什么价格时消费者满意而生产者也满意？你提供劳动应得到多少工资？付出资本应得到多少利息？怎样分配既能保证公平又能使效率提高？无论是企业还是家庭和消费者，而解决问题的目的是为了取得最大化行为，即企业为了实现利润最大化；家庭为了追求收入最大化；消费者为了实现满足最大化。如果实现了这多方面的最大化，整个社会资源配置也就实现了最优配置。

微观经济学解决的问题是资源配置。也就是要使资源配置达到最优化，给社会带来最大的经济福利。微观经济学从研究单个经济主体追求利益最大化的行为入手（即消费者要实现满足程度即效用最大化，生产者企业要实现利润最大化），以解决社会资源的最优配置问题。如果每个经济主体都实现了利益最大化，那么整个社会的资源配置也就实现了最优化。

微观经济学所用的中心理论是价格理论。在市场经济中，消费者和厂商的行为都要受价格支配，生产什么、生产多少、如何生产，以及为谁生产均由价格决定。市场价格就像一只“看不见的手”，调节着各经济主体的经济行为。通过价格调节，社会资源配置实现了最优化。微观经济学要说明的正是这一经济运行的全过程。在追求最大化行为和优化资源配置的过程中，贯穿始终的是“无形的手”——价格。价格调节需求、供给，最后使市场达到均衡。因此，微观经济学所用的中心理论是价格理论，其他内容都是围绕这一中心问题展开的。

微观经济学采用的研究方法是个量分析。个量分析是研究经济变量的单项数值如何决定。如某企业的产量，就是产量这种经济变量的单项数值。微观经济学分析不同个量的决定、变动及其相互间的关系。美国著名经济学家萨缪尔森强调了微观经济学个量分析的特征，即微观经济学是“关于经济中单个因素——诸如一种产品价格的决定或单个消费者或企业的行为——的分析”。

微观经济学的主要内容包括以下几点。

第一，价格理论。它主要研究需求、供给和价格的决定，以及价格的相关政策。

第二，弹性理论。它主要研究需求的价格弹性、收入弹性、交叉弹性及弹性理论的应用。

第三，消费者行为理论。它研究消费者如何把有限的收入分配于各种物品的消费，以实现效用最大化。

第四，生产者行为理论。它研究生产者投入的生产要素与产量之间的关系。

第五，成本与收益理论。它主要研究成本性质及利润最大化原则。

第六，厂商均衡理论。它主要研究不同市场条件下厂商产量和价格的决定，以便实现利润最大化的理论。

第七，分配理论。它主要解决为谁生产的问题，即各生产要素所有者的收入如何决定，以及从社会角度来研究分配问题及收入分配平等化的有关政策。

第八，市场失灵与政府干预理论。它主要研究市场失灵产生的原因及政府干预解决市场失灵的方法。

本书介绍的是传统微观经济学。现代经济学还包括了更为广泛的内容，如产权经济学、时间经济学、家庭经济学、人力资本理论等，这些都是在传统微观经济学的基础上发展起来的。

二、宏观经济学

宏观经济学的研究对象是国民经济。**宏观经济学（Macro Economics）是以整个国民经济为研究对象，因而它考察的是社会的经济总量。**它研究的变量包括国民生产总值、国民收入、总需求、总供给、总储蓄、总投资、总就业量、货币供给量及物价水平等。宏观经济学通过研究国民经济中各有关总量的决定及其变化，说明资源如何才能得到充分利用。

“微观经济学”的对称。宏观是希腊文 μακρο 的意译，原意是“宏大”。

宏观经济学解决的问题是资源的利用。研究现有资源不能得到充分利用的原因、达到充分利用的途径，以及如何保持经济增长等问题。

宏观经济学所用的中心理论是国民收入决定理论。在宏观经济领域中，国民收入是一个最基本的经济总量，综合反映了其他的经济总量及变动状况。宏观经济学以国民收入的决定为中心来研究社会资源的充分利用问题，分析整个国民经济的运行。

宏观经济学所采用的研究方法是总量分析。总量是指能反映整个经济运行情况的经济变量。总量分析就是分析这些总量的决定、变动及相互关系，并通过这种分析说明经济的运行状况，制定经济政策。

宏观经济学产生于20世纪30年代，它是在市场失灵的假设上建立起来的，即市场机制是不完善的，必须靠政府的宏观调控。自从市场经济产生以来，各国经济在繁荣与萧条的交替中发展，每隔一定时期的经济危机成为市场经济的必然产物。尤其是20世纪30年代资本主义历史上空前严重的大危机的爆发，使经济学家认识到，如果只靠市场机制的自发调节，无法克服危机与失业，会在资源稀缺的同时又产生资源的浪费。要使资源在合理配置的同时实现充分利用，仅仅依靠市场机制是不够的，政府可以通过观察与研究认识经济运行的规律，并采取适当的手段对经济进行调控。整个宏观经济学正是建立在政府有能力调节经济的基础之上。

英国经济学家凯恩斯是宏观经济学的奠基人。

宏观经济学的主要内容包括以下几点。

第一，国民收入核算理论。这一理论主要介绍国内生产总值理论与核算方法，以及经济中各种指标的关系。

第二，国民收入决定理论。这一理论从社会总需求与总供给的相互关系出发，分析国民收入的决定及其变动规律。通过对国民收入的决定及其变动的分析，说明一国经济资源的利用情况和整个国民经济的运行状况。

第三，失业与通货膨胀理论。失业和通货膨胀是各国经济中最主要的问题。宏观经济学把失业与通货膨胀和国民收入联系起来，从分析其原因及其相互关系中找出解决这两个问题的途径。

第四，经济周期与经济增长理论。这一理论把经济波动和增长结合起来，分析国民经济短期波动的原因、长期增长的源泉等问题，以期实现经济长期稳定发展。

第五，宏观经济政策。宏观经济学为国家干预经济提供理论依据，宏观经济政策则为这种干预提供具体措施。

第六，开放经济理论。这一理论分析开放条件下国际贸易、国际金融及一国经济的运行和调节问题。

在现代西方经济学中，宏观经济理论有不同的学派，这些不同的学派有自己的理论体系和政策主张，但在许多方面又有共同点。本书主要介绍凯恩斯学派的宏观经济学理论。

三、微观经济学与宏观经济学的联系

从以上的分析中可以看出，微观经济学与宏观经济学在研究对象、解决问题、中心理论和分析方法上存在差别。但作为经济学的不同组成部分，它们之间又有着密切的联系，主要在于：**微观经济学与宏观经济学是互相补充、互相依存的，前者是后者的前提。**微观经济学在假定资源已实现充分利用的前提下分析如何达到最优配置的问题；宏观经济学

在假定资源已实现最优配置的前提下分析如何达到充分利用的问题。它们从不同的角度分析社会经济问题。**微观经济学与宏观经济学的研究方法都是实证分析。**微观经济学与宏观经济学都把社会经济制度作为既定的，不分析社会经济制度变动对经济的影响。从这种意义上看，微观经济学与宏观经济学都属于实证经济学的范围。**微观经济学是宏观经济学的基础。**

微观经济学和宏观经济学又是有区别的，前者侧重于个体和个量，而后者则侧重于整体和总量。尽管如此，它们之间的界限并不是截然有别的。微观经济学与宏观经济学就像树木与森林的关系。总量森林是由个量树木综合而成的，如一个国家一年的GDP的总量指标是由单个经济单位的个体数字组成的；一时期一个国家的失业人数也是由各个单个经济单位失业人数组成的。所以，微观分析与宏观分析是分不开的。不明白个体，就无法知道整体；同样，不明白整体，也难彻底了解个体，更无法解决个体问题。但总量并不等于个量之和，如一个人的货币收入大幅度增加，他的生活境况会变得很好；但如果每个人都获得了更多的货币，整个社会在一时期内会造成通货膨胀。生活中有很多事例从微观个体角度看是正确的，但从宏观整体角度看就是不合理的，所以，不考虑相关的微观经济决策而去理解宏观经济的发展是不可能的。

第三节　西方经济学的研究方法

方法论是人们认识世界的方法。西方经济学的主要分析方法包括边际分析和最优分析、规范分析和实证分析、均衡分析和非均衡分析、静态分析和动态分析、流量分析和存量分析、总量分析和结构分析等。在这里主要理解实证分析和规范分析。

一、实证经济学与规范经济学

前面所讲，经济学是研究稀缺资源的选择和利用的科学，如何进行选择与利用可以用实证分析和规范分析。用实证分析方法分析经济学叫实证经济学；用规范分析方法分析经济学叫规范经济学。

实证经济学研究经济问题时超脱价值判断，只研究经济本身的内在规律，并根据这些规律，分析和预测人们经济行为的效果。它要回答“是什么”的问题。

规范经济学研究经济问题时以一定的价值判断为基础，提出某些标准作为分析处理经济问题的标准，并研究如何才能符合这些标准。它要回答“应该是什么”的问题。

在理解实证分析方法与规范分析方法时，应注意以下问题。

第一，价值判断的含义。价值判断可被定义为对所认定的客观效力的赞成或不赞成的判断。**价值判断是指对经济事物社会价值的判断，即对某一经济事物是好还是坏的判断。**实证分析方法为了使经济学具有客观科学性，就要避开价值判断问题；而规范分析方法要判断某一具体经济事物的好坏，则从一定的价值判断出发来研究问题。是否以一定的价值判断为依据，是实证分析方法与规范分析方法的重要区别之一。

第二，实证分析方法与规范分析方法解决的问题不同。实证分析方法要解决“是什么”的问题，规范分析方法要解决“应该是什么”的问题，这一点也就决定了实证分析方法可以避开价值判断，而规范分析方法必须以价值判断为基础。

第三，实证分析方法研究经济问题所得出的结论具有客观性，可以根据事实来进行检验。规范分析方法研究经济问题所得出的结论要受到不同价值观的影响，没有客观性。谁是谁非没有绝对标准，从而也就无法进行检验。

第四，实证分析方法与规范分析方法研究经济问题时尽管有上述三点差异，但它们并不是绝对互相排斥的。规范分析方法要以实证分析方法为基础，而实证分析方法也离不开规范分析方法的指导。一般来讲，越是具体的经济问题，实证的成分越多；越是高层次、带有决策性的问题，越具有规范性。

例如，现在上至国务院下至普通老百姓都非常关心我国的 GDP 和人均 GDP，因为前者代表一个国家的综合国力，后者反映老百姓生活的富裕程度。从实证角度看，这些数字的统计归纳过程就是实证分析过程，如果对某些数据有怀疑还可以重新检验，具体数字是客观的，在统计过程中只回答是什么；从规范分析的角度来研究，首先在我国目前情况下确定一个合理的经济增长率，确定一个反映人民生活水平小康的标准，为了实现这一目标，国家就应该要制定相应的产业政策、货币政策和财政政策。对于后者问题，不同人站在不同角度得出的结论是不一样的。有人认为经济增长率提高是好事，有人认为经济增长率太快是坏事，应停止经济增长，这些都是主观的好坏判断无法检验。

从上例可看到，实证经济学与规范经济学是有区别的，但不难发现二者也有联系。实证分析数字结果，为国家制定和选择适度经济增长政策提供了依据；而适合的政策环境又是达到和保障经济数量指标的保证。因此说实证经济学是规范经济学的基础；而实证经济学又离不开规范经济学的指导。也就是说，越具体的定量分析属于实证分析，越高层次、定性、带有决策的分析属于规范分析。

现代西方经济学的主流是实证经济学。

二、实证分析与数学分析

实证分析是一种根据事实加以归纳或演绎的陈述，而这种实证性的陈述则可以简化为某种能根据经验数据加以证明的形式。因此，这里重点介绍如何用实证分析法得出经济理论。

在经济生活中一个完整的理论包括定义、假设、假说和预测。

定义是对经济学所研究的各种变量所规定的明确的含义。变量是一

些可以取不同数值的量。在经济分析中，常用的变量有**内生变量与外生变量，存量与流量。内生变量是一种理论内所要解释的变量。外生变量是一种理论内影响其他变量，但本身由该理论外的因素所决定的变量。**如一个人消费的多少，内生变量是他的收入多少，外生变量是商品的价格高低。

存量是指一定时点上存在的变量的数值。其数值大小与时间维度无关。**流量指一定时期内发生的变量的数值。**其数值大小与时间维度相关。我们接触的经济指标，一般是既有存量又有流量。例如，你今天去银行存入 2000 元，是存量，你今年共存款 10000 元，这是流量。但也有例外，如工资、保险只有流量而没有存量。

假设是某一理论所适用的条件。因为任何理论都是有条件的、相对的，所以在理论的形成中假设非常重要。西方经济学家在分析问题时特别重视假设条件，有一个小故事可以说明这一点。几位在沙漠上旅行的学者讨论如何打开罐头的问题。物理学家说，给我一个聚光镜，我可以用阳光把罐头打开。化学家说，我可以用几种化学药剂的化学反应来打开罐头。而经济学家则说，假设我有一把开罐刀……。这说明经济学家分析问题时总是从“假设如何如何”开始的，离开了一定的假设条件，分析与结论都是毫无意义的。例如，一种商品的需求量是受多种因素影响的，但是在建立需求定理时，一般就要假设其他条件不变只分析需求量与价格之间的关系。

一般来说，没有无假设条件的经济学定理。

假说是对两个或更多的经济变量之间关系的阐述，也就是未经证明的理论。在理论形成中提出假说是十分重要的，这种假说往往是对某些现象的经验性概括或总结。但要经过验证才能说明它是否能成为具有普遍意义的理论。因此，假说并不是凭空产生的，它仍然来源于实际。

预测是根据假说对未来进行预期。科学的预测是一种有条件性的说明，其基本形式是“如果……就会……”。预测是否正确，是对假说的验证。正确的假说的作用就在于它能正确地预测未来。正确的假说就是理论。

要建立一种经济理论，首先要确定定义，并提出一些假设条件。然后，根据这些定义与假设提出一种假说。根据这种假说可以提出对未来的预测。最后，用事实来验证这一预测是否正确。如果预测是正确的，这一假说就是正确的理论；如果预测是不正确的，这种假说就是错误的，要被放弃，或进行修改。本书中所讲的许多理论都是用这种方法形成的，这就是实证分析方法。

在现实生活中，有人迷信经济学家，总是拿着一些问题去请教，如股票是涨还是跌、利率是否还在降低，等等。一些经济学家也答得条条是道，使听者为之崇拜，把经济学家的话奉为金科玉律，照搬照用，这样的人最终会大失所望，因为经济学家所说的都是有条件的，如果条件和前提符合，结果当然就会和经济学家所言不至于相差太多。

西方经济学（主要指新古典主义经济学）的理论体系、思维方式和推理方式的特点之一表现在其数学性方面，也正是这一特征使人们常常把经济学看成是最接近自然科学的社会科学学科，被称为“社会科学之王”。但对经济学中数学的意义也不应过分夸大，特别是在实际应用时，要深刻认识经济学的局限性。例如，在实践意义上，经济学中数学的作用类似于计算机在人工智能应用方面的作用。计算机在解决那些被严格限定的问题（如逻辑问题、国际象棋等）方面，的确具有超人的能力；但如果它面对大量人们不费吹灰之力就能解决的那类问题（诸如辨认一张面孔、一种声音，或在拥挤的人行道上行走等）时，可能会一筹莫展。因此，经济学上的优美数学结构和确定性结论在具体实际中往往会感到无用武之地或失效；特别是数学在认识类似“历史事件”的经济问题时，其实际作用可能是十分有限的。

经济学虽然用数学方法，但与自然科学所采用的方法也有所不同。自然科学所采用的方法是比较严谨与准确的。例如，人造卫星围绕地球转一圈所带来的误差也许仅仅有几十米，与地球周长比较起来是微不足道的。但是，再高明的经济学家预测一个国家的经济增长速度也达不到“微不足道”的程度。所以在学习经济学的时候，不要过多地去强调某个数学公式的准确程度，只要这个数学公式确实反映了现实经济变动的主要特征就可以了。

由于经济学已经被经济学家竭尽全力地武装成一门真正的“科学”，这科学的门面主要是数学描述、几何图形、函数坐标，再套上英文字母和阿拉伯数字。一般而言，当一门知识变成深奥的“科学”时，就会渐渐地远离大众，使大多数人不知其所云。这在自然科学领域内是没问题的，因为自然科学深奥的符号公式本身是工具也是研究的目的和内容。而经济学不是自然科学，自然科学是发现科学，经济学应该是讲道理的科学，对普通人来说只要明白道理，使用什么工具是无所谓的。

数学是研究经济学的工具。

笔者理解数学与经济学的关系是本和用的关系，数学是研究经济学的工具，如果把经济学比作大楼，数学就是盖大楼的脚手架。有的同学看到数学问题就感到头疼，其实本教材运用的数学是非常简单的，即便掌握不了数学这个工具，只要掌握经济学的大厦就可以了。

1969 年诺贝尔经济学奖设立。

经济学是一门与每个人都密切相关的科学。正如 1970 年第二届获诺贝尔奖的经济学家萨谬尔森所说：“经济学讨论的是我们身边真实的生活”，“为什么要学习经济学的一条最重要的理由是，在你的一生中——从摇篮到坟墓——你到处会碰到无情的经济学真理”，“学经济学并非要让你变成天才；但若不学经济学，命运就可能会与你格格不入。”因此，掌握正确的经济学知识，提高认识经济社会各种现象存在的理由，提高对各种事物的分析和辨别能力，将经济学思考问题的方法运用到日常生活中来，使我们能够更加理性地面对生活中的各种大事、小事，大到国家政策、法规、失业、通货膨胀……小到工资、福利、油盐酱醋……这样会减少生活中的诸多郁闷和不快，多一些理性和智慧，少一些盲目和愚蠢。这正是我们学习经济学的基本原因。

知识拓展

经济学是一门科学吗

对于经济学是不是一门科学，学术界存在争论。国外多数经济学家认为，经济学是一门科学。国外少数经济学家和国内相当一部分经济学家认为经济学不是一门科学。了解这种争论对学习这门课程是有意义的。

把经济学作为科学的理由是：第一，经济学研究的是资源配置与资源利用。这种研究对象是客观的。或者说，经济学认识世界就是发现经济中的客观规律，这种规律与自然科学中的许多规律一样，是不以人的意志为转移的。这种客观性决定了经济学的科学性。第二，经济学得出的结论可以用事实进行验证。尽管它不像自然科学那样可以在受控实验室中进行试验，但可以用历史与现实资料进行验证。这就是说可以用客观标准来判断其正误。第三，可以用实证的方法进行研究。这就是说可以摆脱价值判断，从经验中归纳出理论，然后再通过经验检验与发展。

经济学的科学化也就是经济学的实证化过程。经济学的发展离不开实证化。1968 年，瑞典皇家科学院设立诺贝尔经济学奖，这正是对经济学科学化的承认。当然，经济学作为一门科学还相当不成熟，对许多经济问题还难以作出科学的、令人信服的解释。如果说经济学是一门科学的话，它仅处于现代物理学的牛顿力学阶段。

承认经济学是科学就要求经济学家摆脱价值判断，客观、冷静地分析经济现实，即一般常说的经济学非道德化或不涉及道德问题。

认为经济学不是科学的人认为，经济学的研究对象不同于自然科学。它所涉及的社会经济现象比自然现象复杂得多。而且，经济行为是由人进行的，这就与自然主宰的物理、化学现象不同。而且，研究经济学的人有自己的伦理道德观和阶级立场，不可能摆脱价值判断客观地进行研究。经济学应该关注人，不应该只关注经济规律，见物不见人。经济学研究的结论还谈不上是科学，对许多问题还无法作出正确解释。由此得出，把经济学作为一门科学是误导。

读者可以想想，你同意哪种观点？为什么？

摘自梁小民编著《西方经济》教材

本章小结

◆经济学是研究节约的学问。由于资源稀缺，才有研究节约的经济学的产生。资源的稀缺性应从两个角度理解：一是资源的绝对稀缺；二是资源的相对稀缺。人类面对稀缺资源不是无能为力，在有限的资源和无限的欲望面前人类必须作出选择。

◆选择就是用有限的资源去满足什么欲望的决策或者说如何使用有限资源的决策。选择的代价是机会成本。机会成本是为了得到某种东西所放弃的另一种东西。生产可能性曲线上的所有点都是人们所作出的选择。生产可能性曲线的斜率代表机会成本。

◆微观经济学与宏观经济学的根本区别是研究对象不同，微观经济学研究单个经济单位的决策，宏观经济学研究整体经济运行规律，它们是经济学中既有差别又不可分割的两个组成部分。

◆实证经济学与规范经济学的根本区别在于研究方法不同。实证分析方法说明"是什么"的问题，规范分析方法说明"应该是什么"的问题，这两种方法是相互补充的，但经济学家更多地运用实证方法认识客观世界。

主要概念

稀缺性　选择　机会成本　生产可能性曲线　微观经济学　宏观经济学　实证方法　规范方法　价值判断　内生变量　外生变量　存量　流量

思考与应用

一、单项选择

1. 在任何一个经济社会中（　　）。
   A. 因为资源是稀缺的，所以不存在资源的浪费
   B. 因为存在资源浪费，所以资源不稀缺
   C. 既存在资源的稀缺，又存在资源的浪费
   D. 既不存在资源的稀缺，又不存在资源的浪费
2. 资源的稀缺性是指（　　）。
   A. 世界上的资源最终会由于人们生产更多的物品而消耗光

B. 生产某种产品所需要资源的绝对数量很少

C. 相对于人们无穷的欲望而言，资源总是不足的

D. 以上答案都不正确

3. 一国生产可能性曲线以内的点表示（　　）。

A. 通货膨胀　　B. 该国资源存在浪费

C. 该国可被利用的资源很少　　D. 该国生产处于最佳状态

4. 微观经济学解决的问题是（　　）。

A. 资源利用　　B. 资源配置

C. 单个经济单位利益的最大化　　D. 整体经济利益的最大化

5. 宏观经济学的中心理论是（　　）。

A. 失业与通货膨胀理论　　B. 价格理论

C. 国民收入决定理论　　D. 经济周期与经济增长理论

6. 实证经济学与规范经济学的根本区别是（　　）。

A. 研究方法不同　　B. 研究对象不同

C. 研究范围不同　　D. 研究内容不同

7. 在研究消费与收入关系时，内生变量是（　　）。

A. 政府政策的变动　　B. 人口的变动

C. 收入的变动　　D. 以上都不对

8. 在研究投资与利率和产量的关系时，外生变量是（　　）。

A. 利率的变动　　B. 产量的变动

C. 政府政策的变动　　D. 生产成本的变化

9. 以下属于存量的是（　　）。

A. 2001 年我国第五次普查人口我国大陆人口是 12.6 亿

B. 某人 2001 年共存款 5 万元

C. 每年的出口量

D. 某一时期的变量

10. 以下属于流量的是（　　）。

A. 2001 年我国第五次普查人口我国大陆人口是 12.6 亿

B. 某人 2001 年共存款 5 万元

C. 某一定时点上的变量

D. 某人在 2001 年底存款 5 万元

11. 下列经济变量既是流量也是存量的是（　　）。

A. 储蓄和投资　　B. 工资和保险

C. 注入量和漏出量　　D. 供给量与需求量

12. 下列经济变量只有流量而没有存量的是（　　）。

A. 储蓄和投资　　B. 工资和保险

C. 出口量　　D. 外汇储备量

二、多项选择

1. 经济学所包括的主要问题有（　　）。

A. 生产什么和生产多少　B. 如何生产
C. 为谁生产　D. 生产者选择利润最大化
E. 消费者选择效用最大化

2. 经济学的含义包括（　　）。
A. 资源是稀缺的
B. 经济学是选择科学
C. 厂商生产的目的是利润最大化
D. 家庭消费的目的是效用最大化
E. 合理配置资源实现社会福利最大化

3. 微观经济学的主要内容问题是（　　）。
A. 供求理论　B. 效用理论　C. 市场理论
D. 分配理论　E. 福利理论

4. 宏观经济学的主要内容问题是（　　）。
A. 国民收入决定模型　B. 失业与通货膨胀
C. 货币理论与政策　D. 财政理论与政策
E. 对外经济理论与政策

三、判断题

1.（　　）经济学根据其研究方法的不同，可分为微观经济学和宏观经济学。

2.（　　）如果社会不存在资源稀缺性，也就不会产生经济学。

3.（　　）因为资源是稀缺的，所以产量是既定的，永远无法增加。

4.（　　）是否以一定的价值判断为依据是实证经济学与规范经济学的重要区别之一。

5.（　　）1999 年 12 月 31 日的人口数量是存量。

6.（　　）1999 年 12 月 31 日的外汇储备量是流量。

7.（　　）“人们的收入差距是大一点好还是小一点好”的命题属于实证经济学问题。

8.（　　）微观经济学要解决的问题是资源配置，宏观经济学要解决的问题是资源利用。

9.（　　）微观经济学的基本假设是市场失灵。

10.（　　）实证分析要解决“应该是什么”的问题，规范分析要解决“是什么”的问题。

四、问题与思考

1. 稀缺性的相对性是指什么？绝对性又指什么？
2. 什么是选择？它包括哪些内容？
3. 微观经济学与宏观经济学有哪些共同点？有哪些不同点？
4. 实证经济学与规范经济学的区别与联系是什么？
5. 经济学分为微观经济学与宏观经济学，又分为规范经济学与实证经济学。这两种区分的依据是什么？

6. 你对“经济学讨论的是我们身边真实的生活”，“为什么要学习经济学的一条最重要的理由是，在你的一生中——从摇篮到坟墓——你到处会碰到无情的经济学真理”，如何理解？

第一章

供求理论

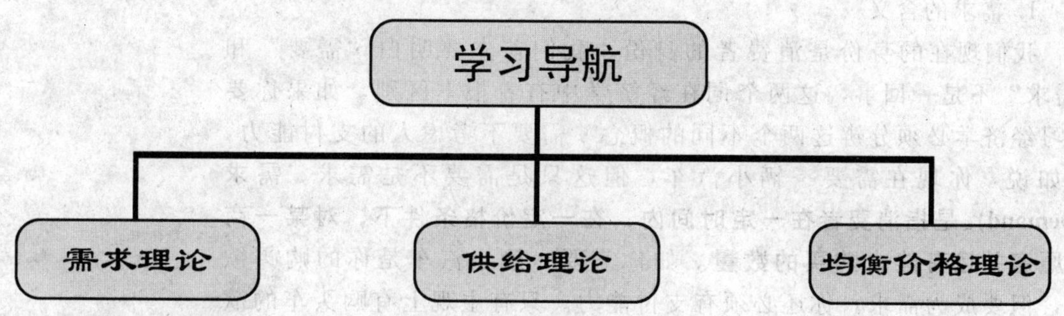

重点掌握

- 需求的含义与需求定理
- 需求量变动与需求变动的区别
- 供给的含义与供给定理
- 供给量变动与供给变动的区别
- 均衡价格与供求定理

一般掌握

- 价格在经济中的作用
- 支持价格利弊

一般了解

- 限制价格的利弊

供求定律支配着一切商品的交换，正同万有引力定律支配着一切天体的运动的情形一样。

——马力·爱斯普利·莱昂·瓦尔拉斯

19 世纪著名的历史学家和作家卡莱尔曾经说过这样一句话："只要你教鹦鹉学会说供给与需求，就可以把它培养成一个经济学家。"尽管卡莱尔的说法未免过于夸张，但它却十分恰当地强调了需求与供给在经济学中的重要作用。供求理论是微观经济学的基本问题，其核心是价格决定理论。本章介绍需求、供给与价格的决定，价格如何调节经济以及价格政策等内容。

第一节 需求理论

一、需求与价格

(一) 需求的含义、需求表、需求曲线

1. 需求的含义

我们现在的身份是消费者的身份。我们首先要明白"需要"和"需求"不是一回事，这两个词在经济学中有着根本区别，如果你要学习经济学必须分辨这两个不同的概念。需要不考虑人的支付能力，比如说，你现在需要一辆小汽车，但这只是需要不是需求。**需求(Demand)是指消费者在一定时间内，在一定价格条件下，对某一商品愿意并且有能力购买的数量。**如你需要一辆小汽车是你的购买欲望，但要成为需求，你还必须有支付能力。只有主观上有购买车的欲望，客观上又具有支付能力的人，才构成对小汽车的需求；相反，你虽然有支付小轿车的能力，但你没有购车的欲望，也不会构成对小轿车的需求，所以需求是购买欲望与购买能力的统一，缺任何一方面都不能形成需求。

2. 需求表

需求表是用数字表示某种商品的价格和需求量之间的函数关系。这种需求表提供了价格-数量的各种组合，说明了在各种价格水平下可能有的需求量。如：2007 年第四季度在某城市市场上，当鸡蛋的价格为每千克 4.0 元时，需求量为 2000 千克；当价格为每千克为 4.2 元时，需求量为 1800 千克；每千克为 4.4 元时，需求量为 1500 千克；每千克为 4.6 元时，需求量为 1300 千克；每千克为 4.8 元时，需求量为 1000 千克。根据数字可以作出鸡蛋的市场需求表（见表 1-1）。

表 1-1 鸡蛋的市场需求表（2007 年第四季度）

项目	价格/(元/千克)	需求量/千克	项目	价格/(元/千克)	需求量/千克
a	4.0	2000	*d*	4.6	1300
b	4.2	1800	*e*	4.8	1000
c	4.4	1500			

注：表中的数据是假设的。

需求表说明鸡蛋的价格与鸡蛋需求量之间的关系是反方向的，即价

格越高，消费者对鸡蛋的需求量就越小；价格越低，对鸡蛋的需求量越大。

3. 需求曲线

根据表 1-1 可以做出一条反映需求函数关系的曲线，如图 1-1。

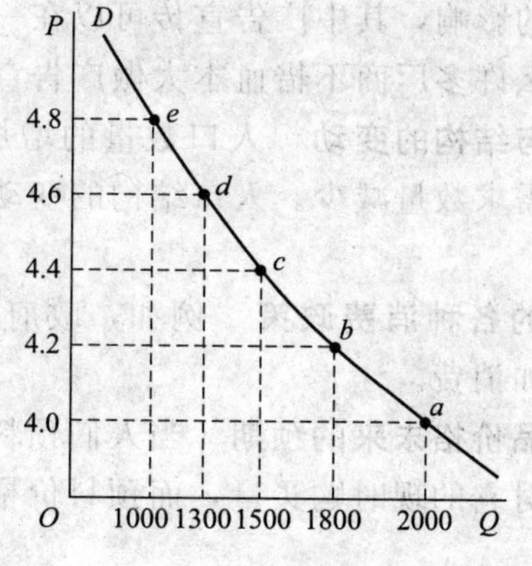

图 1-1 需求曲线

在图 1-1 中，横轴表示需求量（Q），纵轴表示价格（P），D 就是根据表 1-1 绘制出的需求曲线。需求曲线是表示某种商品价格与需求量关系的曲线。由于需求量随价格的下降而增加，所以，**需求曲线是一条向右下方倾斜的曲线。**需求曲线实际上是用图形的形式来表达需求这个概念。

（二）影响需求的因素与需求函数

1. 影响需求的因素

影响商品需求的因素就是影响对这种商品购买欲望与能力的因素。主要有五种：价格、收入、消费者嗜好、人口数量与结构的变动、政府政策与人们对商品价格未来的预期。价格和收入决定了消费者的购买力，其他因素主要影响消费者的购买欲望。

（1）**商品本身的价格** 商品的价格提高，消费者对该商品的购买量就减少；商品的价格下降，消费者对该商品的购买量就增加。商品的需求量与价格间存在着相当稳定的反方向变化关系。

其他相关商品的价格。各种商品之间存在着不同的关系，因此，其他商品价格的变动也会影响某种商品的需求。商品之间的关系有两种：一种是互补关系；另一种是替代关系。**互补关系指两种商品共同满足消费者的一种需求。两种互补商品之间的价格与需求呈反方向变动。**例如，录音机和磁带就是这种互补关系。这种有互补关系的商品，当一种商品（录音机）价格上升时，对另一种商品（磁带）的需求就减少，因为录音机价格上升，需求减少，对磁带的需求也会减少。反之，当一种商品价格下降时，对另一种商品的需求就增加。**替代关系是指两种商品可以互相代替来满足同一种欲望。两种替代商品之间的价格与需求呈同方向变动。**例如，面粉和大米就是这种替代关系。当一种商品（大米）价格上升时，对另一种商品（面粉）的需求就增加。因为，大米价格上升人们就会少消费大米而多消费面粉。反之，当一种商品价格下降时，另一种商品的需求就减少。

举例说明哪些商品是互补关系，哪些商品是替代关系。

（2）**消费者的收入水平和社会收入分配的平等程度** 平均收入增加，收入分配趋向平等，会使需求增加；反之，则下降。富裕国家或家庭几乎对于一切物品的需求，都高于不发达的国家或家庭。

想一想你自己在日常生活中有无消费嗜好是受广告宣传影响的？

（3）**消费者的嗜好** 社会消费风尚的变化，将促进消费者在商品价格未发生任何变化的情况下增加或减少对某商品的需求。而消费者嗜好的变化受许多因素的影响，其中广告宣传可以在一定程度上影响偏好的形成，这就是为什么许多厂商不惜血本大做广告宣传的原因。

(4) **人口数量与结构的变动** 人口数量的增加会使需求数量增加，人口数量减少会使需求数量减少。人口结构的变动也会影响对某些商品的需求。

(5) **政府出台的各种消费政策** 例如，政府提高利息率会减少消费，降低利率会增加消费。

在计划经济条件下，政府出台的经济政策会直接影响消费者的消费行为。

(6) **人们对商品价格未来的预期** 当人们预料某商品的价格今后会上涨时，就会增加对它的现时购买量，而预料价格下跌时，就会减少对它的现时购买量。

总之，影响需求的因素是多种多样的，有些影响需求的欲望，有些影响需求的能力，诸因素共同作用决定了需求。

2. 需求函数

如果把影响需求的各种因素作为自变量，把需求作为因变量，则可以用函数关系来表示“影响需求的因素与需求之间的关系”，这种函数称为“需求函数”，用公式表示即

$$D=f(a,b,c,d,\cdots,n)$$

式中，D 代表需求；a，b，c，d，…，n 代表影响需求的因素。

此公式的经济意义是：影响需求的因素是多种多样的，包括价格、收入、分配、预期等一系列因素，它们的变动都会引起需求不同程度的变动。

如果假定其他影响需求的因素不变，只考虑商品本身的价格对该商品需求量的影响，并以 P 代表价格，则需求函数为

$$D=f(P)$$

上式表明某商品的需求量 D 是商品本身价格 P 的函数。

二、需求定理

(一) 需求定理的含义

作为消费者，人们购买一种商品的数量取决于它的价格，从需求表和需求曲线可以得出，商品的价格越低，市场对该商品的需求量越多；反之，需求量越少。即商品的需求量与其价格是反方向变动的。这种普遍存在的现象就是需求定理描述的内容。需求定理是价格理论的重要组成部分。

特别要注意：需求定理的假设条件。

需求定理是表示商品本身价格与其需求量之间关系的理论。其内容是：在其他条件一定的情况下，商品的需求量与价格之间呈反方向变动。即需求量随商品本身的价格上升而减少，随商品本身价格的下降而增加。

在理解需求定理时，要特别注意它的假设条件。任何一个经济理论都是在一定的假设条件下才成立、适用，离开假设条件，经济学所阐述的规律、定理就不能存在。例如，在当前化妆品价格没有下降但消费者

对化妆品的需求却在增加，这就违背了刚才所讲的需求定理。所以必须设定假设条件，消费者的收入增加了，在影响需求其他因素发生变化的条件下，商品本身的价格与需求量就不一定呈反方向变动了，离开这一假设，需求定理就无法成立。

（二）需求定理的例外

真理是相对的，需求定理也不例外。需求定理指的是一般的正常商品的规律，并不是适用于任何商品的普遍规律。一般有两种例外。

1845 年世界上发生的第一次经济危机。

一种例外是吉芬商品。在 1845 年爱尔兰大灾荒时经济学家吉芬发现马铃薯的价格上升，需求量反而增加。这是因为在大灾荒的特殊时期，人们的收入在减少，消费不起肉类或面粉，只有用低档的马铃薯来维持生存需要。因此，虽然马铃薯价格上升但需求也在增加。这种物价上升需求增加的现象被称为“吉芬之谜”，具有这种特点的商品被称为吉芬商品。

另一种例外是炫耀性商品。炫耀性商品的消费是用来显示自己社会身份与地位的消费。如贵重首饰、名车、名表、豪宅等商品，这些商品价格低不足以显示拥有者的社会地位与身份，因此这些商品价格越高越有人买，价格下降时需求量反而减少。

想一想还有哪些例外？

此外，在投机性市场（如证券和期货市场），人们有一种“买涨不买落”的心理，这与人们对未来价格的预期及投机需要有关。这些都是需求定理的例外。

三、需求量变动与需求的变动

在了解了需求定理的内容和影响需求的各种因素后，要严格区分需求量变动与需求的变动的区别。

（一）价格变动影响需求量的变动

首先分析需求量的变动。需求量是指在某一特定的价格水平时，居民户计划购买的量，即每个需求量都是和特定的价格水平相对应的。在需求表中，每一价格对应一个需求量。在需求曲线上，需求量表现为需求曲线上的点，如图 1-2 中的 a、b、c 点。

需求量的变动，在需求表上表现为同一需求表中价格-数量组合的变动。从需求曲线上看，商品本身价格变动所引起的需求量的变动表现为同一条需求曲线上点的移动。如图 1-2 中，当价格为 P_1 时，需求量为 Q_1；当价格下降时到 P_2 时，需求量增加到 Q_2；当价格下降到 P_3 时，需求量则增加到 Q_3。价格与需求量的变化在需求曲线上则是从 a 点到 b 点再到 c 点的移动。所以，需求量的变动是在其他条件一定的情况下，由商品本身价格变动引起的。

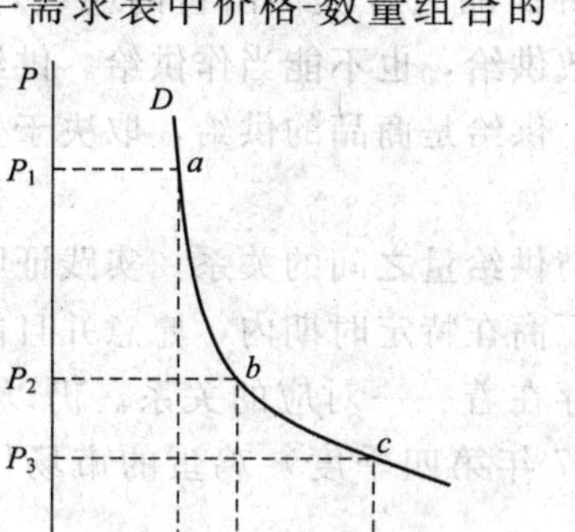

图 1-2 需求量的变动

（二）其他因素变动影响需求的变动

需求的变动是指在商品本身价格不变的情况下，由于其他非价格因素的变化所引起的需求的变动。表现为需求曲线的平行移动，如图 1-3 中 D_1、D_0、D_2 三条曲线。

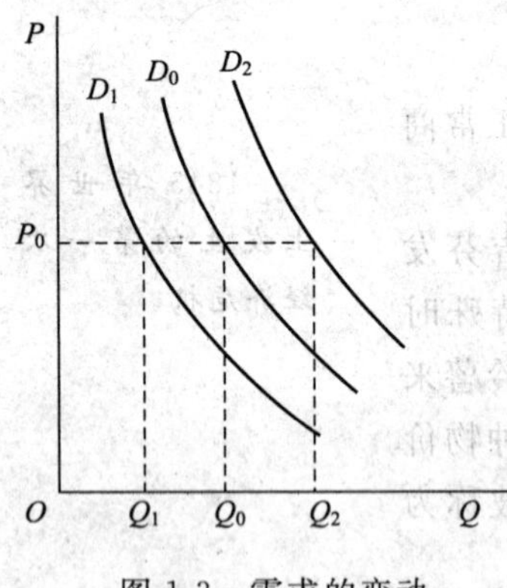

图 1-3　需求的变动

如图 1-3，价格是 P_0，由于商品本身价格以外的其他因素变动而引起的需求曲线的移动是需求的变动。例如，国家医疗协会突然宣布一个新发现，那些经常吃巧克力的人更健康长寿。这个发现增加了巧克力的需求。在任何一种既定价格 P_0 时，买者现在想买更多的巧克力，需求从 Q_0 增加到 Q_2，这样就使巧克力的需求曲线向右平行移动，从 D_0 移动到 D_2。如果发现正好相反，就会导致在任何同一价格 P_0 时，巧克力的需求减少，Q_0 减少到 Q_1，需求曲线向左平行移动，D_0 移动到 D_1。可见，需求增加导致需求曲线向右移动，需求减少导致需求曲线向左移动。

价格的高低直接影响的是需求量的变动；非价格影响的是需求的变动。如鸡蛋的价格下降导致了鸡蛋的需求量增加；人们的收入增加导致的是对鸡蛋需求的增加。

第二节　供给理论

一、供给与价格

（一）供给的含义、供给表、供给曲线

1. 供给的含义

供给（Supply）是指生产者在某一时期内，在不同价格水平时愿意并且能够提供出售的商品的数量。供给也是供给欲望与供给能力的统一。若生产者对某种商品只有提供出售的愿望，而没有提供出售的能力，则不能形成有效供给，也不能当作供给。供给能力中包括新生产的产品与过去的存货。供给是商品的供给，取决于生产。

2. 供给表

供给是指价格与供给量之间的关系。实践证明，不同的价格对应着不同的供给量，即厂商在特定时期内，愿意并且能够提供的商品数量与该商品的价格间也存在着一一对应的关系。仍以鸡蛋市场为例。例如，在某一时期内（2007 年第四季度）鸡蛋的市场供给可以用表 1-2 所示的市场供给表示。

供给表用数字表示某种商品的价格和供给量之间的函数关系。它提供了价格-数量的各种组合，说明了在各种价格下可能有的供给量。

3. 供给曲线

根据表 1-2，可以做出一条反映供给函数关系的曲线。

表 1-2 鸡蛋的市场供给表（2007 年第四季度）

项目	价格/(元/千克)	供给量/千克	项目	价格/(元/千克)	供给量/千克
a	4.0	1000	*d*	4.6	1800
b	4.2	1300	*e*	4.8	2000
c	4.4	1500			

注：表中的数据是假设的。

在图 1-4 中，横轴表示供给量（*Q*），纵轴表示价格（*P*），*S* 就是根据供给表 1-2 绘制出的供给曲线。供给曲线是表示某种商品价格与供给量关系的曲线。由于供给量随价格上升而增加，所以，**供给曲线是一条向右上方倾斜的曲线。**供给曲线实际上是用图形的形式来表达供给这个概念。

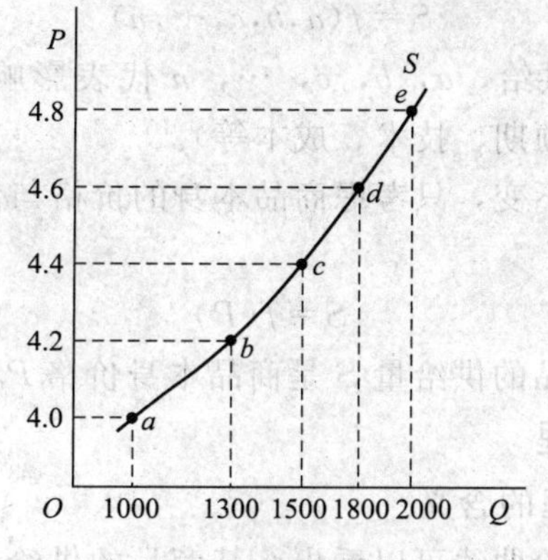

图 1-4 供给曲线

（二）影响供给的因素、供给函数

1. 影响供给的因素

影响某一商品供给的因素包括商品本身的价格、生产者从事生产的目标、生产要素的价格、生产技术水平、政府的政策、厂商对未来商品价格的预期。商品本身的价格和厂商对未来的预期主要影响供给欲望，生产要素的价格及生产技术水平主要影响供给能力。影响供给的因素概括起来主要有以下六点。

（1）**商品本身的价格** 这是影响商品供给的最主要的因素。当商品的价格高时，出售商品是有利可图的，厂商的供给量就大；反之，厂商的供给量就小。

（2）**生产者从事生产的目标** 经济学一般假定厂商以利润最大化为目标，即利润大小决定厂商供给的多少。但厂商有时也为了市场占有率、销售最大化以及政治、道义、名誉等目标决定其供给。

（3）**生产技术水平** 技术进步可以大大提高生产效率，使企业有可能在既定资源条件下更便宜地生产商品，或者说同样的资源生产出更多的商品。所以说生产技术水平的提高可以增加供给水平。

（4）**生产要素的价格** 生产要素的价格下降，将会降低生产商品的成本，从而使厂商在任一价格水平都增加供给；反之，就会使厂商减少供给。

（5）**政府的政策** 政府采用鼓励投资或生产的政策，可以刺激生产者增加供给量；反之，则会减少生产者的供给量。

在计划经济条件下，政府出台的经济政策会直接影响生产者的生产行为。

（6）**厂商对未来商品价格的预期** 乐观的预期会使厂商增加供给；厂商对投资前景持悲观态度，则会减少供给。

影响供给的因素要比影响需求的因素复杂得多，在不同的时期、不同的市场上，供给要受多种因素的综合影响（例如，厂商要考虑库存、原材料、劳动力、机器设备厂房等生产要素）。

2. 供给函数

供给函数是用来表示供给量的变动和影响供给量的各个因素之间相互依存关系的函数。如果把影响供给的各种因素作为自变量，把供给作为因变量，则可以用函数关系来表示“影响供给的因素与供给之间的关系”，即供给函数，用公式表示为

$$S=f(a,b,c,\cdots,n)$$

式中，S 代表供给，a，b，c，…，n 代表影响供给的因素（如价格、厂商的目标、预期、技术、成本等）。

假如其他因素不变，只考虑商品本身的价格与该商品的供给量，则供给函数为

$$S=f(P)$$

上式表明某商品的供给量 S 是商品本身价格 P 的函数。

二、供给定理

（一）供给定理的含义

从供给表和供给曲线可以看出，某商品的供给量与其价格是成同方向变动的。这种现象被称为供给定理。

供给定理是表示商品本身的价格与其供给量之间关系的理论。其内容是：在其他条件一定的情况下，商品的供给量与其价格之间呈同方向变动，即供给量随商品本身价格的上升而增加，随商品本身价格的下降而减少。

在理解供给定理时，也要特别注意它的假设条件“其他条件一定”。也就是说，供给定理是在假设影响供给的其他条件一定的前提下，研究商品本身的价格与供给量之间的同方向关系。离开这个假设条件，供给定理也无法成立。例如，如果厂商生产某产品不是为了实现利润的最大化，而是为了某种社会目的（援助残疾人），那么商品本身的价格与供给量就不一定呈同方向变动；还比如，目前的家电市场产品数量增加、质量不断提高，不是因为价格的上升，其主要因素是生产家电的技术水平提高了。

注意供给定理也是有条件的。

（二）供给定理的例外

供给定理指的是一般商品规律。它也有例外。例如，对劳动力的供给而言，当劳动力的价格（工资）增加时，劳动力的供给开始时会随工资的增加而增加。但当工资增加到一定程度以后，继续增加，则劳动力的供给量反而减少。另外，古董、古画、古玩、土地等由于受到各种环境和条件的限制，其供给量是固定不变的。

供给定理例外在第七章的分配理论中我们还要详细介绍。

三、供给的变动与供给量的变动

（一）价格量变动影响供给量的变动

像前面要严格区分需求的变动和需求量的变动一样，在进行供给分析时，也要严格区分供给的变动和供给量的变动。同样首先分析供给量的变动，供给量是指在某一特定价格水平时，厂商愿意或计划供给的商品量。即每个供给量都是和特定的价格水平相对应的。如图 1-5 中的 a，b，c 点。

供给的变动与供给量的变动的区别有两点：第一，引起变动的原因不同；第二，图形上的表示不同。

从供给曲线上看，商品本身价格变动所引起的供给量的变动表现为同一条供给曲线上点的移动。如图 1-5 中，当价格为 P_1 时，供给量为 Q_1；当价格下降到 P_2 时，供给量减少到 Q_2；当价格下降到 P_3 时，供给量则减少到 Q_3，价格与供给量的变化在供给曲线上则是从 a 点到 b 点再到 c 点的移动。所以，供给量的变动是在其他条件一定的情况下，由商品本身价格变动引起的。

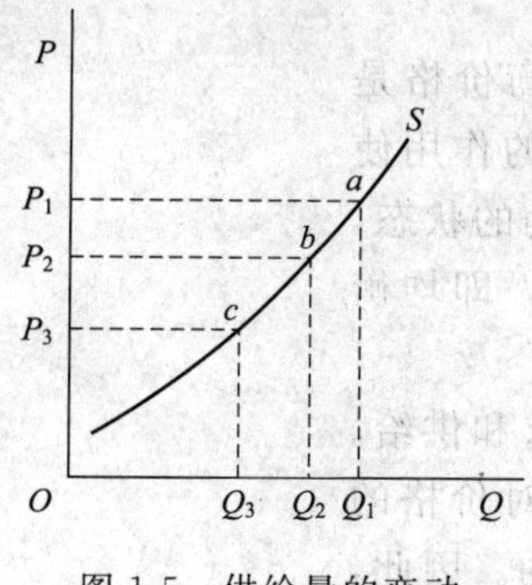

图 1-5 供给量的变动

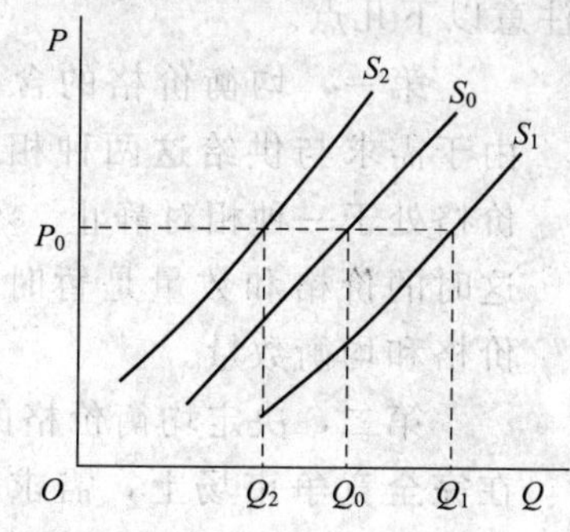

图 1-6 供给的变动

（二）其他因素变动影响供给的变动

供给的变动是指在商品本身价格一定的情况下，由于其他非价格因素的变化所引起的供给的变动。供给的变动表现为整条供给曲线的平行移动。如图 1-6，价格为 P_0 时，由于商品本身价格以外的其他因素变动而引起的供给曲线的移动是供给的变动。假设糖的价格下降了，糖是生产巧克力的一种原料，所以，糖的价格下降使巧克力成本下降了，使销售巧克力更有利可图，这就会使厂商增加巧克力的供给。在任何一种既定的价格水平 P_0 时，厂商现在愿意生产更多的产量，供给从 Q_0 增加到 Q_1。因此，巧克力的供给曲线向右平行移动，从 S_0 移动到 S_1。如果情况正好相反，就会导致在任何同一价格水平 P_0 时，巧克力的供给减少，从 Q_0 减少到 Q_2，供给曲线向左平行移动，从 S_0 移动到 S_2。可见，供给增加导致供给曲线向右移动，供给减少导致供给曲线向左移动。

价格的高低直接影响供给量的变动；非价格因素变动影响称为供给的变动。例如，鸡蛋的价格下降导致了鸡蛋的供给量减少；养鸡的成本上升导致的是鸡蛋供给的减少。

第三节　均量衡价格及其对经济的影响

前面介绍了需求与供给理论，但在市场经济中价格是由需求与供给两种力量决定的。在这节，将分析需求与供给如何决定均衡价格，以及均衡价格如何随需求、供给而变动的。

一、均衡价格

（一）均衡价格的定义

均衡价格（Equilibrium Price）是指需求曲线与供给曲线交点上的价格，此时需求价格等于供给价格，需求数量等于供给数量。 如图 1-7 所示，横轴表示数量（需求量与供求量），纵轴表示价格（需求价格与供求价格）。D 是需求曲线，S 是供给曲线。需求曲线与供给曲线相交于 E 点，由 E 点决定的价格 P_0 是均衡价格，数量 Q_0 是均衡数量。

对均衡价格的理解应注意以下几点。

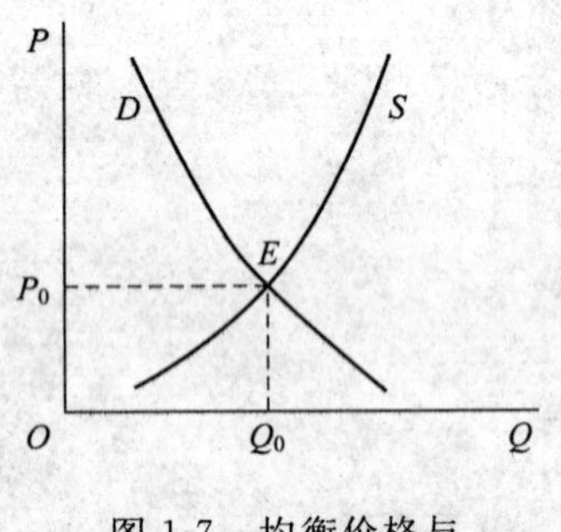

图 1-7　均衡价格与均衡数量

第一，均衡价格的含义。均衡价格是由于需求与供给这两种相反力量的作用使价格处于一种相对静止、不再变动的状态，这时的价格和数量是暂时确定的，即均衡价格和均衡数量。

第二，决定均衡价格的是需求和供给。在完全竞争市场上，需求和供给对价格的决定作用不分主次，是同等重要的。因此，需求或供给的变动都会影响均衡价格和均衡数量的变动。

第三，市场上各种商品的均衡价格是最后的结果，其形成过程是在市场背后自发进行的。

在市场上，均衡价格的形成是买卖双方经过竞争自发形成的。

（二）均衡价格的形成

均衡价格是在市场上供求双方的竞争过程中自发形成的。均衡价格的形成就是价格决定的过程。

需要强调的是：均衡价格的形成完全是在市场上供求双方的竞争过程中自发形成的，如果有外力的干预，那时的价格就不是均衡价格。

在市场上，需求和供给对市场价格变化做出的反应是相反的。由于均衡是暂时的、相对的，而不均衡是经常的，所以供不应求或供过于求经常发生。如图 1-8 和图 1-9 所示，当供不应求时，市场价格会上升，从而导致供给量增加而需求量减少；当供过于求时，市场价格下降，从而导致供给量减少而需求量增加。供给与需求的相互作用最终会使商品的需求量和供给量在某一价格水平上正好相等，这时既没有过剩（供过于求），也没有短缺（供不应求），市场正好均衡。这个价格就是供求双方都可以接受的均衡价格。

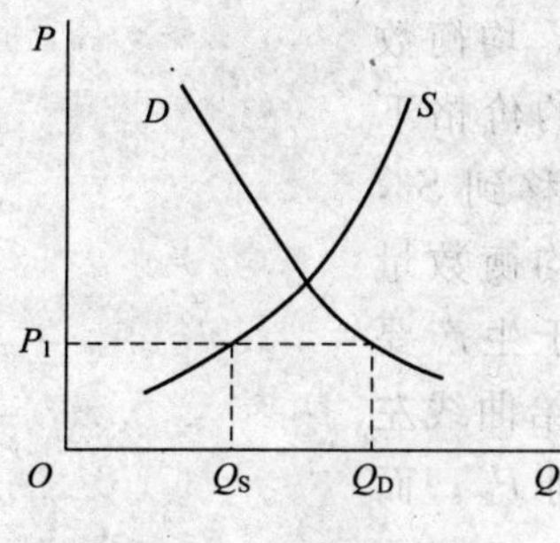

图 1-8 供不应求

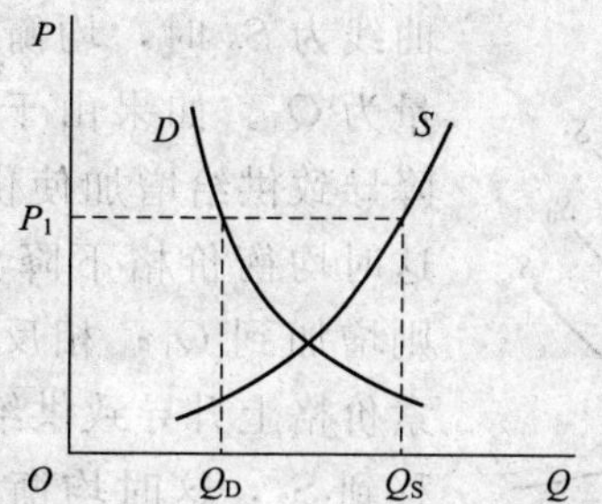

图 1-9 供过于求

这一过程可以用图 1-10 表示，如果价格为 P_1，此时需求量为 Q_1，供给量为 Q_2，$Q_2 > Q_1$ 供过于求（图上的 a，b 两点），价格水平必向下移动。如果价格为 P_2，则需求量为 Q_2，供给量为 Q_1，$Q_2 > Q_1$ 供不应求（图上的 c，d 两点），价格水平必向上移动。直至价格水平为 P_0 时，这时需求量和供给量相等，需求价格也和供给价格相等，均衡价格形成。

（三）均衡价格的变动

既然均衡价格是由供求水平或供求曲线共同决定的，那么，均衡价格的变动也自然是由供求曲线的移动所引起的。

1. 需求曲线的移动对均衡价格的影响

在供给曲线一定的条件下，需求增加使需求曲线右移，会使均衡价格提高，使均衡数量增加；而需求减少使需求曲线左移，会使均衡价格下降，使均衡数量减少。如图 1-11 所示，供给曲线为 S，当需求曲线为 D_0 时，均衡价格为 P_0，均衡数量为 Q_0。如果由于消费者的收入增加导致需求增加使需求曲线右移到 D_1，这时均衡价格上升到 P_1，均衡数量增加到 Q_1；相反，如果由于消费者的收入减少导致需求减少使需求曲线左移到 D_2，这时均衡价格下降到 P_2，均衡数量减少到 Q_2。

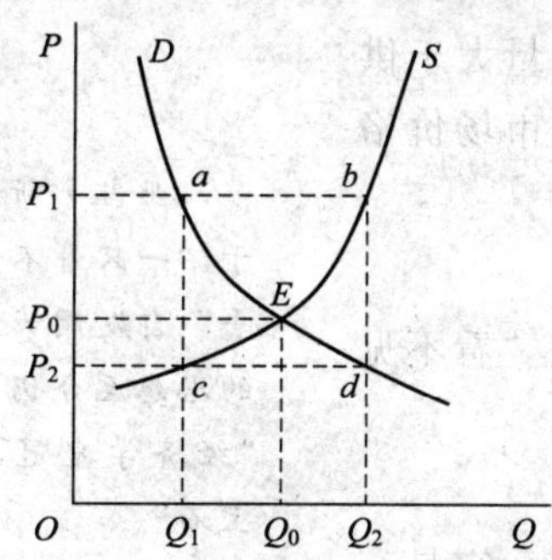

图 1-10 均衡价格的形成

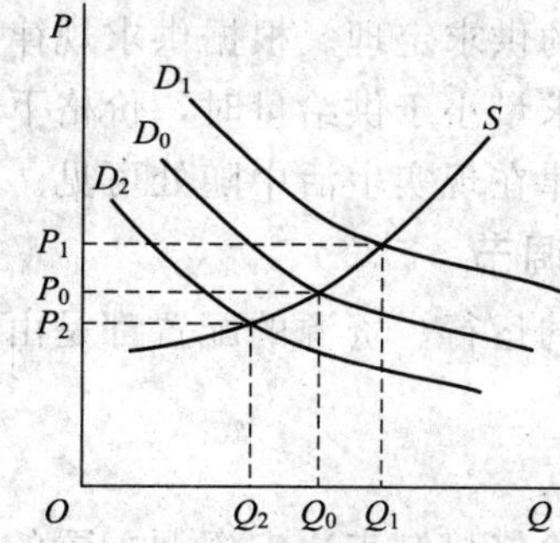

图 1-11 需求变动对均衡价格的影响

2. 供给曲线的移动对均衡价格的影响

供求定理说明供求变动对均衡价格和均衡数量的影响程度。

在需求曲线一定的条件下，供给增加导致供给曲线右移，会使均衡价格下降，使均衡数量增加；而供给减少导致供给曲线左移，会使均衡价格上升，使均衡数量减少。如图 1-12 所示，需求曲线为 D，当供给

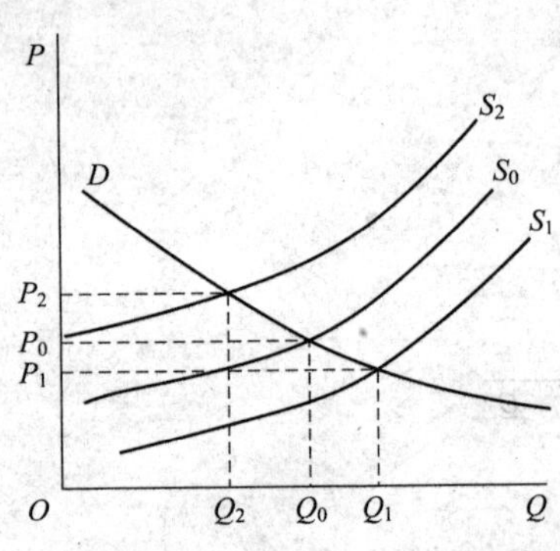

图 1-12　供给变动对均衡价格的影响

曲线为 S_0 时，均衡价格为 P_0，均衡数量为 Q_0。如果由于生产要素的价格下降导致供给增加使供给曲线右移到 S_1，这时均衡价格下降为 P_1，而均衡数量则增加到 Q_1；相反，如果由于生产要素价格上升导致供给减少使供给曲线左移到 S_2，这时均衡价格上升到 P_2，而均衡数量则减少到 Q_2。

市场是由买方和卖方构成的，只有买方或者只有卖方，交易不会发生，市场就名存实亡。这里的**买方就是需求方，卖方就是供给方。供给方与需求方达到平衡，就会形成一个均衡价格。**价格机制是市场机制最重要的组成部分。在市场经济中，资源的配置通常都是通过价格的变化来调节的。

思考：哪些商品是买方市场；哪些商品是卖方市场。

二、供求定理

从以上关于需求与供给变动对均衡的影响的分析可以得出以下几点。

用图形表示供求定理。

第一，需求的增加引起均衡价格上升，需求的减少引起均衡价格下降。

第二，需求的增加引起均衡数量增加，需求的减少引起均衡数量减少。

第三，供给的增加引起均衡价格下降，供给的减少引起均衡价格上升。

第四，供给的增加引起均衡数量增加，供给的减少引起均衡数量减少。

这就是微观经济学中的供求定理。根据供求规律，当需求量大于供给量时，价格上升；当需求量小于供给量时，价格下降，这是市场价格变化的具体规律。供求规律在现实生活中随处可见。

三、价格对经济的调节

在市场经济中，经济的运行、资源的配置都是由价格这只“看不见的手”来调节的。

亚当·斯密关于“一只看不见的手”自发调节经济的思想至今仍然是“经济学皇冠上的宝石”。

（一）市场经济的特点

市场经济就是一种用价格机制来决定资源配置的经济体制。它具有如下三个特点。

第一，企业是独立的经济单位。就是说，企业完全可以凭借价格导向决定利用自己的资源生产什么，以及用什么方法生产，同时要承担这种生产决策的风险，获得由生产中得到的收益。

第二，生产要素可以自由流动。各种生产要素归其所有者所有。生产要素可以在价格的调节下，不受任何限制的在市场上自由流动。

第三，价格调节经济。这是市场经济的基本特征。实际上前两个特征都是这一特征实现的条件，没有企业的独立决策，没有生产要素的自由流动，价格的调节作用就无法实现。价格调节就是指价格是经济运行的中心调节者，由市场竞争所决定的价格是资源配置的中心手段。

价格调节是市场经济的本质所在。

当然，这里所讲的是自由竞争市场经济的基本特征。现代市场经济都是由国家宏观调控的市场经济，即“混合经济”。国家的宏观调控也是现代市场经济的基本特征，这在以后的章节中要详细论述。

（二）价格机制的作用

在市场经济中价格对经济的调节就是价格机制发生作用的过程。所谓价格机制又称市场机制，在调节经济中的作用主要表现如下。

第一，价格作为指示器反映市场的供求状况。市场的供求受各种因素的影响，每时每刻都在变化。这种难以直观察觉到的变化都可以在价格的变化上反映出来，人们可以通过价格的变动来及时、准确地了解供求的变化。

第二，价格变动可以调节需求。消费者依市场价格的变动决定自己的购买与消费，以实现效用或满足程度的最大化。由于在市场经济中，消费者享有完全的消费自由，消费者购买消费决策只受价格的影响。当商品价格下降时，消费者会增加购买；而价格上升时，消费者则减少购买。

第三，价格变动可以调节供给。厂商同样也要按市场价格的变动来进行生产、销售的决策，以实现利润的最大化。在市场经济中，生产者也是享有完全的生产自由，生产、销售行为只受价格影响。当商品的价格上升时，生产商会增加产量；而商品的价格下降时，生产商则会减少产量。

第四，价格的调节可以使资源配置达到最优。通过价格对需求和供给的调节，最终使需求等于供给。此时，消费者的欲望得到满足，生产者的资源得到充分利用。社会资源通过价格分配于各种用途上，这种分配使消费者的效用最大化和生产者的利润最大化得以实现，从而实现资源配置的最大化状态。

价格在经济运行中可以自发地调节需求和供给，最终使供求相等，资源实现最优配置。应该指出，价格机制是自发调节经济的。自发性是价格机制发挥作用的基本特点，没有自发性就没有价格机制的作用。但是，自发性有其不可避免的缺点。在价格机制自发调节经济的过程中，社会付出了不少的代价，也得到了许多的教训。这足以证明在市场经济中，价格机制不是十全十美的，它需要适当的价格政策加以弥补。

四、价格政策的作用

目前我国政府对农产品施行保护价格（世界许多国家一直采取这样价格）。

根据均衡价格理论，在纯粹的竞争性市场经济中，由市场供求关系所决定的价格调节着生产与消费，使资源得到最优配置。但价格调节是在市场上自发进行的，有其盲目性，所以，在现实生活中，有时由供求所决定的价格对经济并不一定是最有利的。这就是说由价格机制进行调节所得出的结果，并不一定符合整个社会的长远利益。因此，政府可以通过必要的经济手段进行调节，从而影响供求关系的调整与均衡价格的形成。它主要包括支持价格和限制价格。

（一）支持价格

从短期来看，供求决定的均衡价格也许是合理的，但从长期来看，对生产有不利的影响。例如，当农产品过剩时，农产品的价格会大幅度下降，这种下降会抑制农业生产。从短期看，这种抑制作用有利于供求平衡。但农业生产周期较长，农产品的低价格对农业产生抑制作用后，将会对农业生产的长期发展产生不利影响，当农产品的需求增加后，农产品供给并不能迅速增加，这样就会影响经济的稳定。因此政府就要制定支持价格政策。

支持价格也称最低价格，是指政府对某些商品规定的价格下限，防止价格过低，以示对该商品生产的支持，支持价格一定高于均衡价格。

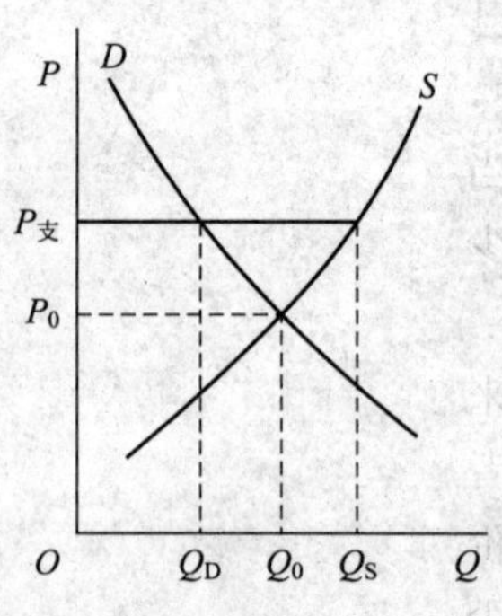

图 1-13 支持价格

如图 1-13 所示，商品由需求和供给决定的均衡价格是 P_0，均衡数量是 Q_0，但政府认为这一价格不合理，它规定了一个高于均衡价格的最低限价 $P_{支}$，按照这一价格需求量为 Q_D，供给量为 Q_S，$Q_S > Q_D$，实行这一价格的结果就是供过于求，必然产生部分剩余产品。这时，政府要维持最低限价，就必须收购剩余产品，或者限制生产。以美国为例，2002 年 5 月 13 日上午，布什总统在白宫正式批准了当月上旬美国国会参众两院的新的农业政策。根据新法案，美国政府将在今后 6 年内为农业和畜牧业提供 517 亿美元的补贴，每年的补贴幅度在 64 亿美元。

我国现在对农业实行的“保护价敞开收购”实际也是一种支持价格。

支持价格的作用，以农业为例，从长期看支持了农业的发展，调动了农民种田的积极性，使农产品的供给大于需求，对过剩的农产品政府只有大量收购，使政府背上了沉重的债务负担。靠保护成长起来的事物是缺乏生命力的，长期使用支持价格，就不能从根本上改变农业的落后状况。另外，政府解决收购过剩农产品的方法之一就是扩大出口。这就引起国家与国家之间为争夺世界农产品市场而进行贸易战。

（二）限制价格

由供求所决定的价格会产生不利的影响。例如，某些生活必需品严重短缺时，价格会很高。在这种价格之下，收入水平

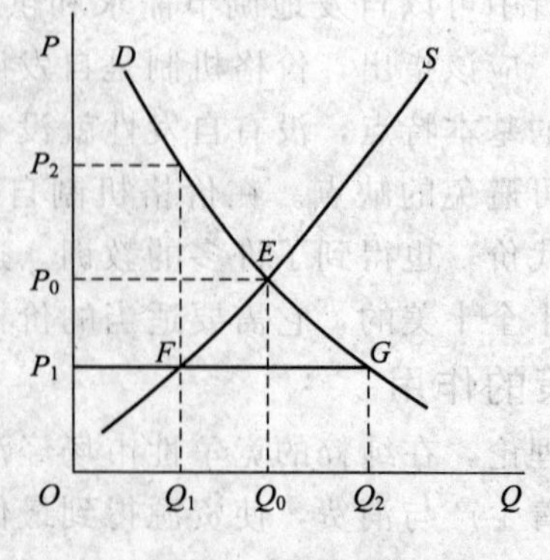

图 1-14 限制价格

低的人无法维持最低生活水平，必然产生社会动乱。因此政府制定限制价格政策。

限制价格也称最高价格，是指政府对某些商品规定最高上限，防止价格过高，控制通货膨胀。限制价格一定低于均衡价格，某产品的最高价格又称价格的上限。如果说最低限价政策是保护生产者的利益，那么，最高限价政策则是保护消费者的利益。如图 1-14 所示，由需求和供给决定的均衡价格是 P_0，均衡数量是 Q_0。由于政府不想让商品的价格达到这个水平，就规定了一个低于均衡价格的最高限价 P_1，在此价格下，需求量为 Q_2，供给量为 Q_1，$Q_2 > Q_1$。实行了这种价格的结果是造成供不应求，必然产生商品的短缺。政府要想在该商品的许多买者之间分配这一有限的供给量，就要采用配给制。而在这种情况下，排队、抢购、黑市交易等现象就会出现。

我国在计划经济时期，很多生活必需品都实现限制价格，小到柴米油盐大到住房都有补贴。限制价格有利于社会平等，但从长期看，价格低不利于抑制需求，也不利于刺激供给，使本来就短缺的商品更加短缺。为了弥补供给不足部分，政府往往会采取配给制。例如，我国住房长期以来实行配给制和低房租，这种政策固然使低收入者可以有房住，但却使房屋更加短缺，几十年住房问题解决不了。改革开放以来，随着逐步放开公产房的房租和住房分配政策的不断改变，商品房的价格由市场调节，调动了开发商建房的积极性，解决了多少年来住房需求的短缺局面。

现在还有哪些商品属于限制价格？

限制价格是一项不符合经济规律的失败的制度安排，经济学家不主张采用限制价格，因此，最终要被设计者放弃也是必不可免的。事实证明，改革开放以来，我国取消大量的限制价格政策，无论是商品市场还是要素市场，由过去的卖方市场到今天的买方市场，很多商品由过去的短缺到今天的过剩。

知识拓展

雪天的杂货店

1967 年，一场大暴雪使得芝加哥市区的交通瘫痪，外面的生活必需品难以进入，当时还是大学学生的詹姆斯在住所附近有两家杂货店，一家杂货店慈悲为怀，坚持在大雪天店内商品不涨价，其店中的商品很快被抢购一空，因为如此低的价格难以使其以高价向外界继续采购新的商品，这家店很快就关门大吉。另外一家杂货店则将所有的商品和价格暂时提高到原来的两倍，同时这家杂货店的老板出高价请当地的孩子乘雪橇从外地运进当地市民需要的各种商品。涨价的杂货店因为能够支付较高的雇佣雪橇拉货的成本，一直在暴雪过程中保证了对居民的基本供应，同时高的价格也自然促使居民根据新的价格状况调整自己的需求，将自己采购的物品控制在自己能够承担的、确实也是必需的范围内。

政府对鸡蛋的补贴

资料表明，1995 年天津市鸡蛋生产量减少 1 亿斤，这除了生产成本上升的冲击之外，与补贴制度的缺陷是不无关系的。一方面，价格补贴的存在使鸡蛋的实际收购价达到 3.50～3.80 元/斤的水平，当生产者手中不受管制的鸡蛋由非国营门市部征购时，生产者心目中已有了一个很高的心理价位，更希望通过此举弥补由于受到价格管制而遭受的损失（即使政府对生产者由于低价出售而遭到的损失进行了补贴，而且补贴额很高，但名义收购价很低，也使生产者形成吃亏的错觉），于是市场价被拉动到很高的水平；另一方面，较低的价格刺激了需求，从而进一步加剧了供求双方的矛盾。解决这种矛盾的方法，在不受价格管制的情况下，就表现为价格的上涨。调查资料显示，当定点门市部被迫以 3.30 元/斤的价格出售鸡蛋时，农贸市场的鸡蛋价格却一度达到了 3.90～4.10 元/斤的水平。

从以上的分析中可以看出，价格管制反而使鸡蛋的市场价格上涨和不稳定，这是一项不符合经济规律的失败的制度安排，最终要被设计者放弃也是必不可免的。事实证明，像鸡蛋、大白菜这类生产周期较短、替代性较强的产品的价格水平和供求关系，最好交由市场制度来调节：在短期内，鸡蛋价格的上升，一方面正好刺激了其替代品（如肉类消费等）的消费量上升，调整了消费结构；另一方面，吸引了外部（地）市场供给量，很快就能增加本地供给；同时刺激资源向生产领域流动，从而在稍长的下一生产周期使本地供给上升，价格又会再度回落下来。由此看来，至少在某些产品领域里，即使从维持物价稳定、保证人民生活安定的目的出发，选择市场调节也是最理想的制度安排。

本章小结

◆某种商品的需求是购买欲望与支付能力的统一，需求与价格呈反方向变动。

◆区别需求量变动与需求的变动。商品自身价格变动引起量的变动称为需求量的变动，表现为在同一条需求曲线上的移动。收入等其他因素变动引起量的变动称为需求变动，表现为整个需求曲线的移动。

◆某种商品的供给是供给欲望与生产能力的统一，供给与价格呈同方向变动。

◆区别供给量变动与供给的变动。商品自身价格变动引起量的变动称为供给量的变动，表现为在同一条供给曲线上的移动。生产要素价格、技术水平变动引起量的变动称为供给变动，表现为整个供给曲线的移动。

◆均衡价格是某一种商品需求量与供给量相等时的价格。它是市场供求关系自发调节而形成的，相对应的是均衡数量。需求或供给的变动会引起均衡价格与均衡数量的变动，经济学家称为供求定理。

◆在市场经济中，价格机制调节经济运行，它是一只“看不见的手”，没有价格这种自发调节作用就没有市场经济，但价格又不是万能的。

◆一国经济在发展中，政府采用支持价格、限制价格来调节市场经济，从长期来看对经济发展是不利的，它往往是政府出自其他因素的考虑。

主要概念

需求定理　供给理论　需求的变动　供给的变动　均衡价格　支持价格　限制价格

思考与应用

一、单项选择题

1. 需求曲线是一条倾斜的曲线，其倾斜的方向为（　　）。

　A. 右下方　B. 右上方　C. 左下方　D. 左上方

2. 下列体现需求规律的是（　　）。

　A. 药品的价格上涨，使药品质量得到了提高

　B. 汽油的价格提高，小汽车的销售量减少

　C. 丝绸价格提高，游览公园的人数增加

　D. 照相机价格下降，导致销售量增加

3. 其他因素保持不变，只是某种商品的价格下降，将产生什么样的结果（　　）。

　A. 需求增加　B. 需求减少

　C. 需求量增加　D. 需求量减少

4. 下列变化中，哪种变化不会导致需求曲线的位移（　　）。

　A. 人们的偏好和爱好　B. 产品的价格

　C. 消费者的收入　D. 相关产品的价格

5. 当汽油的价格上升时，在其他条件不变的情况下，对小汽车的

需求量将（　　）。

A. 减少　　B. 不变　　C. 增加　　D. 难以确定

6. 当咖啡价格急剧升高时，在其他条件不变的情况下，对茶叶的需求量将（　　）。

A. 减少　　B. 不变　　C. 增加　　D. 难以确定

7. 消费者预期某种物品将来价格要上升，则对该物品当前的需求会（　　）。

A. 减少　　B. 不变　　C. 增加　　D. 难以确定

8. 需求的变动与需求量的变动（　　）。

A. 需求的变动由价格以外的其他因素的变动所引起的，而需求量的变动由价格的变动引起的

B. 需求量的变动是由一种因素引起的，需求变动是由两种及两种以上因素引起的

C. 都是由于一种原因引起

D. 是一回事

9. 整个需求曲线向右上方移动，表明（　　）。

A. 需求增加　　B. 需求减少　　C. 价格提高　　D. 价格下降

10. 对化妆品的需求减少是指（　　）。

A. 收入减少引起的减少　　B. 价格上升而引起的减少

C. 需求量的减少　　D. 价格下降

11. 导致需求曲线发生位移的原因是（　　）。

A. 因价格变动，引起了需求量的变动

B. 因供给曲线发生了位移，引起了需求量的变动

C. 因影响需求量的非价格因素发生变动，而引起需求关系发生了变动

D. 因社会经济因素发生变动引起产品价格的变动

12. 下列因素中哪一种因素不会使需求曲线移动（　　）。

A. 消费者收入变化　　B. 商品价格下降

C. 其他商品价格下降　　D. 消费者偏好变化

13. 供给曲线是一条倾斜的曲线，其倾斜的方向为（　　）。

A. 右下方　　B. 右上方　　C. 左下方　　D. 左上方

14. 鸡蛋的供给量增加是指供给量由于（　　）。

A. 鸡蛋的需求量增加而引起的增加

B. 人们对鸡蛋偏好的增加

C. 鸡蛋的价格提高而引起的增加

D. 由于收入的增加而引起的增加

15. 如果某种商品供给曲线的斜率为正，保持其他条件不变的情况下，该商品价格上升导致（　　）。

A. 供给增加　　B. 供给减少

C. 供给量增加　　D. 供给量减少

16. 建筑工人工资提高将使（　　）。

A. 新房子供给曲线左移并使房子价格上升

B. 新房子供给曲线左移并使房子价格下降

C. 新房子供给曲线右移并使房子价格上升

D. 新房子供给曲线左移并使房子价格下降

17. 假如生产某种商品所需原材料的价格上升，则这种商品（　　）。

A. 需求曲线向左方移动　　B. 供给曲线向左方移动

C. 需求曲线向右方移动　　D. 供给曲线向右方移动

18. 供给规律可以反映在（　　）。

A. 消费者不再喜欢消费某商品，使该商品的价格下降

B. 政策鼓励某商品的生产，因而该商品的供给量增加

C. 生产技术提高会使商品的供给量增加

D. 某商品价格上升将导致对该商品的供给量增加

19. 当供求原理发生作用时，粮食减产在市场上的作用是（　　）。

A. 政府规定个人购买粮食的数量　　B. 粮食价格上升

C. 粮食价格下降　　D. 粮食交易量增加

20. 关于均衡价格的正确说法是（　　）。

A. 均衡价格是需求等于供给时的价格

B. 供给量等于需求量时的价格

C. 供给曲线与需求曲线交点上的价格

D. 供给价格等于需求价格时的价格

21. 均衡价格随着（　　）。

A. 供给和需求的增加而上升

B. 供给和需求的减少而上升

C. 需求的减少和供给的增加而上升

D. 需求的增加和供给的减少而上升

22. 当某种商品的需求和供给出现同时减少的情况时，那么（　　）。

A. 均衡价格下降，均衡产量减少

B. 均衡价格下降，均衡产量无法确定

C. 均衡价格无法确定，均衡产量减少

D. 均衡价格上升，均衡产量减少

23. 需求的变动引起（　　）。

A. 均衡价格和均衡数量同方向变动

B. 均衡价格反方向变动，均衡数量同方向变动

C. 均衡价格与均衡数量反方向变动

D. 均衡价格同方向变动，均衡数量反方向变动

24. 供给的变动引起（　　）。

A. 均衡价格和均衡数量同方向变动

B. 均衡价格反方向变动，均衡数量同方向变动

C. 均衡价格与均衡数量反方向变动

D. 均衡价格同方向变动，均衡数量反方向变动

25. 政府为了扶植农产品，规定了高于均衡价格的支持价格。为此政府应采取的措施是（　　）。

A. 增加农产品的税收　　B. 实行农产品配给制

C. 收购过剩的农产品　　D. 对农产品生产者给予补贴

二、多项选择题

1. 影响需求量的因素包括（　　）。

A. 价格　　B. 质量　　C. 收入

D. 个人偏好　　E. 未来的预期

2. 需求定理是指（　　）。

A. 商品价格提高，对该商品的需求量减少

B. 商品价格提高，对该商品的需求量增加

C. 商品价格下降，对该商品的需求量增加

D. 商品价格下降，对该商品的需求量减少

E. 商品与价格呈反向变化

3. 影响供给量的因素有（　　）。

A. 价格　　B. 质量　　C. 成本

D. 自然条件　　E. 政府的政策

4. 供给定理是指（　　）。

A. 商品价格提高，对该商品的供给量减少

B. 商品价格提高，对该商品的供给量增加

C. 商品价格下降，对该商品的供给量增加

D. 商品价格下降，对该商品的供给量减少

E. 商品与价格呈同向变化

5. 某种商品的供给曲线的移动是由于（　　）。

A. 商品价格的变化　　B. 互补品价格的变化

C. 生产技术条件的变化　　D. 产量的变化

E. 生产这种商品的成本的变化

6. 均衡价格就是（　　）。

A. 供给量等于需求量时的价格

B. 供给价格等于需求价格，同时供给量也等于需求量时的价格

C. 供给曲线与需求曲线交点时的价格

D. 供给等于需求时的价格

E. 需求等于供给时的价格

7. 政府对商品的调节通过价格进行，其对价格实施（　　）。

A. 政府直接定价　　B. 指导价　　C. 支持价格

D. 建议价　　E. 限制价格

8. 需求的变动引起（　　）。

A. 均衡价格同方向变动　　B. 均衡价格反方向变动

C. 均衡数量同方向变动　　D. 均衡数量反方向变动

E. 供给同方向变动

9. 供给的变动引起（　　）。

A. 均衡价格同方向变动　　B. 均衡价格反方向变动

C. 均衡数量同方向变动　　D. 均衡数量反方向变动

E. 需求同方向变动

10. 价格机制调节经济的条件是（　　）。

A. 各经济单位作为独立的经济实体存在

B. 存在市场

C. 生产要素可以自由流动

D. 市场竞争的完全性与公平性

三、判断题

1.（　　）需求量变化与需求变化的含义是相同的。

2.（　　）需求的变动是指商品本身价格变动所引起的该商品的需求数量的变动。

3.（　　）当消费者的收入发生变化时，会引起需求曲线的移动。

4.（　　）生产者预期某商品未来价格要下降，就会减少该商品当前的供给。

5.（　　）任何情况下商品的需求量与价格都是反方向变化的。

6.（　　）均衡价格就是供给量等于需求量时的价格。

7.（　　）均衡价格一定是供给曲线与需求曲线交点时的价格。

8.（　　）限制价格应高于市场价格，支持价格应低于市场价格。

9.（　　）如果一般性商品的价格高于均衡价格，那该价格一定会下跌并向均衡价格靠拢。

10.（　　）假定其他条件不变，某种商品价格的变化将导致它的供给量变化，但不会引起供给的变化。

11.（　　）供给曲线右移表示生产者在每一种价格上提供更多的产品。

四、计算题

已知某商品的市场数据如下（P 为价格，单位为元；Q_d 为需求量、Q_s 为供给量，单位为千克）。

P	4.00	3.50	300	2.50	200	1.50	100
Q_d	30	35	40	45	50	55	60
Q_s	80	68	62	55	50	45	38

（1）根据表中数据画出供给曲线与需求曲线。

(2) 求该商品的均衡价格和均衡数量。

五、问题与思考

1. 决定和影响需求与供给变化的因素有哪些?

2. 什么是市场均衡? 什么是供求定理?

3. 需求量的变动与需求的变动有什么区别?

4. 供给量的变动与供给的变动有什么区别?

5. 运用供求理论分析说明石油输出国组织为什么要限制石油产量?

6. 在我国目前的情况下,是否应该采取对农业的支持价格政策? 为什么?

7. 在通货膨胀严重时,采用限制价格政策有什么好处? 会带来什么不利的后果?

8. 每年2月14日的情人节,情侣们互赠情人卡、巧克力和红玫瑰等礼物。这一天红玫瑰的价格要比平时高许多倍,买花的人却一点也不嫌贵,用学过的经济学理论进行分析。

9. 在家用小轿车市场上,一时期内出现了钢铁价格上升;工程师开发出用于家庭轿车生产的新的自动化机器;出租车的市场价格上升;股市大幅下跌使人们的财产减少。

根据上述事件回答:

(1) 上述事件使供给或需求发生什么变动?

(2) 上述事件使均衡价格和均衡数量发生什么变化?

第二章

弹性理论

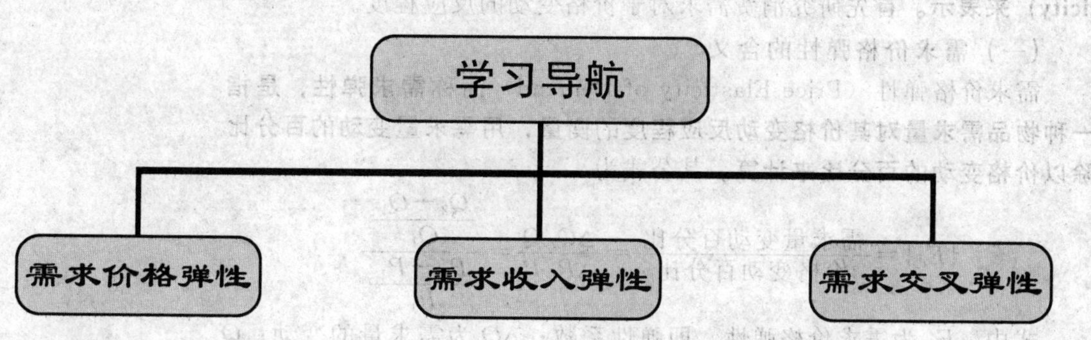

重点掌握

- 需求价格弹性与计算
- 需求富有弹性与缺乏弹性
- 需求弹性与总收益的关系

一般掌握

- 需求收入弹性与计算
- 需求交叉弹性与计算

一般了解

- 收入弹性与恩格尔系数
- 需求价格弹性分类
- 需求交叉弹性分类

弹性是衡量买者与卖者对市场条件变动反应大小的指标，它使我们可以更精确地分析供给与需求。

——N·格里高利·曼昆

第一节　需求价格弹性

由需求定理得知价格越高需求量越少，价格越低需求量越多，但在实际生活中消费者对有的商品价格非常敏感，如观光旅游；而对另一些物品，如食盐、粮食等生活必需品，则对价格的变动几乎无动于衷，为什么？这一章要解释其内在的深刻原因。

一、需求价格弹性的含义

经济学中的弹性（Elasticity），**是指经济变量之间存在函数关系时，因变量变动对自变量变动的反应程度，其大小通常用因变量变动的百分率与自变量变动的百分率之比，即弹性系数（Coefficient of Elasticity）来表示。**首先研究消费需求对于价格变动的反应程度。

（一）需求价格弹性的含义

需求价格弹性（Price Elasticity of Demand）简称**需求弹性，是指一种物品需求量对其价格变动反应程度的衡量，用需求量变动的百分比除以价格变动的百分比来计算。**其公式为

$$|E_d|=\frac{\text{需求量变动百分比}}{\text{价格变动百分比}}=\frac{\Delta Q/Q}{\Delta P/P}=\frac{\dfrac{Q_2-Q_1}{Q_1}}{\dfrac{P_2-P_1}{P_1}}$$

式中，E_d 为需求价格弹性，即弹性系数；ΔQ 为需求量的变动；Q 为需求量；ΔP 为价格的变动；P 为价格。

根据需求弹性 E_d 的性质，可以发现它具有以下的特点。

第一，弹性系数是两个相对数的比率，而不是绝对值的比率，因而可以适用于任何计量单位。

第二，由于需求量与价格变动的方向是相反的，因而需求曲线是一条斜率为负的曲线，由此计算出来的需求价格弹性系数为负值。为了方便，一般取弹性系数的绝对值来比较弹性的大小。

第三，在同一条需求曲线上不同点的需求弹性系数大小并不相同。

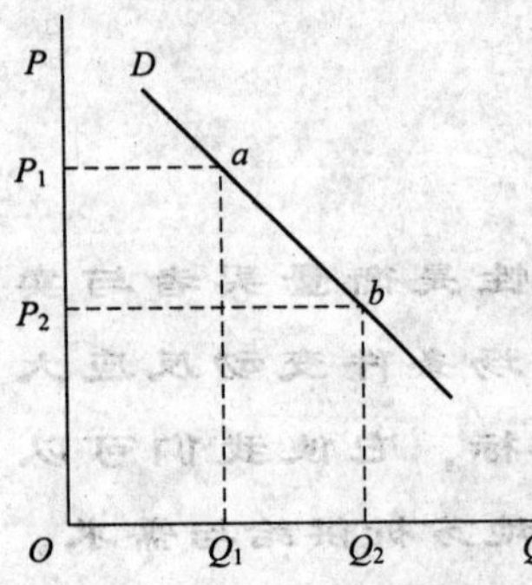

图 2-1　需求价格弹性

（二）需求价格弹性的计算

图 2-1 所示：以 P_1 代表变动前的价格，P_2 代表变动后的价格，Q_1 代表变动前的需求量，Q_2 代表变动后的需求量，需求价格弹性的公式为

$$|E_d|=\frac{\Delta Q/(Q_1+Q_2)/2}{\Delta P/(P_1+P_2)/2}$$

假设 P_1 等于 5，P_2 等于 4，Q_1 等于 10，Q_2 等于 20，那么，图 2-1 中需求曲线上 a，b 之间的需求价格弹性为

$$|\text{需求价格弹性}|=\left|\frac{(20-10)/(10+20)/2}{(4-5)/(5+4)/2}\right|=\left|\frac{10/15}{-1/4.5}\right|=3$$

这就是说，这种商品无论价格上升或下降，需求价格弹性都是 3。

这种计算需求价格弹性的方法称为中点法。用这种方法计算出的需**求曲线上 a，b 之间的需求价格弹性称为弧弹性。**

二、需求价格弹性的分类

根据弹性系数绝对值的大小，需求弹性可以分为五类。

（1）$|E_d|=1$　即价格变动的百分比与需求量变动的百分比相同，被称为需求单位弹性。这时的需求曲线是一条正双曲线，如图 2-2 所示。

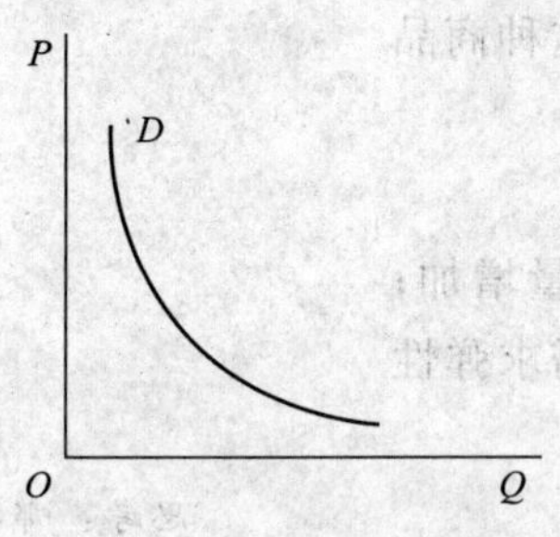

图 2-2　需求单位弹性

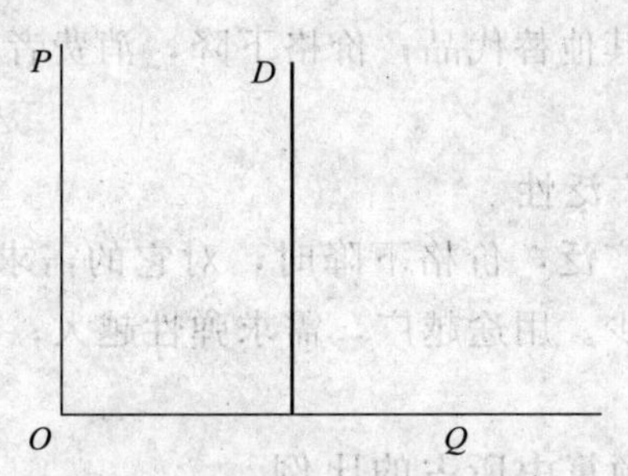

图 2-3　需求完全缺乏弹性

（2）$|E_d|=0$　即无论价格如何变化，需求量都固定不变，被称为需求完全缺乏弹性。这时的需求曲线是一条与横轴垂直的线，如图 2-3 所示。

（3）$|E_d|=\infty$　即在指定的价格水平下，需求量可以任意变动，被称为需求有无限弹性。此时的需求曲线是一条与横轴平行的线，如图 2-4 所示。

前三种在现实生活中比较少见，现实生活中主要是需求富有弹性和缺乏弹性。

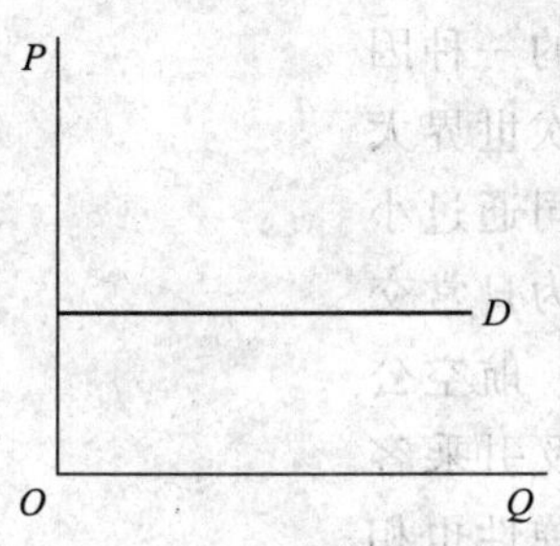

图 2-4　需求有无限弹性

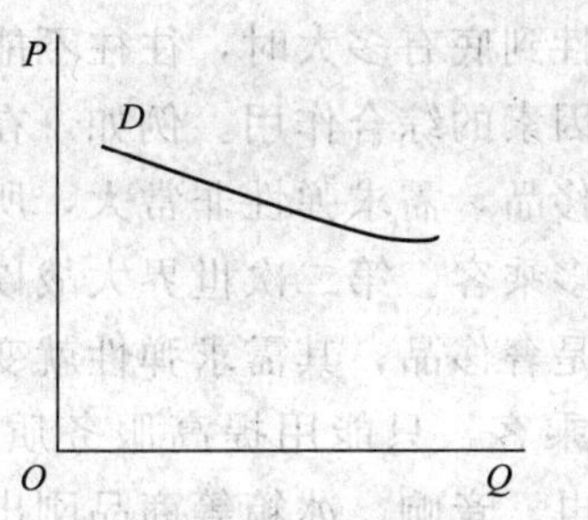

图 2-5　需求富有弹性

（4）$|E_d|>1$　即需求量变动的百分比大于价格变动的百分比，被称为需求富有弹性。此时的需求曲线比较平缓，如图 2-5 所示。

（5）$|E_d|<1$　即需求量变动的百分比小于价格变动的百分比，被称为需求缺乏弹性。此时的需求曲线比较陡直，如图 2-6 所示。

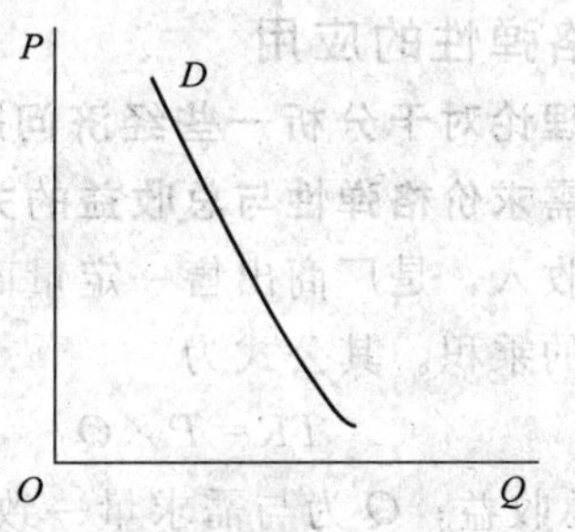

图 2-6　需求缺乏弹性

三、影响需求弹性程度的因素

不同物品的需求弹性存在着差异，特别

是在消费品的需求弹性方面。是什么原因造成不同物品需求弹性的区别呢？主要因素如下。

（一）消费者对商品的需求程度

即该商品是生活必需品，还是奢侈品。一般来说，必需品倾向于需求缺乏弹性，而奢侈品倾向于需求富有弹性。

（二）商品的可替代程度

如果一种商品替代品的数目越多，则需求弹性越大。因为价格上升时，消费者会转而购买其他替代品；价格下降，消费者会购买这种商品来取代其他替代品。

（三）商品用途的广泛性

一种商品用途越是广泛，价格下降时，对它的需求量会大量增加；否则，需求量会大量减少。用途越广，需求弹性越大；反之，需求弹性越小。

（四）消费支出在预算中所占的比例

思考：哪些商品需求弹性大；哪些商品需求弹性小。

如果一种商品支出在家庭预算中占的分量小，消费者对价格变化反应小，其需求弹性也小；如果所占的分量大，消费者对价格变化的反应就大，其需求弹性就大。

（五）商品使用时间的长短

从商品使用时间的长短看，一般来说，使用时间长的耐用消费品需求弹性大，而使用时间短的非耐用消费品需求弹性小。

由于商品的需求弹性会因时期、消费者收入水平和地区而不同，所以在考虑商品的需求弹性到底有多大时，往往不能只考虑其中的一种因素，而要全面考虑多种因素的综合作用。例如，在国外，第二次世界大战以前，航空旅行是奢侈品，需求弹性非常大，所以，航空公司通过小幅度降价就可以吸引许多乘客。第二次世界大战以后，飞机成为日常交通工具，航空旅行不再是奢侈品，其需求弹性就变小了，所以，航空公司难以利用降价来吸引乘客，只能用提高服务质量等方法来吸引乘客了。同样，在我国，彩电、音响、冰箱等商品刚出现时，需求弹性也相当大，但随居民收入水平的提高和这些商品的普及，其需求弹性逐渐变小了。

四、需求价格弹性的应用

需求价格弹性理论对于分析一些经济问题、经济现象是很有用的。下面重点分析一下需求价格弹性与总收益的关系。

总收益也称总收入，是厂商出售一定量商品所得到的全部收入，也就是销售量与价格的乘积。其公式为

$$TR = P \times Q$$

式中，TR 为总收益；Q 为与需求量一致的销售量；P 为价格。

厂商的总收益对于消费者来说就是他们为购买这一定量的商品而付

出的总支出。所以说，分析需求价格弹性对厂商总收益的影响实际上也就是分析需求弹性对消费者总支出的影响。

从总收益的计算公式可以看出，总收益取决于价格和需求量。所以，需求价格弹性发生变化，必然会引起总收益的变动。

由于不同商品的需求弹性不一样，对总收益的影响势必不会相同。下面主要讨论需求缺乏弹性的商品及需求富有弹性的商品与总收益之间的关系。

（一）缺乏弹性商品与总收益的关系

如果需求是缺乏弹性的，那么价格上升引起总收益增加。如图 2-7 所示，假设价格从 1 元上升到 3 元，使需求量从 100 下降到 80，此时，总收益从 100 元增加到 240 元。价格上升引起总收益 $P\times Q$ 增加，但价格上升 200%，而收益仅上升 140%这是因为需求量减少的幅度小于价格上升的幅度。

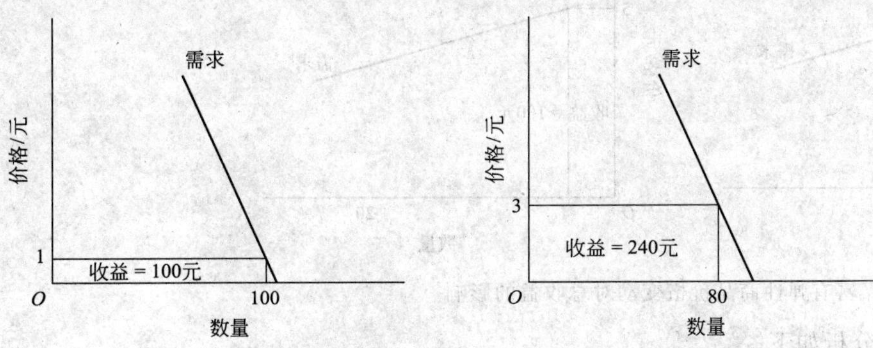

图 2-7 缺乏弹性商品价格变动对总收益的影响

以面粉为例，分析如下。

假设面粉的需求弹性系数为 $|E_d|=0.5$，每千克（kg）面粉的价格是 4 元，销售量为 50kg，这时总收益为

$$TR=P\times Q=4\times 50=200（元）$$

如果面粉降价 10%，由于 $|E_d|=0.5$，销售量则上升 5%。这时总收益为

$$3.6\times 52.5=189（元）$$

比较前后的总收益，面粉的价格下降了，但是总收益并未增加，反而减少了 11 元。

如果面粉涨价 10%，则销售量下降 5%。这时总收益为

$$4.4\times 47.5=209（元）$$

再比较涨价前后的总收益，虽然面粉价格上升了，但总收益并未减少，反而增加了 9 元。

通过计算，可以得出这样的结论：**需求缺乏弹性的商品，它的价格与总收益呈同方向变动。价格上升，总收益增加；价格下降，总收益减少。**

卖者总收益的增加，就是买者总支出的增加。所以，对于粮、油、

菜等百姓必需品应谨慎涨价，否则会增加人们的生活支出，造成实际收入下降，影响社会安定。

由于大部分农产品都缺乏弹性，丰收将使农产品的价格和农民的总收入减少。“谷贱伤农”，农民将因福得祸。同理，遭到荒年，粮食价格将飞涨，农民的收入反而增加。

请你想一想现实生活中哪些商品可以薄利多销？什么商品提高价格可以增加生产者的总收益？什么降低价格可以增加生产者的总收益？

（二）富有弹性商品与总收益的关系

如果需求富有弹性，则得出相反的结果：价格上升引起总收益减少。如图 2-8 所示，假设价格从 4 元上升到 5 元时，需求量从 50 减少为 20，因此，总收益从 200 元减少到 100 元。由于需求富有弹性，需求量减少的如此之多，以至于抵消了价格的上升。这就是说，价格上升，总收益 $P \times Q$ 减少，是因为需求量 Q 减少的幅度大于价格上升的幅度。

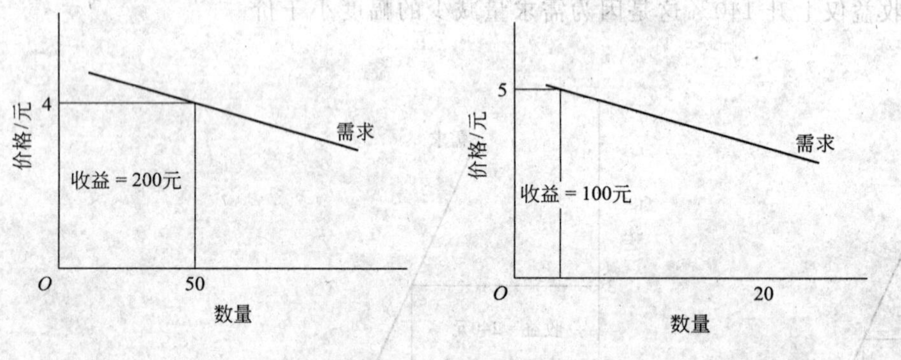

图 2-8　富有弹性商品价格变动对总收益的影响

以电视机为例，分析如下。

假设电视机的需求弹性系数 $|E_d|=2$，每台电视机的价格为 2000 元，销售量为 100 台，这时总收益为

$$2000 \times 100 = 200000 \text{（元）}$$

如果每台电视机的价格从 2000 元下降到 1800 元，下降幅度为 10%。由于 $|E_d|=2$，销售量便会增加 20%，至 120 台。这时，总收益为

$$2000 \times 120 = 240000 \text{（元）}$$

比较前后的总收益，每台电视机的价格虽然下降了，但总收益却增加了 40000 元。

如果每台电视机的价格提高 10%，即 2200 元，那么，销售量会下降 20%为 80 台。这时，总收益为

$$2200 \times 80 = 176000 \text{（元）}$$

再比较涨价前后的总收益，虽然每台电视机的价格提高了，但是总收益并未增加，反而减少了 24000 元。

通过计算，可以得出这样的结论：**需求富有弹性的商品，它的价格与总收益呈反方向变动。价格上升时，总收益减少；价格下降，总收益增加。**

需求富有弹性的商品价格上升而总收益减少，说明了这类商品调价不当则会带来损失。例如，1979 年我国农副产品调价，猪肉价格上调

20%左右，在当时，我国人民生活水平较低，猪肉的需求富有弹性，涨价后人们转向购买其他替代品，猪肉需求量迅速下降。国家不得不将三、四级猪肉降价出售，加上库存积压，财政损失20多亿元，加上农副产品涨价给城镇职工补贴20多亿元，财政支出共增加40多亿元。

第二节 需求收入弹性

一、需求收入弹性的含义

消费者的收入是决定需求的一个不亚于价格的因素。所谓的需求收入弹性（Income Elasticity of Demand）**是指消费者的收入变化对某物品需求量变动的影响。**需求的收入弹性以 E_m 代表收入弹性的弹性系数，$\Delta Q/Q$ 代表需求量变动的百分比，$\Delta Y/Y$ 代表收入变动的百分比，则计算收入弹性系数的公式为

$$E_m=\frac{\Delta Q}{Q}\Big/\frac{\Delta Y}{Y}=\frac{\Delta Q}{\Delta Y}\times\frac{Y}{Q}$$

二、需求收入弹性的分类

需求的收入弹性与需求的价格弹性一样也有几种分类，收入弹性一般分为5类。最主要的还是收入富有弹性和缺乏弹性。

第一，**收入无弹性**，即 $E_m=0$，在这种情况下，**无论收入如何变动，需求量都不会变。**这时收入-需求曲线（表示收入变动与需求量变动之间关系的曲线）是一条垂线，如图2-9中的 A。

第二，**收入富有弹性**，即 $E_m>1$。在这种情况下，**需求量变动的百分比大于收入变动的百分比。**这时收入-需求曲线是一条向右上方倾斜而比较平坦的线。通常把这种商品称为奢侈品，如高档汽车、珠宝等，如图2-9中的 B。

第三，**收入缺乏弹性**，即 $0<E_m<1$。在这种情况下，**需求量变动的百分比小于收入变动的百分比。**这时收入-需求曲线是一条向右上方倾斜而比较陡峭的线。把这种商品称为必需品，如米、油、盐等，如图2-9中的 C。

第四，**收入单位弹性**，即 $E_m=1$。在这种情况下，**需求量变动与收入变动的百分比相同。**这时收入-需求曲线是一条向右上方倾斜而与横轴呈45°的线，如图2-9中的 D。

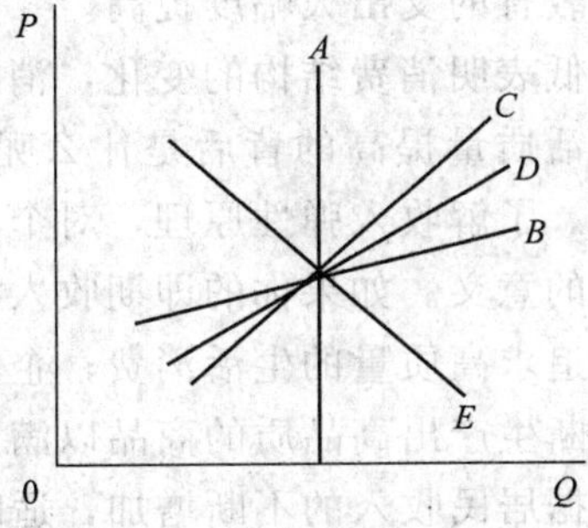

图2-9 几种需求收入弹性

第五，**收入负弹性**，即 $E_m<0$。在这种情况下，**需求量的变动与收入的变动呈反方向变化。**这时收入-需求曲线是一条向右下方倾斜的线。例如，收入水平很低时，玉米面、高粱米可能是人们的主食，收入提高后，人们就会减少玉米面、高粱

面的消费，而增加大米、白面的消费，这时玉米面、高粱面的收入弹性为负数。如图 2-9 中的 E。

三、需求收入弹性与恩格尔定理

一般来讲，收入增加对商品的需求量增加，符合这种特性的是正常商品，但收入增加后生活必需品增加比例小于收入增加的比例；收入增加后奢侈品的增加大于收入增加的比例。这两种情况无论收入弹性系数大小都是正值。但也有一些商品，例如，旧货、低档面料的服装、处理品等商品随着消费者收入的增加而减少，收入弹性系数都是负值。通俗地说，收入增加了人们不会多吃粮食、食盐，对牙膏的增加也有限；对旧货、低档面料的服装、处理品非但不增加，反而减少；收入增加后增加了住房、汽车、化妆品、名牌服饰等商品的需求。近年来收入不断增加，低档品从人们的生活中逐渐消失，而高档品的消费越来越多，这种变化情况符合恩格尔定理。

恩格尔是 19 世纪德国统计学家，他在研究人们的消费结构变化时发现了一条规律，即一个家庭收入越少，这个家庭用来购买食物的支出所占的比例就越大，反之亦然。**家庭用以购买食物的支出与这个家庭的总收入之比，就叫恩格尔系数。**这是因为食品缺乏弹性，收入增加几乎不增加食物的购买，收入增加后增加的几乎都是弹性大的商品。由此可以得出结论，对一个国家而言，这个国家越穷，其恩格尔系数就越高；反之，这个国家越富，其恩格尔系数越是下降。这就是世界经济学界所公认的恩格尔定理。

联合国粮农组织提出了一个划分贫困与富裕之间的标准：恩格尔系数在 59%以上为贫困；50%～59%为小康；30%～50%为富裕；30%以下为特别富裕。

我国城镇居民 1978 年城市恩格尔系数是 57.5%，农村是 67.7%；到 2006 年底，我国城市恩格尔系数是 35.8%，农村是 43%，说明我国人民以吃饱为标志的温饱型生活，正在向以享受和发展为标志的小康型生活转变。特别值得一提的是，在物质生活进一步改善和提高的同时，城乡人民的精神生活也得到了进一步充实。用于陶冶情操、增进身心健康的文化艺术、健身保健、医疗卫生等方面的支出稳步增长，用于子女非义务教育和自身再教育的支出大幅度提高。

恩格尔系数的降低表明消费结构的变化，消费结构的变化表明生活质量的提高，而在生活质量提高的背后是什么呢？无疑是经济的发展，人民收入水平的提高。了解收入弹性原理，对个人消费、企业决策和国家制定政策都有一定的意义。如果你的即期收入很高而预期稳定和收入不断增加，你就应该追求高质量的生活消费；企业决策者应该随着居民收入的不断增加，不断生产出高品质的商品以满足消费者的需求；作为国家的决策者，应根据居民收入的不断增加，适时地调整产业布局，需求收入弹性大的部门，由于需求量增长要快于国民收入增长，因此发展应该快些，而需求收入弹性小的部门，发展速度应当慢些。根据收入弹性还可以分析各部门人员的收入现状等。

第三节 需求交叉弹性

一、需求交叉弹性的含义

需求交叉弹性（Cross Elasticity of Demand）**指相关的两种商品中一种商品的价格变动比率所引起的另一种商品需求量变动的比率，即一种商品的需求量变动对另一种商品价格变动的反应程度。**如：对羊肉需求量的增加或减少，不仅受羊肉本身价格变动的影响，还会受到与羊肉相关的牛肉、鸡肉、鱼等商品价格变化的影响。以 E_{XY} 表示交叉弹性系数，则公式为

$$E_{XY}=\frac{\Delta Q_X/Q_X}{\Delta P_Y/P_Y}=\frac{\Delta Q_X}{\Delta P_Y}\times\frac{P_Y}{Q_X}$$

如羊肉的价格下降 10%，牛肉的价格不变，羊肉的需求量上升 12%，牛肉的需求量下降 8%，则

$$E_{XY}=\frac{-0.08}{-0.10}=0.8$$

上例表明，羊肉价格下降 1%，牛肉需求量下降 0.8%。

二、需求交叉弹性的类型

相关商品可以分为替代商品和互补商品两种。

第一，$E_{XY}>0$，替代商品是指两种商品可以相互替代来满足同一种欲望，它们之间是相互替代的。例如：大米和面粉、牛肉和羊肉等。消费者在购买两种替代商品时，如果其中一种商品价格上涨，另一种商品的需求量就会增加。例如，大米价格上涨，人们就会增加面粉的消费。因此，两种替代商品的交叉弹性是正数，如图 2-10。

第二，$E_{XY}<0$。互补商品是指两种商品共同满足一种欲望，它们之间是互相补充的。例如：汽车和汽油、照相机和胶卷等。消费者在购买两种互补商品时，如果其中一种商品价格上涨，对另一种商品的需求量就会减少，如汽车的价格上涨，人们就会减少对汽油的消费。因此，两种互补品的交叉弹性是负数，如图 2-10。

第三，$E_{XY}=0$。对于两种不存在相关关系的商品来说，它们的交叉弹性为零。交叉弹性概念在分析相关商品的价格对需求量的影响时有一定的实用价值，如图 2-10。

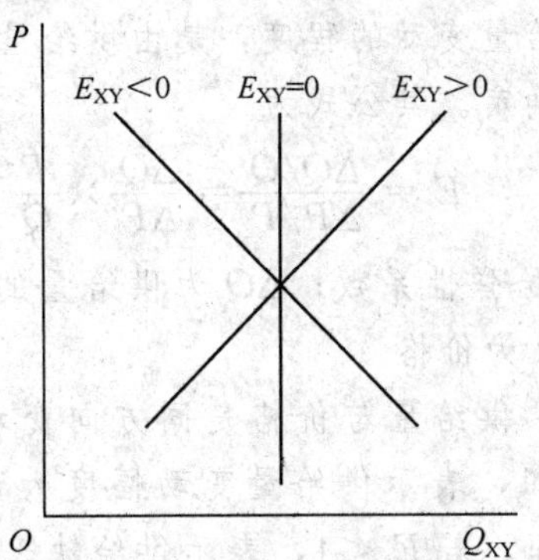

图 2-10 几种需求交叉弹性

三、需求交叉弹性的意义

懂得需求交叉弹性为企业制定合理价

格有很大帮助。如果两家生产替代品，如大维西服和衫衫西服都是国内的知名品牌，对消费者来说大维西服与衫衫西服提供的效用是相同的，它们是互相替代的产品。众所周知，为了提高市场占有率他们都不惜投入大量的金钱作广告，进行非价格竞争。但如果只注意非价格竞争而忽视价格竞争也会失去市场。假如：大维坚持高价格政策，衫衫采取“薄利多销”的低价格政策，西装属于富有弹性的商品，因此消费者就会由于衫衫西装价格下降增加衫衫西装的购买，大维就会失去一部分市场份额。因此，大维应根据交叉弹性的特点正确判断自己的市场定位，制定合适的市场价格，预防不利于自己生存和发展的情况发生。

如果互补产品为一家生产，如彩色喷墨打印机和墨盒的定价。彩色喷墨打印机是基本品，墨盒是配套品，基本品应定价低，配套品应定价高，事实也就是这样，彩色喷墨打印机一台售价仅为400～500元人民币，很诱人，但买下后才发现更换一个墨盒的价格是200元人民币，一种色彩的油墨用完，不换墨盒就不能保证画面质量，而换四个墨盒的价格比一台彩色喷墨打印机还贵。根据交叉弹性的定价原理，面对基本品——打印机，定价过高，消费者处于主动位置需求弹性较大，只有定低价才能吸引消费者购买，一旦基本品买下，配套品的选择余地就小了，消费者往往处于缺乏替代的被动地位，此时定高价能够获取较高利润，如果反过来基本品定价高，结果导致需求者寥寥无几，那么配套品定价再低也已失去意义。

总之，企业在制定产品价格时，应考虑到替代品与互补品之间的相互影响。否则，价格变动可能会对销路和利润产生不良后果。

知识拓展

供给弹性

供给的价格弹性（Price Elasticity of Supply）简称供给弹性。它表示价格变动引起供给量变动的程度，是由供给量变动的百分比与价格变动的百分比的比值确定。其公式为

$$E_s=\frac{\Delta Q/Q}{\Delta P/P}=\frac{\Delta Q}{\Delta P}\times\frac{P}{Q}$$

式中，E_s 为供给弹性系数；ΔQ 为供给量的变动；ΔP 为价格的变动；Q 为供给量；P 为价格。

根据供给定理，供给量与价格是同方向变动的，所以一般情况下 E_s 是正数。若 $E_s>1$，表示供给量变动幅度大于价格变动幅度，称为供给富有弹性。同理，若 $E_s<1$，表示供给缺乏弹性。若 $E_s=1$，说明供给量变动的幅度等于价格变动的幅度，称为供给单位弹性。若 $E_s=$

0，表示无论价格如何变动，供给量固定不变，称为供给完全缺乏弹性。若 $E_s=\infty$，则表示对某一既定价格，供给量可以任意增加，称为供给有无限弹性。

供给弹性的大小主要取决于以下几个因素。

第一，增加产量所需追加生产要素费用的大小。一般地说，若增加产量的投资费用较小，则供给弹性大；反之，供给弹性小。

第二，生产要素转移是否容易。生产要素能够比较容易地转移，则供给弹性大；反之，供给弹性小。

第三，时间的长短。一般在短时期内，厂商只能在固定的厂房设备下增加产量，因而供给量的变动有限，这时供给弹性小。在长期内，厂商能够通过调整规模来扩大产量，这时供给弹性将大于同种商品在短期内的供给弹性。

在供求规律里讲到，由于家电市场长期供小于求，厂商的利润可观，因此有越来越多的厂家投身于家电产品的生产，供求平衡随之改变，由原来的供小于求，逐步转变为供大于求。在这个过程中，说明需求增加、价格上升后，供给的变动是与时间长短相关的，可以用价格弹性概念。从公式中可以看到，某商品价格上升10%，供给量增加20%，则供给弹性为2。如果无论价格如何，供给量都不变，则供给弹性为0，即供给无弹性。如某些已故画家的作品就是这样。如果价格既定，供给无限，则供给弹性为无限大，即供给有无限弹性。如用自然山间清泉作矿泉水就是这样。正常情况下，价格变动百分比大于供给量变动的百分比为供给缺乏弹性，价格变动百分比小于供给量变动的百分比为供给富有弹性。

如家电的生产情况，20世纪80年代家电需求增加时，价格很高生产厂家利润丰厚，但家电厂受生产规模的限制，难以很快增加。正因为如此很多企业纷纷生产家电。所以出现了90年代后家电市场供大于求的局面，但已形成一定规模的家电生产也难以大幅度减少。所以像家电、汽车等行业要确定一个适度的规模，规模小会失去赚钱的机会，规模大又会形成过剩的生产能力。这是由于这些生产缺乏供给弹性，有的专家提醒汽车业不要重蹈家电业的覆辙。

旧帽换新帽一律八折

在市场上各商家之间"挥泪大甩卖"、"赔本跳楼价"的价格大战人们从未仔细考虑过究竟是为什么，只是觉得很开心，因为可以节省大量金钱。在一家安全帽专卖店，看到它打出这样的广告——"旧帽换新帽一律八折"。店家的意思是，如果你买安全帽时交一顶旧安全帽的话，当场退两成的价格；如果直接买新帽，对不起只能按原定价格买。这一种促销方式让人觉得好奇，是不是店家加入了什么基金会或是店家和供帽厂家有什么协定，回收旧安全帽可以让店家回收一些成本，因此拿旧帽来才有两折的优惠呢？如果大家这么想，那可就猜错了，大凡这种以旧换新的促销活动主要是针对不同消费者的需求弹性而采取的区别定价方法，即：给定一定的价格变动比例，购买者需求数量变动较大称为需求弹性较大，变动较小称为弹性较小。对需求弹性较小的购买者制定较高价格，对需求弹性较大的顾客收取较低价格。而这家安全帽专卖店的促销做法正是这个理论的实际应用，实际上，店家拿到你那顶脏脏旧旧的安全帽，并没有什么好处，常常是在你走后往垃圾筒一丢了事。既然没好处，店家为何还要多此一举呢？答案是——店家以顾客是否拿旧安全帽来区别顾客的需求弹性。简单地说，没拿旧安全帽来的顾客说明他没有安全帽，由于法令规定驾驶摩托车必须要戴安全帽，故而无论价格的高低，购买摩托车的人一定要买顶安全帽，因此这种顾客的需求曲线较陡，弹性较小。相对来讲，拿旧安全帽来抵两折价款的顾客表明他本来就有一顶安全帽，如果安全帽的价格便宜他有以旧换新的需求，而如果价格太贵他也可以以后再买，因为已有了一顶安全帽，对该商品的需求没有迫切性。因此，这类的顾客需求曲线较平坦，弹性较大。

综上所述，不难看出，该安全帽专卖店采用这种“旧帽换新帽八折”的促销活动，针对不同消费者需求定价的方法，不仅不会使其减少营业收入，反而会吸引那些本不想购买新帽的消费者前来购买，增加了收益。因此，认真研究消费者心理，了解市场需求，针对本行业的特点，制定出适合自己的价格策略，一定会给单位、公司带来丰厚的利润。

本章小结

◆弹性理论重点把握需求价格弹性。需求价格弹性是指一种物品需求量对其价格变动反应程度的衡量，用需求量变动的百分比除以价格变动的百分比来计算。需求富有弹性的商品价格下降总收益增加，价格上升总收益减少。需求缺乏弹性的商品价格下降总收益减少，价格上升总收益增加。

◆需求弹性可以分为需求完全缺乏弹性、需求有无限弹性、需求单位弹性、需求富有弹性和需求缺乏弹性。其中，最常见的是需求缺乏弹性和需求富有弹性。需求缺乏弹性是弹性系数小于 1，即需求量变动的百分比小于价格变动的百分比。需求富有弹性是弹性系数大于 1，即需求量变动的百分比大于价格变动的百分比。

◆不同商品需求弹性大小不同，这主要取决于对不同商品的需求强度、替代品多少、商品本身用途广泛性、时间长短、在支出中所占比例等因素。

◆需求收入弹性是指消费者的收入变化对某物品需求量变动的影响。一般而言，正常物品需求收入弹性大于 0，低档物品需求收入弹性小于 0。奢侈品需求收入弹性大于 1，生活必需品需求收入弹性小于 1。

◆恩格尔是 19 世纪德国统计学家，他在研究人们的消费结构变化时发现了一条规律，即一个家庭收入越少，这个家庭用来购买食物的支出所占的比例就越大，反过来也是一样。而这个家庭用以购买食物的支出与这个家庭的总收入之比，就叫恩格尔系数。由此可以得出结论，对一个国家而言，这个国家越穷，其恩格尔系数就越高；反之，这个国家越富，其恩格尔系数越低。这就是世界经济学界所公认的恩格尔定理。

◆需求交叉弹性简称交叉弹性，指相关的两种商品中一种商品的价格变动比率所引起的另一种商品需求量变动的比率，即一种商品的需求量变动对另一种商品价格变动的反应程度。相关商品可以分为替代商品和互补商品两种。

◆替代商品是指两种商品可以相互替代来满足同一种欲望，它们之间是相互替代的。互补商品是指两种商品共同满足一种欲望，它们之间是互相补充的。两种替代品的需求交叉弹性大于 0，两种互补品的需求交叉弹性小于 0。

主要概念

价格弹性　需求富有弹性　需求缺乏弹性　收入弹性　恩格尔系数　交叉弹性

思考与应用

一、单项选择题

1. 在下列价格弹性的表达中，正确的是（　　）。

   A. 需求量变动对价格变动的反应程度

   B. 价格变动的绝对值对需求量变动的绝对值的影响

   C. 价格的变动量除以需求的变动量

   D. 需求的变动量除以价格的变动量

2. 需求完全无弹性可以用（　　）。

   A. 一条与横轴平行的线表示

   B. 一条向右下方倾斜的直线表示

   C. 一条与纵轴平行的线表示

D. 一条向右下方倾斜的直线表示

3. 下列哪一种商品的价格弹性最大（　　）。

A. 面粉　　B. 大白菜　　C. 治病的药　　D. 化妆品

4. 若某商品价格上升 2%，其需求量下降 10%，则该商品的需求的价格弹性是（　　）。

A. 缺乏弹性　　B. 富有弹性　　C. 单位弹性　　D. 无限弹性

5. 如果某商品是富有弹性，则该商品价格上升（　　）。

A. 销售收益增加　　B. 销售收益不变

C. 销售收益下降　　D. 销售收益可能上升也可能下降

6. 一般来说商品的需求价格弹性与购买该种商品的支出占全部收入的比例的关系是（　　）。

A. 购买该种商品的支出占全部收入的比例越大，其需求价格弹性就越大

B. 购买该种商品的支出占全部收入的比例越大，其需求价格弹性就越小

C. 购买该种商品的支出占全部收入的比例越小，其需求价格弹性就越大

D. 购买该种商品的支出占全部收入的比例与价格弹性没有关系

7. 如果人们收入水平提高，则食物支出在总支出中的比重将会（　　）。

A. 大大增加　　B. 稍有增加　　C. 下降　　D. 不变

8. 假定某商品的价格从 5 元降到 4 元，需求量从 9 个上升到 11 个，则该商品的总收益将（　　）。

A. 不变　　B. 增加　　C. 减少　　D. 无法判断

9. 两种商品中如果其中的一种商品价格发生下降或上升时，这两种商品的购买量同时增加或同时减少，请问两者的交叉弹性系数是（　　）。

A. 负　　B. 正　　C. 0　　D. 1

10. 什么情况下应采取薄利多销政策（　　）。

A. 价格弹性小于 1 时　　B. 价格弹性大于 1 时

C. 收入弹性大于 1 时　　D. 任何时候都应薄利多销

11. 所有产品的收入弹性（　　）。

A. 都是负值　　B. 都是正值

C. 绝对值总大于 1　　D. 不一定

12. 下列产品中，哪种产品的交叉弹性为负值（　　）。

A. 汽车和轮胎　　B. 花生油和豆油

C. 棉布和化纤布　　D. 大米和面粉

二、多项选择题

1. 需求的价格弹性的种类有（　　）。

A. $|E_d|>1$ B. $|E_d|=1$ C. $|E_d|=0$

D. $|E_d|<1$ E. $|E_d|<0$

2. 影响需求价格弹性的因素有（　　）。

A. 购买欲望 B. 商品的可替代程度 C. 用途的广泛性

D. 商品的价格 E. 商品的使用时间

3. 需求收入弹性的种类有（　　）。

A. $E_m>1$ B. $E_m=1$ C. $E_m=0$

D. $E_m<1$ E. $E_m<0$

4. 下列弹性的表达中，正确的是（　　）。

A. 需求价格弹性是需求量变动对价格变动的反应程度

B. 需求价格弹性等于需求的变动量除以价格的变动量

C. 收入弹性描述的是收入与价格的关系

D. 收入弹性描述的是收入与需求量的关系

E. 交叉弹性就是一种商品的价格变化对另一种商品需求量的影响

5. 以下关于需求价格弹性大小与销售收入的论述中正确的是（　　）。

A. 需求弹性越大，销售收入越大

B. 如果商品富有弹性，则降价可以扩大销售收入

C. 如果商品缺乏弹性，则降价可以扩大销售收入

D. 如果商品富有弹性，则降价可以提高利润

E. 如果商品为单位弹性，则价格对销售收入没有影响

6. 关于交叉弹性，正确的是（　　）。

A. 交叉弹性可能是正值，也可能是负值

B. 如果交叉弹性是正值，说明这两种商品是互补品

C. 如果交叉弹性是正值，说明这两种商品是替代品

D. 如果交叉弹性是负值，说明这两种商品是互补品

E. 如果交叉弹性是负值，说明这两种商品是替代品

三、判断题

1.（　　）如果价格和总收益呈同方向变化，则需求是缺乏弹性的。

2.（　　）富有弹性的商品涨价总收益增加。

3.（　　）如果商品缺乏弹性，要扩大销售收入，则要提高价格。

4.（　　）已知某商品的收入弹性大于 0 小于 1，则这种商品是低档商品。

5.（　　）已知某商品的收入弹性小于 1，则这种商品是奢侈品。

6.（　　）已知某商品的收入弹性小于 0，则这种商品是一般的正常商品。

7.（　　）已知某两种商品的交叉弹性小于 0，则这两种商品是独

立品。

8. （　　）已知某两种商品的交叉弹性大于0，则这两种商品是替代品。

9. （　　）当某种商品的价格上升时，其互补商品的需求将上升。

四、计算题

1. 某种商品的需求价格弹性系数为2.0，当它降价10%时，需求量会增加多少？

2. 某商品的价格为5元时，需求量为40，价格为4元时，需求量为50，计算当价格由5元降为4元时的需求价格弹性。

3. 某商品原价格为1元，销售量为1000千克，该商品的需求弹性系数为2.4，如降价为0.8元，此时的销售量是多少？降价后总收益是增加了还是减少了？增加或减少了多少？

4. 当人们的平均收入增加20%时，某种商品的需求量增加了30%，计算需求收入弹性，并说明这种商品是正常物品还是低档物品，是奢侈品还是生活必需品。

5. 如果一种商品价格上升10%，另一种商品需求量增加了15%，这两种商品的需求交叉弹性是多少？这两种商品是什么关系？

6. 出租车服务价格上升20%，出租车与私人汽车之间的需求交叉弹性为0.2，私人汽车的需求量会增加或减少多少？

五、问题与思考

1. 需求的三种弹性的含义。

2. 需求富有弹性和缺乏弹性与总收益的关系。

3. 需求收入弹性与交叉弹性的微观与宏观意义。

4. 小说类书和中小学教科书都属于书籍，但小说类书的需求弹性大于教科书，为什么？

5. 一个司机来到加油站，汽油价格上升，该位司机说加40升汽油。这位司机对汽油的需求弹性属于哪种类型？

6. 如果某一年农业受灾，这对不受灾地区的农民是一件好事，还是一件坏事？为什么？

7. 治病药和保健品能不能薄利多销？为什么？

第三章

消费者行为理论

重点掌握

- 效用与边际效用
- 边际效用递减规律
- 无差异曲线的含义与特征
- 消费可能线
- 序数效用分析与消费者均衡

一般掌握

- 用基数效用论分析消费者均衡
- 用图形分析消费者均衡

一般了解

- 消费者剩余
- 消费者行为与需求定理

经济学是一门使人生幸福的艺术。

——萧伯纳

需求产生消费者的消费。消费者的消费是为了得到物质和精神上的满足，经济学家把这种满足称为效用。效用理论正是要说明消费者在收入与价格既定时如何实现最大效用，使之得到最大的幸福。本章就是要分析消费者在无限欲望和有限的收入以及在商品价格一定的条件下如何把每一分钱都花在刀刃上，使消费者达到最大的满足。

第一节　基数效用论

效用是消费者在购买、拥有或消费某种物品或服务时心理上所获得的满足程度。效用是人的心理感受，是一种主观感觉。经济学家为了便于分析，假定这种主观感觉是可以用基数（1，2，3，…）来衡量的，好像用尺子量布一样，用这种假定所作的效用分析叫做基数效用分析。用数字来衡量满足程度只是为了研究方便，例如，冷与热是人的主观感受，也用数字来表示，0℃以上与0℃以下的不同数字表示的冷热程度完全是一种人为规定的工具。

一、效用、总效用和边际效用

（一）效用

早在一百多年前，西方经济学家就使用了“效用”这个概念来分析消费者的需要。最初，这个概念常见于心理学，以此来说明人类行为的许多现象可以用追求快乐和避免痛苦来解释。后来，这个原则就被移用到消费者的行为问题上来了。一个人购得了一种商品，总是有一种满足感，好比追求到了某种程度的快乐，而购买商品总是要支付货币，支出就好像是一种“痛苦”，要尽可能减少。因此，**所谓效用（Utility），就是指消费者从某种物品的消费中得到的满足程度。**一种商品必须具有满足人们欲望的性能，才能产生效用。

对消费者来说，效用是因时、因地、因人而异的。对同一消费者来说，一杯水在平时喝与运动后喝带来的满足显然是不同的；一杯水在家里与在沙漠旅行中的满足更是相差巨大；在同一时间和同一地点，不同的人喝一杯水所得到的满足程度也是不同的。因此效用只不过是每个人在消费了某物品后的主观评价而已。

消费者消费某种物品获得的满足程度高就是效用大；反之，满足程度低就是效用小。如果消费者从消费某种物品中感受到痛苦，则是负效用。例如，一支香烟对吸烟者来说可以有很大的效用，而对不吸烟者来说，则可能毫无效用，甚至有负效用。

效用与使用价值不同，不能混为一谈。

效用在很大程度上受经济条件制约。豪华汽车、别墅等可能对一部分收入较高的人有现实的使用意义，而收入微薄的人是不会过问它们的。在西方，“劳力士”手表已成为有钱人的象征，而穷苦人，即使能凑足买一块“劳力士”手表的钱，但他很可能经过盘算，认为把钱花在其他方面更为合理一些。所以，效用可以说是收入的一种函数。收入的多寡决定了人们对某种商品的效用不同。

（二）总效用

总效用（Total Utility，以 *TU* 表示）是指消费者从消费一定量的某种物品中得到的总满足程度。若只消费一种物品 X，则总效用函数为

$$TU=f(X)$$

（三）边际效用

边际效用（Marginal Utility，以 *MU* 表示）是指消费者每增加 1 单位某种物品的消费所增加的总效用。若以 ΔX 表示增加的物品量，以 ΔTU 表示增加的效用量，则边际效用可表示为

$$MU_X=\frac{\Delta TU}{\Delta X}$$

表 3-1 给出一个饭量较大的人吃馒头的总效用和边际效用的数值，表中数据可以说明总效用与边际效用的关系。

表 3-1 总效用与边际效用

馒头数	总效用(*TU*)	边际效用(*MU*)	馒头数	总效用(*TU*)	边际效用(*MU*)
0	0	0	4	22	1
1	12	12	5	22	0
2	18	6	6	20	－2
3	21	3			

根据表 3-1 可以做出总效用曲线和边际效用曲线，如图 3-1 所示，横轴表示馒头的消费数量 *Q*，纵轴表示总效用 *TU* 或边际效用 *MU*，*TU* 是总效用曲线，*MU* 是边际效用曲线。

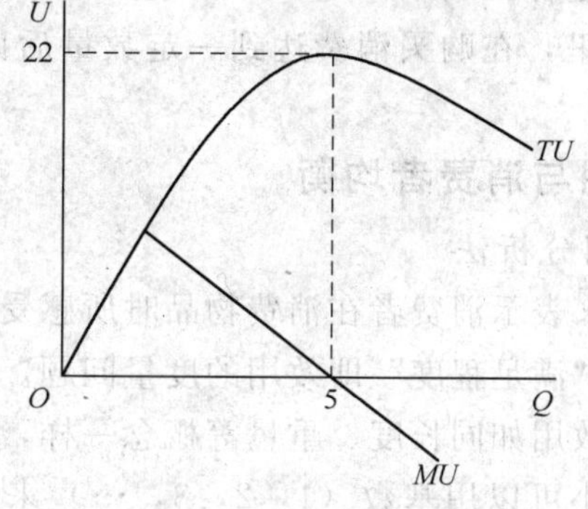

图 3-1 边际效用和总效用

此图只是示意图，不准确。

从表 3-1 和图 3-1 可以看出：总效用开始随消费馒头数量的不断增加而不断递增，直到消费第六个馒头时，总效用开始递减。而边际效用随消费馒头数量的增加而不断下降，当消费第五个馒头时边际效用为零，以后再增加馒头的消费边际效用就为负值，证明给消费者带来的是负效用。由此可以得出这样的结论：当边际效用为正数时，总效用是递增的；当边际效用等于零时，总效用最大；当边际效用为负数时，总效用递减。

你在生活中有没有这样的情况，对同一种商品消费数量的不断增加会不会出现效用递减。

二、边际效用递减规律

（一）边际效用递减规律含义

边际效用递减规律（Law of Diminishing Marginal Utility）是指在一定时期内，在其他物品的消费量不变的条件下，随着消费者对某种物品消费量的不断增加，消费者从该物品连续增加的每一消费单位中得到

的效用增量即边际效用是递减的。例如，某消费者在饥饿状态下，吃第一个馒头给他带来的效用最大，以后，随着消费馒头数量的连续增加，虽然总效用不断增加，但每一个馒头给他带来的效用增量却是递减的。当他完全吃饱时，馒头的总效用达到最大，而边际效用却为零。如果他再继续吃下去，就会感到不适，这意味着馒头的边际效用进一步降为负数，总效用也开始下降。

（二）边际效用递减规律产生的原因

基数效用论者从两方面解释边际效用递减规律。

第一，从人的生理与心理角度讲，随着相同消费品消费数量的连续增加，消费者从每一单位消费品中所感受到的满足程度和对重复刺激的反应程度是递减的。

第二，由于同一商品具有多种用途，消费者总是将第一单位消费品用在最重要的用途上，第二单位消费品用在次重要的用途上，这样，消费品的边际效用便随着消费品用途重要性的递减而递减。

发生在身边的边际效用递减规律的例子太多了。水是非常宝贵的，没有水，人们就会死亡，但是你连续喝且超过了你能饮用的数量时，那么多余的水就没有什么用途了，再喝边际价值几乎为零，或是在零以下。现在生活富裕了，人们都有这样体验“天天吃着山珍海味也吃不出当年饺子的香味”。这就是边际效用递减规律。设想如果不是递减而是递增会是什么结果，吃一万个馒头也不饱。幸亏我们生活在效用递减的世界里，在购买消费达到一定数量后因效用递减就会停止下来。

三、基数效用与消费者均衡

（一）边际效用分析法

既然效用是用来表示消费者在消费物品时所感受到的满足程度，于是就产生了对这种“满足程度”即效用的度量问题。在这一问题上，基数效用论者认为，效用如同长度、重量等概念一样，可以计量并加总求和，因此，效用大小可以用基数（1，2，3，…）来表示。例如，对某一个消费者来说，吃一顿丰盛晚餐和看一场高水平足球赛的效用分别为5效用单位和10效用单位，则该消费者对这两种物品消费的效用之和为15效用单位。

“边际”这个词的含义，在后面会经常用到，因为在西方经济学中“边际”一词极为重要。

基数效用论者在分析消费者行为时，采用的是边际效用分析法。

由于边际效用具有递减规律，因而人们对一种商品的消费数量并不是越多越好。在货币收入一定的条件下，消费者对一种商品消费量的增加，就是对另一种商品消费量的减少。就消费者来说，他怎样才能花费一定数量的收入使购买各种商品所获得的总效用，或者说满意与享受达到最大化？这在消费者行为中就有一个决策问题，决策的目标是花费一定的收入所获得的总效用达到最大值。

（二）消费者均衡

消费者在决策时，要受到一定条件的限制，这里的限制因素就是各种商品的价格和消费者的货币收入水平。商品的价格是消费者购买每单位商品所必须付出的货币量，价格越高，能用一定量货币购买的商品数量就越少。而在现实生活中，人们的货币收入又是有限的，这就决定了购买能力要受到收入水平的限制。以上两个因素构成了消费者决策的限制或约束条件。假设消费者只购买 X 和 Y 两种商品，则限制条件可表示为

$$M=P_X \times Q_X+P_Y \times Q_Y$$

式中，M 为货币收入；P_X 和 P_Y 分别为 X 商品和 Y 商品的价格；Q_X 和 Q_Y 分别为购买 X 商品和 Y 商品的数量。此公式表明，消费者购买两种商品的总支出不能超出其收入水平，否则购买是不能实现的；但是，也不能小于收入水平，因为这样不能达到既定收入下的效用最大化。由于 M 为一定，购买 X 商品的数量多，则购买 Y 商品的数量就少，而 X 和 Y 的边际效用又都是随数量的增加而递减的，也就是说，购买 X 商品的数量增加，其边际效用就下降；数量减少，边际效用就上升。根据这样的条件，消费者花费一定收入购买两种商品的最优均衡条件为

$$\frac{MU_X}{MU_Y}=\frac{P_X}{P_Y}$$

这一条件说明，当消费者花费一定收入购买 X 商品获得的边际效用与购买 Y 商品获得的边际效用之比，正好等于两者价格之比，这时他获得的总效用是最大的，即实现了消费者消费的均衡，从而不再改变购买 X 商品和 Y 商品的数量。如果 X 商品和 Y 商品的边际效用之比大于它们价格之比，这时增加买进 X 商品的数量可以使总效用提高。反之，如果 X 商品和 Y 商品的边际效用之比小于它们的价格之比，则增加购买 Y 商品的数量可以使总效用提高。所以，只有在 X 和 Y 两种商品的边际效用之比与它们的价格之比相等时，才是消费者实现效用最大化的均衡条件。

根据以上均衡条件，还可以推导出均衡条件的另一种表达方式，即每一单位货币购买到 X 和 Y 两种商品的边际效用相等，公式表示为

$$\frac{MU_X}{P_X}=\frac{MU_Y}{P_Y}$$

应该注意，花在每种商品上的单位货币所带来的边际效用相等，并不是说消费者在各种商品上花费的货币数量相等，而是指购买两种商品的边际效用之比与之价格之比相等。另外，消费者达到了总效用，或者说满意与享受的最大化，并不是说其欲望得到了完全满足，而是指在收入和商品价格既定的条件下，获得了能够达到的最大效用。

以上的讨论是在假设消费者只购买 X 和 Y 两种商品的条件下进行。而现实生活中消费者购买的商品不是两种，而是许多种，设各种商品的价格为 P_1，P_2，P_3，P_4，…，P_n，购买的数量为 Q_1，Q_2，Q_3，Q_4，…，Q_n，各种商品的边际效用为 MU_1，MU_2，MU_3，MU_4，…，MU_n，则可以把消费者均衡的两个条件扩写为

$$P_1Q_1+P_2Q_2+P_3Q_3+P_4Q_4+\cdots+P_nQ_n=M$$

$$\frac{MU_1}{P_1}=\frac{MU_2}{P_2}=\frac{MU_3}{P_3}=\frac{MU_4}{P_4}=\cdots=\frac{MU_n}{P_n}$$

消费者均衡理论看似难懂，其实一个理性的消费者，他的消费行为已经遵循了消费者均衡理论。例如，你在现有的收入和储蓄下是买房还是买车，你会作出合理的选择。你走进超市，见到如此之多的琳琅满目的物品，你会选择你最需要的。你去买服装肯定不会买回你已有的服装。例如，某消费者愿意以 2 元购买一本书或一斤苹果，这就是说明一本书或一斤苹果给消费者所带来的效用是相同的。

所以说，经济学是选择的学问，对于消费者来说选择就是在你资源（货币）有限的情况下，实现消费满足的最大化，使每一分钱都用在刀刃上，这种实现了消费者均衡。

四、消费者剩余

消费者剩余（Consumer's Surplus）是指消费者在购买商品时，所得到的总效用和实际支付的货币总效用之间的差额。或者说，消费者对某种商品所愿意付出的代价超过他实际付出的代价的余额。

对消费者来说，他消费某种商品，随着数量的增加而边际效用是递减的。因而他购买一定数量的商品时，愿意支付的价格是由其边际效用决定的，即他是按照一定数量中最后一个单位的效用来支付货币的。由于其他商品的效用都大于最后一个单位商品的效用，消费者便从前面每一单位商品中得到了效用的剩余。

例如，你在商场里看中了一件上衣，100 元的价格，你在购买时肯定要向卖衣服的人砍价，问 80 元卖不卖，卖衣服的理解消费者的这种心理，往往会同意让些利，促使消费者尽快决断，否则消费者就会有到其他柜台看看的念头。讨价还价可能在 90 元成交。在这个过程中消费者追求的是效用最大化吗？显然不是，这实际是消费者对这件衣服的主观评价而已，就是为所购买的物品支付的最高价格。如果市场价格高于你愿意支付的价格，你就会放弃购买，觉得不值，这时你的消费者剩余是负数，你就不会购买了；相反，如果市场价格低于你愿意支付的价格，你就会购买，觉得很值，这时就有了消费者剩余。消费者剩余是主观的，并不是消费者实际货币收入的增加，仅仅是一种心理上满足的感觉。买了消费者剩余为负的感觉也不是金钱的实际损失，无非就是心理上挨宰的感觉而已，就是对所购买的东西值不值的含义。

然而，在现实生活中消费者并不总是能够得到消费者剩余的。在竞争不充分的情形下，厂商可以对某些消费者提价，使这种利益归厂商所有。更有甚者，有些商家所卖商品并不明码标价，消费者去购买商品时就漫天要价，然后再与消费者讨价还价。消费者要想在讨价还价中获得消费者剩余，在平时就必须注意浏览和观察各种商品的价格和供求情况，在购买重要商品时至少要货比三家并与其卖主讨价还价，最终恰到好处地拍板成交，获得消费者剩余。消费者购买各种物品是为了实现效用最大化，或者也可以说是为了消费者剩余最大。

五、消费者行为与需求定理

某种物品的需求量取决于价格，并与价格反方向变动。这是以前讲过的需求定理，那时，并没有解释决定需求定理的原因。学过消费者行为理论，就可以用这一理论来解释需求定理。

在研究消费者行为时，有一个很重要的假设，就是货币的边际效用是不变的。只有货币的边际效用是不变的，才能用货币的边际效用去衡量其他物品的效用。同时，由于消费者的货币收入总是有限的，同样的货币可以购买不同的物品，所以，这个假设在一般情况下也是合理的。

消费者为购买一定量某物品所愿意付出的货币价格取决于他从这一定量物品中所获得的效用，效用大，愿付出的价格高；效用小，愿付出的价格低。随着消费者购买某物品数量的增加，该物品给消费者所带来的边际效用是递减的，而货币的边际效用是不变的。这样，随着物品的增加，消费者所愿付出的价格也在下降。因此，需求量与价格必然呈反方向变动。

第二节　序数效用论

与基数效用论不同，20 世纪的大多数经济学家（以帕累托、希克斯等人为代表）则认为，效用只能用序数度量，即用第一、第二、第三来表示商品效用谁大谁小，而不能确切地说出各种商品的效用到底是多少。例如，你可以肯定地说在一杯水、一杯茶和一杯可乐之间，你最喜欢一杯水，其次是一杯茶，再次是一杯可乐，在价格相同的情况下，消费者认为哪一种商品效用大，是通过他在购买时的选择顺序来表现出来的。这就是序数效用论。

一个人的消费行为在很大程度上受消费偏好的影响，有人喜欢传统的，有人喜欢现代的，有人喜欢体育，有人喜欢文艺，有人喜欢吃好，有人喜欢穿好。常言道：萝卜白菜各有所爱。消费者的偏好除了产生内心的本能外还受生活方式、广告宣传、消费风气等因素的影响。另外，消费者的偏好是可以传递的，消费者对商品的偏好是多多益善，永不满足。

无差异曲线也代表着消费者对某些消费品的偏好。

一、无差异曲线

（一）无差异曲线的含义

一个消费者是根据自己的偏好选择购买各种各样的物品。为了便于分析，把问题简单化，假定市场上只有苹果和鸭梨两种可供选择的商品，消费者在一定的偏好下多吃苹果就少吃鸭梨，多吃鸭梨就少吃苹果，但无论怎样组合，给消费者带来的效用是没有差异的。

无差异曲线（Indifference Curve）是序数效用论的主要分析工具，是指用来表示两种商品的各种数量组合给消费者以相同满足程度的一条曲线。

假如，某消费者在购买 X 和 Y 两种商品时，可以有四种组合：A、B、C、D，每种组合方式给消费者带来的效用是同等的。可以做出表 3-2。

表 3-2　消费者购买 X 和 Y 商品的组合方式

组合方式	Y	X	组合方式	Y	X
A	15	1	C	8	3
B	11	2	D	6	4

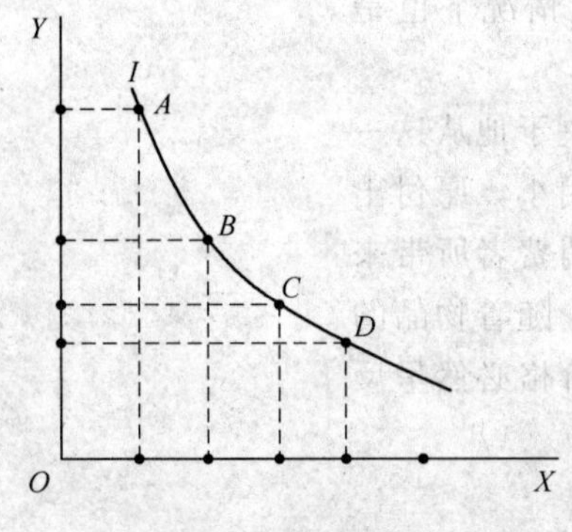

图 3-2　无差异曲线

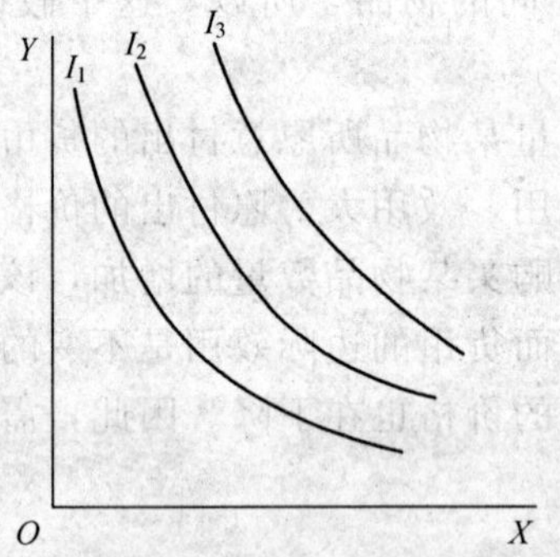

图 3-3　无差异曲线的移动

根据表 3-2 可以做出图 3-2。

在图 3-2 中，横轴表示 X 商品的数量，纵轴表示 Y 商品的数量，I 为无差异曲线，线上任一点 X 商品和 Y 商品的数量组合给消费者带来的总效用都是相等的。因此，对消费者而言，他无论选择曲线上哪一点，对其获得的总效用都是无差别的。正因为同一条无差异曲线上的每一点所代表的商品数量组合提供的总效用相等，因而无差异曲线也叫等效用曲线。每一条无差异曲线表示某一既定的总效用，不同的无差异曲线也就代表着不同的总效用水平。

在学习无差异曲线时再想一想序数效用论的特点。

（二）无差异曲线的特征

从以上对无差异曲线的描述，得出无差异曲线的特征。

第一，在无差异曲线图上，不同的无差异曲线表示了不同的商品数量组合，即在同一个平面上可以有无数条无差异曲线。离原点越远的无差异曲线所代表的总效用越大；反之，离原点越近的无差异曲线所代表的总效用越小。如图 3-3 所示，这三条无差异曲线代表的总效用依次为

$I_1 < I_2 < I_3$。

第二，同一平面上的任何两条无差异曲线不能相交。因为不同的曲线代表不同的总效用，如果两条无差异曲线相交，其交点表示的总效用水平相同，这与无差异曲线本身的性质（即第一特征）相矛盾。

第三，无差异曲线是一条向右下方倾斜的曲线，其斜率为负值。表示在收入与价格既定的条件下，消费者为了得到相同的总效用，在增加一种商品消费时，必须减少另一种商品的消费。不能同时增加或减少两种商品的消费。

第四，无差异曲线是一条凸向原点的曲线。这是由边际替代率递减决定的。

二、消费者预算线

（一）消费者预算线的含义

消费者预算线又叫消费可能线，表示的是消费者在收入和价格一定的情况下，所能购买到的两种不同商品的数量组合。无差异曲线表示的是消费者为保持一定的总效用水平购买两种商品的不同数量组合。可决定消费者的实际购买数量，还必须受到两种商品市场价格和消费者收入水平的制约。在消费者收入和商品价格一定的条件下，消费者用其收入能够买到多少商品主要取决于商品的价格，在收入一定的情况下，价格越低买到的商品数量就越多，价格越高买到的商品数量就越少；在商品价格一定的情况下，收入越多购买的商品数量就越多，收入越少购买的商品数量就越少。

消费预算线（消费可能线）就是把边际效用分析中的限制条件用图形来说明。

预算线表明了消费者消费行为的限制条件，它实际上就是在基数效用论论述消费者均衡原则时的限制条件，即

$$M = P_X \times Q_X + P_Y \times Q_Y$$

设 $M=60$ 元，$P_X=20$ 元，$P_Y=10$ 元。则有 $Q_X=0$，$Q_Y=6$，$Q_Y=0$，$Q_X=3$。这样就可以作出图 3-4。

在图 3-4 中，连接 AB 两点的直线就是消费可能线。该线上的任何一点都是在收入与价格既定的条件下，能购买到的 X 商品与 Y 商品的最大数量的组合。该线内的任何一点，所购买的 X 商品与 Y 商品的组合是可以实现的，但并不是最大数量的组合，即没有用完收入。在该线外的任何一点，所购买的 X 商品与 Y 商品的组合大于 C 点时，但无法实现，因为所需花的钱超过了既定的收入。

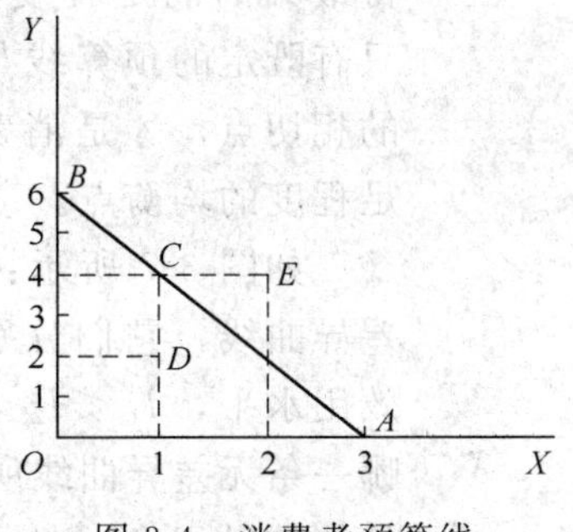

图 3-4　消费者预算线

（二）消费者预算线的移动

预算线是在消费者收入和商品价格既定的条件下作出的。如果消费者收入或商品价格发生了变化，则预算线就会变动。

如果商品的价格一定，消费者的收入增加，则预算线向右上方平行移动；消费者收入减少，则预算线向左下方平行移动。如图 3-5 所示，AB 是原来的预算线，A_1B_1 是收入增加的预算线，A_2B_2 是收入减少的预算线。

如果消费者的收入一定，两种商品的价格同比例下降或上升，其结果与收入变动相同。

如果消费者的收入和 Y 商品的价格一定，而 X 商品的价格上升或下降，则预算线在 X 轴上的截距就会缩小或增大。如图 3-6 所示，AB 是原来的预算线，A_1B 是 X 商品价格下降的预算线，A_2B 是 X 商品价格上升的预算线。

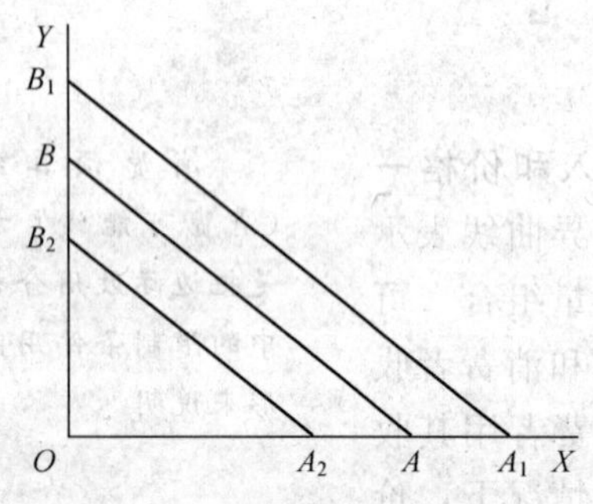

图 3-5 预算线的移动

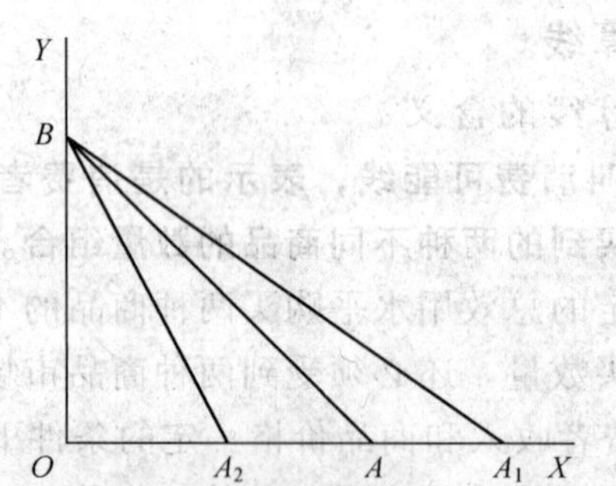

图 3-6 商品价格变动预算线的移动

收入不变，X 商品价格不变而 Y 商品价格变动的预算线，同学们可以自己推导一下。

从无差异曲线分析法与边际效用分析法中可以知道：采用不同的方法说明相同的问题得出了相同的结论。

三、消费者均衡

无差异曲线说明不同偏好下的各种选择，而消费者的预算则说明在收入和价格一定的条件下，能消费多少数量的商品。把两者结合在一起，可以确定消费者购买行为的最佳境界——消费者满足程度的最大化，这就是经济学家所说的消费者均衡。

由于不同的商品数量组合，决定了不同的无差异曲线，也就是在同一无差异曲线图上可以有无数条无差异曲线。另外，在消费者收入和商品价格一定的条件下，消费者的预算线只有一条。那么，一个消费者在面临一条既定的预算线和无数条无差异曲线时，他应该如何决策才能获得最大的满足程度呢？序数效用论指出：只有既定的预算线与其中一条无差异曲线的相切点，才是消费者获得最大效用或满足程度的均衡点。

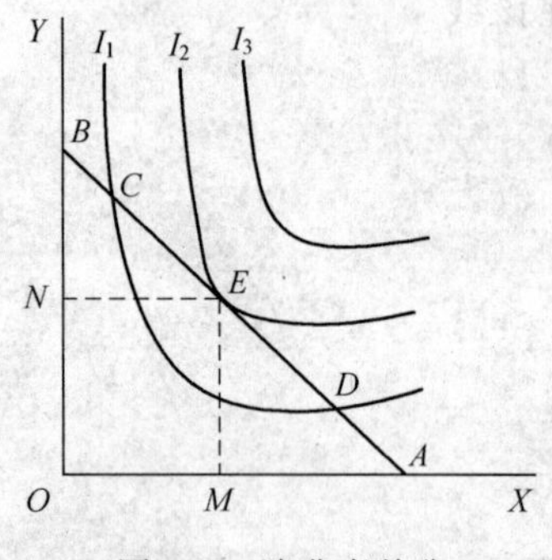

图 3-7 消费者均衡

如图 3-7 所示：有 I_1、I_2、I_3 三条无差异曲线，它们分别代表了三种不同的总效用水平，$I_1 < I_2 < I_3$，消费者究竟选择哪一条无差异曲线所表示的 X 和 Y 两种商品的数量组合，是受既定预算线 AB 限制

的。无差异曲线 I_3 的总效用水平最大，但是，它要求的 X 和 Y 两种商品的数量组合超过了消费者均衡的限制条件，即预算线，因而这一效用水平是无法实现的。无差异曲线 I_1 在与预算线相交的两点 C、D 上都能满足消费者均衡的限制条件，它们所表示的 X 和 Y 两种商品的数量组合都满足预算线的要求。但是 I_1 代表的总效用水平最小，因而反映的 X 和 Y 两种商品的数量组合不是最优的。无差异曲线 I_2 与预算线相切于 E 点，E 点既符合消费者的预算限制条件，又是预算线所能达到的最高的无差异曲线。所以，它代表的 X 和 Y 两种商品的数量组合是满足预算限制条件下使消费者得到的效用最大化的最优组合，即在切点 E 实现了消费者的均衡。

现举一通俗的例子来说明消费者均衡。你带 1000 元去逛商场，准备购买一件上衣和一条裤子，你看上了一套名牌服装，这件服装虽然你很喜欢但价格超出了 1000 元，也就是说给你带来效用虽然大，但超出了你的支付能力，买不起；你说你就带了 1000 元，卖服装的售货员又给你推荐了另外一套价格为 1000 元的服装，但你觉得不值，经过货比三家，在充分选择的基础上你终于选到了喜欢的服装，也恰好是 1000 元。女同志爱逛商场，无非就是要挑选自己最满意的服装，在对一种商品要决策“买不买”时，会把效用与价格进行比较。当你对自己购买的服装最满意的时候，也就是花钱最少，得到的效用最大。当然“萝卜青菜，各有所爱”，效用的大小完全是主观的感觉。

知识拓展

边际效用递减规律给经营者的启示

消费者购买物品是为了效用最大化，而且，物品的效用越大，消费者愿意支付的价格越高。根据效用理论，企业在决定生产什么时首先要考虑商品能给消费者带来多大效用。

企业要使自己生产的产品能卖出去，而且能卖高价，就要分析消费者的心理，使其满足消费者的偏好。一个企业要成功，不仅要了解当前的消费时尚，还要善于发现未来的消费时尚，这样才能从消费时尚中了解到消费者的偏好及变动，并及时开发出能满足这种偏好的产品。同时，消费时尚也受广告的影响。一种成功的广告会引导一种新的消费时尚，左右消费者的偏好。所以说，企业行为从广告开始。

消费者连续消费一种产品的边际效用是递减的。如果企业连续只生产一种产品，它带给消费者的边际效用就在递减，消费者愿意支付的价格就低了。因此，企业要不断创造出多样化产品，即使是同类产品，只要不相同，就不会引起边际效用递减。例如，同类服装做成不同式样，就成为不同产品，就不会引起边际效用递减。如果是完全相同，则会引起边际效用递减，消费者不会多购买。

边际效用递减原理说明，企业要进行创新，生产不同的产品以满足消费者需求，减少和阻碍边际效用递减。

生活中最美好的东西都是免费的

人们经常说生活中最美好的东西都是免费的，其实是有经济学道理的。因为在消费者收入既定的情况下，购买一种商品必须放弃另外一种商品。当消费最后一个单位物品时边际价值正好与该物品的价格相等。所以当你按照自己的意愿购买到足够的商品数量时，商品的边际价值就正好等于该商品的价格。如果说生活中最美好的东西都是免费的话，那么，也就意味着你无须放弃其他任何东西就可以尽情的享用（如美好的环境、清新的空气等）。此时这些东西的边际价值就等于零。别忘了边际价值等于零时效用是最大的。

幸福方程式

消费的目的是为了获得幸福。对于什么是幸福，美国的经济学家萨谬尔森用的“幸福方程式”来概括。这个“幸福方程式”就是：幸福＝效用/欲望，从这个方程式中可以看到欲望与幸福成反比，也就是说人的欲望越大越不幸福。但人的欲望是无限的，那么多大的效用不也等于零吗？因此在分析消费者行为理论的时候假定人的欲望是一定的。那么在离开分析效用理论时，再来思考萨谬尔森提出的“幸福方程式”真是觉得他对幸福与欲望关系的阐述太精辟了，难怪他是诺贝尔奖的获得者。

在社会生活中，对于幸福不同的人有不同的理解，政治家把实现自己的理想和报复作为最大的幸福；企业家把赚到更多的钱当作最大的幸福；教师把学生喜欢听自己的课作为最大的幸福；老百姓往往觉得平平淡淡衣食无忧为最大的幸福。幸福是一种感觉，自己认为幸福就是幸福。但很多人一般把拥有财富的多少看做是衡量幸福的标准，一个人的欲望水平与实际水平之间的差距越大，他就越痛苦；反之，就越幸福。从“幸福方程式”想起了“阿Q精神”。

鲁迅笔下的阿Q形象，是用来唤醒中国老百姓那种逆来顺受的劣根性。这里要说的是人生如果一点阿Q精神都没有，会感到不幸福，因此“阿Q精神”在一定条件下是人生获取幸福的手段。在市场经济发展到今天，贫富差距越来越大，如果穷人欲望过高，那只会给自己增加痛苦。倒不如用“知足常乐”，用“阿Q精神”来降低自己的欲望，使自己虽穷却也获得幸福自在。富人比穷人更看重财富，他会追求更富，如果得不到他也会感到不幸福。

“知足常乐”、“适可而止”、“随遇而安”、“退一步海阔天空”、“该阿Q时得阿Q”，这些说法有着深刻的经济含义，每个人要为自己最大化的幸福做出理性的选择。

本章小结

◆消费是为了满足欲望。消费者从自己的偏好出发消费物品，满足欲望而获得效用。效用是一种心理感觉，每个人偏好不同，消费同种物品的效用也不同。

◆认为效用可以计量并加总求和为基数效用论，它用边际效用分析法分析消费者行为。认为效用无法计量与加总，只是排序，为序数效用论，它用无差异曲线分析法分析消费者行为。

◆总效用是从消费一定量某物品中得到的总满足程度，边际效用是某物品的消费量增加一单位所增加的满足程度。消费者的目的是实现效用最大化。在收入与价格既定的情况下，消费者效用最大化的条件是消费者所消费的两种物品的边际效用之比与其价格之比相等。

◆无差异曲线分析法用无差异曲线表示偏好，用消费可能线表示收入与价格既定的限制条件，当无差异曲线与消费可能线相切时，消费者消费的两种物品组合实现了效用最大化。

◆消费者愿意支付的价格与在市场上实际支付的价格之差称为消费者剩余，它可以衡量消费者在市场交易中得到的福利。消费者剩余越大，消费者从交易中得到的福利越大。

主要概念

效用　基数效用　序数效用　总效用　边际效用　边际效用递减规律　消费者均衡　无差异曲线　消费可能线　消费者剩余

思考与应用

一、单项选择题

1. 某消费者逐渐增加商品的消费量，直至达到了效用最大化，在这个过程中，该商品的（　　）。

A. 总效用和边际效用不断增加

B. 总效用和边际效用不断减少

C. 总效用不断下降，边际效用不断增加

D. 总效用不断增加，边际效用不断减少

2. 总效用达到最大时（　　）。

A. 边际效用最大　　B. 边际效用为零

C. 边际效用为正　　D. 边际效用为负

3. 关于基数效用论，不正确的是（　　）。

A. 基数效用论中效用可以以确定的数字表达出来

B. 基数效用论中效用可以加总

C. 基数效用论和序数效用论使用的分析工具完全相同

D. 基数效用论认为消费一定量的某物的总效用可以由每增加一个单位的消费所增加的效用加总得出

4. 边际效用随着消费量的增加而（　　）。

A. 递减　　B. 递增　　C. 不变　　D. 先增后减

5. 序数效用论认为，商品效用的大小（　　）。

A. 取决于它的使用价值　　B. 取决于它的价格

C. 不可比较　　D. 可以比较

6. 如果消费者消费 15 个面包获得的总效用是 100 个效用单位，消费 16 个面包获得的总效用是 106 个效用单位，则第 16 个面包的边际效用是（　　）。

A. 108 个　　B. 100 个　　C. 106 个　　D. 6 个

7. 同一条无差异曲线上的不同点表示（　　）。

A. 效用水平不同，但两种商品的数量组合相同

B. 效用水平相同，但两种商品的数量组合不同

C. 效用水平不同，两种商品的数量组合也不相同

D. 效用水平相同，两种商品的数量组合也相同

8. 已知商品 X 的价格为 1.5 元，商品 Y 的价格为 1 元，如果消费者从这两种商品的消费中得到最大效用的时候，商品 X 的边际效用是 30，那么商品 Y 的边际效用应该是（　　）。

A. 20　　B. 30　　C. 45　　D. 55

9. 已知消费者的收入为 50 元，$P_X=5$ 元，$P_Y=4$ 元，假设该消费者计划购买 6 单位 X 和 5 单位 Y，商品 X 和 Y 的边际效用分别为 60 和 30，如要实现效用最大化，他应该（　　）。

A. 增购 X 而减少 Y 的购买量　　B. 增购 Y 而减少 X 的购买量

C. 同时增加 X 和 Y 的购买量　　D. 同时减少 X 和 Y 的购买量

二、多项选择题

1. 效用是（　　）。

A. 指商品满足人的欲望和需要的能力和程度

B. 一种主观感受　　C. 客观存在的

D. 使用价值　　E. 价值

2. 随着消费商品数量的增加（　　）。

A. 边际效用递减　　B. 边际效用总大于零

C. 边际效用会小于零　　D. 每单位商品增加的总效用减少

E. 总效用不断减少

3. 以下关于边际效用说法正确的有（　　）。

A. 边际效用不可能为负值

B. 边际效用与总效用呈同方向变动

C. 对于通常情况来说，消费者消费商品服从边际效用递减规律

D. 在边际效用大于等于零时，边际效用与总效用反方向变动

E. 每增加（减少）一个单位的物品消费所引起的总效用的增（减）量

4. 总效用和边际效用的关系为（　　）。

A. 当边际效用为零时，总效用最大

B. 当边际效用为零时，总效用递增

C. 当边际效用为负时，总效用递减

D. 当边际效用为负时，总效用不变

E. 当边际效用为正时，总效用递增

5. 消费者剩余是指（　　）。

A. 需求曲线之上，价格线以下部分

B. 供给曲线之上，均衡价格以下部分

C. 需求曲线之下，价格线以上部分

D. 消费者的最大满足程度

E. 消费者从商品的消费中得到的满足程度大于他实际支付的价格部分

6. 无差异曲线的特征包括（　　）。

A. 任意两条无差异曲线可以相交

B. 一般来说无差异曲线具有负斜率

C. 一般来说无差异曲线具有正斜率

D. 任意两条无差异曲线不能相交

E. 在坐标图上有许多条无差异曲线

7. 关于消费者均衡点的下列看法正确的有（　　）。

A. 均衡点位于预算线上

B. 消费者均衡点在理论上可以脱离预算线而存在

C. 均衡点由预算线和无差异曲线的切点决定

D. 在消费者均衡点上，预算线与无差异曲线斜率相等但符号相反

E. 均衡点可以是无差异曲线上的任意一点

三、判断题

1.（　　）同一条无差异曲线上，不同的消费者得到的总效用是无差别的。

2. (　　) 当消费者从每种商品消费中得到的总效用不断增加时，边际效用也是递增的。

3. (　　) 如果消费者从每种商品中得到的边际效用与它们的价格之比分别相等，他将获得最大效用。

4. (　　) 同种商品消费后得到的效用因人、因时、因地的不同而不同。

5. (　　) 消费者均衡点是无差异曲线与预算线的相切点。

6. (　　) 在同一平面上可以有三条无差异曲线。

7. (　　) 无差异曲线上每一点都表示消费者消费物品的数量组合相同。

8. (　　) 基数效用论采用的是无差异曲线分析法，而序数效用论采用的是边际分析法。

四、计算题

1. 根据总效用与边际效用的定义填写下表中的空格部分。

某物品消费量	总　效　用	边际效用
1	10	10
2	15	
3		3
4	20	
5		1

2. 如果你有 100 元，苹果的价格为 10 元 1 千克，橘子为 20 元 1 千克。苹果与橘子的边际效用为下表。

苹果/千克	边际效用	橘子/千克	边际效用
1	100	1	200
2	90	2	170
3	80	3	140
4	70	4	110
5	60	5	80
6	50		
7	40		
8	30		
9	20		
10	10		

消费者购买多少苹果与橘子可以实现消费者均衡？为什么？

3. 某消费者对一场电影的评价（即他愿意支付的价格）为 20 元。当电影票的价格分别为 10 元、15 元和 25 元时，消费者剩余分别是多少？当价格高于多少元时，消费者不去看这场电影？为什么？

五、问题与思考

1. 无差异曲线的特征是什么？

2. 基数效用论和序数效用论的异同。

3. 边际效用与总效用二者之间有怎样的变化关系？

4. 对于同一个消费者来说，是否同样数量的商品总是提供同量的效用？为什么？

5. 什么是边际效用递减规律？

6. 什么是消费者预算线？

7. 瑞士斯沃奇公司开发出了各种不同形式的手表，使手表销售量增加而价格并没有下降，用消费者行为理论解释该公司成功的原因。

第四章

生产理论

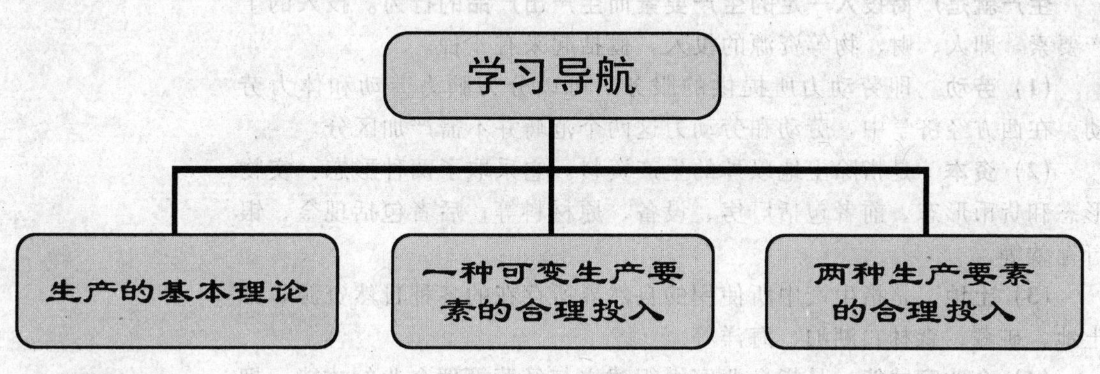

重点掌握

- 边际产量递减规律
- 总产量、平均产量、边际产量的关系
- 等成本曲线
- 等产量曲线与两种生产要素的最佳组合

一般掌握

- 生产要素和生产函数
- 生产扩展线
- 边际技术替代率

一般了解

- 规模报酬

生产率不等于一切，但长期看它几乎意味着一切。一个国家提高其生活水平的能力，几乎完全取决于该国提高人均产出的能力。

——保罗·克鲁格曼

供给产生于生产者的生产。消费者追求效用最大化的选择，形成了整个市场的需求，企业追求利润最大化的行为又聚合为整个市场的供给。生产者要实现利润最大化，就要研究如何使用各种生产要素，微观经济学的基本任务是研究资源的合理配置，资源总是稀缺的，在初始状态时未必是最佳的，这时只要改变它的配置，就可以产生更大效率。本章对此问题进行分析。

第一节 生产的基本理论

一、生产与生产函数

（一）生产要素的类型

生产就是厂商投入一定的生产要素而生产出产品的行为。投入的生产要素，即人、财、物等资源的投入，概括起来有4种。

（1）劳动 即劳动力所提供的服务，可以分为脑力劳动和体力劳动。在西方经济学中，劳动和劳动力这两个范畴并不需严加区分。

（2）资本 是指除土地以外的生产资料。它采取了两种形态：实物形态和货币形态。前者包括厂房、设备、原材料等；后者包括现金、银行存款等。

（3）土地 是指生产中所使用的自然界所存在的各种自然资源，如土地、矿藏、森林、湖泊、海洋等。

土地泛指自然资源。

（4）企业家才能 是指企业家组织建立与经营管理企业的才能。把劳动、资本、土地组织起来进行生产的正是企业家才能。随着社会经济的发展，企业家才能这一生产要素将发挥越来越重要的作用。

（二）生产函数

生产函数（Production Function）是指在技术水平不变的情况下，生产过程中投入的各种生产要素的数量与其所能生产的最大产量之间的关系。可用下式表示，即

$$Q=f(L,K,N,E)$$

式中，Q为产量；L为劳动；K为资本；N为土地；E为企业家才能。为了分析简便，现假设投入的生产要素只有资本（K）和劳动（L）两种，这时，生产函数就为

$$Q=f(L,K)$$

如果再假设资本也是固定不变的，产量只随劳动的变动而变动，则生产函数又可表示为

$$Q=f(L)$$

（三）技术系数

生产一定量某种产品所要求投入的各种生产要素之间的配合比例被称为技术系数。不同行业的生产中，技术系数是不同的。如果生产某种产品所要求的各种投入的配合比例是可以改变的，那么，它的生产函数

就是具有可变技术系数的生产函数。如果生产某种产品所要求的各种投入的配合比例是不能改变的，那么，生产函数就是具有固定技术系数的生产函数。

利润最大化要同时实现技术效率和经济效率。

一般来说，技术系数是可变的。例如，工业生产中有资本密集型产业和劳动密集型产业之分；农业生产中有粗放式经营和集约式经营之分。

美国经济学家柯布（C. W. Cobb）和道格拉斯（P. H. Douglas）通过对美国1899～1922年的工业生产统计资料的分析，提出了经济学中著名的“柯布-道格拉斯生产函数”。如下式为

$$Q=AL^{\alpha}K^{1-\alpha}$$

这个生产函数为指数函数，其中A与α为常数，$1>\alpha>0$。

柯布与道格拉斯计算出A为1.01，α为0.75，所以，柯布-道格拉斯生产函数可以具体化为

$$Q=1.01L^{0.75}K^{0.25}$$

该式说明，当资本投入量K不变时，劳动投入量L每增加1%，产量将增加1%的0.75倍，即75%。当劳动投入量L不变时，资本投入量K每增加1%，产量将增加1%的0.25倍，即25%。劳动所做出的贡献为全部产量的3/4，资本为1/4。这一结论与美国在同一期间工资收入与资本收入之比（3∶1）大体相等。

对比生产函数，比较投入与产出的大小，可以看出技术水平的差距。例如，可以用“吨钢能耗”这个指标来看我国冶金行业与世界先进水平的差距，目前我国吨钢综合能耗比世界先进水平高15%～20%，国家有关部门要求“十一五”期间单位GDP能耗要降低20%，钢铁行业节能降耗潜力巨大。

我国是资源生产大国，也是资源消费大国。我国大部分资源的人均占有率低于世界平均水平。

二、短期与长期生产理论

短期与长期生产理论是影响厂商决策的前提。在生产中长期与短期不是时间的长短，而是就生产要素是否可变而言的。

（一）短期与长期的含义

短期是企业不能调整所有生产要素的投入时期。只要有一种生产要素不变就是短期；如果所有的生产要素都变就是长期。如某企业，生产的产品供不应求，作为企业老板应该在最短的时间作出反应，购买生产所用的材料、燃料，并要求工人延长劳动时间，这就是短期的含义；如果该产品连续几个月始终保持供不应求局面，精明的老板应作出扩大生产规模的决策，购买生产该产品的机器设备，直至建立分厂，同时要增加管理人员。生产规模扩大了还需要增加原用材料、燃料，增加工人。也就是说在**长期中企业能够调整一切生产要素**。

由于行业的不同，决定了不同厂商的短期和长期时间长度是不同的。如服装厂买台缝纫机是长期行为；钢铁厂购买焦炭是短期行为。服

装厂比钢厂所用时间要短；钢厂比服装厂所用时间要长。

（二）不变投入与可变投入

在短期与长期划分的基础上，相应地把投入要素划分为固定投入和可变投入两类。

不变投入（Fixed Input）是指在所考察的时期内其数量不能改变的生产要素。不管产量如何变动，固定投入的数量是不变的，如工业中所使用的厂房、机器、设备，农业生产中使用的土地、水利设施等，与生产中的长期相对应。

可变投入（Variable Input）是指在所考察的时期内其数量可以改变的投入要素。如当产量变化时，工业生产中所用工人数量、原材料、燃料等投入，农业生产中的劳动、所施的化肥数量等投入都会发生变化，与生产中的短期相对应。

第二节　一种可变生产要素的合理投入

在研究短期生产理论时，从企业的生产函数出发，首先要知道三项指标：总产量、平均产量和边际产量，从中寻找变化规律。

一、总产量、平均产量与边际产量

（一）总产量、平均产量和边际产量的含义

总产量（Total Product）是指一定的生产要素投入量所提供的全部产量。现在假定资本量是不变的，分析劳动量的变动与产量的关系，并得出最合理的劳动投入量。这时的生产函数为

$$TP=f(K_0,L)$$

式中，K_0 为资本量不变，这时的产量只取决于劳动量 L，这时的生产函数可以写成

$$TP=f(L)$$

平均产量（Average Product）是指单位生产要素提供的产量。如果研究劳动因素的平均产量，可用 AP 表示，如下式为

$$AP=\frac{TP}{L}$$

边际产量（Marginal Product）是指增加一个单位可变要素投入量所增加的产量。如果研究劳动因素的边际产量，可用 MP 表示，如下式为

$$MP=\frac{\Delta TP}{\Delta L}$$

根据总产量、平均产量和边际产量的定义，可列表4-1。

表 4-1　总产量、平均产量和边际产量

资本投入量 (K)(1)	劳动投入量 (L)(2)	劳动的总产量 (TP)(3)	劳动的平均产量 (AP)(4)=(3)/(2)	劳动的边际产量 $MP=TP_{l}-TP_{(l-1)}$ (5)
10	0	0	0	0
10	1	8	8	8
10	2	20	10	12
10	3	36	12	16
10	4	48	12	12
10	5	55	11	7
10	6	60	10	5
10	7	60	8.6	0
10	8	56	7	−4

（二）总产量、平均产量和边际产量曲线的关系

根据表 4-1 作出图 4-1。

图 4-1 中，横轴代表劳动投入量，纵轴代表总产量（**TP**）、平均产量（**AP**）和边际产量（**MP**）。**TP** 为总产量曲线，**AP** 为平均产量曲线，**MP** 为边际产量曲线，分别表示随劳动量变动总产量、平均产量和边际产量变动的趋势。

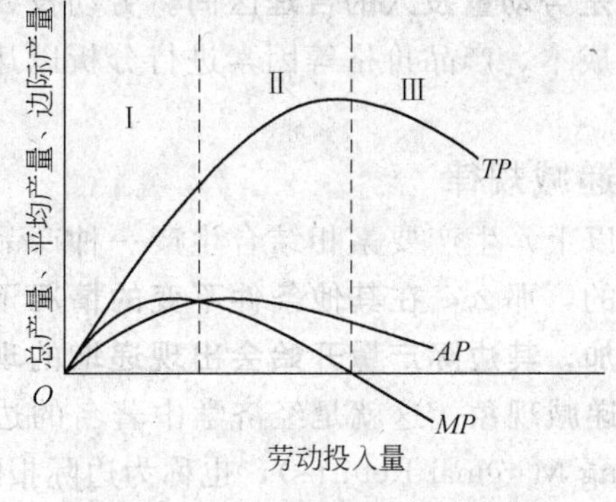

图 4-1　总产量、平均产量和边际产量曲线的关系

根据图 4-1 可以从三个方面加以分析。

1. 总产量曲线、平均产量曲线和边际产量曲线的基本形状

在资本量不变的情况下，随着劳动量的增加，最初总产量曲线、平均产量曲线和边际产量曲线都是向右上方倾斜，然后向右下方倾斜。表明在开始阶段，不变的生产要素没有得到充分利用，这时增加可变生产要素，可以使不变的生产要素得到充分利用。随着可变生产要素进一步增加，首先边际产量曲线开始递减，然后平均产量曲线开始递减，最后总产量曲线开始递减，表明不变的生产要素接近充分利用和已经得到充分利用。

2. 总产量曲线和边际产量曲线的关系

当边际产量 **MP** 大于零时，总产量 **TP** 是递增的；当边际产量 **MP** 等于零时，总产量 **TP** 达到最大；当边际产量 **MP** 小于零时，总产量 **TP** 是递减的。

3. 平均产量曲线和边际产量曲线的关系

当边际产量大于平均产量时，平均产量递增；当边际产量小于平均

MP 在 AP 曲线的最高点与 AP 相交。

产量时，平均产量递减；当边际产量等于平均产量时，平均产量最大，即平均产量曲线和边际产量曲线相交于平均产量曲线的最高点。

二、生产的三个阶段

根据总产量、平均产量和边际产量的关系，把可变生产要素投入划分为三个阶段，即图 4-1 中的三个区域，以说明一种生产要素的合理投入问题。

第一阶段（图中Ⅰ区域）：劳动的总产量递增，边际产量大于平均产量，平均产量是递增的。这表明，在这一阶段，相对于不变的资本量而言，劳动量投入过少，所以劳动量的增加可以使资本得到充分利用，从而引起总产量和平均产量的递增。

第二阶段（图中Ⅱ区域）：劳动的平均产量开始下降，边际产量递减，由于边际产量仍然大于零，总产量是递增的。在这一阶段的起点，平均产量最大；终点处，总产量最大。

平均产量最大就是劳动生产率最高。

第三阶段（图中Ⅲ区域）：这时劳动的边际产量为负数，总产量绝对减少。这表明相对于不变的资本量而言，劳动量投入过多。

从以上的分析可以看出，理性的生产者不会选择Ⅰ区域和Ⅲ区域进行生产，**只有Ⅱ区域是劳动量投入的合理区间**。劳动投入量究竟在Ⅱ区域哪一点上，还要对成本、产品价格等因素进行分析以达到利润最大化的目标。

三、边际产量递减规律

用两种（或两种以上）生产要素相结合生产一种产品时，如果其中一种要素是可以变动的，那么，**在其他条件不变的情况下，随着这一可变要素连续地等量增加，其边际产量开始会出现递增的现象，但在达到一定数量后，会呈现递减现象**。这就是经济学中著名的边际产量递减规律（Law of Diminishing Marginal Returns），也称为边际报酬递减规律。

在分析和理解边际产量递减规律时，必须明确以下几个问题。

第一，这一规律发生作用的前提：一是技术水平不变，即生产中所使用的技术没有发生重大的变化；二是除一种要素可变外，其他要素投入量不变。这就是说，一种生产要素的增加是以其他生产要素的投入量不变为前提的。

第二，在其他要素投入量不变时，一种要素增加所引起的边际产量的变动经历了由递增到递减的过程。开始阶段，随着可变要素的增加，边际产量递增；可变要素的增加超过一定量时，边际产量开始递减。在图 4-1 中，边际产量曲线先向右上方倾斜，再向右下方倾斜。它说明：在生产技术水平一定的条件下，使用一种生产要素的数量并不是越多越好，而是有一个合理范围。

想一想，现实中还有哪些现象符合边际产量递减规律？

第三，边际产量递减规律是从社会生产实践和科学实验中总结出来的，现实生活中的绝大多数生产过程都是适用的。早在 1771 年英国农学家 A·杨格就用在若干相同的土地上施以不同量肥料的实验，证明了肥料施用量与产量增加之间存在着这种边际产量递减关系。如果是边际产量递增，全世界有一亩土地就能养活全世界所有的人，那才是不可思议的了。

边际产量递减规律说明，在一定的条件下，高投入未必带来高产出，因此要注意投入的合理限度，寻找最佳的投入数量。

第三节 两种生产要素的合理投入

两种可变生产要素的最佳组合，是研究生产者如何把既定的成本分配于两种生产要素的购买与生产上，以达到利润最大化。两种可变生产要素的最佳组合，采用等产量曲线分析法。

比较这种分析方法与无差异曲线分析方法的相同之处。

一、等产量曲线

（一）等产量曲线的含义

等产量曲线（Isoquant Curve）是指在技术水平不变的情况下，两种生产要素投入量的不同组合可以生产出相等产量的一条曲线。

等产量曲线表示生产要素投入量与产量之间的物质技术关系。用资本和劳动两种生产要素生产某种产品。例如，生产一定量家具可以购买电动工具和应用劳动，多用资本就少用劳动，多用劳动就少用资本，但无论用资本还是用劳动都能生产出家具来。假定生产 60 单位产量桌子的可能组合有四种，见表 4-2。

表 4-2 两种可变要素的投入

组合方式	资本(K)	劳动(L)	产量(Q)
A	6	1	60
B	3	2	60
C	2	3	60
D	1	6	60

根据表 4-2，可作出图 4-2。

图 4-2 中，横轴表示劳动投入量，纵轴表示资本投入量，Q 为等产量曲线，即在线上任何一点虽然资本与劳动的数量组合不同，但都能生产出相同的产量，或者说为生产相同的产量，资本和劳动两种生产要素可以有不同数量的配合比例。

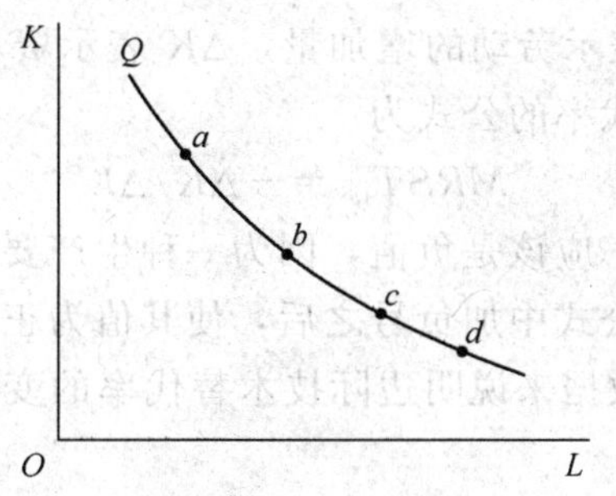

图 4-2 等产量线

此图为两种要素变动比例条件下的等产量曲线，固定比例条件下等产量曲线为若干条平行的直角线。

劳动与资本作为两种主要的生产要素，其价格比在世界各国并不相同，因而劳动与资本的组合方式也千差万别。发达国家劳动力成本高，但资本比较充裕，使用资本的代价比使用劳动的代价小，因而在生产方式的选择上倾向于多用资本、少用劳动的资本密集型生产方式；不发达国家劳动力成本低，但资本短缺，使用劳动的代价比使用资本小，在生产方式的选择上倾向于多用劳动、少用资本的劳动密集型生产方式更为经济合理。

（二）等产量曲线的特征

等产量曲线具有如下四个特征。

第一，在同一平面图上，可以有无数条等产量曲线。不同的等产量曲线代表不同的产量水平，离原点越远的等产量曲线表示的产量越大。如图 4-3 所示，从左至右，$Q_1 < Q_2 < Q_3$。

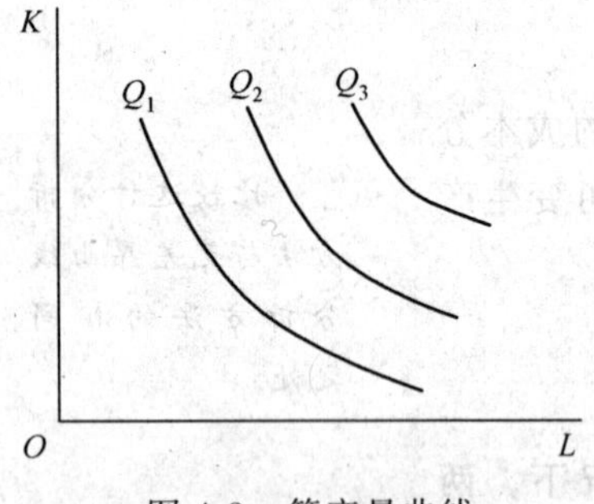

图 4-3　等产量曲线

第二，等产量曲线通常向右下方倾斜，其斜率为负值。因为要保持产量不变，在合理的投入范围内，增加一种要素投入量就必须相应减少另一种要素投入量，两种要素组合是有效的。否则就说明这一点所代表的要素组合是无效率的。

第三，在同一平面图上，任意两条等产量曲线不能相交。因为两条等产量曲线的交点必然代表着两种投入的同一组合，即相同的产量，而这显然与不同的等产量曲线代表不同的产量水平相矛盾。

第四，等产量曲线通常凸向原点。在保持产量不变的条件下，随着劳动这一要素的连续增加，等产量曲线斜率的绝对值是递减的。这是由边际技术替代率递减决定的。

（三）边际技术替代率

从等产量线上不难看出，资本和劳动是可以互相替代的。多用资本就少用劳动，多用劳动就少用资本。**边际技术替代率**（Marginal Rate of Technical Substitution，简称 MRTS）**是指在保持产量水平不变的前提下，增加一个单位某种生产要素的数量时，而需放弃的另一种生产要素的数量**。以 ΔL 表示劳动的增加量，ΔK 表示资本的减少量，劳动对资本的边际技术替代率的公式为

比较边际技术替代率与边际替代率的相同和不同之处。

$$MRST_{LK} = -\Delta K / \Delta L$$

边际技术替代率应该是负值，因为一种生产要素增加，另一种生产要素就要减少。在公式中加负号之后，使其值为正，便于分析研究。

可用表 4-3 的数据来说明边际技术替代率的变动（表 4-3 是根据表 4-2 作出的）。

表 4-3　边际技术替代率的变动

变动情况	ΔL	ΔK	$MRTS_{LK}$
A－B	1	－3	3
B－C	1	－1	1
C－D	3	－1	1/3

从表 4-3 可以得出，边际技术替代率是递减的。边际技术替代率递减反映了边际产量递减规律。这是因为，根据边际产量递减规律，随劳动量的增加，它的边际产量递减。这样，每增加一定量的劳动所能替代的资本量越来越少，即 ΔL 增加时，ΔK 越来越小。边际技术替代率也就是等产量曲线上某一点的斜率的绝对值。等产量线的斜率递减决定了它是一条凸向原点的线。

比较等成本曲线与消费可能线的相同和不同之处。

二、等成本曲线

等成本曲线（Isocost Curve）**是指在生产要素价格和厂商成本一定的条件下，厂商所能购买到的两种生产要素数量的最大组合的轨迹。**

生产者的等成本曲线和消费者的预算线非常相似，等成本曲线就是厂商生产的限制条件，即厂商所购买的生产要素所花的钱不能大于或小于他所拥有的货币成本。大于货币成本实现不了；小于货币成本又不能实现最大产量。假定既定成本为 C，劳动价格为 P_L，资本价格为 P_k，又假定生产要素市场是完全竞争的，故 P_L 和 P_K 也是既定的。购买劳动和资本的数量分别为 Q_L 和 Q_K。则等成本曲线就是一条直线，它的方程式为

$$C=P_K\times Q_K+P_L\times Q_L$$

根据上式作出图 4-4，横轴代表劳动投入量 L，纵轴代表资本的投入量 K。等成本曲线上的每一点都是在货币成本与生产要素价格既定条件下，能购买到的劳动和资本的最大数量的组合。A 点在等成本曲线以内，所购买的劳动和资本的组合是可以实现的，但不是最大数量组合，即既定的总成本没有用完；B 点在等成本曲线以外，表示既定的总成本达不到购买该点的劳动和资本的数量组合。

由于等成本线是在总成本和生产要素价格一定的条件下作出的，所以厂商的总成本变动或生产要素价格变动，都可以使等成本线移动。如果要素价格不变，总成本增加，等成本线平行右移；反之，等成本线平行左移，其中距离原点越远的等成本曲线代表的成本水平越高。

试分析，当劳动或资本价格变动时，等成本线如何变动呢？

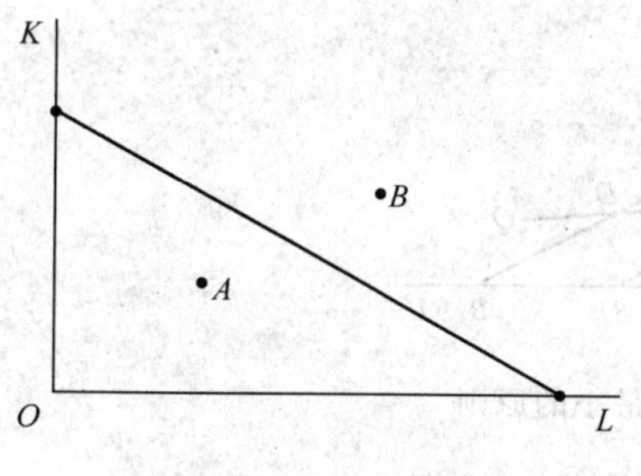

图 4-4　等成本线

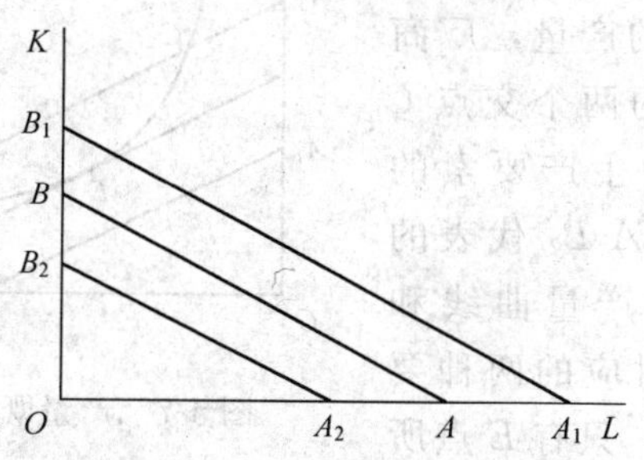

图 4-5　等成本线的移动

图 4-5 中，AB 为原来的等成本线。当总成本增加，等成本线平行右移从 AB 到 A_1B_1；当总成本减少，等成本线平行左移从 AB 到 A_2B_2。

如果生产要素相对价格变动，等成本曲线会发生不同的转动。

三、两种生产要素最佳组合

生产要素最佳组合也称生产者均衡，是指在既定的产量目标下使成本最小或在既定成本条件下使产量最大时，两种生产要素的配合比例。因为实现了要素的最佳组合，也就是实现了利润最大化，如果其他条件不变，生产者就不愿意再改变两种生产要素的配合比例。把等产量曲线和等成本曲线结合起来，可以确定生产要素的最佳组合。**在图形上，生产要素的最佳组合是指等产量曲线和等成本曲线的相切之点。**

（一）成本既定条件下的最大产量的生产要素组合

如图 4-6 所示，由于成本既定，所以图中只有一条等成本曲线 AB，但有三条等产量线 Q_1、Q_2 和 Q_3。其中，Q_3 代表的产量水平最高，但既定的总成本太低，无法生产 Q_3 代表的产量水平。等成本曲线与 Q_1 有两个交点 C 和 D，但等产量线 Q_1 代表的产量较低，不是既定成本下最大的产量。AB 与 Q_2 有一个切点 E，这说明既定的成本支出既可以采取 C 和 D 所代表的要素组合生产 Q_1 产量，也可以采取 E 点所代表的要素组合生产 Q_2 产量。由于 Q_2 代表的产量水平大于 Q_1，所以，只有 E 点才是生产要素的最佳组合之点。它表示，在既定成本下，企业应按照 E 点的要素组合进行生产，就可以取得最大产量。

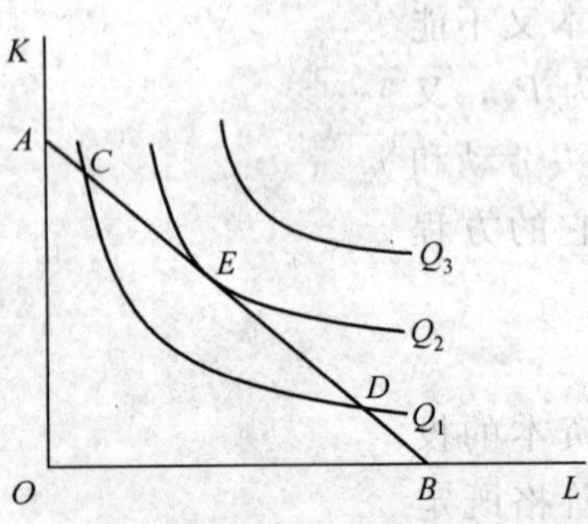

图 4-6 成本既定产量最大的原则

（二）产量既定条件下最小成本的生产要素组合

想一想，图 4-6、图 4-7 与消费者均衡中的哪些图相似？

如图 4-7 所示，由于产量既定，所以，只有一条等产量曲线。图中有三条等成本曲线，其中 A_1B_1 的成本水平太低，不能达到产量水平 Q。生产同样的产量，厂商既可以选择 A_3B_3 的两个交点 C 和 D 所对应的两种生产要素的组合；也可以选择 A_2B_2 代表的成本水平，使用等产量曲线和 A_2B_2 的切点 E 所对应的两种要素的组合。很明显，只有 E 点所代表的劳动与资本的组合，才是厂商的生产均衡点。因为等成本线向上移动，总成本将增加，不符合成本最小原则；等成本线向下移动，则生产不出既定产量。所以，与等产量线相切的等成本线 A_2B_2 是既定产量下的最小成本，切点 E 处表示的两种生产要素组合是用最小成本生产出既定产量的最优组合。

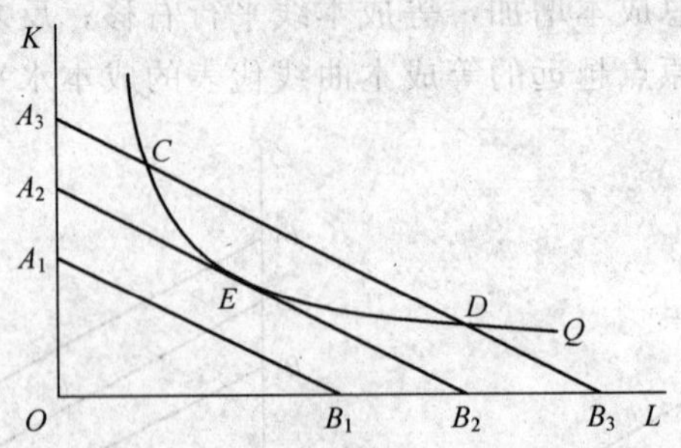

图 4-7 产量既定成本最小的原则

（三）生产扩展线和规模报酬分析

现在分析生产规模可以变动的情况，即生产要素同时增加或减少时产量的变动情况。如果两种生产要素价格不变，当厂商总成本增加时，等成本曲线会向右上方平行移动。当厂商产量增加时，等产量曲线也会向右上方平行移动。这些不同的等产量曲线将与不同的等成本曲线相切，形成一系列不同的生产要素最佳组合点，将这些点连接起来形成的曲线称为生产扩展线。

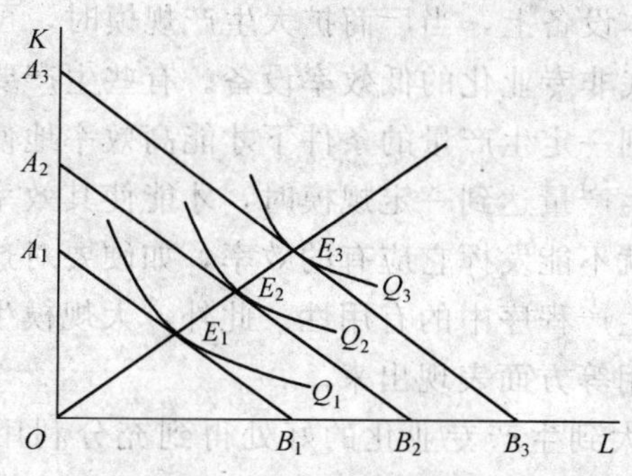

图 4-8　生产扩展线

如图 4-8 所示，图中 A_1B_1、A_2B_2、A_3B_3 分别代表厂商的三条等成本曲线，Q_1、Q_2、Q_3 代表三条不同水平的等产量曲线。不同的等成本曲线与不同的等产量曲线的相切点分别为 E_1、E_2、E_3。**这些切点是厂商在不同总成本下的两种生产要素的最优组合点，把这些切点与原点连接起来，就是生产扩展线**（Production Expansion Curve）。它表明在生产要素价格不变的情况下，每一种生产规模的要素的最优组合。厂商沿着这条扩展线扩大生产，可以始终实现生产要素的最佳组合，从而使生产规模沿着最有利的方向扩大。

规模报酬（Returns to Scale）也称规模经济，**是指因生产规模变动而引起的产量的变动，即资本和劳动两种要素按同方向同比例变动时所引起的产量变动**。根据投入变动与产量变动之间的关系，把规模报酬的变动划分为规模报酬递增、规模报酬不变和规模报酬递减三种类型。

> 从长期考虑，企业规模的一般变化规律是：企业规模从小到大，处于规模报酬递增阶段；当达到一定规模后，较长时期处于规模报酬不变阶段；在这之后，再扩大规模，会出现规模报酬递减。

第一，规模报酬递增。即产量增加的比例大于投入要素增加的比例。例如，投入要素增加一倍，产量增加一倍以上。西方经济学中称这种情况为规模经济，即厂商采用一定生产规模而获得的经济利益。

第二，规模报酬不变。即产量增加的比例等于投入要素增加的比例。例如，投入要素增加一倍，产量也增加一倍。

第三，规模报酬递减。即产量增加的比例小于投入要素增加的比例。例如，投入要素增加一倍，产量增加小于一倍。西方经济学中称这种情况为规模不经济，即由于生产规模过大，造成管理效率降低，要素价格和销售费用增加，导致规模报酬递减。

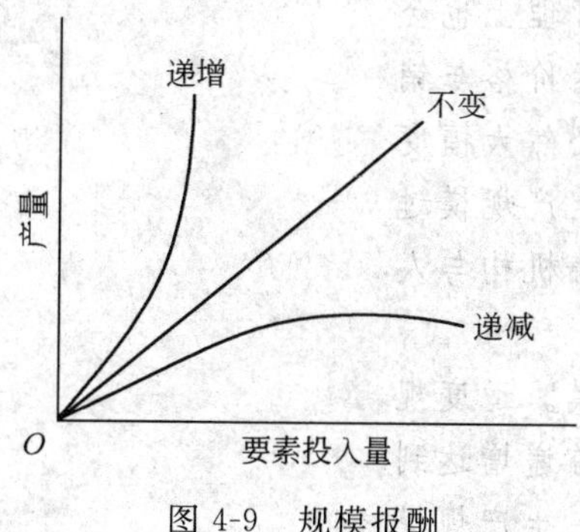

图 4-9　规模报酬

可以用图 4-9 来表示规模报酬递增、规模报酬不变和规模报酬递减。图 4-9 中，横轴表示生产要素投入量，纵轴表示产量，三条曲线分别代表不同的规模报酬。

规模收益递增的原因主要有两个：一是生产的专业化效率；二是投入某些要素的不可分性。

生产规模扩大，有利于进行专业分工，从而提高生产效率。专业化效率也会体现在资本设备上，当厂商扩大生产规模时，可以用效率更高的专业化设备来取代非专业化的低效率设备。有些生产要素具有不可分性，他们必须在达到一定生产量的条件下才能高效率地使用。例如，一条生产线，只有当生产量达到一定规模时，才能使其效率充分发挥。当生产规模很小时，就不能发挥它应有的效率，如硬要对这些要素进行分割，则会丧失它在生产程序中的有用性。此外，大规模生产的效益，也会在广告、研究费用等方面表现出来。

思考：是不是所有行业的规模都是越大越好？

当生产规模扩大到生产专业化的好处得到充分利用、生产要素的效率得到充分发挥的时候，规模收益就会进入不变阶段。如果生产规模继续扩大，那么，到一定程度后，规模收益出现递减。其原因是由于厂商的生产规模过大，造成管理效率降低以及要素价格和销售费用的增加。

企业最终选择什么样的规模，还与市场大小、市场竞争结构等因素有关。

规模经济的标志是平均成本随产量的增大而降低，因此规模经济是实现利润最大化目标的重要手段之一，其前提条件是扩大规模后的产量能够销售出去。在长期中企业调整各种生产要素时，要实现适度规模。**适度规模就是使两种生产要素的增加，即生产规模的扩大正好使收益递增达到最大**。当收益递增达到最大时就不再增加生产要素，并使这一生产规模维持下去。

知识拓展

规模经济和范围经济

扩大企业生产规模所带来的好处，在经济学上称为“大规模生产的经济”，也称规模经济。

企业规模扩大既会带来好处，也会引起不利影响。第一，管理效率的降低。生产规模过大则会使管理机构由于庞大而不灵活，管理上也会出现各种漏洞，从而使产量和收益反而减少。第二，生产要素价格与销售费用增加。生产要素的供给并不是无限的，生产规模过大必然大幅度增加对生产要素的需求，而使生产要素的价格上升。同时，生产规模过大，产品大量增加，也增加了销售困难，需要增设更多的销售机构与人员，增加了销售费用。因此，生产规模并不是越大越好。

因此，在长期中企业要调整各种生产要素，实现适度规模。适度规模就是使两种生产要素的增加，即生产规模的扩大正好使收益递增达到最大。当收益递增达到最大时就不再增加生产要素，并使这一生产规模维持下去。

对于不同行业的企业来说，适度规模的大小是不同的，并没有一个统一的标准。在确定适度规模时应该考虑到的因素主要有以下几点。

第一，本行业的技术特点。一般来说，需要的投资量大，所用设备复杂先进的行业，适度规模也就大，例如冶金、机械、汽车制造、造船、化工等重工业企业，生产规模越大经济效益越高。相反，需要投资少，所用设备比较简单的行业，适度规模也小。例如服装、服务这类行业，生产规模小能更灵活地适应市场需求的变动，对生产更有利，所以适度规模也就小。

第二，市场条件。一般来说，生产市场需求量大，而且标准化程度高的产品企业，适度规模也应该大，这也是重工业行业适度规模大的原因。相反，生产市场需求小，而且标准化程度低的产品企业，适度规模也应该小。所以，服装行业的企业适度规模就要小一些。

当然，在确定适度规模时要考虑的因素还很多。例如，在确定某一采矿企业的规模时，还要考虑矿藏量的大小。其他诸如交通条件、能源供给、原料供给、政府政策等，都是在确定适度规模时必须考虑到的。

应该注意的是，随着技术进步，规模经济的标准也是在变的。例如，在20世纪50年代时，汽车厂的规模经济为年产30万辆，但到1977年这一规模经济已达年产200万辆。重工业行业中普遍存在这种规模经济生产规模不断扩大的趋势。这是因为这些行业的设备日益大型化、复杂化和自动化，投资越来越多，从而只有在产量达到相当大的数量时，才能实现规模经济。

企业规模的扩大除了增加同一种产品的生产，实现规模经济以外，还可以进行多元化经营，实现范围经济。范围经济就是扩大经营范围所带来的好处。

范围经济有四点好处。第一，使企业规模可以无限扩大。一种产品的增加总要受技术或市场条件的限制。生产多种产品就可以打破这种限制。第二，可以更有效地利用企业的人力与物力资源。第三，各种不同行业产品可以互相承担风险，增强企业的抗风险能力。第四，有利于企业的产品结构调整，便于从以一个行业为主转向以另一个行业为主。正因为范围经济有这些好处，现在许多大型企业、跨国公司都是跨行业经营。但正如规模经济有限度一样，范围经济也并不是跨的行业越多越好。企业盲目扩大，同时进军若干行业往往会面临灭顶之灾。

中国人养活自己靠的是农业技术进步

边际产量递减规律早在18世纪就由经济学家提出，有人把这一规律应用到农业领域，却描述出一幅人类前景悲惨的画面来：因为耕地等自然资源毕竟是有限的，要增产粮食最终只能依靠劳动力的增加，但边际产量递减规律表明，劳动力投入带来的边际粮食产量递减，于是人口不断增长的必然结果是，人类不能养活自己。无独有偶，1994 年，一位叫莱斯特·布朗的人重复类似悲观的预言，发表了一本题为《谁来养活中国》的小册子，宣称人口众多的中国将面临粮食短缺，进而引发全球粮价猛涨的危机。杞人忧天的布朗是否知道袁隆平的名字，他利用科学技术发明了杂交水稻，使每亩单产达到了 405 千克，小麦从 50 千克提高到目前的 700 千克。中国有出色的是农业科学家，中国人养活自己靠的是农业技术进步。布朗先生实在是用错了边际产量递减规律。要记住边际产量递减规律是有条件的。

本章小结

◆生产函数表示生产要素的数量与某种组合和产量之间的关系。

◆在短期中当其他要素不变时，企业增加一种生产要素会引起边际产量递减。企业要根据总产量、平均产量和边际产量之间的关系来确定一种生产要素的合理投入。这种合理投入区间是一种生产要素的投入最少要达到平均产量最大，最多不能超过总产量最大时的要素投入。

◆在长期中企业要确定生产规模的大小，以实现规模收益递增到最大时的适度规模。不同的行业适度规模的大小是不同的。

◆运用边际分析法时，生产要素的最佳组合是每种生产要素引起的边际产量与该生产要素价格之比相等。

◆运用等产量线分析法时，生产要素的最佳组合是等产量线与等成本线的相切之点。

主要概念

生产要素　生产函数　短期　长期　边际产量递减规律　总产量平均产量　边际产量　等产量曲线　边际技术替代率　等成本曲线　生产扩展线　规模收益

思考与应用

一、单项选择题

1. 反映生产要素投入量和产出水平之间的关系称作（　　）。

A. 总成本曲线　　　B. 生产函数

C. 生产可能性曲线　　D. 成本函数

2. 在经济学中，短期是指（　　）。

A. 1年或1年以内的时期

B. 在这一时期内所有投入要素均是固定不变的

C. 在这一时期内所有投入要素均是可以变动的

D. 在这一时期内生产者只能调整可变的生产要素

3. 当平均产量达到最大值时（　　）。

A. 总产量达到最大值

B. 总产量仍处于上升阶段还未达到最大值

C. 边际产量达到最大值

D. 边际产量等于零

4. 当边际产量达到最大时，下列各项中正确的是（　　）。

A. 总产量达到最大值

B. 平均产量处于递减阶段

C. 平均产量处于递增阶段

D. 总产量处于递减阶段

5. 当总产量达到最大值时（　　）。

A. 平均产量是递减的　　B. 平均产量为零

C. 边际产量为零　　D. 边际产量为负

6. 如果连续增加某种生产要素，在总产量达到最大时，边际产量曲线（　　）。

A. 与纵轴相交　　B. 经过原点

C. 与横轴相交　　D. 与平均产量曲线相交

7. 当边际产量大于平均产量时，（　　）。

A. 平均产量增加　　B. 生产技术水平不变

C. 平均产量不变　　D. 平均产量达到最低点

8. 下列说法中错误的是（　　）。

A. 只要总产量减少，边际产量一定是负数

B. 只要边际产量减少，总产量一定也减少

C. 边际产量曲线一定在平均产量曲线的最高点与之相交

D. 随着某种生产要素投入量的增加，边际产量和平均产量增加到一定程度将趋于下降，其中边际产量的下降一定先于平均产量

9. 当劳动的边际产量为负时，生产处于（　　）。

A. 劳动投入的第Ⅰ阶段

B. 劳动投入的第Ⅱ阶段

C. 劳动投入的第Ⅲ阶段

D. 资本投入的第Ⅰ阶段

10. 根据边际收益递减规律，如果技术不变，其他投入要素的投入

量不变，一种投入要素如果过量使用（　　）。

A. 最终会使总产量下降

B. 会使边际产量减少，直到等于零时为止

C. 最终会使总产量下降，但不会等于零

D. 总产量能继续保持增长，不过增长的幅度会越来越小

11. 边际收益递减规律只是在下列情况下起作用（　　）。

A. 所有投入要素的投入量都按同一比例变化

B. 生产函数中只有一种投入要素

C. 生产函数中至少有一种投入要素的投入量是不变的

D. 在科布-道格拉斯生产函数中诸变量的指数之和小于 1

12. 在生产技术水平不变的条件下，生产同一产量的两种不同的生产要素的不同组合构成的曲线是（　　）。

A. 无差异曲线　　B. 等成本曲线

C. 等产量曲线　　D. 生产可能线

13. 等产量曲线是指在这条曲线上的各点代表（　　）。

A. 为生产同等产量投入要素的各种组合比例是不能变化的

B. 投入要素的各种组合所能生产的产量都是相等的

C. 为生产同等产量投入要素的价格是不变的

D. 不管投入各种要素量如何，产量总是相等的

14. 边际技术替代率是指（　　）。

A. 两种要素投入的比率

B. 一种要素投入替代另一种要素投入的比率

C. 一种要素投入的边际产品替代另一种要素投入的边际产品的比率

D. 在保持原有产出不变的条件下，用一种要素投入替代另一种要素投入的比率

15. 等成本曲线平行向外移动表明（　　）。

A. 产量提高了

B. 成本增加了

C. 生产要素的价格按不同比例提高了

D. 生产要素的价格按相同比例提高了

16. 生产要素的最佳组合点一定是（　　）。

A. 等成本曲线与生产可能性曲线的切点

B. 等产量曲线与等利润曲线的切点

C. 等产量曲线与等成本曲线的切点

D. 等产量曲线与等收入曲线的切点

17. 无数条等产量曲线与等成本曲线的切点连接起来的曲线是（　　）。

A. 无差异曲线　　B. 消费可能线

C. 收入消费曲线　　D. 生产扩展路线

二、多项选择题

1. 厂商在生产过程中投入的生产要素主要有（　　）。

A. 劳动　　B. 资本　　C. 土地

D. 企业家才能　　E. 利润

2. 固定成本是指厂商（　　）。

A. 在短期内必须支付的生产要素的费用

B. 在短期内不能调整的生产要素的支出

C. 厂房及设备折旧等不变生产要素引起的费用

D. 长期固定不变的成本

E. 在短期内不随产量变动的那部分生产要素的支出

3. 由于总产量等于所有边际产量之和，所以（　　）。

A. 在边际产量曲线上升时，总产量曲线以越来越慢的速度上升

B. 在边际产量曲线上升时，总产量曲线以越来越快的速度上升

C. 在边际产量曲线下降时，总产量曲线以越来越快的速度上升

D. 在边际产量曲线下降时，总产量曲线以越来越慢的速度上升

E. 在边际产量曲线下降时，总产量曲线以越来越慢的速度下降

4. 边际收益递减规律成立的条件是（　　）。

A. 生产技术水平保持不变

B. 扩大固定资本的存量

C. 保持其他生产要素投入数量不变，只改变一种生产要素的投入量

D. 边际产量递减发生在可变投入增加到一定程度之后

E. 以上说法都对

5. 边际技术替代率（　　）。

A. 是在产出量保持不变的前提下，增加最后一个单位投入要素替代另一种投入要素的技术上的比率

B. 是在产出量变动的前提下，增加最后一个单位投入要素替代另一种投入要素的技术上的比率

C. 是负的，并且呈递减趋势

D. 是正的，并且呈递减趋势

E. 是负的，并且呈递增趋势

6. 属于等产量曲线特征的有（　　）。

A. 等产量曲线凹向原点

B. 等产量曲线向右下方倾斜

C. 等产量曲线有无数条，其中每一条代表一个产值，并且离原点越远，代表的产量越大

D. 等产量曲线互不相交

E. 等产量曲线与等成本线相交

7. 下列说法正确的有（　　）。

A. 等产量曲线上某点的边际技术替代率等于等产量曲线上该点斜率值

B. 等产量曲线上某点的边际技术替代率等于等产量曲线上该点斜率的绝对值

C. 边际技术替代率等于两种生产要素的边际产量之比

D. 边际技术替代率等于两种商品的边际效用之比。

E. 以上说法都对

三、判断题

1.（　　）当其他生产要素不变时，一种生产要素投入越多，则产量越高。

2.（　　）在农业中并不是越密植越好，施肥越多越好。

3.（　　）只要总产量减少，边际产量一定是负数。

4.（　　）只要边际产量减少，总产量也一定在减少。

5.（　　）平均产量曲线可以和边际产量曲线在任何一点上相交。

6.（　　）规模经济和边际产量递减规律所研究的是同一个问题，其结论也相同。

7.（　　）无论哪个行业，企业的规模都是越大越好。

8.（　　）一条等产量线的上部，其代表的产量大于该产量线的下部所代表的产量。

9.（　　）同一平面图上，任意两条等产量线都可以相交。

10.（　　）利用等产量线上任意一点所表示的生产要素组合，都可以生产出同一数量的产品。

11.（　　）在同一平面图上，可以有三条不同的等产量线。

12.（　　）当生产要素的价格不变时，随着生产者货币成本的增加，等成本线会向右上方平行移动。

13.（　　）两种生产要素的最适组合之点就是等产量线与等成本线的交点。

四、问题与思考

1. 总产量与边际产量、平均产量与边际产量之间存在什么关系？如何根据这种关系确定一种生产要素的合理投入区间？

2. 什么是边际产量递减规律？这一规律发生作用的条件是什么？

3. 等产量线的特征是什么？

4. 生产要素的最佳组合条件是什么？

5. 为什么只有在等产量线与等成本线相切时才能实现生产者均衡？

6. 在大跃进中曾提倡农作物密植，结果粮食减产，用边际产量递减原理解释这种现象。

7. 欧美家庭常用的洗碗机为何在中国遭冷遇，外国人设计的结构更适合洗盘子，一台洗碗机要 3000 多元，使用一天耗电一度多，每洗一次碗要花一个多小时！每月仅用电与专用洗涤剂的消耗开支将近 50 元。在厨房中还要有专有的上下水设施与之配套。用学过的理论分析洗碗机为何在中国遭冷遇？

第五章

成本理论

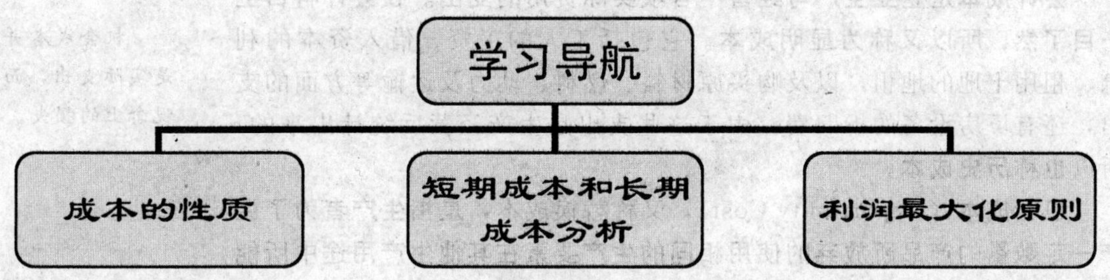

重点掌握

- 机会成本和会计成本
- 短期成本分类
- 各种短期成本变动的规律
- 短期中平均成本与边际成本的关系
- 利润最大化原则

一般掌握

- 长期总成本与短期总成本的区别
- 长期总成本与长期边际成本的含义
- 总收益、平均收益与边际收益的关系

一般了解

- 机会成本在企业决策中的作用
- 短期成本与停止营业点的关系
- 规模经济与长期平均成本的关系

如果学生能在经济学课程中真正理解成本以及成本的所有各个方面，那么，这门课程就算取得了真正的成功。

——约翰·莫里斯·克拉克

在分析了生产要素投入量与产量之间的关系后，现在分析成本与收益的关系，生产者要实现利润最大化，就要降低各项成本支出。经济学成本范畴包括：会计成本和机会成本。本章研究如何降低各种成本支出以获得企业的最大利润。

第一节　成本的性质

在经济分析中，厂商的成本包括显成本和隐成本，二者的和称为经济成本。

一、会计成本与机会成本

会计成本是企业生产与经营中各项实际费用的支出。在会计科目上一目了然，所以又称为显明成本。它包括工人的工资、借入资本的利息、租用土地的地租，以及购买原材料、燃料、动力及运输等方面的支出，还有厂房设备的折旧费。由于这些支出是生产经营后统计出来的，所以也称**历史成本**。

机会成本并不是实际支出，而是观念上的损失。

机会成本（Opportunity Cost），又称替换成本，**是指生产者为了生产一定数量的产品所放弃的使用相同的生产要素在其他生产用途中所能得到的最高收入**。这些费用并没有在会计成本账目上表现出来，所以叫**隐含成本**。它包括厂商使用自有生产要素应得的报酬。如自有资金的利息，所有者自身管理企业应得到的薪金。例如，某人拥有 100 万元资金，他可以把这 100 万元资金用于三种不同的用途：开商店获利 20 万元，开饭店获利 25 万元，投资房地产业获利 30 万元。他决定把 100 万元投资房地产业，在所放弃的用途中，最好的用途是开饭店获利 25 万元，这就是他选择投资房地产业的机会成本。

注意，正常利润是成本中的一项。

在运用机会成本时应注意两个条件：第一，存在多种投资可能性，如果自有资源本来是闲置的，现在投入仅有一种用途，则机会成本为零；第二，投资到任何方向都不受限制。否则，机会成本这个概念也就没有用了。

会计成本和机会成本之和称为经济成本。二者之间的区别说明了经济学家与会计师分析经营活动之间的主要不同。经济学家关心研究企业如何做出生产和定价决策，因此，当他们衡量成本时就包括了隐含成本（机会成本）。而会计师的工作是记录流入和流出企业的货币，他们只衡量显明成本（会计成本）。在分析成本函数时，要注意比较区分西方经济学中的成本概念与会计学中的成本概念。

计算你自己上大学有无机会成本？

二、总成本、平均成本和边际成本

总成本（Total Cost，简称 TC），即上述的经济成本，是指厂商的所有会计成本和机会成本之和。

平均成本（Average Cost，简称 AC）是指生产每一单位产品平均所需要的成本。

边际成本（Marginal Cost，简称 MC）是指每增加一单位产量所增加的总成本量。

三者的关系为

$$TC = AC \times Q$$

$$AC = \frac{TC}{Q}$$

$$MC = \frac{\Delta TC}{\Delta Q}$$

式中，TC 为总成本；AC 为平均成本；MC 为边际成本；Q 为产量。

微观经济学中，根据厂商能否调整全部生产要素投入量，把生产理论分为短期生产理论与长期生产理论。以此相适应在短期生产中使用的成本即短期成本，在长期生产中使用的成本即长期成本。短期成本与长期成本有不同的变动规律，在企业决策中有不同的意义。所以，以下分别分析短期成本与长期成本。

第二节　短期成本和长期成本分析

一、短期成本的类型

（一）固定成本、可变成本和总成本

固定成本（Fixed Cost，简称 FC），指不随产量变动而变动的成本。例如，厂房和机器设备的折旧费、利息、财产税、管理人员的工资等。这些费用在停产的情况下，也必须支付。因为固定成本在短期内是不变的，在几何图形上，由于固定成本不随产量变动而变动，所以，FC 线表现为一条与横轴平行的直线，如图 5-1 所示。

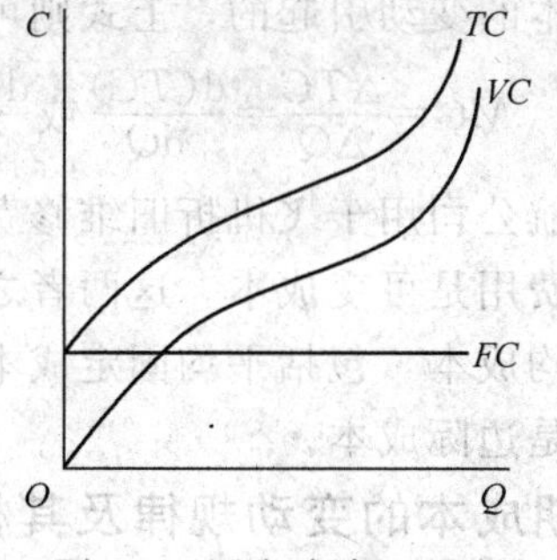

图 5-1　固定成本、可变成本和总成本

可变成本（Variable Cost，简称 VC），**指随产量变动而变动的成本。**例如，原材料、燃料和动力支出，生产工人的工资等。当产量为零时，可变成本也为零。产量越多，可变成本也越多，即可变成本是产量的递增函数。在几何图形上，可变成本 VC 线表现为一条自左下方向右上方上升的曲线，如图 5-1 所示。

总成本（Total Cost，简称 TC），**它等于固定成本与可变成本之和**，即 $TC = FC + VC$。在几何图形上，因为存在 FC，TC 不能为零，TC 的起点是 FC。所以，总成本 TC 线表现为一条从固定成本起由左下方向右上方上升的曲线，如图 5-1 所示。

（二）平均成本

平均固定成本（Average Fixed Cost，简称 AFC），指每单位产品需要支出的固定成本。公式为

$$AFC=\frac{FC}{Q}$$

式中，Q 为产量。

平均可变成本（Average Variable Cost，简称 AVC），指每单位产品需要支出的可变成本。公式为

$$AVC=\frac{VC}{Q}$$

式中，Q 为产量。

平均成本（Average Cost，简称 AC），指每单位产品需要支出的成本。公式为

边际成本中，自变量、因变量分别是什么。

$$AC=\frac{TC}{Q}=\frac{FC+VC}{Q}=AFC+AVC$$

从上式可以得出：平均成本等于平均固定成本和平均可变成本之和。

（三）边际成本

除了总成本、平均成本外，成本理论中还有一个十分重要的概念，这就是边际成本。**边际成本**（Marginal Cost，简称 MC），**指每增加一个单位的产量所引起的总成本的增量**。用公式表示为

举例说明边际成本的应用。

$$MC=\frac{\Delta TC}{\Delta Q}=\frac{\mathrm{d}(TC)}{\mathrm{d}Q}$$

由于在短期中，固定成本并不随产量变动而变动，所以，总成本的变动只是由可变成本的变动引起的，上式则可以写为

$$MC=\frac{\Delta TC}{\Delta Q}=\frac{\mathrm{d}(TC)}{\mathrm{d}Q}\text{或}\frac{\mathrm{d}(VC)}{\mathrm{d}Q}$$

例如，一个民航公司用于飞机折旧维修费、管理人员的工资是固定成本；用于汽油等费用是可变成本。这两者之和为短期成本。分摊到每位乘客的成本为平均成本，包括平均固定成本与平均可变成本，最后一个乘客增加的成本是边际成本。

二、各类短期成本的变动规律及其相互关系

为了说明各类短期成本的变化及相互关系，假设某厂商的短期成本如表 5-1。

（一）短期总成本、固定成本和可变成本

从表 5-1 中的数据可以得出：固定成本不随产量的增加而变动，*FC* 曲线的形状与图 5-1 中描述的是一致的。可变成本随产量的增加而增加，*VC* 曲线的形状与图 5-1 中描述的是一致的，从原点开始向右上方递增。短期总成本也随产量的增加而增加，并且由于固定成本不为零，因此，短期总成本在产量为零时，也不为零，它的变化规律与可变

表 5-1 某厂商短期成本表

产量	总成本(*TC*)			平均成本(*AC*)			边际成本
	FC	*VC*	*STC*	*AFC*	*AVC*	*SAC*	(*SMC*)
0	60	0	60	—	—	—	
1	60	30	90	60	30.00	90.00	30
2	60	49	109	30	24.50	54.50	19
3	60	65	125	20	21.70	41.70	16
4	60	80	140	15	20.00	35.00	15
5	60	100	160	12	20.00	32.00	20
6	60	124	184	10	20.70	30.70	24
7	60	150	210	8.60	21.40	30.00	26
8	60	180	240	7.50	22.50	30.00	30
9	60	215	275	6.70	23.90	30.60	35
10	60	255	315	6.00	25.50	31.50	40
11	60	300	360	5.50	27.30	32.80	45
12	60	360	420	5.00	30.00	35.00	60

成本相同。这也与图 5-1 中 *TC* 曲线的形状相一致，即 *TC* 曲线在可变成本平行上移一段等于固定成本的垂直距离后向右上方递增。

（二）短期平均成本、平均固定成本和平均可变成本

根据表 5-1 中数据可以做出 *AFC* 曲线、*AVC* 曲线及 *SAC* 曲线，如图 5-2 所示。

平均固定成本是产量的递减函数，即平均固定成本随产量增加而递减，所以，*AFC* 曲线随产量不断增加呈一直下降趋势。平均可变成本是产量的函数，它随产量的增加呈现先递减在达到极小值后（图 5-2 中的 Q_1 产量处的平均可变成本）开始递增，即 *AVC* 是一条 U 形曲线。*AVC* 曲线在产量 Q_1 之前处于递减阶段，在 Q_1 之后转为递增阶段。所以，产量为 Q_1 对应的平均可变成本是 *AVC* 曲线从递减转为递增的转折点，也是平均可变成本的最低点。*AVC* 曲线呈 U 形变化，是因为在产量为 Q_1 之前，随产量增加，生产要素的效率逐渐得到发挥，每增加一个单位的可变生产要素所增加的产量超过原来每单位可变生产要素的平均产量，从而表现为平均可变成本随产量增加而递减。当产量在 Q_1 之后，情况正好相反，由于存在边际产量递减规律，因而 *AVC* 曲线也就从递减转为递增。

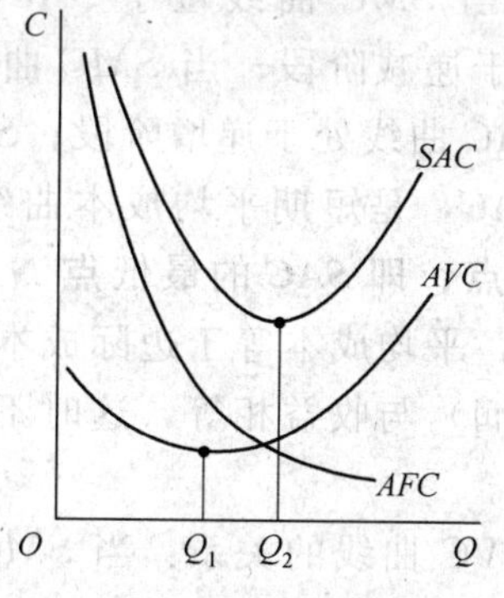

图 5-2 平均可变成本与平均成本的关系

短期平均成本是平均固定成本和平均可变成本之和。短期平均成本

曲线 SAC 也是先下降后上升，图形上呈 U 形变化。短期平均成本曲线 SAC 高于平均可变成本 AVC 曲线，SAC 曲线与 AVC 曲线之间的垂直距离等于平均固定成本 AFC，由于平均固定成本 AFC 随产量增加而持续递减，所以，SAC 和 AVC 之间的距离随产量的增加而逐渐接近，但永远不能相交，因为 AFC 不可能等于零。SAC 曲线在产量为 Q_2 之前递减，在 Q_2 之后递增。产量为 Q_2 点的平均成本最低。短期平均成本最低点所对应的产量之所以大于平均可变成本最低点所对应的产量，是因为当 AVC 达到最小并转为递增时，AFC 仍在递减，只要 AFC 的递减超过 AVC 的递增，SAC 就仍然处于递减阶段。只有当 AVC 的递增超过了 AFC 的递减以后，SAC 才转入递增。

短期成本分析对企业短期经营决策有什么意义？

（三）短期边际成本、短期平均成本和短期平均可变成本

根据表 5-1 的数据，可以作出短期边际成本 SMC 曲线，如图 5-3 所示。从图 5-3 可以看到，SMC 曲线也是一条先下降后上升的 U 形曲线。开始时，SMC 曲线随产量增加而减少，当产量增加到一定程度时，随产量的增加而增加。SMC 曲线的变动取决于可变成本，因为所增加的成本只是可变成本。SMC 曲线先于平均可变成本 AVC 曲线和短期平均成本 SAC 曲线转为递增，SMC 曲线先后在 AVC 曲线和 SAC 曲线的最低点与之相交，即 M 点和 N 点。

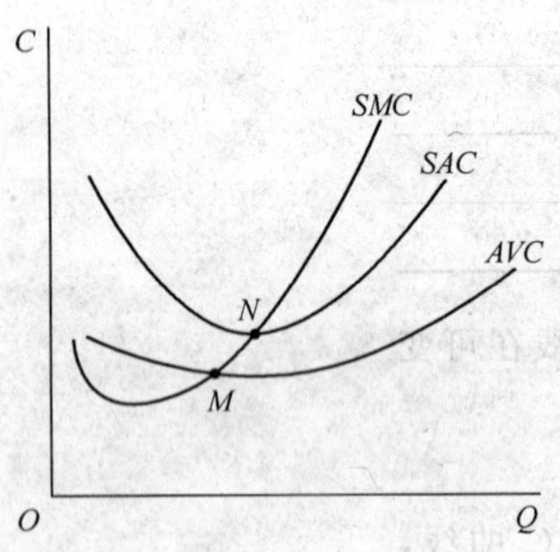

图 5-3　边际成本与平均可变成本和平均成本的关系

从图 5-3 中还可以看到 SMC 曲线与 SAC 曲线的关系，当 SMC 曲线位于 SAC 曲线下方时，即 $SMC<SAC$，SAC 曲线处于递减阶段；当 SMC 曲线位于 SAC 曲线上方时，即 $SMC>SAC$，SAC 曲线处于递增阶段；SMC 曲线与 SAC 曲线相交之点，即 $SMC=SAC$，是短期平均成本曲线的最低点。**把 *SMC* 曲线与 *SAC* 曲线相交之点，即 *SAC* 的最低点 *N* 点，称为收支相抵点**。这时价格为平均成本，平均成本等于边际成本（$P=AC=MC$），厂商的成本（包括正常利润）与收益相等，这时不存在经济利润，只获得正常利润。

SMC 曲线与 AVC 曲线的关系：当 SMC 曲线位于 AVC 曲线下方时，即 $SMC<AVC$，AVC 曲线处于递减阶段；当 SMC 曲线位于 AVC 曲线上方时，即 $SMC>AVC$，AVC 曲线处于递增阶段；当 SMC 曲线与 AVC 曲线相交时，即 $SMC=AVC$，是平均可变成本的最低点。**把 *SMC* 曲线与 *AVC* 曲线的相交之点，即 *AVC* 的最低点 *M* 点，称为停止营业点**。在此点上的价格只能弥补平均可变成本，厂商的收益与可变成本相等，损失的是不生产也要支付的固定成本。如果价格比这点还低，不能弥补可变成本，无论如何也不能生产了。

三、各类长期成本的变动规律及其相互关系

（一）长期总成本

长期总成本（Long-run Total Cost，简称 LTC），指在长期中生产某一数量产品所需要支付的成本总和。

如图 5-4 所示，横轴表示产量，纵轴表示成本，*LTC* 是长期总成本曲线。长期总成本是产量的函数，随产量的增加，先是以递增的速度增加，接着以递减的速度增加，最后又以递增的速度增加。因为在长期中所有要素都可变，所以产量为零时，总成本等于零，*LTC* 曲线从原点出发。在开始生产阶段，即 OQ_1 阶段，要素投入量大，而产量小，表明生产要素没有得到充分利用，因此，成本增加的变动率大于产量增加的变动率，*LTC* 曲线比较陡。当产量增加到一定程度以后，即 Q_1Q_2 阶段，生产要素开始得到充分利用，这时成本增加的变动率小于产量增加的变动率，这是规模经济的效益，*LTC* 曲线比较平坦。最后，即 Q_2 以后阶段，由于规模产量递减，成本增加的变动率又大于产量增加的变动率，*LTC* 曲线又比较陡。

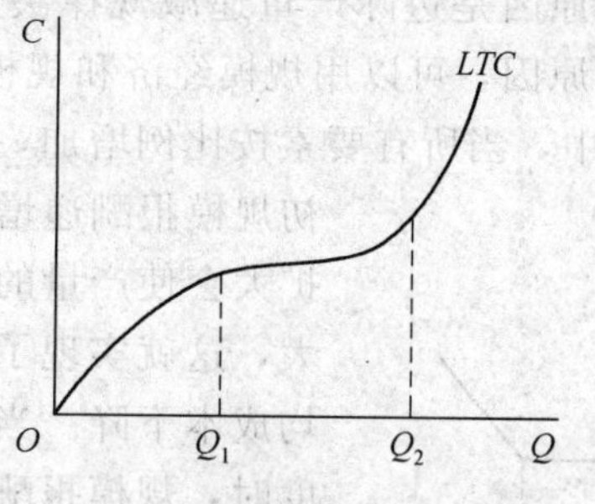

图 5-4　长期总成本

（二）长期平均成本

长期平均成本（Long-run Average Cost，简称 LAC），指长期中每单位产品需要支付的成本。其公式为

$$LAC=\frac{LTC}{Q}$$

式中，*Q* 为产量。

长期平均成本是产量的函数，随着产量的变动而变动。长期平均成本曲线可由短期平均成本曲线中推导得出。图 5-5 说明了长期平均成本曲线的形成。图中，横坐标代表产量 *Q*，纵坐标代表成本 *C*，*SAC* 代表短期平均成本曲线，*LAC* 代表长期平均成本曲线。

长期平均成本曲线是短期平均成本曲线的包络曲线。在 *LAC* 曲线与某一条 *SAC* 曲线的切点，该 *SAC* 曲线所代表的生产规模就是该产量下的最优生产规模。长期平均成本曲线上的每一点都表示厂商生产相应产量水平的最小平均成本。由于长期平均成本曲线表明厂商如何计划在一段相当长的时间内的经营规模、产量以及成本等方面的情况，因此，它又被称为生产者的计划曲线。

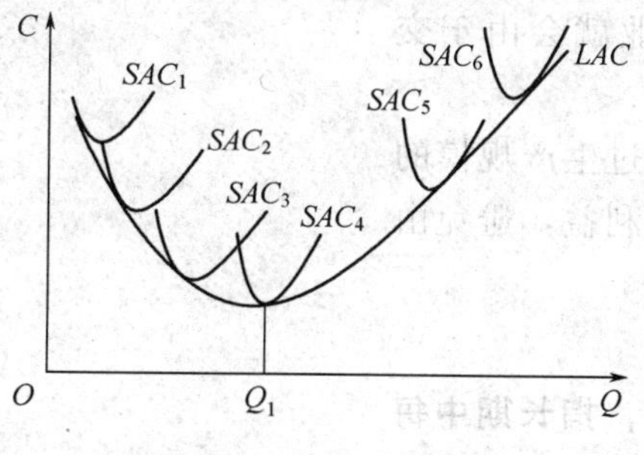

图 5-5　长期平均成本

长期平均成本曲线呈U形变化，长期平均成本递减阶段，*LAC*曲线相切于所有相应的短期平均成本曲线最低点的左边；长期平均成本递增阶段，*LAC*曲线相切于所有相应的短期平均成本曲线最低点的右边；只有在长期平均成本的最低点，*LAC*曲线才相切于某一条*SAC*曲线的最低点。

长期平均成本曲线与短期平均成本曲线都呈U形。短期平均成本曲线呈U形变化的原因是边际产量递减规律决定的。而长期平均成本曲线呈U形变化的原因，可以用规模经济和规模不经济来解释其形状。一般地说，在长期中，当所有要素按比例增加，即生产规模扩大时，最初规模报酬递增，也就是说，生产规模扩大会使产量的增加大于生产规模的扩大，这就实现了规模经济，必然导致平均成本下降。当生产规模递增到一定程度时，规模报酬会在一个或短或长的时期内保持不变，平均成本亦保持不变。当生产规模进一步扩大超过一定限度时，就会出现规模不经济，从而导致平均成本上升。规模报酬通常都是先上升后下降，报酬递增与成本递减是同一事物的两个方面，所以，*LAC*曲线通常是先下降后上升，呈U形。

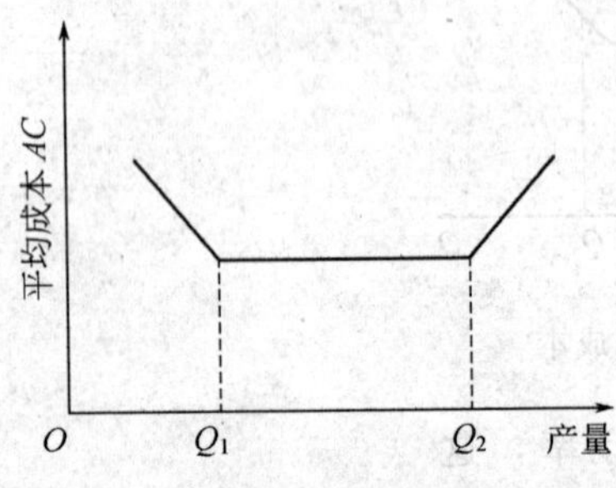

图5-6　成本递减、不变和递增

图5-6是用平均成本与产量的关系来表示规模报酬递增、不变和递减的不同情况。

不同行业的长期平均成本。一般可以根据长期平均成本变动的情况把不同的行业分为三种情况：成本不变行业、成本递增行业、成本递减行业。

成本不变行业中各企业的长期平均成本不受整个行业产量变化的影响，无论产量如何变化，长期平均成本是基本不变的。这种行业就是“成本不变行业”。具有成本不变特点的行业并不多见，一般是一些小商品生产行业或特殊行业。**成本递增行业**中各个企业的长期平均成本要随整个行业产量的增加而增加。这种行业在经济中属于普遍情况。这种情况在以自然资源为主要生产要素的行业，如农业、渔业、矿业中更为突出。**成本递减行业**中各个企业的长期平均成本要随整个行业产量的增加而减少。例如，在同一地区建立若干汽车制造厂，各企业就会由于交通、辅助服务等方面的节约而产生成本递减。

在长期中，追求利润最大化的厂商的主要任务是，通过生产规模的调整，尽可能使长期平均成本降低，享受规模经济带来的利益，避免由规模不经济带来的损失。

（三）长期边际成本

长期边际成本（Long-run Marginal Cost，简称LMC），指长期中每增加一个单位的产量所引起的长期总成本的增加量。公式为

$$LMC=\frac{\Delta LTC}{\Delta Q}=\frac{\mathrm{d}(LTC)}{\mathrm{d}Q}$$

式中，ΔLTC 为长期总成本的增加量；ΔQ 为产量的增量。

长期边际成本曲线可以由长期总成本曲线得出，因为

$$LMC=\frac{\Delta LTC}{\Delta Q}=\frac{\mathrm{d}(LTC)}{\mathrm{d}Q}$$

它正是 LTC 曲线的斜率。所以，只要把每一产量上的斜率描绘在产量和成本的平面坐标图中，便可以得到 LAC 曲线，如图 5-7 所示。长期边际成本随产量的变动而变动，其变化情况与短期边际成本相似，先递减，到达最小值以后开始递增，因而 LMC 曲线也呈 U 形。

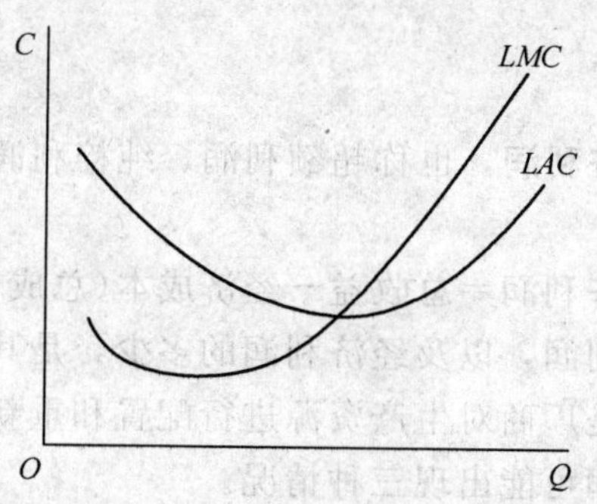

图 5-7 长期边际成本与长期平均成本

长期边际成本曲线与长期平均成本曲线的关系同短期边际成本与短期平均成本曲线的关系一样，如图 5-7 所示，当长期边际成本小于长期平均成本，即 $LMC<LAC$ 时，长期平均成本曲线 LAC 呈下降趋势；当长期边际成本大于长期平均成本，即 $LMC>LAC$ 时，长期平均成本曲线 LAC 呈上升趋势；当 $LMC=LAC$ 时，长期平均成本曲线处于最低点。

第三节　利润最大化原则

前面已经分析了厂商的成本情况，现在主要介绍厂商收益方面的情况，明确厂商如何通过成本与收益的比较来确定产量以实现利润最大化目标。

一、收益与利润

（一）收益

收益（Revenue）是指厂商出售产品和劳务所获得的货币收入。收益包括总收益、平均收益和边际收益。

总收益（Total Revenue）是指厂商销售一定量产品和劳务所得到的货币收入总额，或全部的销售收入。则

$$TR=P\times Q=AR\times Q$$

式中，TR 为总收益；AR 为平均收益；Q 为销售量；P 为商品的价格。

平均收益（Average Revenue）是指厂商销售每一个单位产品和劳务平均所得到的货币收入。从公式中可以看出，平均收益也就是每单位商品的售价。

$$AR=\frac{TR}{Q}$$

边际收益（Marginal Revenue）是指厂商每增加销售一单位产品和劳务所增加的货币收入。则

$$MR=\frac{\Delta TR}{\Delta Q}=\frac{d(TR)}{dQ}$$

式中，MR 为边际收益；ΔQ 为增加的销售量；ΔTR 为增加的总收益。

（二）利润

利润一般指经济利润，也称超额利润、纯粹利润，**是指厂商总收益减去总成本的差额。**

要区分正常利润和经济利润：正常利润包括在成本之中，而经济利润就是超额利润或称纯粹利润。

经济利润＝总收益－经济成本（总成本）

厂商有无经济利润，以及经济利润的多少，是其进行生产经营活动决策的主要依据，是厂商对生产资源进行配置和重新配置的一项重要指标。厂商的经济利润可能出现三种情况。

第一，总收益大于经济成本，即经济利润＞0。这种情况下，厂商的现有投资方向和决策是合理的，并优于其他投资方向，这时他会继续保持原有的选择。

第二，总收益等于经济成本，即经济利润＝0。这种情况下，厂商正好能够获得正常利润，虽然没有经济利润，但他也不会轻易改变投资方向，除非新的投资方向能有稳定的经济利润。

第三，总收益小于经济成本，即经济利润＜0。这种情况下，厂商的纯收益低于正常利润，这时他将会重新考虑其投资方向，以争取至少能获得正常利润。

经济学中，追求利润最大化应该是经济利润的最大化。

二、利润最大化的原则

在经济分析中，**利润最大化的原则是边际收益等于边际成本，即 $MR=MC$**。为什么只有在边际收益等于边际成本时才实现利润的最大化呢？

如果边际收益大于边际成本，即 $MR>MC$，表明厂商每多生产一个单位产品所增加的收益大于生产这一单位产品所增加的成本。这时，对该厂商来说，增加产量会使利润增加，厂商增加生产是有利的。

如果边际收益小于边际成本，即 $MR<MC$，表明厂商每多生产一个单位产品所增加的收益小于生产这一单位产品所增加的成本。说明此时厂商增加产量会造成亏损，因此，厂商必须要减少产量。

见案例：为什么大商场平时不延长营业时间？

无论是边际收益大于边际成本还是小于边际成本，厂商都要调整其产量，这一原则具有普遍意义。无论是在完全竞争市场，还是在不完全竞争市场，它对任何厂商都是适用的。

现实中市场结构是不同的。在不同的市场条件下，收益变动规律不同，厂商对最大利润的追求就要受到不同市场条件的限制。这些在第六章中将进行讨论。

上大学的代价是什么

上大学是要花钱的，这就是上大学的成本。从目前来看，每位大学生在四年期间学费、书费等各种支出约为 4 万元。这种钱要实实在在地支出，称为会计成本。

但上大学的代价决不仅是这种会计成本。为了上大学，要放弃工作的机会，放弃工作所得不到的工资收入就是上大学的机会成本。例如，如果一个人不上大学去工作，每年可以得到 1 万元，这四年的机会成本就是 4 万元。上大学的代价应该是会计成本 4 万元与机会成本 4 万元，共计 8 万元。

对一般人来说，上大学会提高工作能力，有更好的机会，以后会收入更多。例如，如果一个没上过大学的人，一生中每年收入 1 万元，从 18 岁开始工作，到 60 岁退休，42 年共计收入 42 万元。一个上过大学的人，一生中每年收入为 1.5 万元，从 22 岁开始工作，到 60 岁退休，38 年共计收入 57 万元。上大学的人一生总收入比没上大学的高出 15 万元。上大学的会计成本与机会成本之和为 8 万元。15 万元减去 8 万元为 7 万元。这就是上大学的经济利润。所以，上大学是合适的。这就是每个人都想上大学的原因。

为什么大商场平时不延长营业时间

“五一”、“十一”黄金周及春节期间，许多大型商场和超市都延长营业时间，为什么平时不延长营业时间呢？

现在用这一章学习到的边际分析理论来解释这个问题。从理论上说延长营业时间 1 小时，就要支付 1 小时所耗费的成本，这种成本既包括直接的物耗，如水、电等，也包括由于延时而支付的售货员的加班费，这种延长单位营业时间而增加的成本就是边际成本。假如延长 1 小时增加的成本是 1 万元（注意这里讲的成本是西方经济学中的成本概念，正常利润是成本中的一项），那么在延时的 1 小时里他们由于卖出商品而增加的收益大于 1 万元，表明该商场每多延长 1 小时营业时间所增加的收益大于延长 1 小时营业时间所增加的成本。这时，对该商场来说，延长营业时间会使利润增加。因此，作为一个精明的经营者他肯定将营业时间在此基础上再延长，把该赚的钱赚到手。相反，如果他延长 1 小时增加的成本是 1 万元，增加的收益不足 1 万元，在不考虑其他因素的情况下，就应该取消延时的经营决定，因为延长 1 小时营业的成本大于收益，从而造成亏损。

在“五一”、“十一”黄金周及春节期间，人们有更多的闲暇时间去旅游购物，使商场的收益增加，而平时工作紧张、家务繁忙的人们没有更多的时间和精力去购物，就是延长营业时间也不会有更多的人光顾，增加的销售额不足以抵偿延长营业时间所增加的成本。这就是为什么大商场在节假日延长营业时间而平时不延长营业时间的经济学上的道理。

让顾客自行定价的鞋城老板

笔者所在的天津市某鞋城的促销口号是“公开成本价，让顾客自由加价”。此口号一时间在天津有线电视台连续播放数日，一日我带着好奇也去这个鞋城买鞋。广告的效应不错，鞋城门庭若市，买鞋的人很多，我当时看到了一双喜欢的鞋标价是149.8元，拿出150元就和售货员小姐说：“我加2角。”售货员小姐说：“加价一般都在2元之上，如果都像你这样的顾客我们就赔了。”我说：“我1分钱不加，你们该赚的钱都赚到手了，不信你问你们老板。”说着走过来一位先生，好像是管理人员，同意了我加2角钱。我买走了这双鞋。

现在用经济学的原理阐述鞋城的“公开成本价让顾客自由加价”的这句促销口号。

鞋城所公开的成本就是经济学的成本，而不是中国老百姓所讲的会计成本，“公开成本价”所讲的成本即有实际成本（会计成本），又有机会成本。鞋的实际成本包括鞋的进价、租用鞋城的场地租金、水电费、税收以及雇佣店员等销售费用的开支。假定实际成本支出是10万元。机会成本是一种资源用于某种用途时可能得到的收入。鞋的机会成本包括，开鞋城需要投资10万元，如果不用来开鞋城，这10万元放在银行的利息为1万元，鞋城老板如果不开鞋城，他有一份稳定的职业每年工资收入是2万元，这两项之和为3万元，这就是开鞋城的机会成本。这3万元也是开鞋城的正常利润，也是鞋城老板的报酬。他的“公开成本”就是实际成本和机会成本之和即13万元，如果顾客一分钱不加，鞋城老板把该赚的钱都赚到手了，如果顾客高于公开的成本价买鞋，假如一年顾客高于成本价累加起来是1万元，对鞋城老板来说，这1万元是超额利润，鞋城老板利用了经济学成本与会计学成本差异，创造了这一新的销售方式，赚取了正常利润和超额利润。

鞋城老板为什么放弃原来稳定的工作而开鞋城？还是用机会成本来判断，鞋城老板作为一个人力资源，他不开鞋城一年工资收入是2万元，开鞋城获利是3万元。不开鞋城的机会成本是3万元，开鞋城的机会成本是2万元。在其他条件都一样的情况下，投资决策应选择成本低收益大的，这是一个连小孩都知道的道理。鞋城老板选择成本低收益大的投资决策应是明智选择，使他拥有的资源得到了最佳的配置。

机会成本是经济学的十大原理之一，某种东西的成本是为了得到它而放弃的东西。这是一个非常有用的概念，它有助于人们在几种选择中作出理性的决策。

本章小结

◆经济效率涉及到成本与收益的关系。当成本既定，收益最大；或收益既定，成本最小时，就实现了经济效率。

◆成本分为显明成本与隐含成本，显明成本与隐含成本之和称为经济成本。总收益减去会计成本为会计利润。总收益减经济成本为经济利润。

◆短期成本中包括固定成本和可变成本。总成本为固定成本和可变成本之和。平均成本为平均固定成本与平均可变成本之和。

◆短期中平均成本与边际成本之间的关系是：当平均成本大于边际成本时，平均成本递减；当平均成本小于边际成本时，平均成本递增；当平均成本等于边际成本时，平均成本最低。

◆短期中企业的停止营业点是平均可变成本曲线与价格相等之点。在这一点之上，只要平均可变成本小于价格，企业就可以经营。在这一点之下，平均可变成本大于价格，企业停业。

◆长期中一切成本都是可变的。成本分为总成本、平均成本和边际成本。

◆长期中，平均成本先随产量增加而递减，当平均成本达到最低后又随产量增加而递增。平均成本最低时的产量是企业的适度规模。

◆收益包括总收益、平均收益与边际收益。当企业产量实现了边际收益等于边际成本时，就实现了利润最大化。利润最大化是指经济利润最大化。

主要概念

经济成本　机会成本　会计成本　会计利润　经济利润　短期成本　长期成本　短期总成本　固定成本　可变成本　短期平均成本　平均固定成本　平均可变成本　短期边际成本　长期总成本　长期平均成本　总收益　平均收益　边际收益

思考与应用

一、单项选择题

1. 生产者为了生产一定数量的产品所放弃的使用相同的生产要素在其他生产用途中所得到的最高收入，这一成本定义是指(　　)。

A. 会计成本　B. 隐含成本　C. 机会成本　D. 边际成本

2. 在长期中，下列成本中哪一项是不存在的（　　）。

A. 固定成本　B. 机会成本　C. 平均成本　D. 隐含成本

3. 随着产量的增加，平均固定成本（　　）。

A. 在开始时减少，然后趋于增加

B. 一直趋于减少

C. 一直趋于增加

D. 在开始时增加，然后趋于减少

4. 固定成本是指（　　）。

A. 厂商在短期内必须支付的不能调整的生产要素的费用

B. 厂商要增加产量所要增加的费用

C. 厂商购进生产要素时所要支付的费用

D. 厂商在短期内必须支付的可能调整的生产要素的费用

5. 在短期，全部总成本等于（　　）。

A. 固定成本与平均成本之和　B. 可变成本与平均成本之和

C. 固定成本与可变成本之和　D. 平均成本与边际成本之和

6. 平均成本等于（　　）。

A. 平均固定成本与平均边际成本之和

B. 平均固定成本与平均总成本之和

C. 平均固定成本与平均可变成本之和

D. 平均可变成本与平均总成本之和

7. 边际成本曲线与平均成本曲线的相交点是（　　）。

A. 边际成本曲线的最低点

B. 平均成本曲线的最低点

C. 平均成本曲线下降阶段的任何一点

D. 边际成本曲线的最高点

8. 边际成本与平均成本的关系是（　　）。

A. 边际成本大于平均成本，边际成本下降

B. 边际成本小于平均成本，边际成本下降

C. 边际成本大于平均成本，平均成本上升

D. 边际成本小于平均成本，平均成本上升

9. 当边际成本曲线达到最低点时（　　）。

A. 平均成本曲线呈现递减状态

B. 平均可变成本曲线呈现递增状态

C. 平均产量曲线达到最大值

D. 总产量曲线达到最大值

10. 当边际成本曲线上升时，其对应的平均可变成本曲线一定是（　　）。

A. 上升　B. 既不上升，也不下降

C. 下降　　D. 既可能上升，也可能下降

11. 下列有关厂商利润、收益和成本关系中描述正确的是（　　）。

A. 收益多、成本高，则利润就大

B. 收益多、成本高，则利润就小

C. 收益多、成本低，则利润就大

D. 收益多、成本低，则利润就小

12. 收益是指（　　）。

A. 成本加利润　　B. 成本　　C. 利润　　D. 利润减成本

13. 平均收益是指（　　）。

A. 厂商销售一定产品所得的全部收入

B. 每增加一单位产品所增加的销售收入

C. 厂商销售单位产品所获得的收入

D. 总收益与边际收益的差额

14. 利润最大化的原则是（　　）。

A. 边际收益大于边际成本

B. 边际收益小于边际成本

C. 边际收益等于边际成本

D. 边际收益与边际成本没有关系

15. 如果边际收益大于边际成本，那么减少产量就会使（　　）。

A. 总利润减少　　B. 总利润增加

C. 对利润无影响　　D. 使单位利润减少

16. 正常利润（　　）。

A. 是经济成本的一部分　　B. 是经济利润的一部分

C. 不是经济成本的一部分　　D. 与企业决策不相关

二、多项选择题

1. 固定成本是指厂商（　　）。

A. 在短期内必须支付的生产要素的费用

B. 在短期内不能调整的生产要素的支出

C. 厂房及设备折旧等不变生产要素引起的费用

D. 长期固定不变的成本

E. 在短期内不随产量变动的那部分生产要素的支出

2. 总成本分为（　　）。

A. 平均成本　　B. 边际成本　　C. 固定成本

D. 变动成本　　E. 平均变动成本

3. 短期成本分为（　　）。

A. 短期平均成本　　B. 短期机会成本　　C. 短期总成本

D. 短期边际成本　　E. 短期生产成本

4. 边际成本与平均成本的关系是（　　）。

A. 边际成本大于平均成本，边际成本上升

B. 边际成本小于平均成本，边际成本下降

C. 边际成本大于平均成本，平均成本上升

D. 边际成本小于平均成本，平均成本上升

E. 边际成本小于平均成本，平均成本下降

5. 随着产量的增加，厂商的平均固定成本（　　）。

A. 大于0　　B. 等于0　　C. 先减后增

D. 递减　　E. 趋向于0

6. 在下列几种曲线中，属于U形曲线的有（　　）。

A. 平均成本　　B. 平均固定成本　　C. 平均变动成本

D. 长期总成本　　E. 边际成本

7. 长期平均成本曲线与短期平均成本曲线的关系是（　）。

A. 长期平均成本曲线是短期平均成本曲线的包络曲线

B. 长期平均成本曲线是所有短期成本曲线最低点的连线

C. 长期平均成本曲线的每一点都对应着一个短期平均成本曲线上的点

D. 长期平均成本曲线在各短期平均成本曲线的下方

E. 所有的短期成本曲线都与长期平均成本曲线相切

8. 在长期平均成本曲线下降的区域（　　）。

A. 长期平均成本小于等于短期平均成本

B. 无法确定

C. 长期平均成本是短期平均成本最低点的连线

D. 短期平均成本的最低点在长期平均成本上

E. 长期平均成本与各条短期平均成本相切于短期平均成本最低点左侧

9. 以下说法中正确的是（　　）。

A. *MC* 大于 *AC* 时，*AC* 下降

B. *MC* 小于 *AC* 时，*AC* 下降

C. *MC* 等于 *AC* 时，*AC* 下降

D. *MC* 等于 *AC* 时，*AC* 达到最低点

E. *MC* 等于 *AC* 时，*AC* 达到最高点

三、判断题

1.（　　）在短期内，所有生产要素均不能调整。

2.（　　）在短期内，管理人员的工资属于可变成本。

3.（　　）厂商增加一单位产量时所增加的可变成本等于边际成本。

4.（　　）在不同的行业中，短期与长期的年限都是一样的。

5.（　　）短期总成本曲线与长期总成本曲线都是从原点出发向右上方倾斜的一条曲线。

6.（　　）短期边际成本曲线和短期平均成本曲线一定相交于平均

成本曲线的最低点。

7. (　　) 停止营业点就是短期边际成本曲线与平均可变成本曲线的交点。

8. (　　) 收益就是利润，因此收益最大化就是利润最大化。

9. (　　) 平均收益就是单位商品的价格。

10. (　　) 边际收益等于边际成本时，厂商的利润为零。

11. (　　) 利润最大化就是实现无限的利润。

四、计算题

1. 某厂商生产 5 件衣服的总成本为 1500 元，其中厂商的机器折旧为 500 元，工人工资及原材料费用为 1000 元，求平均可变成本是多少？

2. 如果某厂商的产量为 9 单位时，总成本为 95 元，产量增加到 10 单位时，平均成本为 10 元，求边际成本是多少？

3. 下面是某企业产量、边际成本、边际收益的情况。

边际成本/元	产　量	边际收益/元
2	2	10
4	4	8
6	6	6
8	8	4
10	10	2

这个企业利润最大化的产量是多少？为什么？

五、问题与思考

1. 短期成本曲线包括哪些？试分析各种短期成本曲线的形状特点。

2. 试用图形说明短期边际成本曲线 *SMC* 和短期平均成本曲线 *SAC*、短期平均可变成本曲线 *AVC* 的关系。

3. 长期成本曲线包括哪些？试分析各种长期成本曲线的形状特点。

4. 试用图形说明短期平均成本曲线 *SAC* 和长期平均成本曲线 *LAC* 的关系。

5. 厂商利润最大化的条件是什么？为什么？

6. 下面是一个企业的成本，指出哪一项是会计成本，哪一项是机会成本，并说明为什么。

(1) 企业支付的原料费用共 20 万元。

(2) 企业使用自己拥有的厂房，如这个厂房出租可获租金 25 万元。

(3) 企业投资 100 万元，其中向银行借贷 50 万元，自筹资金 50 万元，利率为 5%。

(4) 企业自主开发一项新技术。企业为这项技术开发支出 50 万元。如果委托科研机构开发需支付 80 万元。

(5) 企业支付税金 12 万元。

(6) 企业所有者兼总经理，他并不自己开支。如果他交给别人管理，自己外出工作，可每年获工资3万元。

7. 一个有篮球天才的青年，如果在高中毕业后去打篮球，每年可收入200万。某高校决定录取这位有篮球天才的青年，并提供上学四年全额奖学金，这位有篮球天才的青年还是选择了打篮球而放弃上大学。用学过的理论分析有篮球天才的青年的这种选择是否正确？

第六章

厂商均衡理论

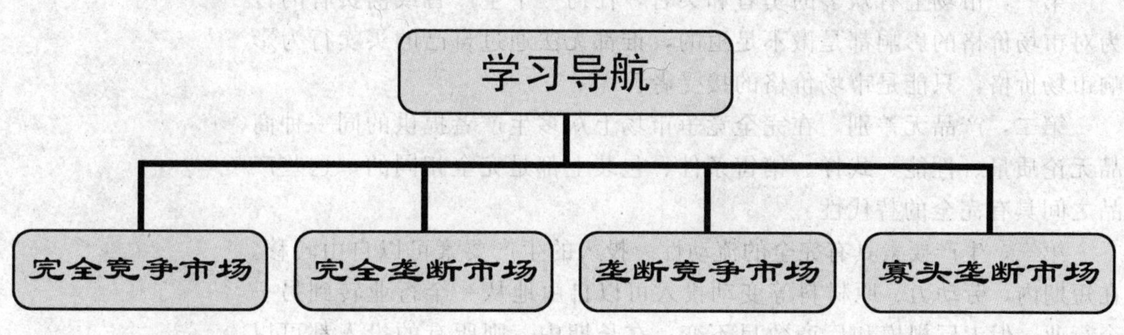

重点掌握

- 完全竞争市场上的短期与长期均衡
- 垄断竞争市场、完全垄断市场厂商长短期均衡条件

一般掌握

- 寡头垄断市场的特点
- 产品的差别

一般了解

- 四种市场结构的划分与特征

完全竞争只是一种特殊的情况，而整个市场则由既包括完全竞争又包括垄断以及各种不同程度的垄断竞争的价格结构混合组成的。

——爱德华·张伯伦

在市场经济中，根据竞争和垄断程度的不同，经济学家把市场划分为完全竞争市场、完全垄断市场、垄断竞争市场和寡头垄断市场。在不同的市场条件下厂商所面临的需求状况是有差异的，但无论在什么市场上，厂商进行生产的目的都是为了获取利润的最大化，本章就不同市场条件下厂商的均衡进行研究。

第一节　完全竞争市场上的厂商均衡

一、完全竞争市场的特征

完全竞争市场（Perfect Competition Market）是指一种竞争不受任何阻碍和干扰的市场结构。典型的行业是农副产品市场。

完全竞争市场必须符合下列特征。

第一，市场上有众多的卖者和买者，任何一个生产者或消费者的行为对市场价格的影响都是微不足道的，谁都无法通过自己的买卖行为影响市场价格，只能是市场价格的接受者。

第二，产品无差别。在完全竞争市场上众多生产者提供的同一种商品无论质量、性能、式样、销售条件、包装上都是完全相同的，这些产品之间具有完全的替代性。

第三，生产要素具有完全的流动性。投入的生产要素可以自由转移。在短期内，劳动力、原材料等变动投入可以自由地从一个行业转到另一个行业，但工厂规模和厂商数目不变；在长期中，则所有的投入都可以自由进出任何一个行业，当然工厂规模和厂商数量也可以任意变动。

第四，市场完全公开，信息完全畅通。卖者和买者对相关信息了如指掌，不会有任何人以高于市场的价格进行购买，以低于市场的价格进行销售。

虽然，这样理想的完全竞争市场实际上是不存在的，至少是罕见的。只有农贸市场多少与此有点类似。如买鸡蛋和卖鸡蛋的很多，产品又没有差别，养鸡户和销售经营鸡蛋的可以随意进入和退出市场，作为生产者、经营者和消费者很容易了解鸡蛋的市场行情与价格。可见鸡蛋市场是一个接近完全竞争的市场。

二、完全竞争市场的需求曲线与收益曲线

根据完全竞争市场的特征，假设某时期鸡蛋的价格是 3 元 1 斤，看这一时期鸡蛋的总收益、平均收益和边际收益，如表 6-1。

表 6-1　完全竞争市场上厂商的收益表

价格(P)	销售量(Q)	总收益(TR)	平均收益(AR)	边际收益(MR)
3	0	0	3	3
3	1	3	3	3
3	2	6	3	3
3	3	9	3	3
3	4	12	3	3

从表 6-1 中的数据可以看出：鸡蛋的价格是每斤 3 元，平均收益为 3 元。处于完全竞争的条件下，这增加的 1 斤鸡蛋销售并不影响整个市场的鸡蛋价格，每增加 1 斤售价增加的边际收益仍然是 3 元，所以，**鸡蛋的价格＝鸡蛋平均收益＝鸡蛋边际收益**。

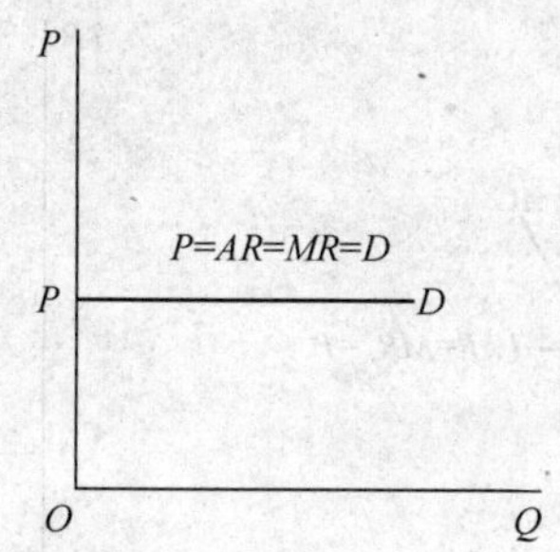

图 6-1　完全竞争市场的需求曲线、平均收益曲线、边际收益曲线

厂商每销售一个单位的产品所得的平均收益就是产品的价格。由于价格不变，边际收益等于平均收益等于产品的价格。所以，表 6-1 中的第一列和第四、第五列的数值相等。根据此数据可以画出图 6-1。在图 6-1 中，**厂商的需求曲线是一条与横轴平行的直线，需求曲线既代表平均收益曲线也代表边际收益曲线**。这是完全竞争市场的一个重要特点。它们之间的关系还可以用公式加以验证，即

注意区分整个行业与行业中个别企业的不同。

$$TR=P\times Q$$

$$AR=\frac{TR}{Q}=\frac{P\times Q}{Q}=P$$

$$MR=\frac{\Delta TR}{\Delta Q}=\frac{P\times \Delta Q}{\Delta Q}=P$$

但是，就整个行业来说，情况就不一样了，整个行业的需求曲线是一条向右下方倾斜的曲线，如图 6-2 所示。任何一个厂商增加供给量，固然不会影响市场的价格，但如果所有的厂商都增加供给量，就会使市场的供给增加，从而改变整个市场的价格水平。

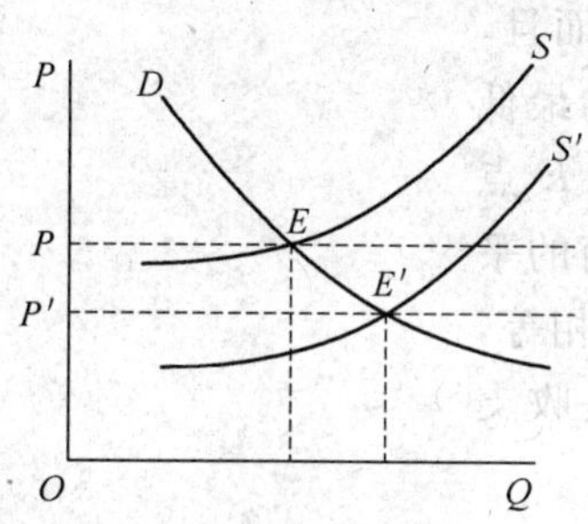

图 6-2　整个行业的需求曲线

三、完全竞争市场上的短期均衡

在完全竞争市场上，短期内厂商面对既定的市场价格，无法调整其生产规模，只能通过调整产量，以求利润最大或亏损最小。

还以养鸡场为例：在完全竞争市场的短期生产中，MC 曲线、AC 曲线和 AVC 曲线代表了既定的生产规模，是一定的。这样在短期由于市场供求不断变化，养鸡场面临的不同市场价格决定了他在短期均衡时的盈亏状况。养鸡场的短期均衡分为以下几种情况。

注意：短期的含义是指一个企业投入的生产要素部分可变，另一部分固定不变，即生产规模不能变，所以均衡的结果要取决于整个市场的供求。

第一种情况：供给小于需求，则供给不足，市场价格上升，平均收益大于平均成本，即 $P=AR>AC$，$TR>TC$ 养鸡场就能获得超额利润，即经济利润，如图 6-3 所示。

在图 6-3 中，市场价格为较高的 P，相应的厂商面临的需求曲线为 d。根据 $MR=MC$ 的利润最大化原则，MR 和 MC 曲线相交于 E，此时

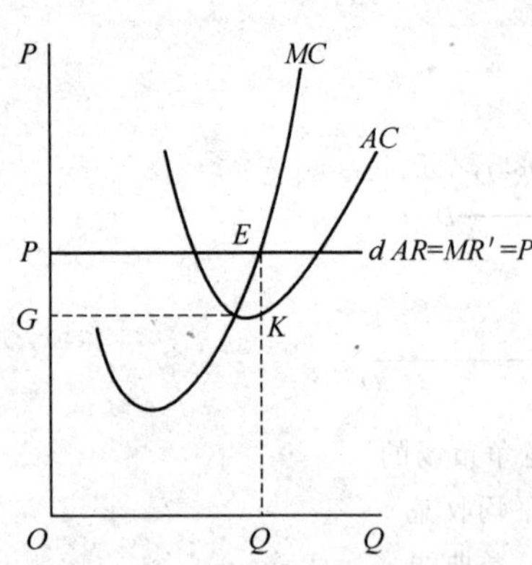

图 6-3　完全竞争市场上，短期内厂商有经济利润

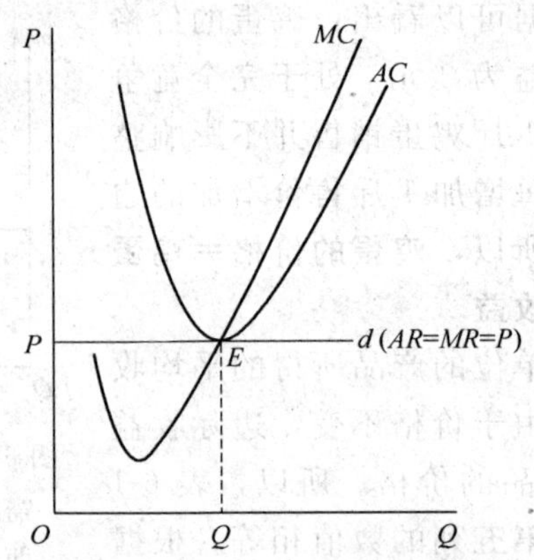

图 6-4　完全竞争市场上短期内厂商收支相抵

厂商的产量为 Q。在此产量下，厂商的平均收益为 EQ（$=OP$），平均成本为 KQ（$=OG$），总收益 $TR=AR\times Q=OP\times OQ$，即图中四边形 $POQE$ 的面积，总成本 $TC=AC\times Q=OG\times OQ$，即图中四边形 $GOQK$ 的面积，从图中可以看出 $TR>TC$，所以，经济利润$=TR-TC$，为图中四边形 $PGKE$ 的面积。

第二种情况：供给等于需求，平均收益等于平均成本，市场需求价格等于供给价格，即 $P=AR=AC$，即 $TR=TC$ 厂商的经济利润为零，养鸡场正好收支相抵，如图 6-4 所示。

图 6-4 中，市场价格为 P，相应的厂商面临的需求曲线为 d。而且，厂商面临的需求曲线 d 恰好与平均成本 AC 曲线相切于 AC 曲线的最低点 E，MC 曲线也经过该点。根据 $MR=MC$ 的利润最大化原则，E 点即为厂商的短期均衡点，相应厂商的产量为 Q。在此产量下，厂商的平均收益和平均成本为 EQ（$=OP$），所以厂商的总收益与总成本也相等，均为图中四边形 $POQE$ 的面积，厂商的经济利润为零，E 点正是收支相抵点。

第三种情况：供给大于需求，平均收益小于平均成本，但仍大于平均可变成本，即 $AVC<AR<AC$，$TR<TC$ 厂商有亏损，如图 6-5 所示。

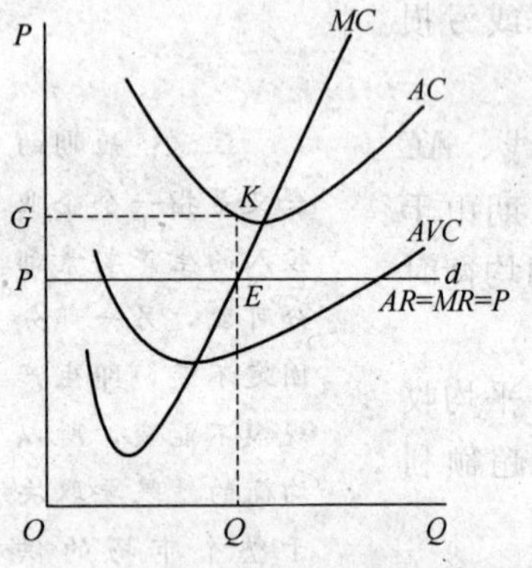

在图 6-5 中，市场价格较低为 P，相应的厂商所面临的需求曲线为 d，依利润最大化原则 $MR=MC$ 交点 E 所决定的产量为 Q，在此产量下平均收益为 $EQ=OP$ 平均成本为 KQ（$=OG$），总收益为 $TR=AR\times Q=OP\times OQ$，即图中四边形 $POQE$ 的面积，总成本为 $TC=AC\times Q=OG\times OQ$，即图中四边形 $GOQK$ 的面积。从图中可以看出，$TR<TC$，此时，厂商

图 6-5　完全竞争市场上短期内厂商出现亏损但继续生产

有亏损，但仍可以继续生产。

第四种情况：鸡场的平均收益等于平均可变成本。对养鸡场来说，只能把投入的可变成本收回来，即 $P=AR=AVC$，养鸡场无法收回固定成本，处于生产与不生产的临界点上，即停止营业点，如图 6-6 所示。

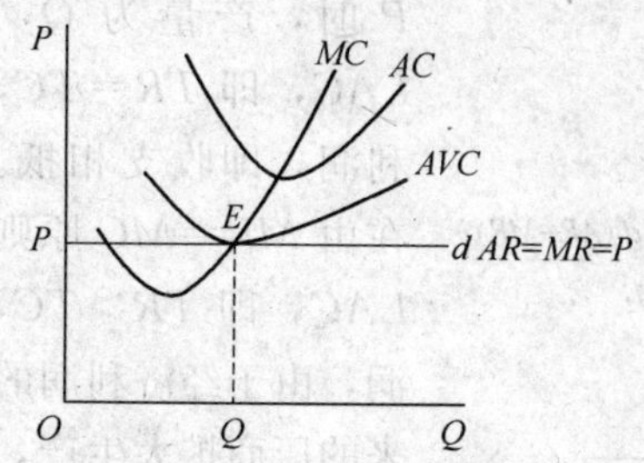

图 6-6　完全竞争市场上厂商短期内的停止营业点

在图 6-6 中，市场价格为 P，相应厂商所面临的需求曲线为 d，并且需求曲线 d 与 AVC 曲线恰好相切于 AVC 曲线的最低点 E，MC 曲线也经过 E 点。根据 $MR=MC$ 的利润最大化原则，E 点即为厂商的短期均衡点，相应的厂商产量为 Q。在此产量下，厂商的平均收益和平均可变成本均为 EQ（$=OP$），所以，厂商的总收益与可变成本相等，均为图中四边形 $POQE$ 的面积，厂商的亏损正好是不生产也要投入的固定成本。此时，对于厂商来说，生产和不生产是同样的，都是亏损固定成本。厂商为了保住已有的市场份额而继续生产，等待市场好转，可以继续增加生产。但如果市场价格比 P 还低，厂商一定要停止生产，因为如果生产，其全部收益连可变成本都无法收回，更谈不上固定成本了。所以 E 点被称为停止营业点。

通过以上分析，得出完全竞争市场厂商短期均衡的条件为

$$MR=MC$$

在短期均衡时，厂商可能获得最大利润，也可能利润为零，还可能蒙受最小亏损。

以上分析说明，在短期内，鸡蛋供给不能根据市场需求而变动就会出现供给小于需求或供给大于需求的情况。因此，供给小于需求则供给不足，市场价格上升，养鸡场就能获得超额利润；相反，供给大于需求，则供给过剩，市场价格下降，养鸡场少获利润甚至亏损，亏损后只要能够把可变成本收回来就可以继续生产。

四、完全竞争市场上的长期均衡

在长期中，养鸡场会根据市场需要增加或减少养鸡数量。也就是说各个厂商都可以根据市场价格来调整其全部生产要素和生产，也可以自由进入或退出该行业。这样，整个行业供给的变动就会影响市场价格，从而影响各个厂商的均衡。当整个行业供给小于需求时，价格水平高，厂商就会扩大生产，其他厂商也会进入该行业，从而导致供给增加，价格下降。当整个行业供给大于需求时，价格水平低，厂商就会减少生产，其他厂商也会退出该行业，从而导致供给减少，价格上升。调整的结果是此行业商品的价格水平使各厂商既无经济利润又无亏损，整个行业供求相等，各厂商不再调整产量，行业中厂商数量相对固定，于是实现了长期均衡，如图 6-7 所示。

在长期中，一个企业的生产规模可以变动。

在图 6-7 中，厂商利润最大化的原则是 $MR=MC$，当市场价格为

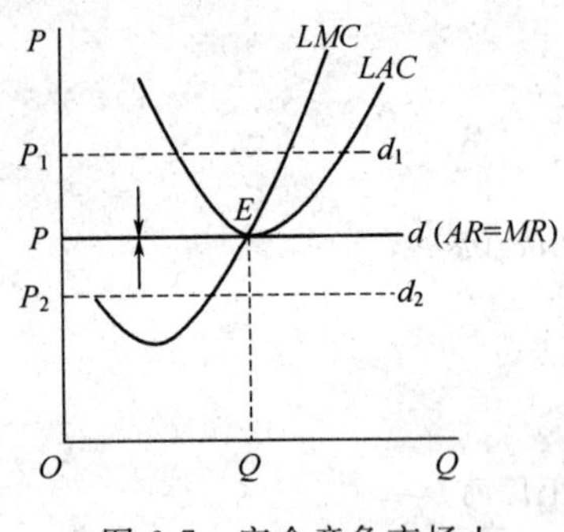

图 6-7 完全竞争市场上的长期均衡

P 时，产量为 Q，这是厂商的 $AR=LAC$，即 $TR=TC$，正好可以获得正常利润，即收支相抵。若市场价格为 P_1，在由 $MR=MC$ 原则决定的产量下 $AR>LAC$，即 $TR>TC$，厂商可以有经济利润，由于经济利润的存在会使该行业中原来的厂商扩大生产，或是新的厂商进入该行业，从而使该行业的供给增加，供求关系变化则使商品价格下降，直至经济利润消失，此行业达到长期均衡。如果市场价格为 P_2，情况正好相反。最终只能在 P 价格水平和 Q 产量上达到该行业的长期均衡。所以在完全竞争市场上，厂商长期均衡的条件为

$$AR=MR=LMC=LAC$$

从以上的分析可以得出：在完全竞争市场上，从长期看，厂商的产量将达到生产效率的最高点，即平均成本的最低点。它的意义在于说明，完全竞争条件下的市场机制能够使社会的生产资源实现最有效的配置，因而任何政府干预都只能导致非效率。

见知识拓展：政府办的大型养鸡场为什么失败？

以养鸡场为例，在长期，由于可以调整一切生产要素，养鸡场可以根据市场需求变化来改变生产规模，因此在供给小于需求的情况下，养鸡场在高额利润的引诱下，会增加母鸡的数量，其他产业或农户也会加入养鸡行列，从而鸡蛋的供给量增加，而鸡蛋价格会下跌，养鸡利润趋于减少。因此，在长期中，养鸡场既没有超额利润又没有亏损，没有新企业进入也没有老企业退出，鸡蛋价格达到了均衡，这时整个养鸡厂获得的利润总额达到最大。

在完全竞争的市场条件下，价格就像一只“无形的手”，这只手看不见、摸不着，却有着不言而喻的神奇力量，可以指挥生产者生产。通过价格机制的调节，每个企业都会把生产规模调整到适当水平，从而供给与需求达到均衡状态，保证了生产资源得到有效分配。

完全竞争企业没有价格决策和广告决策问题，因为产品是同质的。一养鸡农户去报社或电台做一个多吃鸡蛋有益健康的广告，也许对全行业有利但对做广告的农户没有半点好处，消费者既然看不出鸡蛋有什么差别也就无法到作广告的农户那里去买鸡蛋。因此在完全竞争市场上，每家企业的产品所占市场份额极小，其产品都可以按照市场价格全部卖出去，企业又何必做什么广告。

第二节 完全垄断市场上的厂商均衡

一、完全垄断市场的特征

完全垄断市场是指整个行业的市场完全处于一家厂商所控制的状

态，即一家厂商控制了某种产品市场的供给。人们常说“独此一家，别无分店”，典型的行业是政府垄断行业。完全垄断市场的特征必须符合以下几点。

第一，市场上只有唯一的一个厂商生产和销售产品。

第二，该厂商生产和销售的商品没有任何相近的替代品。因此，它不存在其他竞争者的威胁。

第三，其他任何厂商进入该行业都极为困难或不可能。这样垄断厂商就可以独自操纵市场价格。

第四，实行差别价格。完全垄断厂商可以根据销售条件实行不同的差别价格，以获取最大的经济利润。

差别价格：指厂商对同样的产品向不同的消费者收取不同的价格。

例如，铁路运输、电力、自来水、邮电等部门，其生产设备与管网铺设需要一次性的大笔投资，固定成本很高，但增加一个电话或多发一度电的边际成本却相对很低，于是用户越多产量越大，平均到每一户或产品上的成本才会越小。如果有两家以上厂商经营，不仅造成浪费，也容易引起混乱。还有些自然垄断是通过行业竞争走向垄断。垄断厂商资本雄厚，采用先进设备，生产成本较低，往往能够提供整个产业的全部或绝大部分产量，能满足整个市场对产品的需求，从而垄断了整个行业的生产和销售，其他厂商难以进入。

经济学家根据垄断产生的原因不同，将垄断分为自然垄断、立法垄断、行政垄断和资源垄断等类型。

二、完全垄断厂商的需求曲线和收益曲线

（一）需求曲线

由于垄断行业中只有一个厂商，所以，**垄断厂商所面临的需求曲线就是市场需求曲线，是一条向右下方倾斜的曲线。**

思考：垄断竞争与完全垄断市场上平均收益与边际收益关系的差别。

（二）收益曲线

垄断厂商商品的价格是产量的函数，即

$$P=P(Q)$$

则

$$TR=P\times Q=P(Q)\times Q$$

$$AR=\frac{TR}{Q}=\frac{P(Q)\times Q}{Q}=P(Q)$$

所以平均收益曲线与厂商的需求曲线重合，如图 6-8 所示。

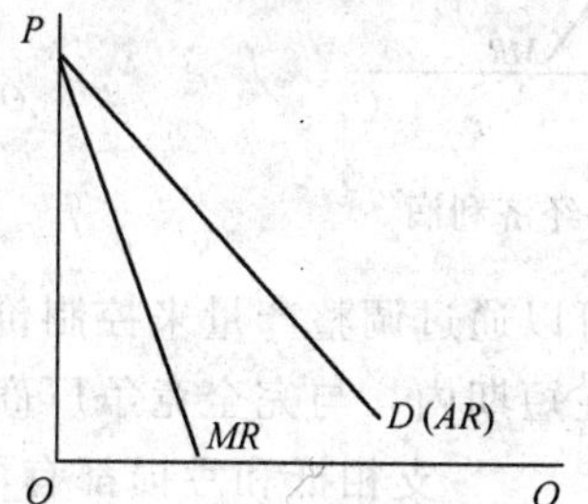

图 6-8　垄断厂商的需求曲线与边际收益曲线

由于完全垄断市场的平均收益曲线 AR 向右下方倾斜，所以，边际收益曲线 MR 也一定是向右下方倾斜的，并且 MR 曲线是在 AR 曲线的下方，即都按最后那个单位的价格来销售。即 $MR<AR$ 是导致 AR 曲线向右下方倾斜的原因。如图 6-8 所示。

表 6-2 也说明了垄断厂商平均收益、价格、边际收益之间的如上关系。

表 6-2 垄断厂商的价格、平均收益和边际收益

销售量(Q)	价格(P)	总收益(TR)	平均收益(AR)	边际收益(MR)
0	—	0	—	—
1	10	10	10	10
2	9	18	9	8
3	8	24	8	6
4	7	28	7	4
5	6	30	6	2
6	5	30	5	0
7	4	28	4	−2
8	3	24	3	−4

三、完全垄断厂商的短期均衡

在完全垄断的条件下，厂商的产量变化会影响价格，价格变化又会影响到利润。因此，厂商决策的变量有两个：产量和价格。他们将在高价少销、低价多销之间进行权衡，并通过调整产量和价格来达到利润最大化。

注意：完全垄断市场上的短期均衡分析实际上是理论分析，现实中由于一家厂商控制市场，不会让亏损出现。

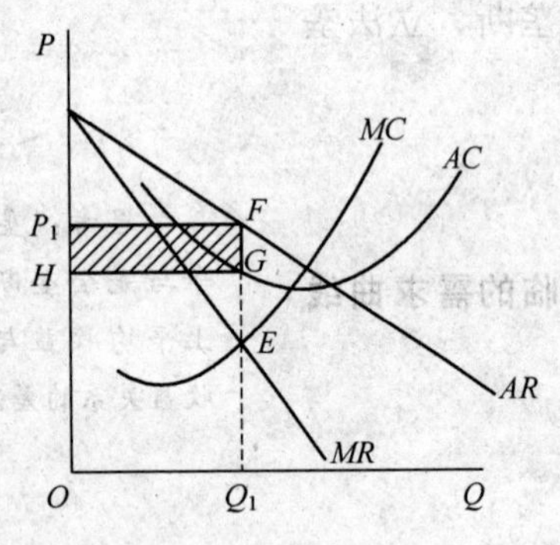

图 6-9 获经济利润

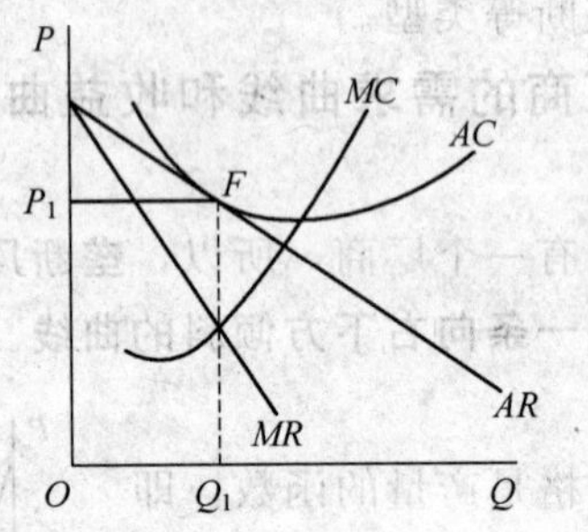

图 6-10 收支相抵

垄断厂商虽然可以通过调整产量来控制价格，但并不一定总能获得经济利润。尤其是在短期内，与完全竞争厂商一样，获得经济利润、收支相抵和亏损都有可能发生。如图 6-9、图 6-10、图 6-11 分别为完全垄断厂商短期内获得经济利润、收支相抵和亏损的情况。以获得经济利润为例详细说明，其他情况可以自己研究分析一下。

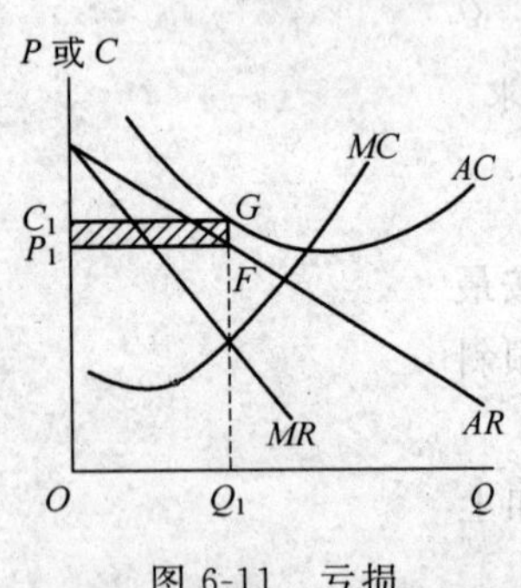

图 6-11 亏损

在图 6-9 中，在垄断厂商的需求状况和供给状况既定时，即 AR 曲线、MR 曲线、AC 曲线和 MC 曲线为已知，厂商利润最大化原则 $MR=MC$ 的交点 E 决定产量为 Q_1，在

Q_1 产量下厂商的平均收益 $AR=FQ_1(=OP_1)$，平均成本 $AC=GQ_1(=OH)$，总收益 $TR=AR\times Q=OP\times OQ$，即为图中四边形 P_1OQ_1F 的面积，总成本 $TC=AC\times Q=OH\times OQ_1$，即为图中四边形 HOQ_1G 的面积，从图中看出 $TR>TC$，四边形 P_1HGF 的面积即为垄断厂商获得的经济利润。

完全垄断厂商短期均衡的条件仍为

$$MR=MC$$

四、完全垄断厂商的长期均衡

垄断厂商在长期内可以调整全部生产要素的投入量，即生产规模，实现最大利润。由于垄断行业排除了新厂商加入的可能性，因此与完全竞争厂商不同，若垄断厂商在短期内获得利润，那么，其利润在长期内不会因有新厂商的加入而消失，垄断厂商在长期内可以保持利润。

垄断厂商在长期内对生产进行调整一般有三种可能结果。

第一，垄断厂商在短期内是亏损的，而且长期内又不存在一个可以使他获得利润（至少亏损为零）的生产规模，于是，该厂商退出生产。

第二，垄断厂商在短期内是亏损的，但在长期内，它通过对最优生产规模的选择摆脱了亏损状况，甚至获得了利润。

第三，垄断厂商在短期内利用既定的生产规模获得了经济利润，在长期中，它通过对生产规模的调整，使自己获得了更大的利润。

第一种情况不需再分析了，第二、第三种情况相似，以图 6-12 分析第三种情况。

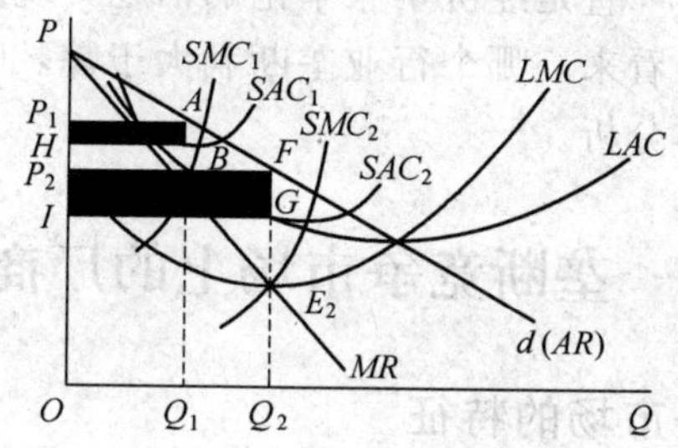

图 6-12　垄断厂商的长期均衡

如图 6-12 所示，在生产规模为 SMC_1、SAC_1 条件下，该垄断厂商获得的经济利润为四边形 P_1HBA 的面积。在长期内，他可以把生产规模调整到 SMC_2、SAC_2，从而获得更大的经济利润，即四边形 P_2IGF 的面积，完全垄断厂商长期均衡的条件为

$$MR=LMC=SMC$$

从图 6-12 可以发现，完全垄断厂商的长期均衡产量不是处于长期平均成本曲线的最低点，因而不是生产效率的最高点。因为，垄断厂商总是通过限定一定的产量来提高价格，通过提高价格来获得最大的经济利润。所以，完全垄断厂商与完全竞争相比，在达到长期均衡时，完全垄断市场产量水平低于完全竞争市场，而完全垄断市场价格水平高于完全竞争市场价格水平。

其他企业即使了解该市场存在巨大盈利机会，也由于市场封锁而无法进入。

五、完全垄断市场价格歧视

由于垄断企业有完全的定价权，在现实生活中，**垄断厂商经常针对不同的消费者制定不同的价格，这就是价格歧视，或叫差别定价**。换句话说，即垄断者在同一时间对同一产品的不同消费者收取不同的价格。具体有三种价格歧视类型。

一级差别价格，是指厂商按每一单位产品消费者愿意支付的最高价格，确定单位产品的价格。如在偏远的山区有一个小诊所，一旦附近居民生病，医生就可能依据病人的支付能力，收取尽可能高的费用。医生获得了最大的利润，而使消费者的消费剩余最少。

二级差别价格，是厂商根据消费者购买数量的多少，制定不同的价格。如批发价和零售价。例如，在美国电费的价格是根据用量的多少收取不同的价格。用电量多的费用低，用电量少的费用高。

三级差别价格，是厂商对同一种产品在不同的消费群、不同的市场上收取不同的价格。在现实生活中差别价格比比皆是。例如，飞机票依据季节不同有价格差别，长途电话时间不同收费标准亦不同，公园门票团体票和个人票不同，演唱会、球赛位置不同票价也不同。企业应根据市场需求不断调整自己的价格，并采用歧视价格在内的多种定价方式灵活经营。

见知识拓展：麦当劳的折扣券。

垄断的是是非非一直是经济学家争论的话题，现实中既有打破垄断又有加强垄断要求。看来，哪个行业垄断利大于弊，哪个行业垄断弊大于利，还要进行具体分析。

第三节　垄断竞争市场上的厂商均衡

一、垄断竞争市场的特征

所谓垄断竞争市场（Monopolistic Competition Market）是指一种既有垄断又有竞争，既不是完全竞争又不是完全垄断的结构。典型的行业是轻工业。

垄断竞争市场具有如下特征。

第一，市场上有较多的厂商。他们对市场可以施加有限的影响，是市场价格的影响者，但不能互相勾结，控制市场价格。由于某个厂商的决策对其他厂商影响不大，不易被人察觉，它可以不考虑其他厂商的对抗行动。也就是说，这些厂商可以彼此独立行动，互不依存，并且厂商进出行业没有多大障碍。

第二，厂商的产品不是同质的，而是存在差别的。**这种产品差别主要是指产品在质量、商标、式样、性能方面，以及销售条件等方面的不同。**但是，在这些不同质的存在差别的产品之间又存在着很强的可替代性。这样产品的差别就造成了一定垄断因素的存在，而产品相互之间的可替代性，又造成了竞争因素的存在。

经济学家认为造成垄断的原因最主要的是产品的差别。这是因为每一种有差别的产品都会以自己的特色吸引一部分消费者，从而形成对这部分消费者的垄断。例如，同样是自行车，年轻人喜欢红色，中年人喜欢黑色。每种差别产品都以自己不同于其他同类产品的差别吸引了一部分消费者，从而在这部分消费者中形成了自己的垄断地位。生产这种有差别产品的企业就可以在一定程度上控制价格，获得利润。因此有差别就会有垄断。但是，有差别的产品毕竟是同一种产品，自行车无论是红色还是黑色，都能满足消费者的代步需求，可以互相替代。如果黑色的自行车降价而红色价格不变，即便是喜欢红色的青年人也会放弃价格高的红色而去购买黑色。这样有差别的产品之间就存在着激烈的竞争。因此，有差别的产品会引起垄断，而由于有差别的可互相替代的产品又会有竞争。

二、垄断竞争厂商的短期均衡

由于垄断竞争市场的特征，决定了市场上厂商的需求曲线是一条向右下方倾斜的曲线，但它比完全垄断厂商的需求曲线要平坦得多。

思考：为什么垄断竞争市场的均衡在短期内与完全垄断市场相同，而在长期中不同于完全竞争市场。

短期内，垄断竞争厂商仍然依据 $MR=MC$ 原则决定产量和价格。如果需求形势好，即需求曲线位于平均成本上，则生产者可以得到经济利润，即 P_1CGF 的面积。如图 6-13 所示。

垄断竞争厂商的短期均衡条件为

$$MR=MC$$

垄断竞争厂商取得了短期均衡，并不意味着一定能获得经济利润。如果需求曲线与 AC 曲线相切，或需求曲线完全低于 AC 曲线，这时，垄断竞争厂商为收支相抵（即只获正常利润），或只能蒙受亏损。

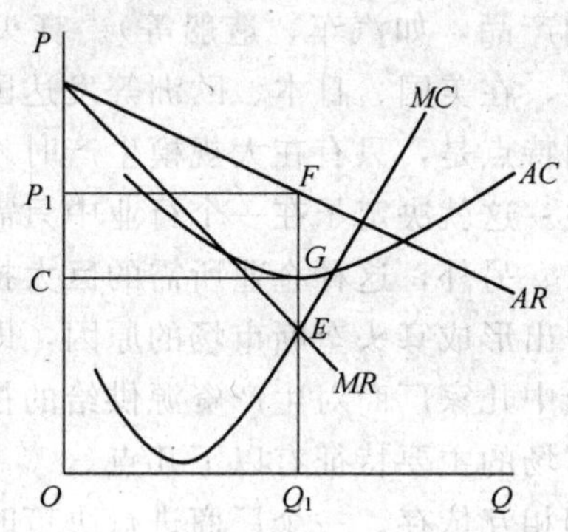

图 6-13　垄断竞争厂商的短期均衡

在短期内，垄断竞争的每一家厂商都可以依靠自己的产品特色对一部分消费者形成垄断地位，从而控制产量与价格，在高价少销与低价多销之间做出选择，实现利润的最大化。因为在短期其他竞争对手不会加入，这些企业可以向完全垄断者那样行事。

三、垄断竞争厂商的长期均衡

垄断竞争厂商可能在短期获得相当可观的经济利润，但这不可能长久，因为经济利润会吸引新的厂商进入该行业。

假设所有厂商的成本完全相同，随新厂商的加入，新的有差别的相似产品会瓜分该行业市场。垄断竞争厂商的产品需求曲线会向左下方移动，直至经济利润为零，如图 6-14 所示。

从图 6-14 看出：厂商的需求曲线会随新进入厂商的增多向左下方

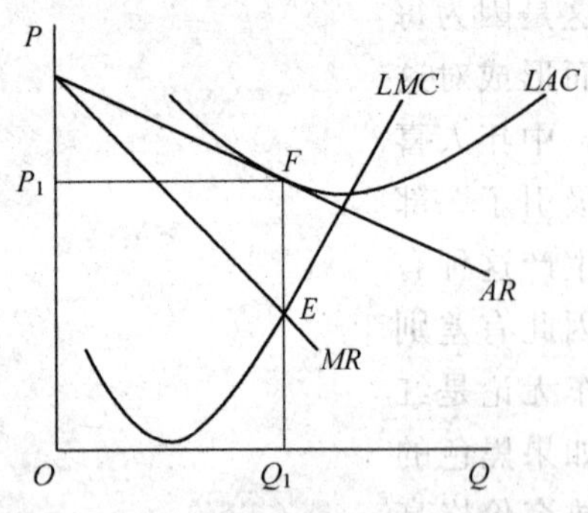

图 6-14 垄断竞争厂商的长期均衡

移动，直到与 LAC 曲线相切于 F 点。F 点就是长期均衡点，这时既没有新厂商进入也没有原有厂商退出该行业。垄断竞争厂商长期均衡的条件为

$$MR = LMC$$

$$AR = LAC$$

由于垄断竞争厂商面临的需求曲线向右下方倾斜，所以在长期均衡时，需求曲线只能与 LAC 曲线相切于最低点的左边。这意味着垄断竞争市场所提供的产量也小于完全竞争市场。

第四节 寡头垄断市场上的厂商均衡

一、寡头垄断市场的特征

寡头垄断市场（Oligopoly Market）是指少数几家厂商垄断了某一行业的市场，控制了这一行业的供给。典型的行业是重工业。

寡头又分为纯粹寡头（生产完全相同产品，如石油、钢铁等）和差别寡头（生产有差别产品，如汽车、造船等）。寡头垄断市场在经济中占有十分重要的地位，在美国、日本、欧洲等发达国家尤其如此。寡头垄断市场的一个共同特点是，只有在大规模生产时才能获得好的经济效益，即规模经济效益。这就决定了在一个行业中只需要少数几家厂商就足以满足市场的需求。另外，这种企业所需的巨大投资也使得新厂商很难进入。所以可以得出形成寡头垄断市场的原因，即某些产品生产和技术的特殊要求及行业中几家厂商对生产资源供给的控制，或政府的扶植和支持。寡头垄断市场的主要特征有以下几点。

第一，寡头之间相互依存。一个厂商进行决策时，必须把竞争者的反应考虑在内，因而他们既不是价格的制定者，更不是价格的接收者，而是价格的寻求者。

第二，市场上厂商的数量极少。市场上的厂商只有一个以上的少数几个，每个厂商在市场中都有举足轻重的地位，对产品价格具有相当的影响力。

第三，厂商进出不易。其他厂商进入相当困难，甚至极其困难。因为不仅在规模、集资、信誉、市场、原料、专利等方面，其他厂商难以与原厂商匹敌，而且由于原有厂商相互依存、休戚相关，其他厂商也难以进入，原有厂商难以退出。

二、寡头市场产量的决定

各寡头之间存在勾结和不勾结两种情况，这对产量的决定是不同的。

当各寡头之间存在勾结时，产量是由各寡头协商确定的，结果对谁更有利，则取决于各寡头实力的大小。这种协商可能是对产量的限定（如石油输出国组织对各产油国规定的限产数额），也可能是对销售市场的瓜分，即不规定具体产量的限制，而是规定各寡头的市场范围。当然，这种勾结只是暂时的，当各寡头的实力发生变化之后，就会要求重新确定产量或瓜分市场，从而引起激烈的竞争。

在不存在勾结的情况下，各寡头是根据其他寡头的产量决策来调整自己的产量，以达到利润最大化的目的。这要根据不同的假设条件进行分析。

三、寡头市场的价格决定

在不存在勾结的情况下，价格决定的方法是**价格领先制和成本加成法**；在存在勾结的情况下，则是**卡特尔**。

（一）价格领先制

价格领先制亦称**价格领袖制，指一个行业的价格通常由某一寡头率先制定，其余寡头追随其后确定各自的价格**。如果产品是无差别的，价格变动可能是相同的。如果产品是有差别的，价格变动可能相同也可能有差别。

作为价格领袖的寡头厂商有三种情况。

第一，**支配性价格领袖**。领先确定价格的厂商是本行业中最大的，具有支配地位的厂商。他在市场上占有份额最大，因此对价格的决定举足轻重。他根据自己利润最大化的原则确定产品的价格及其变动，其余规模小的寡头则根据这种价格来确定自己的价格及产量。

第二，**效率型价格领袖**。领先确定价格的厂商是本行业中成本最低，从而效率最高的厂商。他对价格的确定也使其他厂商不得不随之变动。

第三，**晴雨表型价格领袖**。这种厂商并不一定在本行业中规模最大，也不一定效率最高，但他在掌握市场行情变化或其他信息方面明显优于其他厂商。这家厂商的价格在该行业中具有晴雨表的作用，其他厂商会参照其价格变动而变动自己的价格。

（二）成本加成法

这是寡头垄断市场上一种常用的方法，**即在估算的平均成本的基础上加一个固定百分率的利润**。例如，某产品的平均成本为100元，利润率为10%，则此产品的价格就可以定为110元。平均成本可以根据长期中成本变动的情况确定，而所加的利润率则要参照全行业的利润率情况确定。这种定价方法可以避免各寡头之间的价格竞争，使价格相对稳定，从而避免在降价竞争中造成两败俱伤，从长期看，这种方法能接近于实现最大利润，是有利的。

（三）卡特尔

各寡头之间进行公开勾结，组成卡特尔，协调他们的行动，共同确

定价格。例如，石油输出国组织就是一个国际卡特尔。卡特尔共同制定统一的价格，为了维持这一价格还必须对产量实行限制。但是，由于卡特尔各成员之间的矛盾，有时达成的协议也很难兑现，或引起卡特尔解体。在不存在公开勾结的卡特尔的情况下，各寡头还能通过暗中勾结来确定价格。

根据以上内容，把四种不同类型市场的主要内容列于表 6-3 中，四种市场结构的划分及特点列于表 6-4 中，以供学习参考。

表 6-3　四种类型市场比较

项　目		完全竞争市场	完全垄断市场	垄断竞争市场	寡头垄断市场
特点		①厂商很多 ②产品无差别 ③进出自由	①一个厂商 ②一个厂商的供给量等于市场供给量 ③进出不可能	①厂商较多 ②产品有差别 ③进出自由	①几个厂商 ②相互依存性 ③进出困难
需求曲线（AR 曲线）		水平线 $AR=MR=P$	向右下方倾斜 $AR=P$ $AR>MR$	向右下方倾斜（斜率小） $AR=P$ $AR>MR$	
决策变量		Q（P 已定）	Q、P	Q、P	Q、P（操纵价格）
均衡条件	短期	$MR=MC=P$	$MR=MC$（决定产量） （$P=AR$）	$MR=MC$（决定产量） （$P=AR$）	
	长期	$P=MR=LMC=LAC$	$MR=LMC=SMC$（决定产量） （$P=AR$）	$MR=LMC$（决定产量）和 $AR=LAC$（决定价格）	
经济利润	短期	有	有	有	有
	长期	无	有	无	有

表 6-4　四种市场结构的划分及特点

市场类型	厂商数目	产品差别的程度	对价格控制的程度	进入限制	举　例
完全竞争	很多	完全无差别	没有	很容易	一些农产品市场，如：小麦、玉米等
垄断竞争	很多	有差别	有一些	比较容易	食品、香烟、糖果等
寡头垄断	几个	有无差别均可 （有差别：差别寡头；无差别：纯粹寡头）	相当程度	很困难	汽车（有差别） 石油、钢铁（无差别）
完全垄断	一个	唯一的产品没有相近的替代品	很大程度但经常受到管制	几乎不可能	公用事业，如自来水、电力等

政府办的大型养鸡场为什么失败

20世纪80年代，一些城市为了保证居民的菜篮子，由政府出资办了大型养鸡场，但成功者少，许多养鸡场最后以破产告终。这其中的原因是多方面的，重要的一点则在于鸡蛋市场是一个完全竞争市场。

鸡蛋市场上有许多买者和卖者，其中任何一个生产者，即使是大型养鸡场，在市场总供给量中占的比例都是微不足道，难以通过改变产量来影响价格，只能接受市场决定的价格。鸡蛋市场没有任何进入限制，谁想进入都可以，且投资很小。鸡蛋是无差别产品，生产者无法以产品差别建立自己的垄断地位。所以，鸡蛋市场是典型的完全竞争市场。

在这个市场上，短期中鸡蛋生产者可能有超额利润（如发生了鸡瘟，供小于求，价格高），也可能有亏损（如生产者进入太多，供大于求，价格低）。但在长期中一定是价格等于平均成本，生产者经济利润为零。生产者所赚的是由机会成本带来的会计利润，如生产者不向自己支付工资，会计成本中没有这一项，但这是机会成本。

如前所述，在长期均衡时价格等于平均成本，但这个平均成本是整个社会的行业平均成本。如果某个生产者采用了新养鸡技术，平均成本低于行业平均成本，就可以获得利润。生产者为了获得这种利润，都努力采用新技术，并降低成本。当所有生产者都这样做时，整个行业的平均成本下降了，价格也下降了。这正是完全竞争市场上竞争的残酷性。如果生产者平均成本高于行业平均成本，他就无法在这个行业中生存下去，只好退出或破产。

政府建立的大型养鸡场在这种完全竞争的市场上并没有什么优势，它的规模不足以大到控制市场，产品也没有特色。它要以平等的身份与那些分散的养鸡专业户或把养鸡作为副业的农民竞争。但这种大型养鸡场的成本要大于行业平均成本，因为这些养鸡场固定成本远远高于农民。它们建有大鸡舍，采用机械化方式，且有相当一批管理人员，工作人员也是有工资的工人。这些成本的增加远远大于机械化养鸡所带来的好处，因为农民养鸡几乎没有什么固定成本，也不向自己支付工资，差别仅仅是种鸡支出和饲料支出。当鸡蛋行业的主力是农民时，行业平均成本也是由他们决定的。政府办的大型养鸡场的成本高于农民养鸡的差别，也就是高于行业平均成本，当价格等于行业平均成本时，就必然低于大型养鸡场的平均成本。这些大型养鸡场在与农民的竞争中并无优势，其破产就是必然的。

大型养鸡场由政府出资办，自然是国有企业，它也同样有产权不明晰、缺乏激励机制、效率低的共性。在一些垄断性行业，也许国有企业可以靠垄断优势存活下来，但在完全竞争行业就不行了。从这种意义上说，政府出资办大型养鸡场是出力不讨好，动机也许不错，但结果不好。其实这些完全竞争行业，完全可以让市场调节，农民去办，政府不要与民争利，何况也争不到利。

摘自梁小民《西方经济学》教材

一个最需要做广告宣传的市场

打开电视，扑面而来的是广告。通过这种大众媒体做广告的大多数是化妆品、洗涤用品、牙膏、药品、家电等轻工业产品。很少看到过石油、煤炭、钢铁方面的广告。几乎看不到大米、白面、水、电方面的广告（不包括公益广告）。这是为什么？

最接近完全竞争市场的产品是农贸市场，在这个市场上有很多的消费者也有很多的生产者，而且产品也是没有差别的。这里所说的产品差别不是指不同产品之间的差别，而是指同种产品在质量、包装、牌号或销售条件等方面的差别。例如，产品差别不是指自行车与汽车的差别，而是指自行车在质量、牌号或销售条件方面的差别。正是因为大米、面粉、鸡蛋和蔬菜等农贸市场上出售的商品没有差别，厂商也没有必要做广告。此外，在这个市场上价格是全行业竞争决定的，个别厂商只能是全行业决定价格的接受者。在完全竞争市场条件下，价格可以充分发挥其“看不见的手”的作用，调节整个经济运行。

轻工业产品市场就是垄断竞争市场。这个市场存在的基本条件是产品有差别，如前面提到的自行车，消费者的个人偏好不同，每一款自行车都可以以自己的产品特色在一部分消费者中形成垄断地位。但这种垄断又是垄断不住的。因为不同牌号的自行车是可以互相替代的。这就形成一种垄断竞争的状态，这也正是为什么生产轻工业产品的厂商不惜血本大做广告的目的。不仅如此，在这个市场上各个商家定价时要充分考虑同类产品的价格，正确估计自己的商品在市场上的地位，定价过高会被同类产品替代，失去本来属于你的市场份额。

有差别的产品需要做广告，就是把自己的产品特色告诉消费者，这本身就是产品的特色。例如，“农夫山泉有点甜”突出了其特色在于口感与其他矿泉水不同，从而赢得了市场。创造品牌是企业重要的营销策略。品牌的创造是产品质量和广告宣传结合的产物，两者缺一不可。“好酒也怕巷子深”是说好酒也需要吆喝着卖，但没有好酒，再吆喝也没有用。美国宝洁公司成功的广告宣传，使其“海飞丝”、“飘柔”、“沙宣”等产品家喻户晓，占领了洗发水80%的市场，这就是产品质量和广告宣传结合的典型范例。西方人说销售如果不做广告，就如同在黑暗中向情人暗送秋波，别人根本就不知道你在干什么。

产品的特色就是产品的差别，而特色是创造出来的，企业创造产品特色的过程可以称为创新活动。垄断竞争市场上企业成功的关键正在于这种创新活动。

麦当劳的折扣券

麦当劳一直采取向消费者发放折扣券的促销策略。他们对来麦当劳就餐的顾客发放麦当劳产品的宣传品，并在宣传品上印制折扣券。为什么麦当劳不直接将产品的价格降低？回答是折扣券使麦当劳公司实行了三级差别价格。对同一种产品在不同的消费群、不同的市场上收取不同的价格。麦当劳公司知道并不是所有的顾客都愿意花时间将折扣券剪下来保存，并在下次就餐时带来。此外，剪折扣券意愿与顾客对物品支付意愿相关。富裕而繁忙的高收入阶层，不可能花时间剪下折扣券并随时带在身上，以备下次就餐时用。而且折扣券所省下的钱他不在乎。但低收入的家庭可能剪下折扣券，因为他的支付意愿低。因此，通过只对这些剪下折扣券的顾客收取较低价格，麦当劳成功地实行了价格歧视，采取了三级差别价格，并从中多赚了钱。如果直接将产品价格降低，则会流失不带折扣券的高收入阶层的高意愿消费而多得的收入。

本章小结

◆完全竞争是指竞争不受任何阻碍和干扰的市场结构，厂商面临的价格曲线 P 和需求曲线 D、平均收益曲线 AR 及边际收益曲线 MR 是合一的，并与横轴平行，厂商短期均衡的条件是 $MR=MC$，长期均衡的条件是 $MR=LMC=AR=LAC$。

◆完全垄断是指整个市场只有一家厂商的市场结构，其需求曲线 D 和平均收益曲线 AR 重合，是一条向右下方倾斜的曲线，而边际收益曲线 MR 不再与它们重合，在平均收益曲线 AR 的下面，也是向右下方倾斜的。完全垄断市场的短期均衡条件是 $MR=MC$，长期均衡条件是 $MR=LMC=SMC$。

◆垄断竞争是指许多厂商生产和销售有差别的同类产品，市场上既有竞争又有垄断的市场结构。垄断竞争市场上厂商短期均衡的条件是 $MR=MC$，长期均衡条件是 $MR=LMC$ 和 $AR=LAC$。

◆寡头垄断是指少数几家厂商控制整个市场的生产和销售的市场结构。由于这个市场的特点，决定了在寡头垄断市场上无论是价格还是产量，寡头们都可以采取勾结和不勾结的方式来决定。

主要概念

完全竞争　完全垄断　垄断竞争　寡头垄断　产品差别　卡特尔

思考与应用

一、单项选择题

1. 在完全竞争市场上（　　）。
   A. 产品有差别　　B. 产品无差别
   C. 有的有差别，有的无差别　　D. 以上说法都对
2. 在完全竞争条件下，平均收益与边际收益的关系是（　　）。
   A. 大于　　B. 小于　　C. 等于　　D. 没有关系
3. 在完全竞争条件下，个别厂商的需求曲线是一条（　　）。
   A. 与横轴平行的线　　B. 向右下方倾斜的曲线
   C. 向右上方倾斜的曲线　　D. 与横轴垂直的线
4. 当价格大于平均成本时，此时存在（　　）。
   A. 正常利润　　B. 超额利润　　C. 贡献利润　　D. 亏损
5. 价格等于平均成本的点，叫（　　）。
   A. 收支相抵点　　B. 亏损点
   C. 停止营业点　　D. 获取超额利润点
6. 价格等于平均成本时，此时存在（　　）。
   A. 正常利润　　B. 超额利润　　C. 贡献利润　　D. 亏损
7. 在完全竞争市场上，厂商短期均衡的条件是（　　）。
   A. $MR = SAC$　　B. $MR = STC$
   C. $MR = SMC$　　D. $AR = MC$
8. 下列行业中哪一个行业最接近于完全竞争模式（　　）。
   A. 飞机　　B. 卷烟　　C. 种植业　　D. 汽车
9. 已知某企业生产的商品价格为 10 元，平均成本为 11 元，平均可变成本为 8 元，则该企业在短期内（　　）。
   A. 停止生产且亏损　　B. 继续生产且存在利润
   C. 继续生产但亏损　　D. 停止生产且不亏损
10. 某企业生产的商品价格为 12 元，平均成本为 11 元，平均可变成本为 8 元，则该企业在短期内（　　）。
    A. 停止生产且亏损　　B. 继续生产且存在利润
    C. 继续生产但亏损　　D. 停止生产且不亏损
11. 某企业生产的商品价格为 6 元，平均成本为 11 元，平均可变成本为 8 元，则该企业在短期内（　　）。
    A. 停止生产且亏损　　B. 继续生产且存在利润
    C. 继续生产但亏损　　D. 停止生产且不亏损
12. 某企业产品价格为常数时，其属于的市场结构类型是（　　）。
    A. 完全竞争　　B. 完全垄断

C. 垄断竞争　　D. 寡头垄断

13. 当长期均衡时，完全竞争厂商总是(　　)。

A. 正常利润为零　　B. 经济利润为零

C. 经济利润大于零　　D. 利润多少不确定

14. 一个市场只有一个厂商，这样的市场结构称为（　　）。

A. 垄断竞争　　B. 完全竞争

C. 寡头垄断　　D. 完全垄断

15. 垄断厂商面临的需求曲线是(　　)。

A. 向右下方倾斜的　　B. 向右上方倾斜的

C. 垂直的　　D. 水平的

16. 在完全垄断市场上，对于任何产量，厂商的平均收益总等于(　　)。

A. 边际收益　　B. 边际成本

C. 市场价格　　D. 平均成本

17. 在完全垄断市场上，厂商的边际收益与平均收益之间的关系是(　　)。

A. 边际收益小于平均收益

B. 边际收益大于平均收益

C. 边际收益等于平均收益

D. 边际收益曲线交于平均收益曲线的最低点

18. 完全垄断厂商定价的原则是（　　）。

A. 利润最大化　　B. 社会福利最大化

C. 消费者均衡　　D. 随心所欲

19. 完全垄断厂商的长期均衡条件是(　　)。

A. $MR = MC$

B. $MR = SMC = LMC$

C. $MR = SMC = LMC = SAC$

D. $MR = SMC = LMC = SAC = LAC$

20. 在完全垄断市场上，厂商数量是(　　)。

A. 一家　　B. 二家　　C. 三家　　D. 无数家

21. 形成垄断竞争市场最基本的条件是(　　)。

A. 国家赋予特权　　B. 只有几家厂商

C. 产品差异　　D. 完全信息

22. 最需要进行广告宣传的市场是(　　)。

A. 完全竞争市场　　B. 完全垄断市场

C. 垄断竞争市场　　D. 寡头垄断市场

23. 寡头垄断的一个显著特征是(　　)。

A. 企业之间互相依存　　B. 有一条非弹性的需求曲线

C. 不存在市场进入障碍　　D. 以上都是

二、多项选择题

1. 在完全竞争条件下，与平均收益曲线重叠的是(　　)。

A. 价格曲线　　B. 需求曲线　　C. 边际收益曲线

D. 总收益曲线　　E. 边际成本曲线

2. 在亏损状态下，厂商继续生产的条件是(　　)。

A. $P = SAFC$　　B. $P > SAVC$　　C. $P < SAVC$

D. $P = SAVC$　　E. $P < SAFC$

3. 在完全竞争市场上，厂商短期均衡的条件是(　　)。

A. $MR = MC$　　B. $P = MC$　　C. $AR = MC$

D. $AR = AC$　　E. $TR = TC$

4. 按竞争与垄断的程度，将市场分为(　　)。

A. 完全垄断市场　　B. 垄断竞争市场　　C. 寡头垄断市场

D. 完全竞争市场　　E. 营销市场

5. 厂商要获得经济利润，一定是（　　）。

A. $TR > TC$　　B. $P > AC$　　C. $TR > TVC$

D. $P > AVC$　　E. $TR = TC$

6. 在短期，完全垄断厂商(　　)。

A. 有可能获得正常利润　　B. 也有可能发生亏损

C. 永远获得超额利润　　D. 永远处于亏损状态

E. 也可能获得超额利润

7. 价格歧视分为(　　)。

A. 一级价格歧视　　B. 二级价格歧视　　C. 五级价格歧视

D. 三级价格歧视　　E. 四级价格歧视

8. 一个完全竞争的市场结构，必须具备下列条件(　　)。

A. 市场上有很多生产者和消费者

B. 行业中厂商生产的产品是有差别的

C. 行业中厂商生产的产品是无差别的

D. 厂商和生产要素可以自由流动

E. 购买者和生产者对市场信息完全了解

9. 一个垄断竞争的市场结构，必须具备的条件是(　　)。

A. 市场上有很多生产者和消费者

B. 行业中厂商生产的产品是有差别的

C. 行业中厂商生产的产品是无差别的

D. 进入市场的障碍较少

E. 购买者和生产者对市场信息完全了解

10. 寡头垄断市场，必须具备的条件是(　　)。

A. 市场上有很多生产者和消费者

B. 行业中厂商生产的产品可以是有差别的，也可以是无差别的

C. 进入市场障碍较小

D. 进入市场存在比较大的障碍

E. 市场中厂商数量较少

三、判断题

1. ( ) 完全竞争厂商只能被动地接受既定的市场价格。

2. ( ) 完全竞争条件下，厂商所面临的需求曲线是一条水平线。

3. ( ) 完全竞争厂商的平均收益曲线和边际收益曲线与需求曲线是相同的。

4. ( ) 企业获得经济利润则一定获得正常利润。

5. ( ) 在完全竞争市场上，当企业实现长期均衡时，也就实现了正常利润，且经济利润都为零。

6. ( ) 生产者的行为目标是利润最大化。

7. ( ) 在完全竞争条件下，产品价格等于平均收益但不等于边际收益。

8. ( ) 如果企业没有超额利润，就不应该生产。

9. ( ) 在任何时候，只要商品价格高于平均变动成本，企业就应该生产。

10. ( ) 长期供应曲线是长期边际成本线的一部分，并且比短期供应曲线平坦。

11. ( ) 超额利润就是价格与平均变动成本之差。

12. ( ) 完全垄断企业是价格的制定者，所以它能随心所欲地决定价格。

13. ( ) 三级价格歧视所获得的生产者剩余比一级价格歧视的大。

14. ( ) 在完全垄断市场上，一家厂商就是一个行业。

15. ( ) 在市场经济中，完全垄断是普遍存在的。

16. ( ) 垄断竞争市场就是指产品没有差别的市场。

17. ( ) 垄断行业由于有规模经济存在，可以比竞争行业产量更高，价格更低。

18. ( ) 经济学中的产品差别是指不同种产品之间的差别。

19. ( ) 垄断竞争厂商的 AR 曲线、MR 曲线相互重合。

20. ( ) 对任何企业来说，如果边际成本降低，根据利润最大化原则，该企业应当降价销售。

四、问题与思考

1. 四个市场结构形成的条件有什么不同?

2. 完全竞争市场上一个行业与一个企业的需求曲线与价格有什么不同或相同? 用图形说明这一点。

3. 垄断竞争企业在短期中与垄断者一样，也可以获得经济利润。

在长期中没有经济利润，与完全竞争企业一样吗？为什么？

4. 完全竞争、完全垄断、垄断竞争的短期均衡条件和长期均衡条件有什么相同和不同之处？

5. 养鸡场和服装业都是小企业，为什么养鸡场是完全竞争的，服装业是垄断竞争的？

6. 下列哪一种情况是产品差别，为什么？

A. 老张养鸡场的鸡蛋和老王养鸡场的鸡蛋。

B. 在一家高档商店和低档商店出售同样飞鸽牌自行车。

C. 河南产的小麦和河北产的小麦。

D. 戴尔牌电脑和康柏牌电脑（用同样的部件装配线，功能完全相同）。

E. 内容相同的精装书与平装书。

7. 假设你是一个时装厂老板，你应该如何创造自己的产品差别？你能永远立于不败之地吗？应该如何做？

第七章

分配理论

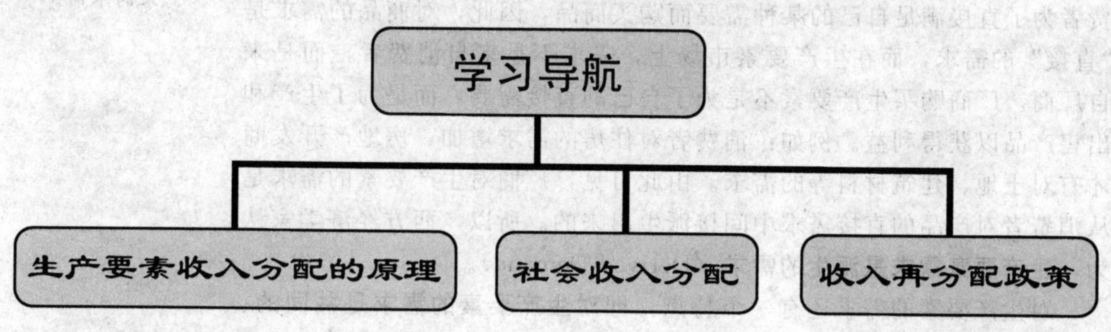

重点掌握

- 正常利润与超额利润的区别
- 超额利润的来源及合理性
- 洛伦斯曲线与基尼系数

一般掌握

- 工资、利息、地租、利润的决定
- 劳动力供给的特殊性

一般了解

- 生产要素的供给决定
- 收入再分配政策

> 对效率的追求不可避免地产生出各种不平等，因此在平等与效率之间，社会面临着一种选择。
>
> ——阿瑟·奥肯

分配理论又称生产要素价格理论。由于生产要素的价格同一般商品的价格一样，是由生产要素的需求和供给决定的，所以说分配理论是价格理论在分配问题上的具体应用。本章主要讲述各种生产要素的均衡价格，即工资、利息、地租及利润的决定，并在此基础上讨论反映社会收入分配平等程度的洛伦斯曲线和基尼系数等问题。

第一节　生产要素收入分配的原理

一、生产要素的需求

(一) 生产要素需求的特点

注意：生产要素需求与一般商品需求的不同。

生产要素的价格由生产要素的供求决定，这一点与其他商品的价格决定是没有区别的，所不同的是，在产品市场上，需求来自消费者。消费者为了直接满足自己的某种需要而购买商品，因此，对商品的需求是"直接"的需求，而在生产要素市场上，需求不是来自消费者，而是来自厂商。厂商购买生产要素不是为了自己的直接需要，而是为了生产和出售产品以获得利益。例如：消费者对住房的需求增加，房地产开发商才有对土地、建筑材料等的需求。由此可见，厂商对生产要素的需求是从消费者对产品的直接需求中间接派生出来的。所以，西方经济学家认为，**生产要素需求是派生的需求**（Derived Demand）。

对生产要素的需求还有一个特点，即**对生产要素的需求是共同的、相互依赖的需求**。这个特点是由于技术上的原因，即生产要素往往不是单独发生作用的。开发商根据消费者对住房的需求增加，投资建设商品房，不仅需要资金，还需要土地和建筑工人等，这些生产要素之间是互补关系。因此，对生产要素的需求不仅是间接的需求，还是共同的、联合的、互相依赖的需求。

由于厂商对生产要素的需求取决于人们对产品的需求，而产品的供求与要素的供求又有相互依存和相互制约的关系，即对厂商提供的产品的需求量大小取决于消费者收入的多少，消费者的收入水平取决于提供劳动所得到的报酬，报酬的高低又是由厂商购买劳动所支付的价格决定的，因而厂商购买劳动支付价格的多少又决定人们对产品需求量的大小。所以，对生产要素需求的分析，比对产品需求分析更复杂。

另外，生产要素的市场结构是完全竞争的还是不完全竞争的，会直接影响厂商对生产要素的需求状况，从而影响生产要素的价格。

(二) 完全竞争市场上厂商生产要素的需求

完全竞争厂商的生产要素需求量取决于要素的边际收益与边际成本，为了实现利润最大化，他必须使购买最后一单位生产要素所支出的边际成本与其所带来的边际收益相等。在完全竞争市场上，边际收益等于平均收益，等于价格。因此，厂商对生产要素的需求就是要实现边际

收益、边际成本与价格相等，即

$$MR=MC=P$$

在完全竞争市场上，对一家厂商来说，价格是不变的。所以，厂商对生产要素的需求取决于生产要素的边际收益。

生产要素的边际收益取决于该要素的边际生产力。美国经济学家克拉克（J. B. Clark）的边际生产力论是边际分析法在分配理论中的应用。**所谓边际生产力**（Marginal Product），**从实物形态上说是在其他条件不变的情况下，增加一单位某种生产要素所增加的实物产量，称边际物质产品。从价值形态上说，就是在其他条件不变时，每增加一单位某生产要素所增加的产值，称边际产值**（Value or Marginal Product），**每增加一单位生产要素所增加的收入，称边际生产收入**（Marginal Revenue Product）。边际生产力论认为：在其他条件不变的前提下，边际生产力是递减的，因此，生产要素的边际收益曲线是一条向右下方倾斜的曲线。这条曲线也是生产要素的需求曲线。

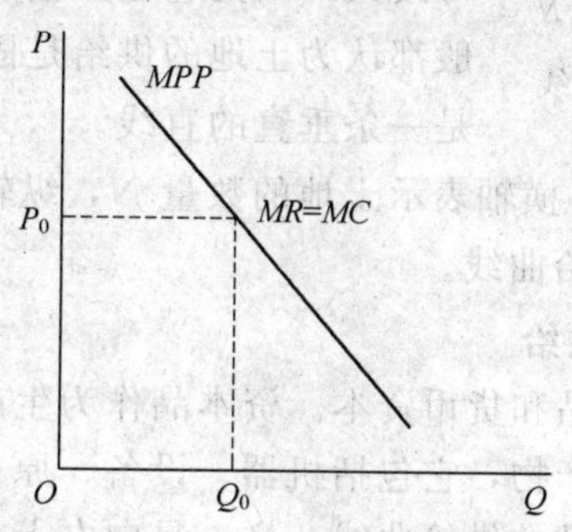

图 7-1　生产要素的需求曲线

如图 7-1 所示，横轴表示生产要素的需求量，纵轴表示生产要素的价格，*MPP* 表示边际物质产品曲线，即向右下方倾斜的边际生产力曲线，也是生产要素的需求曲线。当生产要素的价格为 P_0，需求量为 Q_0 时，使用的生产要素量可以实现，$MR=MC$。如果生产要素价格高，则 $MR<MC$，从而减少生产要素的需求量；如果生产要素价格低，则 $MR>MC$，从而增加生产要素的需求量。

整个行业的生产要素需求是各个企业的需求之和，也是一条向右下方倾斜的线。

（三）不完全竞争市场上厂商生产要素的需求

在不完全竞争条件下，单个厂商具有控制市场的力量，其所面临的是一条向右下方倾斜的需求曲线。这时，厂商要出售增加的产品，其价格必须低于以前单位产品价格，因此，售出每一追加单位产出所获得的边际收益就会降低，这就使得不完全竞争厂商的边际收益曲线与完全竞争厂商的边际收益曲线不尽相同。尽管两条曲线都是向右下方倾斜，但两条曲线下降的原因不同，在完全竞争条件下，生产要素的边际收益曲线由于生产要素的边际物质产品曲线下降而下降，即由生产要素的边际生产力递减而下降；而在不完全竞争条件下，边际收益曲线除了取决于生产要素的边际生产力，还取决于价格水平。因此，不完全竞争市场上厂商的边际收益曲线要比完全竞争厂商的边际收益曲线更加陡峭一些。一般而言，同一价格时完全竞争市场上的生产要素需求量大于不完全竞争市场。

不完全竞争市场上厂商生产要素的需求量仍决定于 $\boldsymbol{MR=MC}$。

二、生产要素的供给

生产要素根据其有无生产成本分为两大类。如果某种生产要素是由厂商生产出来的，如机器、设备、原料、厂房等资本品，其供给价格和供给量主要与生产和再生产该生产要素的成本有关；如果生产要素不是厂商生产的，如土地、劳动、货币资本等，其供给价格和供给量则主要由该生产要素在某一时期的存量、供给者的偏好、该要素的机会成本等因素决定。

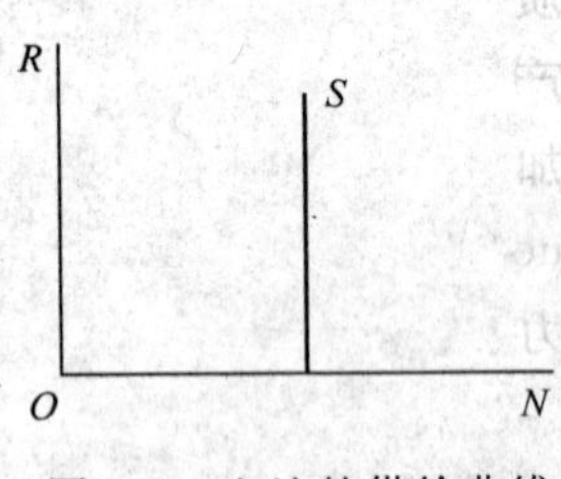

图 7-2　土地的供给曲线

（一）土地的供给

经济学上的土地，泛指一切自然资源，其特点被描述为“原始的和不可毁灭的”。说它是原始的，因为它一般不能生产出来，说它不可毁灭，因为它在数量上不会减少。因而，一般都认为土地的供给是固定不变的，供给曲线是一条垂直的直线。

如图 7-2 所示，横轴表示土地的数量 N，纵轴表示地租 R，垂直的直线 S 是土地的供给曲线。

（二）资本的供给

资本分为资本品和货币资本。资本品作为生产要素，其本身又是产出，即生产过程的产物，它包括机器、设备、原材料等。资本品的供给曲线与一般最终产品的供给曲线一样，是向右上方倾斜的，它取决于资本品的生产成本。货币资本不是生产出来的，其供给主要取决于借贷资本的供给，也就是取决于与一定利息率相关的储蓄的大小。在利息率一定时，收入越高，储蓄就越多；在收入一定时，利息率越高，一定收入中用于储蓄的部分也就越多，储蓄越多就意味着货币资本的供给越多。把借贷资本的供给量看做是利息率的函数，利息率越高，意味着持有货币的机会成本越高，要使用货币资本就要向其所有者支付更高的报酬。因此，货币资本的供给曲线同资本品的供给曲线一样，是向右上方倾斜的。

如图 7-3 所示，横轴表示资本的数量 K，纵轴表示利息率 i，向右上方倾斜的曲线 S 就是资本的供给曲线

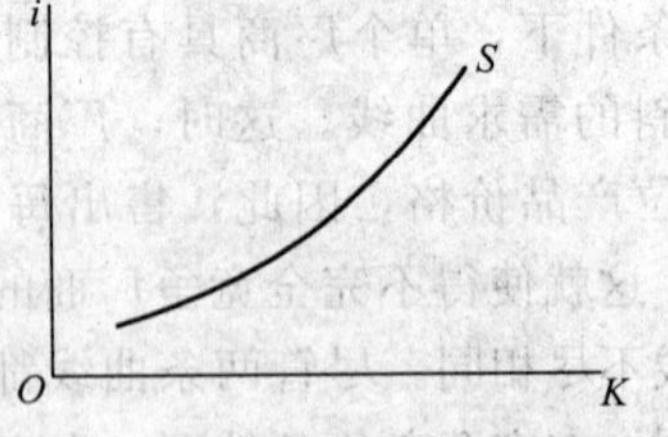

图 7-3　资本的供给曲线

（三）劳动的供给

注意：劳动供给与其他商品供给的不同。

劳动的供给主要取决于劳动的成本，劳动的成本包括：一为实际成本，即维持劳动者及其家属生活必需的生活资料的费用，以及培养教育劳动者的费用；二为心理成本，劳动是以牺牲闲暇的享受为代价的，劳动会给劳动者心理带来负效用，补偿劳动者这种心理负效用的费用就是劳动的心理成本。

劳动的供给有自己的特殊规律。一般来说，当工资增加时劳动会增

加，但工资增加到一定程度后，如果再继续增加，劳动不但不会增加，反而会减少。这是因为货币工资增加到一定程度后，货币的边际效用递减，不足以抵消劳动的负效用，从而劳动减少。

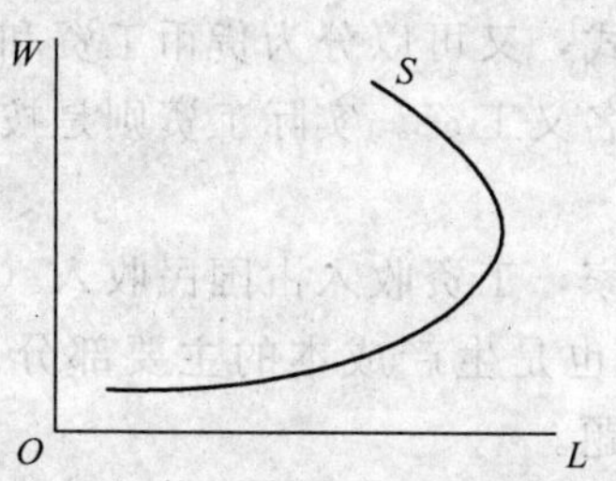

图 7-4　劳动的供给曲线

如图 7-4 所示，横轴表示劳动的供给量 L，纵轴表示工资水平 W，向后弯曲的曲线 S 就是劳动的供给曲线。

但也有一些西方经济学家认为，从短期看，劳动供给曲线会向后弯曲。但从长期看，由于青年人逐渐加入劳动者行列，以及较低工资的工人总是愿意调整职业，用同样的劳动时间得到更高的工资。所以劳动的市场供给曲线是向右上方倾斜的。向后弯曲的劳动供给曲线只适用于高度发达和高度富裕国家。在低收入工人占多数的国家是不会出现向后弯曲的劳动供给曲线。

三、生产要素价格的决定

生产要素的价格与物品的价格一样，在完全竞争市场上是由生产要素的供求所决定的。根据以上对生产要素供求的分析，一般而言，生产要素的需求曲线向右下方倾斜，供给曲线向右上方倾斜，这样就可以用图 7-5 说明生产要素价格的决定。

比较一下生产要素价格的决定与产品价格的决定。

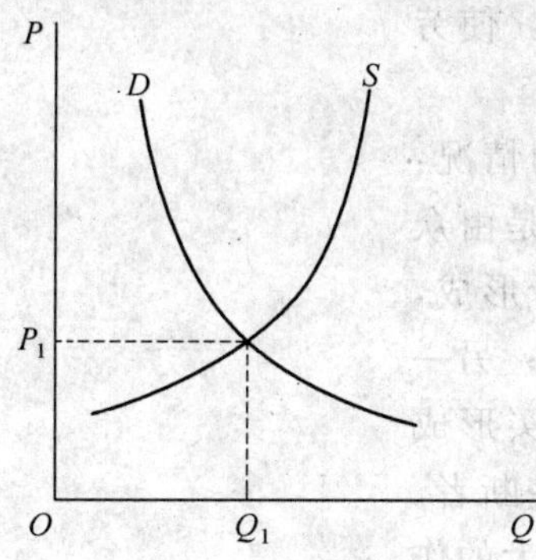

图 7-5　生产要素价格的决定

在图 7-5 中，生产要素的需求曲线 D 与供给曲线 S 相交，决定了生产要素的价格为 P_1，数量为 Q_1。这与物品价格和数量的决定完全一样。

但各种生产要素有不同的需求与供给特征，也有不同的市场结构。因此，各种生产要素价格与收入的决定亦有不同。以下介绍各种生产要素收入的决定。

四、工资、利率、地租、利润理论

(一) 工资理论

工资（Time Wage）是在一定期间内，给予提供劳动的劳动者的报酬，也是劳动这种生产要素的价格。

根据报酬的性质，工资可以分为狭义的工资和广义的工资。狭义的工资，仅指雇佣劳动者的报酬。广义的工资，包括雇佣劳动者和独立劳动者的一切劳心、劳力的报酬，以及除货币工资以外所享受到的一切货币和非货币利益。

根据支付的方法，工资可以分为计时工资和计件工资。计时工资是按照劳动时间计算的，有日薪、周薪、月薪、年薪等。计件工资则是按照完成工作的数量计算的。

根据工资的形式，又可以分为货币工资和实际工资。货币工资以货币数量表示，又叫名义工资。实际工资则是按照工资能够购买的实物价值计算的。

美国工资占GDP的70%，我国工资占15%左右。

在某些发达国家，工资收入占国民收入（GDP）的2/3以上，构成GDP的主要部分，也是生产成本的主要部分。因此，工资理论是研究分配理论的首要课题。

在完全竞争市场上，劳动的需求取决于劳动的边际生产力，由于劳动的边际生产力是递减的，所以劳动的需求曲线是向右下方倾斜的，表明劳动的需求量与工资水平呈反方向变动。而劳动的供给曲线已经介绍过了，是向后弯曲的。将劳动的需求曲线和劳动的供给曲线结合起来，即可得到均衡的工资水平及均衡的劳动数量。

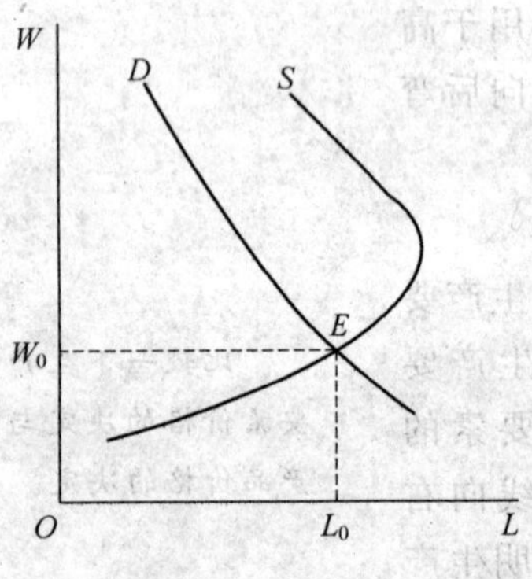

图 7-6　工资的决定

如图 7-6 所示，劳动的需求曲线 D 和劳动的供给曲线 S 相交于 E 点，决定了均衡的工资水平为 W_0，均衡的劳动数量为 L_0。劳动的需求或供给任何一个变化都会使均衡工资水平发生变化，工资水平的升降也可以调节劳动市场的供求，使劳动的供求实现平衡。

不完全竞争市场有两种不同的情况：一种是买方垄断市场，劳动的供给是由众多相互竞争的劳动者提供的劳动所形成，而购买劳动的厂商只有一家，即对劳动的需求是垄断购买的情况；另一种是卖方垄断市场，对劳动的需求是由众多相互竞争的厂商购买形成的，而劳动者却由工会组织在一起，成为生产要素市场的卖方垄断者。在这种不完全竞争的劳动市场上，工会对工资的决定通常起着重大的作用，这里重点介绍一下工会在工资决定中的作用。

工人通过工会组织在一起，集体出售他们的劳动。工会组织会尽量采取措施以提高工人的工资，具体方法有以下几点。

第一，**减少劳动的供给**。限制移民、学徒期限延长、种族和性别的限制、拒绝接纳新会员加入工会或不让非工会会员参加工作，这些都是曾经使用过的限制劳动供给的方法。在需求不变的情况下，通过减少劳动的供给，可以提高工资，但会使就业人数减少。

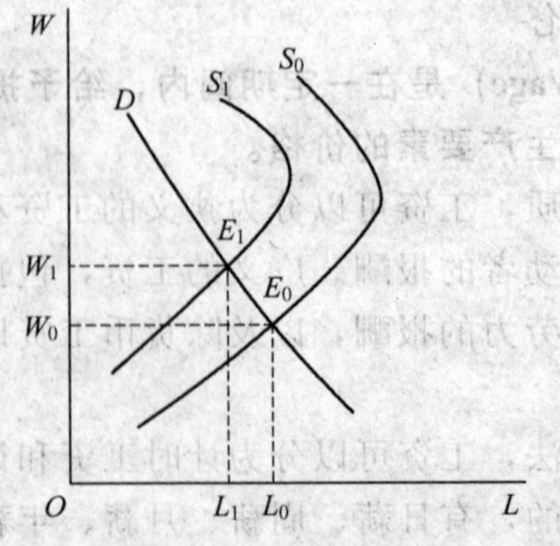

图 7-7　减少劳动供给提高工资

如图 7-7 所示，劳动的需求曲线 D 和原来的劳动供给曲线 S_0 的交点 E_0 决定的工资水平为 W_0，就业人数为 L_0。由于劳动供给的减少，供给曲线从 S_0 左移到 S_1，其与需求曲线 D 的交点 E_1，决定

了工资水平上涨到 W_1，而就业人数相应地却从 L_0 减少到 L_1。

第二，**增加劳动的需求**。通过支持保护关税、广告竞争等办法，增加对厂商产品的需求，以提高对劳动的需求。在供给不变的情况下，通过增加对劳动的需求的方法，可以提高工资，同时还可以增加就业人数。

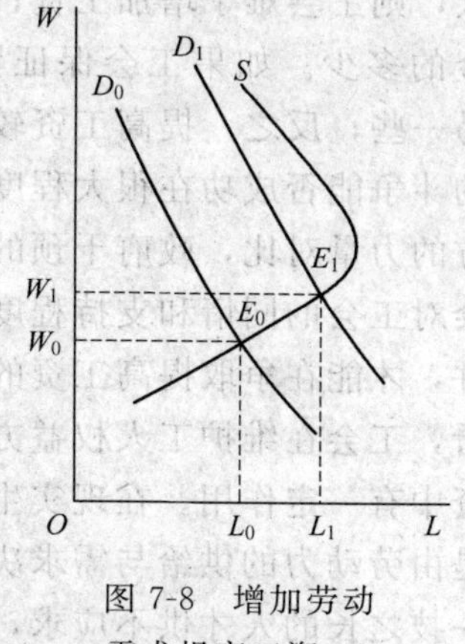

图 7-8　增加劳动需求提高工资

如图 7-8 所示，劳动的供给曲线 S 与原来的劳动需求曲线 D_0 相交于 E_0，决定了工资水平为 W_0，就业人数为 L_0。由于劳动需求的增加，使劳动需求曲线从 D_0 右移到 D_1，它与供给曲线相交于 E_1，决定了工资水平上涨到 W_1，同时就业人数也从 L_0 增加到 L_1。

第三，**最低工资法**。工会迫使政府通过立法规定最低工资，这样，在劳动的供给大于需求时也可以使工资维持在一定的水平上，但这种方法可能会带来一定的失业人口。

如图 7-9 所示，劳动的需求曲线 D 与劳动的供给曲线 S 相交于 E_0，决定的工资水平为 W_0，就业人数为 L_0。而规定的最低工资水平为 W_1，高于均衡工资水平，即 $W_1 > W_0$。在这高水平的工资上，劳动的需求量为 L_D，而劳动的供给量为 L_S，明显 $L_S > L_D$，就会出现一定的失业人口。

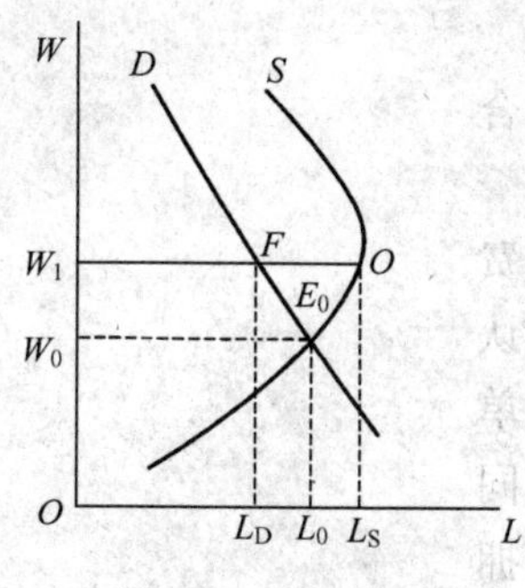

图 7-9　最低工资

工会对工资决定的影响是有一定限度的，从劳动的需求来看要受到三种因素的影响。

第一，产品的需求弹性。劳动的需求也是一种派生需求，取决于对产品的需求。如果产品的需求弹性大，则工资增加引起产品价格上升，会使产品需求量大幅度减少，从而工资无法增加。如果产品需求弹性小，则工资增加较为容易。

第二，劳动在总成本中所占的比例。如果劳动在总成本中所占的比例大，则工资增加引起总成本增加较多，工资的增加就有限。如果劳动在总成本中所占的比例小，工资增加对总成本影响不大，则工资增加较易。

第三，劳动的可替代性。如果劳动不易被其他生产要素代替，则提高工资容易。如果劳动可以较容易地被其他生产要素代替，则工资提高就有限。

从劳动的供给来看，也要受到以下三种因素的影响。

第一，工会所控制的工人的多少。如果控制的工人多，工会力量强大，则易于增加工资；这就是说，工会的垄断程度越高，要求增加工资的力量越大。

第二，工人的流动性大小。如工人流动性大，某一行业或地区可以从其他来源得到工人，则工会难于增加工资；反之，则容易增加工资。

第三，工会基金的多少。如果工会保证罢工期间工人生活的基金多，提高工资较容易一些；反之，提高工资较难一些。

工会提高工资的斗争能否成功在很大程度上还要取决于整个经济形势的好坏，劳资双方的力量对比，政府干预的程度与倾向性，工会的斗争方式与艺术，社会对工会的同情和支持程度，等等。工会只有善于利用各方面的有利条件，才能在争取提高工资的斗争中取得胜利。从西方国家历史与现实来看，工会在维护工人权益方面还是起了重要作用的。

工会在决定工资中有一定作用。在现实生活中，不同的人工资收入差别很大，这主要是由劳动力的供给与需求决定的。在人才市场和劳动力市场上，一些有一技之长的人才供不应求，工资必然高；相反，没有一技之长的人才供过于求，工资必然低，因此工资的决定主要是由供求关系决定的。

（二）利息理论

利息（Interest）是资本的价格。在西方经济学中，**使用货币资本的价格被称为利息，也就是货币资本使用者向资本提供者支付的报酬**。它是一个绝对量的概念。在经济分析中，通常使用的是利息率概念，简称利率，**是指利息占使用资本总量的百分比**。例如，货币资本为 1000 元，利息为 100 元，则利息率为 10%。这 10%就是一年使用 1000 元的报酬，也叫货币资本的价格。

为什么资本可以带来利息？经济学家用以下理由说明了利息的合理性。

第一，消费的时间偏好。人们往往有一种时间偏好，即在现期消费和未来消费中，人们偏好于现期消费。由于对未来的难以预测，人们认为，现在多增加一单位消费所带来的边际效用要大于将来多增加这一单位消费所带来的边际效用。例如，现在购买一辆汽车和几年以后购买同样一辆汽车给消费者带来的效用是不一样的，消费者会认为几年以后拥有汽车的人会很多，不如现在给他带来的满足程度大。所以，很多人总是喜爱现期消费，可对于放弃现期消费把货币作为资本的人理应得到利息作为报酬。

第二，迂迴生产。不直接用手去抓鱼，而发现一个最终更加上算的办法：先织网和造船，然后用网和船去捕鱼比用手直接抓鱼可以捕捞更多的鱼，这就是迂迴生产的方式。所以说，**迂迴生产就是先生产生产资料，然后用这些生产资料去生产消费品**。很明显，迂迴生产提高了生产效率，而且迂迴生产的过程越长，生产效率越高。现代生产的特点就在于迂迴生产。但迂迴生产如何能实现呢？这就必须要有资本。资本能使迂迴生产成为可能，从而提高了生产效率。这种由于资本而提高的生产效率就是资本的净生产力。资本净生产力是资本能带来利息的根源。

利息率是由资本的需求和供给决定的。厂商对资本的需求，即投资，是由资本的边际生产力决定的，由于资本的边际生产力是递减的，也就决定了厂商对资本的需求曲线是向右下方倾斜的。

厂商对资本的需求还可以用利润率和利息率的关系来说明。厂商投资是为了实现利润的最大化，而投资获得的利润率与投资支付的利息率水平就决定了厂商的投资规模。若利润率与利息率的差额越大，即利润率越高于利息率，纯利润就越大，企业就越愿意投资；反之，利润率与利息率的差额越小，即利润率越接近于利息率，纯利润就越小，企业就不愿投资。所以，在利润率既定的条件下，利息率就与投资（资本的需求）呈反方向变动，也证明资本的需求曲线是一条向右下方倾斜的曲线。资本的供给（储蓄）曲线前面已经讲过，是一条向右上方倾斜的曲线。把资本的需求曲线和供给曲线结合在一起，就可以得出均衡的利息率水平。

如图 7-10 所示，横轴表示资本量 K，纵轴表示利息率 i，资本的需求曲线 D 与供给曲线 S 的交点 E 决定了利息率为 i_0，资本量为 K_0。

这里分析的均衡利率是指资本市场上的纯粹利率，它是一种理论分析的利率水平。在现实经济生活中，在不同的情况下，实际利率与纯粹利率并不完全相同，其差别主要由以下原因造成：一是贷款的风险程度，如果货币资本的所有者认为其提供资本的风险大，则要求得到的利率也就高；二是贷款的期限长短，贷款的时间越长，利率也就越高。

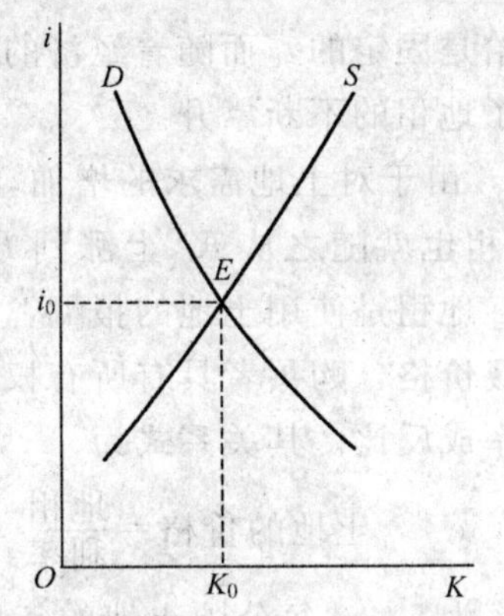

图 7-10　利率的决定

利率由资本的需求和供给共同决定，但同时，利率的变动又会影响资本的供求。如果政府干预或人为地提高、降低利率，资本市场的均衡就会被打破，出现资本供大于求或供小于求的情况。利率与资本供求的这一内在联系，使得利率具有调节投资和就业的功能。当一个社会出现了通货膨胀时，提高利率可以抑制对可贷资金的需求，刺激可贷资金的供给，从而抑制通货膨胀；相反，当出现通货紧缩时，降低利率可以刺激对可贷资金的需求，抑制可贷资金的供给，从而抑制通货紧缩。所以利用利率来调节经济是很重要的。

（三）地租理论

地租（Rent）是土地使用者对使用土地所支付的价格，或者是土地所有者因出让土地使用权而收取的报酬。地租又可分为绝对地租和级差地租。地租是由土地的需求和供给决定的。土地的需求曲线是向右下方倾斜的。这是因为，地租取决于土地的边际生产力，土地的需求价格决定于它的边际生产力，也就是土地的边际收益。随着土地使用量的增加，在其他要素投入不变的情况下，土地的边际生产力不断下降，而土地的边际收益不断递减，故土地的需求曲线是向右下方倾斜的。土地的供给曲线前面已经讲过了，是一条与横轴垂直的直线，把土地的需求曲线和供给曲线结合在一起，则可以得出均衡的地租水平。

如图 7-11 所示，横轴表示土地的数量 N，纵轴表示地租 R，土地的需求曲线 D 与供给曲线 S 的交点 E 决定了地租水平为 R_0。

思考：我国近几年的地价为什么居高不下，并且呈现不断上涨的趋势。

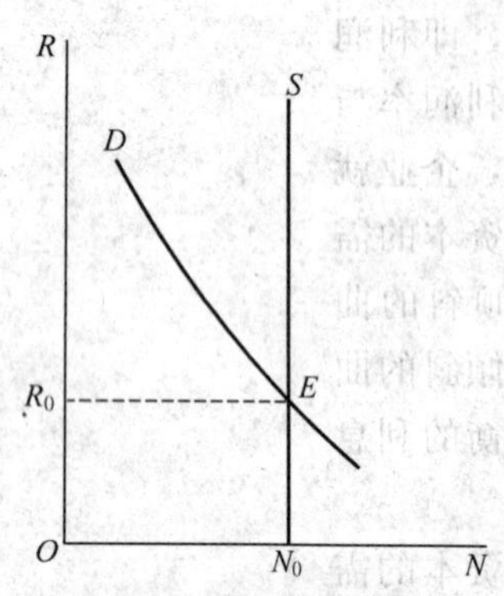

图 7-11　地租的决定

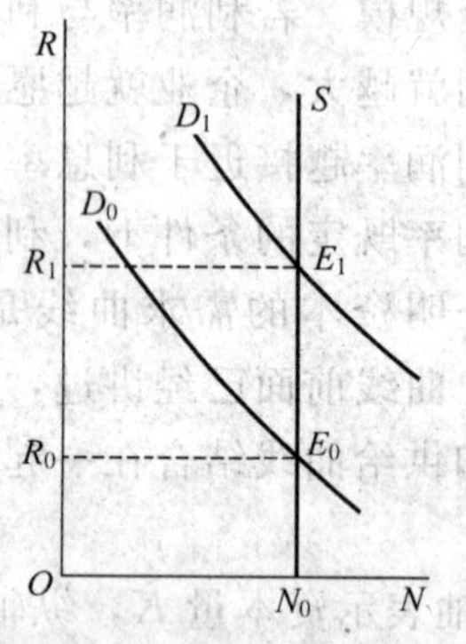

图 7-12　地租的变化

由于土地的供给是固定的，而随着经济的发展，对土地的需求量不断增加，这就导致了地租的不断攀升。

如图 7-12 所示，由于对土地需求的增加，使土地的需求曲线从 D_0 向上移到 D_1，则地租也就随之从 R_0 上涨到 R_1。与其他资产一样，土地也具有市场价格。地租是使用土地的报酬，租借者仅有使用权，**地价则是购买土地的市场价格**，购买者具有所有权。一般来说，地价与地租成正比，与市场利率成反比。其关系式为

$$土地的价格=\frac{地租}{利率}$$

思考：我国近几年的地价为什么居高不下，并且呈现不断上涨的趋势。

例如，假定利率为 5%，每公顷土地的年地租为 600 元，那么每公顷土地的价格为

$$\frac{600\text{元}}{5\%}=12000\text{ 元}$$

一般都认为土地的供给是固定不变的。由于土地的供给无弹性，所以对土地的需求成为决定地租的唯一力量。土地需求与土地价格同方向变动。

（四）利润理论

西方经济学家把利润分为正常利润和经济利润。

正常利润是企业家才能的报酬，被包括在成本之中。在长期中，如果企业家得不到正常利润，就会退出生产。正常利润的决定与工资类似，取决于“企业家才能”的供求关系。由于企业家在生产过程中起着很重要的作用，对企业家才能的需求量很大，又由于企业家才能是经过特殊训练和培养才获得的，成本很高。所以，企业家才能供求曲线的交

点所决定的正常利润会远远高于一般劳动者的工资。可以说，正常利润是一种特殊的工资，其特殊性就在于其数额远远高于一般劳动所得到的工资。

经济利润是指超过正常利润的那部分利润，又称为纯粹利润或超额利润。在完全竞争条件下，在静态社会里，不会有这种利润产生。只有在动态社会中和不完全竞争条件下，才会产生这种利润。动态社会涉及到创新和风险，不完全竞争则存在垄断。

经济利润主要有三个来源。

第一，来源于创新。这里所说的创新包括引进一种新产品，引进一种新技术，开辟新市场，获得某种新原料或新能源，生产组织方法的某种新发明及其应用。上述五个方面的任何一方面都可以使企业获得更高的劳动生产率，从而带来经济利润，可以把“创新的利润”看做创新者或企业家的暂时经济利润。

第二，来源于承担风险。风险是指投资者面临亏损的可能性。企业家进行某种有可能失败的生产活动时，他面临着由于遭到失败而导致经济损失的可能性。在社会经济发展过程中，总需要有人去承担风险。由于承担风险而获得的经济利润，不过是社会为冒险活动所支付的保险费用。

第三，来源于垄断。垄断可使厂商抬高出售产品的价格或压低购买生产要素的价格，从而使厂商获得垄断利润。西方一些经济学家认为，在垄断情况下所获得的经济利润是一种剥削。

西方经济学家认为创新和承担风险带来的利润是合理的，垄断所得利润是不合理的。

第二节　社会收入分配

在市场经济中，按生产要素在生产中所做出的贡献大小，由市场决定的收入分配是第一次分配或初始分配。由于每个人拥有的生产要素数量与质量不同，市场经济中的分配必然引起收入不平等，甚至两极分化。本节说明衡量社会收入分配平等状况的标准，以及造成收入分配不平等的原因。

一、洛伦斯曲线和基尼系数

（一）洛伦斯曲线

为了研究国民收入在国民之间的分配，美国统计学家 M.O. 洛伦斯提出了著名的洛伦斯曲线。所谓**洛伦斯曲线（Lorenz Curve）是用来衡量社会收入分配（或财产分配）平均程度的曲线**。

洛伦斯曲线还可以表示财产分配的状况。

洛伦斯首先将一国总人口所得到的收入由低到高排队，然后，考虑收入最低的任意百分比人口所得到的收入百分比。例如，收入最低的20%人口、40%人口等所得到的收入百分比分别是6%、18%等，如表

7-1 所示。

表 7-1　收入分配资料

等　级	人口百分比/%	合　计	占总收入的百分比/%	合　计
1	20	20	6	6
2	20	40	12	18
3	20	60	17	35
4	20	80	24	59
5	20	100	41	100

注：表中的数据为假设的。

将表 7-1 中人口合计百分比和收入合计百分比的对应关系描绘在图形上即得到洛伦斯曲线。

如图 7-13 所示，横轴表示人口百分比，纵轴表示收入百分比，曲线 OY 为洛伦斯曲线。由此曲线及表 7-1 可以看出，在这个国家中，收入最低的 20%人口所得到的收入仅占总收入的大约 6%；而收入低的 80%人口所得到的收入才占总收入的 59%。

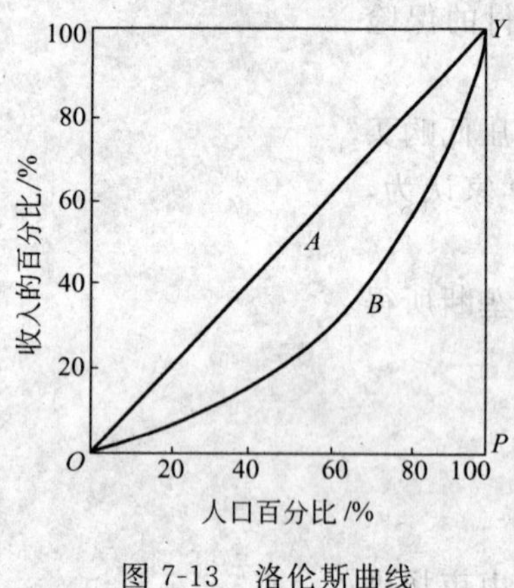

图 7-13　洛伦斯曲线

显而易见，洛伦斯曲线的弯曲程度具有十分重要的意义。一般来说，它反映了收入分配的不平等程度。弯曲程度越大，收入分配越不平等；弯曲程度越小，收入分配越平等。特别是，如果收入都集中在某一个人手中，而其余人口一无所获时，收入分配达到绝对不平等，洛伦斯曲线为折线 OPY；另一方面，如果任一国人口百分比均等于其收入百分比，从而人口合计百分比等于收入合计百分比，则收入分配就是绝对平等的，洛伦斯曲线为对角线 OY。

一般来说，一个国家的收入分配，既不是绝对不平等，也不是绝对平等，而是介于两者之间，洛伦斯曲线介于对角线 OY 和折线 OPY 之间。

（二）基尼系数

如图 7-13 所示，把洛伦斯曲线与对角线 OY 之间的面积用 A 表示，洛伦斯曲线与折线 OPY 之间的面积用 B 表示，则基尼系数为

$$基尼系数=\frac{A}{A+B}$$

基尼系数（Gini Coefficient）是衡量一个国家贫富差距的标准。

请同学们注意我国近几年城镇居民基尼系数的变化情况。

当基尼系数等于零时，表示该国收入分配绝对平等，当基尼系数等于 1 时，表示该国收入分配绝对不平等。实际的基尼系数总是大于零而

小于1的。基尼系数越接近零，表示收入分配越平等；基尼系数越接近1，收入分配越不平等。

按国际通用的标准，基尼系数小于0.2，表示收入分配绝对平等；0.2～0.3，表示收入分配比较平等；0.3～0.4，表示收入分配基本合理；0.4～0.5，表示收入分配差距较大；0.5以上表示收入分配差距悬殊。我国改革开放以后收入的不平等程度逐渐加大，在1978～1990年，城镇个人收入的基尼系数从0.185提高到0.23，农村个人收入的基尼系数从0.212提高到0.31，到2007年我国的基尼系数已超过0.4。这说明自从改革以后，我国改变了过去收入平均分配的格局，收入分配的不平等正在加剧。

二、引起收入分配不平等的原因

在任何一个社会都存在程度不同的收入分配不平等，在市场经济社会中这一问题更加突出在不同的社会中，引起收入分配不平等的原因既有共同之处，又有不同之处。研究引起收入分配不平等的原因，对解决这一问题是十分必要的。

首先，收入分配不平等的状况与一个社会的经济发展状况相关。根据美国经济学家库兹涅茨的研究，一个社会收入分配状况变动的一般规律是，在经济开始发展时，收入分配不平等随经济发展而加剧，只有发展到一定程度之后，收入分配才会随经济发展而较为平等，他根据一些国家的资料做出了反映这种收入分配变动规律的库兹涅茨曲线。**库兹涅茨曲线是表示随经济发展收入分配不平等程度加剧，经济发展到一定程度时，随经济发展收入分配逐渐平等的一条曲线。**

在图7-14中，横轴用GDP代表经济发展状况，纵轴用G代表基尼系数，表示收入分配状况。在GDP达到GDP_1之前，基尼系数随GDP增加而上升，表示随着经济发展，收入分配不平等加剧。在GDP为GDP_1时，基尼系数G_1最高，收入分配不平等最为严重。在GDP超过GDP_1之后，基尼系数随GDP增加而下降，表示随着经济发展，收入分配趋向平等。在图7-14中的K就是库兹涅茨曲线。因为这条曲线像一个倒过来的英文字母U，所以，又称为库兹涅茨倒U形曲线。

试分析一下造成我国目前收入分配差距扩大的主要原因。

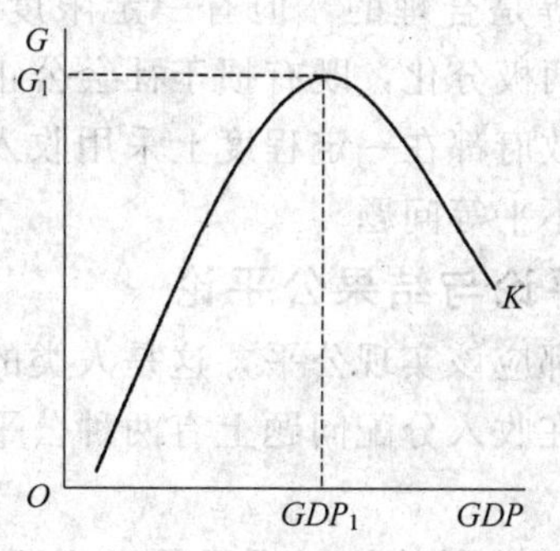

图7-14　库兹涅茨曲线

应该指出的是，当今在由计划经济转向市场经济的各国中，无论经济发展状况如何，都出现了较为严重的收入分配不平等，甚至是两极分化。俄罗斯等国在转型过程中，经济发展并不快，曾出现过较长时期的停滞，甚至负增长，但收入分配不平等却极为严重。中国在转型过程中，经济发展相当迅速，与此同时也出现了收入分配不平等加剧的现象。不同的学者对这种现象有不同的解释。这其中有打破计划经济下平均主义分配的进步，对经济发展有促进作用。

其次，各国收入分配不平等也与制度上存在的问题相关。例如，一些国家存在的户籍制度、受教育权利的不平等。由于制度或社会习俗，一部分人对另一部分人的歧视。许多国家普遍存在对妇女的歧视、对有色人种的歧视等。在发达国家，工会制度的存在也是引起不平等的原因，工会会员受工会保护获得较高工资，而非工会会员则无力与雇主抗争，工资较低。在欧洲、加拿大这类传统上工会力量强大的国家，工会在引起收入分配不平等中起的作用还相当大。

最后，引起收入分配不平等的原因还有个体差异。由于每个人在能力、勤奋程度、机遇等方面存在不同。就能力而言，既有先天的才能（即天赋大小不一样），也有后天受教育程度的不同。有的人勤奋好学，而有的人则正相反。经济学家认为，人的受教育程度与个人收入之间有强烈的相关性。受教育越多，能力越强，收入水平越高，这已是一个不争的事实。

此外，不可否认有的人运气好，赶上了好机会，而另一些人没有发挥才能的机会，或者有机会没抓住，这也能引起收入差别。当一个社会经济开始发展时，总有少数能力强、勤奋，又善于抓住机会的人成功了，成为富人。在市场竞争中，能力差、不勤奋又不善于抓住机会的人，会相对穷下去。这就是每一个社会在经济发展初期贫富差距较大的重要原因。

总之，收入分配差距拉大，既有社会原因，又有个人原因，对不同社会、不同阶层人的收入差别及原因要进行具体分析。

第三节　收入再分配政策

收入分配不平等是合理的，但有一定限度，如果收入分配差距过大，甚至出现贫富两极分化，既有损于社会公正，又会成为社会动乱的隐患。因此，各国政府都在一定程度上采用收入再分配政策以纠正收入分配中较为严重的不平等问题。

公平属价值判断问题。

一、过程公平论与结果公平论

任何一个社会都应该实现公平，这是人类的理想。但对于什么是公平，却众说纷纭。在收入分配问题上有两种公平论，即过程公平论和结果公平论。

过程公平论根据分配的机制或手段来判断是否公平。换言之，无论结果如何，只要机制是公平的，就实现了公平。在收入分配问题上，这种观点强调的是决定收入的机制是否公平。这种观点认为，收入分配是否公平，关键在于决定分配的机制，在市场经济中，重要的是制度上的公平，而这种公平要以私有产权和自愿交易为基础。人们通过交易来实现私有财产的转移。只要交易是公平的，产生的结果就是公平的。例如，一场拳王争霸赛，每张门票500美元、200美元、100美元不等，观众自愿购票，全场座无虚席，拳手的收入固然会很高，但只要没人强迫拳手比赛和观众买票，拳手与观众是自愿交易。拳手的高收入就没有什么不合理之处，他与其他人的收入差别就是公平的。根据这种观点，只有分配机制保证了私有权，保证了自愿交易，每个人都以平等的权利参与市场交易，无论分配的结果如何，分配都是公平的。

结果公平论根据分配的结果来判断收入分配是否公平。按这个标准，最公平的分配应该是完全平等的分配，但实际上并非如此，因为这种分配引起效率损失，会使所有人的福利减少。所以，结果公平论并不是主张完全平等的分配，而是关注最穷的人的状况，通过收入再分配来增加他们的收入。

这两种观点反映了人们对收入分配的不同看法，在现实中，无论持什么观点，都认为需要某种形式的收入再分配政策来保证社会某种程度上的公平与社会稳定。

二、收入再分配政策

在市场经济中，应按效率优先的市场原则进行个人收入分配。但每个人在进入市场之前所拥有的生产要素数量不同，即每个人的能力与资产不同，在市场竞争中，每个人的机遇又不同。这样，收入差别悬殊，甚至贫富对立。这种分配状态，不合乎人们公认的平等原则，也不利于社会安定。因此要通过政府的收入政策缓和收入分配不公平的现象，以在一定程度上实现收入分配平等化。这里介绍一些主要的收入政策。

市场经济各国出于各种目的而征收税收。其主要目的还是通过税收为政府各种支出筹资，在宏观经济政策中，政府运用税收调节宏观经济，在收入分配中，政府也运用税收实现收入的公平分配。税收的主要手段是个人所得税，此外还有遗产税、财产税、赠予税等。

此外，在个人所得税方面，还区分了劳动收入税与非劳动收入税。对劳动收入按低税率征收，而对非劳动收入（股息、利息等收入）按高税率征收。

如果说税收政策是要通过对富人征收重税来实现收入分配平等化的话，那么，社会福利政策则是要通过给穷人补助来实现收入分配平等化，因此，把社会福利政策作为收入分配平等化的一项重要内容。

社会福利政策历史很长，早在18世纪的英国就有了“济贫法”。但它作为一项重要的经济政策，是在20世纪30年代才形成的。第二次世界大战以后，社会福利政策有了迅速发展，许多国家，尤其是北欧与西欧一些国家，实行了“从摇篮到坟墓”的社会保险福利制度。

从当前西方各国的情况看，社会福利政策主要有这样一些内容。

第一，各种形式的社会保障与社会保险。包括失业救济金制度，即对失业工人按一定标准发放能使其维持生活的补助金；老年人年金制度，即对退休人员按一定标准发放年金；残疾人保险制度，即对失去工作能力的人按一定标准发放补助金；对有未成年子女家庭的补助；对收入低于一定标准（即贫困线）的家庭与个人的补助。这些补助金主要是货币形式，也有发放食品券等实物的。其资金来源，或者是个人或企业交纳的保险金，或者是政府税收。

同学们，你们认为我国的社会保障制度还有哪些需要完善？

第二，向贫困者提供就业机会与培训。收入不平等的根源在于贡献的大小，而贡献的大小与个人的机遇和能力相关。这样，政府就可以通过改善穷人就业的能力与条件，来实现收入分配的平等化。在这方面，主要是实现机会均等，尤其是保证所有人的平等就业机会，并按同工同酬的原则支付报酬。其次是使穷人具有就业的能力，包括进行职业培训，实行文化教育计划（如扫盲运动），建立供青年交流工作经验的青年之家，使穷人有条件读书等。这些都有助于提高穷人的文化技术水平，使他们能从事收入高的工作。

第三，医疗保险与医疗援助。医疗保险包括住院费用保险、医疗费用保险以及出院后部分护理费用保险。这种保险主要由保险金支付。医疗援助则是政府出钱资助医疗卫生事业，使每个人都能得到良好的医疗服务。

第四，对教育事业的资助。包括兴办国立学校，设立奖学金和大学生贷款，帮助学校改善教学条件，资助学校的科研等。从社会福利角度来看，对教育事业的资助有助于提高公众的文化水平与素质，这样也有利于收入分配平等化。

第五，各种保护劳动者的立法。包括最低工资法和最高工时法，以及环境保护法、食品和医药卫生法等，这些都有利于增进劳动者的收入，改善他们的工作与生活条件，从而也降低了收入分配不平等的程度。

第六，改善住房条件。包括以低房租向穷人出租国家兴建的住宅；对私人出租的房屋实行房租限制；资助无房者建房，如提供低利率的长期贷款，或低价出售国家建造的住宅；实行住房房租补贴；等等。这种政策改善了穷人的住房条件，也有利于实现收入分配平等化。

三、平等与效率的关系

收入分配要兼顾平等和效率。**平等是指各社会成员收入分配平均，效率是指资源配置有效，并得到充分利用。**

经济学家认为，收入分配有三种标准：第一个是贡献标准，即按社会成员的贡献分配国民收入。这在分配理论中介绍过，即按生产要素的价格进行分配。这种分配标准能保证经济效率，但由于各成员能力、机遇的差别，又会引起收入分配的不平等。第二个是需要标准，即按社会成员对生活必需品的需要分配国民收入。第三个是平等标准，即按公平的准则来分配国民收入。后两个标准有利于收入分配的平等化，但不利于经济效率的提高。有利于经济效率则会不利于平等，有利于平等则会有损于经济效率，这就是经济学中所说的平等与效率的矛盾。

收入分配要有利于经济效率的提高，则要按贡献来分配，这样，有利于鼓励每个社会成员充分发挥自己的能力，在竞争中取胜。这就是效率优先的分配原则，但这种分配方式使不平等加剧，甚至出现严重的贫富两极分化。因此，在收入分配中不仅要效率优先，而且要兼顾公平。效率优先、兼顾公平是许多国家收入分配的原则。但在现实中做起来却颇为困难。以收入分配平等化政策为例，应该承认，各种收入平等化政策对于缩小贫富之间的差距，对改善穷人的地位和生活条件，提高他们的实际收入水平，确实起到了相当大的作用，对于社会的安定和经济发展也是有利的。但是，这些政策有两个严重的后果：一是降低了社会生产效率，增加个人所得税和各种各样的社会保障使人们的生产积极性下降，社会生产效率下降；二是增加了政府负担。

收入平等化政策的必要性与其引起的问题，又一次提出了平等与效率的矛盾。如何解决这一问题，已成为经济学的中心之一。

知识拓展

漂亮与收入

美国经济学家丹尼尔·哈莫米斯与杰文·比德尔在1994年第4期《美国经济评论》上发表了一份调查报告。根据这份调查报告，漂亮的人的收入比长相一般的人高5%左右，长相一般的人又比丑陋一点的人收入高5%～10%左右。为什么漂亮的人收入高？

经济学家认为，人的收入差别取决于人的个体差异，即能力、勤奋程度和机遇的不同。漂亮程度正是这种差别的表现。

个人能力包括先天禀赋和后天培养的能力，长相与人在体育、文艺、科学方面的天才一样是一种先天禀赋。漂亮属于天生能力的一个方面，它可以使漂亮的人从事其他人难以从事的职业（如当演员或模特）。漂亮的人少，供给有限，自然市场价格高，收入高。

漂亮不仅仅是脸蛋和身材，还包括一个人的气质。在调查中，漂亮由调查者打分，实际是外形与内在气质的一种综合。这种气质是人内在修养与文化的表现。因此，在漂亮程度上得分高的人实际上往往是文化高、受教育高的人。两个长相接近的人，也会由于受教育不同表现出来的漂亮程度也不同。所以，漂亮是反映人受教育水平的标志之一，而受教育是个人能力的来源，受教育多，文化高，收入水平高就是正常的。

漂亮也可以反映人的勤奋和努力程度。一个工作勤奋、勇于上进的人，自然会打扮得体，举止文雅，有一种朝气。这些都会提高一个人的漂亮得分。漂亮在某种程度上反映了人的勤奋，与收入相关也就不奇怪了。

最后，漂亮的人机遇更多。有些工作，只有漂亮的人才能从事，漂亮往往是许多高收入工作的条件之一。在所有的人都能从事的工作中，漂亮的人也更有利。漂亮的人从事推销更易于被客户接受，当老师会更受到学生热爱，当医生会使病人觉得可亲，所以，在劳动市场上，漂亮的人机遇更多，雇主总爱优先雇用漂亮的人。有些人把漂亮的人机遇更多、更易于受雇称为一种歧视，这也不无道理。但有哪一条法律能禁止这种歧视？这是一种无法克服的社会习俗。

漂亮的人的收入高于一般人。两个各方面条件大致相同的人，由于漂亮程度不同而得到的收入不同。这种由漂亮引起的收入差别，即漂亮的人比长相一般的人多得到的收入称为“漂亮贴水”。

一个有趣的“漏桶实验”

当一个美元从很富有的人的桶里拿到很穷的人的桶里时，对于倡导公平的人来说会毫不迟疑地投下赞成票；设想财富再分配的木桶上有一条漏缝，实际上富人所交的税金只有一部分（可能是一半）交到了穷人手里，人们平等地进行财富再分配缴纳的高昂学费却是损失经济效率。这是1975年美国经济学家阿瑟·奥肯在《平等与效率》演讲稿中陈述的著名“漏桶实验”。还有一个极端，把富人家的冰激凌搬到穷人家，“交易成本”除了运费之外，还有相当厚度的冰激凌在路上消融掉。

现代混合经济中政府行使的经济职能之一就是要对收入进行再分配。政府专干给财富木桶捅个漏缝和搬冰激凌到穷人家的好事，它时刻防止出现帕累托最劣——因此行使它的另一职能就是矫正市场，强行要将财富公平地再分配一次，手段也只是制造漏缝和搬冰激凌。

强调效率优先，冷落公平，甚者干脆甩掉公平。其实谈论效率与公平是奢侈的。二者共生共荣是有前提的，这就是必须建立透明的市场信息机制。

本章小结

◆生产要素的价格同一般商品一样，取决于生产要素的需求与供给。

◆工资是劳动的价格，它的大小取决于劳动的需求与供给，劳动的供给曲线是一条向后弯曲的曲线，劳动的需求曲线是一条向右下方倾斜的曲线，其交点决定的工资水平就是均衡的工资。

◆地租是土地的价格，土地的供给曲线是与横轴垂直的直线，土地的需求曲线是一条向右下方倾斜的曲线，它们的交点决定的地租水平就是均衡的地租。

◆利息是资本的价格，资本的供给曲线是一条向右上方倾斜的曲线，资本的需求曲线是一条向右下方倾斜的曲线，其交点决定的利息水平就是均衡的利息。

◆利润分正常利润和超额利润。正常利润是企业家才能的价格，包括在成本中，收支相抵就可获得正常利润；超额利润是超过正常利润的利润，它是总收益与总成本之差，在完全竞争的市场上是没有超额利润的。

◆洛伦斯曲线是反映社会收入分配平等程度的曲线，基尼系数是根据洛伦斯曲线得到的反映社会收入分配平等程度的指标。

◆过程公平论根据分配的机制或手段来判断是否公平。结果公平论根据分配的结果来判断收入分配是否公平。

◆收入分配要兼顾平等和效率。平等是指各社会成员收入分配平均；效率是指资源配置有效，并得到充分利用。

主要概念

边际生产力　工资　利息　正常利润　超额利润　洛伦斯曲线　基尼系数　库兹涅茨曲线

思考与应用

一、单项选择题

1. 某一时期科技进步很快，人们越来越倾向于资本密集型生产方式，这将导致（　　）。

A. 劳动的供给曲线向右移动　　B. 劳动的需求曲线向右移动

C. 劳动的供给曲线向左移动　　D. 劳动的需求曲线向左移动

2. 在完全竞争市场上，生产要素的边际收益取决于（　　）。

A. 该要素的边际生产力　　B. 该要素的平均收益

C. 该要素的平均水平　　D. 该要素的边际成本

3. 随着工资水平的提高（　　）。

A. 劳动的供给量会一直增加

B. 劳动的供给量会一直减少

C. 劳动的供给量先增加，但工资提高到一定水平后，劳动的供给量不仅不增加，反而会减少

D. 劳动的供给量增加到一定程度后就不会增加也不会减少

4. 使地租不断上升的原因是（　　）。

A. 土地的供给与需求共同增加

B. 土地的供给不断减少，而需求不变

C. 土地的需求日益增加，而供给不变

D. 土地的需求和供给共同减少

5. 企业家的报酬是（　　）。

A. 正常利润　B. 超额利润　C. 经营利润　D. 以上全正确

6. 洛伦斯曲线代表了（　　）。

A. 贫困的程度　　B. 税收体制的效率

C. 收入不平等的程度　　D. 税收体制的透明度

7. 如果收入是平等分配的，则洛伦斯曲线与（　　）。

A. 横轴重合　　B. 45°对角线重合

C. 纵横重合　　D. 难以确定

8. 如果收入是完全平等分配的，基尼系数将等于（　　）。

A. 1.0　B. 0.5　C. 0.25　D. 0

9. 收入分配要（　　）。

A. 要以效率为标准　　B. 要以公平为标准

C. 兼顾平等和效率　　D. 以上都正确

二、多项选择题

1. 生产要素的价格形成与商品的价格形成的不同点表现在（　　）。

A. 供求主体不同　　B. 需求性质不同　　C. 政府关注点不同

D. 企业投入不同　　E. 需求特点不同

2. 劳动、土地、资本和企业家才能等生产要素的价格分别是（　　）。

A. 工资　B. 利润　C. 利息　D. 税率　E. 地租

3. 生产要素的需求是一种（　　）。

A. 派生需求　　B. 直接需求　　C. 联合需求

D. 最终产品的需求　E. 引致需求

4. 工会提高工资的主要方法是（　　）。

A. 增加对劳动的需求　　B. 减少对劳动的供给

C. 最低工资法　　D. 减少对劳动的需求

E. 增加对劳动的供给

5. 西方学者对利息率合理性的解释是（　　）。

A. 消费的时间偏好　　B. 迂回生产　　C. 供求关系

D. 需求决定的　　E. 供给决定的

6. 超额利润的主要来源是（　　）。

A. 创新所得到的　　B. 承担风险　　C. 垄断

D. 需求大于供给　　E. 供给小于需求

7. 利息是（　　）。

A. 资本的报酬

B. 资本这一生产要素的价格

C. 劳动的报酬

D. 资本市场的供求双方决定的

E. 劳动市场的供求双方决定的

8. 表示社会分配公平程度的分析工具是（　　）。

A. 菲利浦斯曲线　　B. 洛伦兹曲线　　C. 基尼系数

D. 国民消费曲线　　E. 拉弗曲线

9. 洛伦斯曲线与基尼系数的关系是（　　）。

A. 洛伦兹曲线的弯度越大基尼系数越大

B. 洛伦兹曲线的弯度越大基尼系数越小

C. 洛伦兹曲线的弯度越小基尼系数越小

D. 洛伦兹曲线的弯度越小基尼系数越大

E. 洛伦兹曲线与基尼系数没关系

三、判断题

1.（　　）在生产要素市场上，需求来自个人，供给来自厂商。

2.（　　）生产要素市场的需求是一种直接需求。

3.（　　）边际产品价值是生产要素的边际产品和产品价格的乘积。

4.（　　）在完全竞争市场上，无论是产品市场还是要素市场，其价格都是一个常数。

5.（　　）厂商使用生产要素最优数量的原则是边际产品价值等于生产要素的价格。

6.（　　）劳动的市场需求曲线就是劳动的市场边际产品价值曲线。

7.（　　）劳动的供给和其他商品的供给一样，价格越高，供给越多，因此，提高工资可以无限增加劳动的供给。

8.（　　）西方经济学家认为，经济利润无论如何获得，都是一种不合理的剥削收入。

9.（　　）现代经济的特征之一是迂迴生产的过程加长，从而生产效率提高。

10.（　　）土地的供给量随地租的增加而增加，因而土地的供给曲线是一条向右上方倾斜的曲线。

11.（　　）甲、乙两国的基尼系数分别为0.1和0.2，那么甲国的收入分配要比乙国平等。

12.（　　）实际的基尼系数总是大于0而小于1。

13.（　　）洛伦兹曲线弯曲程度越大，不平等的面积也就越大，基尼系数越大。

四、问题与思考

1. 生产要素的需求有什么特点?

2. 为什么劳动力的供给曲线会向后弯曲?

3. 解释利息的合理性。

4. 为什么企业家的收入比工人的收入高很多，这合理吗？请解释。

5. 查找一下改革开放以来我国基尼系数的数值，根据这些数据分析我国改革开放以来收入分配发生的变化是否合理？为什么？

6. 你对我国社会保障制度有什么合理的建议，请结合国内外的经验教训谈谈。

7. 请用你学过的经济学知识分析一下我国房地产价格居高不下的原因。

第八章

市场失灵与政府干预

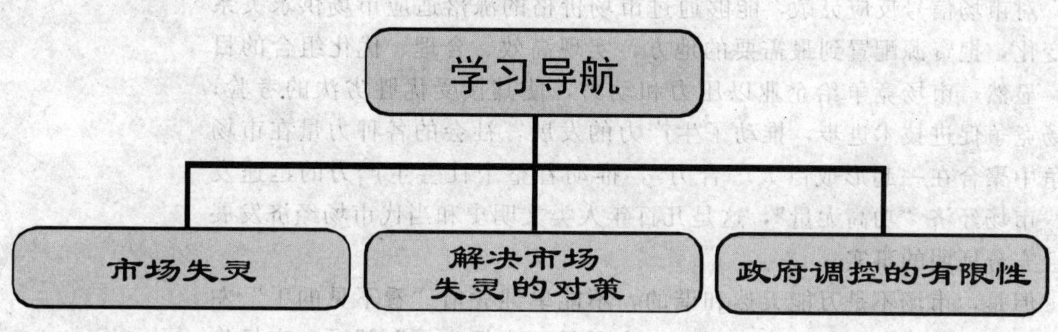

重点掌握

- 公共物品与市场失灵
- 外部性与市场失灵
- 政府在解决市场失灵中的作用

一般掌握

- 垄断与外部失灵
- 政府调控经济的有限性

一般了解

政府调控能力有限性的原因

市场结果并不总是有效的，政府有时可以弥补市场失灵。

——格里高利·曼昆

前几章分析了市场经济在配置资源方面的作用。在西方市场经济发展的早期，人们对市场的评价很高，亚当·斯密“看不见的手”是对市场经济调节作用的最好诠释。当时流行的观点是“最小的政府是最好的政府，最好的政府就是干预最少的政府”。但市场不是万能的，它也会失灵，需要政府制定相应的政策来弥补。本章主要研究市场失灵产生的原因及解决方法。

第一节 市场失灵

市场经济是一种竞争型经济体制，市场对于社会资源配置有着灵活有效的导向作用，进入市场的各种经济主体，在自身的物质利益的驱动下，对市场信号反应灵敏，能够通过市场价格的涨落适应市场供求关系的变化，把资源配置到最需要的地方，实现高效、合理、优化组合的目标。显然，市场竞争给企业以压力和动力，使其接受优胜劣汰的考验；市场竞争促进技术进步，推动了生产力的发展，社会的各种力量在市场竞争中聚合在一起形成巨大“合力”，推动着整个社会生产力的迅速发展。市场经济“功高无量”，这是几百年人类文明史和当代市场经济发展已经充分证明的事实。

但是，市场不是万能天然和谐的，不能单纯凭借“看不见的手”左右经济生活，市场运行的自身弱点，主要是“市场失灵”问题。**市场失灵指在有些情况下仅仅依靠价格调节并不能实现资源配置最优。**市场失灵产生于公共物品、外部性、垄断与信息不对称。

一、公共物品与市场失灵

思考：哪些是私人物品？哪些是公共物品？

在现实经济中，大部分物品（与劳务）是私人物品（**Private Goods**）。**私人物品是由个人消费的物品。它有两个特征：一是排他性；二是竞争性。排他性是指一旦一个人拥有了某种物品，就可以很容易地不让别人消费。竞争性指一个人消费了一定量某种物品，就要减少别人的消费量。**市场上的物品是有限的，一个人多消费了，另一些人就要少消费。

私人物品的排他性和竞争性决定了每个人只有通过购买才能消费某种物品，也就是消费者只有通过市场交易向生产者购买才能消费这种物品，有市场交易行为就有价格，当消费者和生产者对价格都满意时，交易才会发生。在这种价格时，消费者愿意购买，生产者愿意生产，价格调节使供求平衡。这就是市场机制配置资源的有效性。

在现实经济中还有另一种物品——**公共物品（Public Goods）**。公共物品是集体消费的物品。例如，国防、道路、广播、电视、交通、秩序和公正（法律）。**它有两个特征：一是非排他性；二是非竞争性。非排他性指不能轻而易举地排斥某人消费某种物品。**例如，你无法排除其他人利用路灯照亮。**非竞争性指一个人消费某种物品不会减少其他人的消费，消费者之间并不存在竞争。**例如，多一个人或少一个人利用路灯，并不会减少每个人从路灯中得到的好处。

公共物品的非排他性和非竞争性决定了人们不用购买仍然可以消费。这种不用购买就可以消费的行为称为**搭便车**。**搭便车就是免费乘车，不花钱而进行享受**。公共物品可以搭便车，消费者要消费不必花钱购买。例如，你不必为使用路灯而花钱。这样，公共物品就没有交易，没有市场价格，生产者不愿意生产。

考虑一些免费搭车的例子。

如果仅仅依靠市场调节，由于公共物品没有交易和相应的交易价格，则没人生产，或生产远远不足。但公共物品是一个社会发展必不可少的，这样，市场调节就无法提供足够的公共物品。公共物品的供小于求使资源配置失误。这种失误是由于仅仅依靠市场机制引起的。这就是市场失灵。

从理论上讲，只有同时具有非排他性和非竞争属性的产品才是公共物品，如国防、社会秩序、航空控制、环境保护、警察等，但经济生活中，这种纯公共物品并不占多数。绝大多数的公共物品不同程度地具有某一方面的属性。例如，高速公路、电视广播、捕鱼的海域、政府提供的养老金、气象预报等非纯粹的公共物品（也叫准公共物品），有的在产权上具有排他性，有的在消费上具有竞争性。因此，对这些非纯粹的公共物品收费具有一定的合理性。

区别纯粹的公共物品与非纯粹的公共物品。

无论是公共物品或非纯粹公共物品都具有满足社会共同需要的特征，所以其中许多是由国家生产或供给的，从这个角度出发，**凡是国家供给的、为满足公共需要的商品和服务就是公共物品**。

这种区分很重要。纯公共物品只能由政府来提供，但非纯粹公共物品，则可以使之变为私人物品由市场调节来提供。例如，对高速公路实行收费，就可以由私人公司修公路，通过市场调节实现供求平衡。

二、经济的外部效应与市场失灵

经济的外部效应又称外部性，指某种经济活动给予这项活动无关的主体带来的影响，这就是说，这些活动会产生一些不由生产者或消费者承担的成本（称为负外部性），或不由生产者或消费者获得的利益（称为正外部性）。

负外部性指一项经济活动给予这项活动无关的主体带来的不利影响，例如，钢厂供应钢材，但它排放的烟尘却污染了环境，影响了居民的健康，增加了社会的清洁和医疗费用。这些社会费用称为负外部效应，因为它们影响了参加交易以外的第三者。这种情况是市场机制所不能控制的，因而所发生的社会成本应包括在厂商的生产成本之中。但在目前的市场经济中并未包括进去。这种情况属于市场失灵。

当为负外部性时，社会边际成本中不仅包括私人边际成本，还包括污染成本，社会处于边际收益小于边际成本的境地之中。从私人角度看，市场调节是有利的，但从社会角度看不是资源配置的最优。这就是外部性引起的市场失灵。

当某项经济活动给予这项活动无关的主体带来好处时，就产生了有利的外部效应或称正外部性。例如，一家门前有一个美丽的花园，可使过往行人赏心悦目，但这个家庭并没有得到报酬。第三方享受到了更好的环境，这就是正外部性。

为什么有益的外部性也会引起市场失灵？

当有正外部性时，一项经济活动所带来的私人边际成本与社会边际成本相等，但社会边际利益（包括给第三方带来的好处）大于私人边际利益，这同样是，市场调节从社会角度看资源配置最优，但从私人角度看并不是资源配置最优，同样是市场失灵。

无论是有利外部性（正外部性）还是有害的外部性（负外部性），都会引起市场失灵。

三、垄断与市场失灵

垄断是对市场的控制。如果是**生产者垄断**，即一般所说的垄断，或**卖方垄断**。如果是**购买者垄断**，就称为**买方垄断**。这两种垄断都会引起市场失灵。可以比较竞争与垄断情况下社会福利的损失来说明市场失灵。在竞争情况下，价格由供求决定，当价格调节使供求相等时，用消费者剩余和生产者剩余之和表示的社会福利达到最大。**消费者剩余是消费者愿意支付的价格与实际支付的价格之差，生产者剩余是生产者生产某种产品的成本与实际得到的价格之差。总剩余是消费者剩余与生产者剩余之和。**在竞争条件下，市场均衡时，消费者剩余与生产者剩余达到最大，即社会福利最大，表明价格调节实现了资源配置的最优化，可以用图8-1来说明这一点。

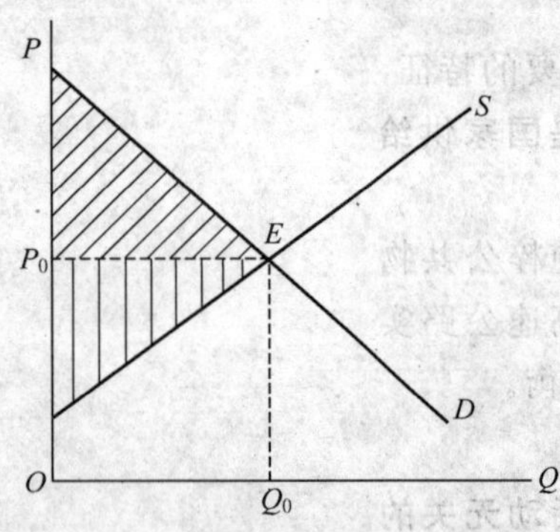

图 8-1 消费者剩余与生产者剩余

在图 8-1 中，当供求相等时，均衡价格为 P_0，均衡数量为 Q_0。这时，消费者剩余是价格线以上和需求曲线 D 以下的面积（图 8-1 中用斜条阴影表示），生产者剩余是价格线以下和供给曲线 S 以上的面积（图 8-1 中用直条阴影表示）。这两块面积之和为社会福利，这时社会福利达到最大，表示资源配置实现了最优化。

当有垄断时，垄断者利用对市场的控制把价格提高到均衡价格 P_0 以上，引起消费者剩余和生产者剩余的损失，资源配置没有实现最优，可以用图 8-2 说明这一点。

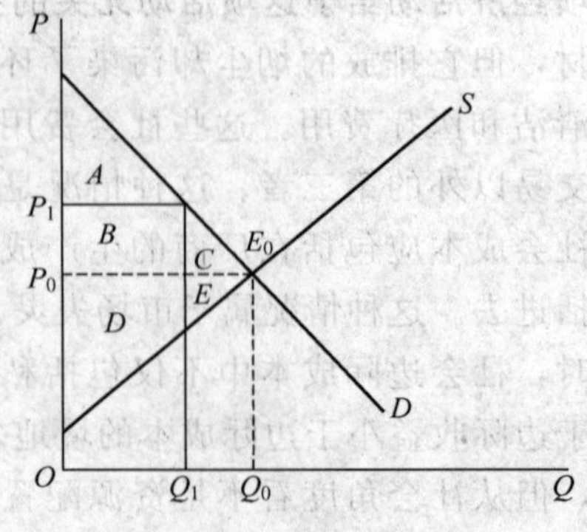

图 8-2 垄断引起消费者剩余减少

在图 8-2 中，垄断者把价格提高到 P_1，P_1 高于均衡价格 P_0。这时，消费者的需求减少，均衡数量减少为 Q_1。$A+B+C$ 是竞争条件下的消费者剩余，

垄断使消费者剩余减少，造成无谓损失。

$D+E$ 是竞争条件下的生产者剩余，$A+B+C+D+E$ 是社会总剩余，即社会福利。当价格为 P_1，均衡数量为 Q_1 时，消费者剩余为 A，生产者剩余为 $B+D$，总剩余为 $A+B+D$。原来的消费者剩余中，B 通过高价格转向生产者，但 C 是垄断引起的纯粹损失，称为无谓损失。原来的生产者剩余中 E 也是纯粹损失。$C+E$ 称为垄断下的无谓损失，是由于价格高、均衡量低引起的。在垄断下，总剩余，即社会福利的损失为 $C+E$。这就是垄断引起的资源配置没有实现，即市场失灵。

在经济中，竞争会引起垄断，垄断引起资源配置失误，这是经常出现的现象，换言之，在存在垄断的情况下，经济不能通过价格调节而实现资源配置最优化。

四、信息不对称与市场失灵

信息不对称（Asymmetric Information）是指市场上买卖双方所掌握的信息是不对称的，一方面掌握的信息多一点，一方面掌握的信息少一些。俗话说“从南京到北京，买的没有卖的精”，这其中的道理就是信息不对称。

在商品中，有一大类商品是内外有别的，而且商品的内容很难在购买时加以检验。如瓶装的酒类、盒装的香烟、录音、录像带等。人们或者看不到商品包装内部的样子（如香烟、鸡蛋等），或者看得到却无法用眼睛辨别产品质量的好坏（如录音、录像带）。显然，对于这类产品，买者和卖者了解的信息是不一样的。卖者比买者更清楚产品实际的质量情况。这时卖者很容易依仗买者对产品内部情况的不了解欺骗买者。

由于信息不对称，价格对经济的调节就会失灵。例如，某商品降价，消费者也未必增加购买，消费者还以为是假冒伪劣商品；某商品即使是假冒伪劣商品，提高价格，消费者还以为只有真货价格才高。这就是市场失灵造成的市场的无效率。

信息不对称还会造成逆向选择。**逆向选择（Adverse Selection）是指在买卖双方信息不对称的情况下，差的商品总是将好的商品驱逐出市场**。

为了说明这个问题我们举一个二手车交易的例子。在旧车市场中有好车和差车，由于信息不对称购买者不知道哪个是好车，哪个是差车。假定旧车市场上有 200 个卖者，其中有 100 辆质量较好的车，出售者愿意接受的最低价格为 8 万元，较差的 100 辆车，出售者愿意接受的最低价格为 4 万元；市场上有 200 个人买车，购买者对质量好的车愿意出 10 万元购买，对质量差的愿意出 5 万元。若买卖双方信息对称，即买者和卖者都知道进行交易车的质量，则市场会达到供求相等的有效均衡，即 100 辆较好的车在 8 万元到 10 万元价格之间成交，100 辆质量差的车在 4 万元到 5 万元价格之间成交，旧车市场供求平衡。

但由于买卖双方对旧车质量的信息不对称，买者并不知道购买车的质量。买者只知道 200 辆车中，有 100 辆质量较好的和 100 辆质量较差的，每个旧车购买者买质量好和差的概率为 50%，因此，愿意支付的购买价格为7.5万元。显然100辆质量好的车的卖主不会接受这个价格，不会卖他的车，而质量差的100辆车可以卖掉，这就是次品充斥市场、质量好的商品被驱逐出市场，这是逆向选择造成的市场效率低下表现。

通过分析发现，市场或者价格机制并没有带来帕累托最优，因为有买主愿出高价购买好车，但市场这一“看不见的手”并没有把好车从卖主手里转移到买主手中。与此相对应的是想卖好车的人也没有能卖出好车，即好车都退出了市场，市场上出售的只剩下了次品，这也就是人们通常所说的“劣币驱逐良币”的“逆向选择”。逆向选择出现的原因就在于信息不对称。

由于信息不对称还可以造成道德风险。例如，在保险市场上，保险公司与投保人之间存在信息不对称。投保人知道自己的身体真实状况，而保险公司并不了解。投保人会掩盖自己的疾病而欺骗保险公司，这就是道德危险。保险公司为防止被骗，就把所有来投保的人都看做有疾病的人，从而收取极高的保费。这样，来投保的都是有病之人，健康者不来投保，保险市场就难以存在了。还比如在信贷市场上，银行与贷款人之间存在信息不对称。贷款人拥有的私人信息是自己的偿还能力，而银行并不了解。贷款人会掩盖自己的真实还贷能力，骗得贷款，这就是道德危险。在劳动市场上，雇主与求职者之间存在信息不对称。雇主并不了解求职者的个人实际能力，求职者的实际能力也是他的私人信息。这样，求职者的道德风险就是向雇主传递假信息（如假文凭或假获奖证书），以让雇主高薪雇他。

除以上几方面外，市场在收入分配领域也存在失灵，表现为市场不能有效调节国民收入在社会各部门、各地区、各阶层和各成员之间的合理分配，体现社会公平；市场不能有效实现经济稳定与增长，特别是在解决通货膨胀、充分就业、产业结构、区域经济结构等宏观经济问题方面，市场本身无能为力。

第二节　解决市场失灵的对策

解决市场失灵的对策是政府干预。政府干预并不是代替市场机制的作用，而是补充市场调节的不足，解决市场机制所解决不了的问题。

一、解决市场失灵需要明晰产权

有些公共物品和外部性是可以通过市场调节来解决的，关键在于明晰产权。**产权（Property Right）是指个人或单位使用资源或资产的权利**。现实中的商品买卖实质上是一种权利的买卖。但公共物品产权归国家所有，因此不能通过市场进行交换，没法收费。这时市场就无法解决这类纯公共物品问题，从而要求助于政府。

有些公共物品在一定条件下可以成为准公共物品或私人物品，通过市场机制来提供。例如，灯塔是一种公共物品，收费困难，而且不具有竞争性。但在历史上曾经有私人建立的灯塔，这就需要灯塔的所有者与所在港口的所有者合作（或由港口所有者建立灯塔）。这时，凡进入这一港口的船只都要收取灯塔使用费，一旦实现这种收费办法，私人灯塔就可以实现边际成本与边际收益相等，从而成为私人物品。再如，公路、桥梁等公共物品都可以运用这种方法解决。

科斯定理（Coase Theorem）是经济学家科斯提出通过产权制度的调整，将商品有害的外部性市场化和内部化，从而将有害的外部性降低到最低限度的理论。在产权明晰的情况下，有些外部性问题也可以通过市场机制来解决。例如，上游企业如果有排污权，则下游企业要想用水不被污染，就必须与上游企业协商并支付费用，以得到清洁的水；反之，如果上游企业不具有排污权，上下游企业进行谈判，上游将给予下游企业一定的赔偿，上游企业会在花钱治污与赔偿之间进行选择。总之，只要产权界定清晰并可转让，那么市场交易和谈判就可以解决负外部性问题，私人边际成本与社会边际成本就会趋于一致。按照科斯定理，通过产权调整使有害的外部性内部化，将这两个企业合并成一家，则必然减少上游生产的规模，因为是一个企业，有着共同的利益得失，上游企业对下游企业的污染会减少到最小限度，即把上游生产的边际效益等于下游生产的边际成本。

产权经济学家科斯是诺贝尔奖的获得者。

但并不是所有负外部性都可以用这种两种方法解决。空气、河流一般是公有产权，无法实现私有，或者所有者人数太多，这些所有者自已先达成协议再与污染者谈判，交易成本太高，无法进行。这时就需要政府出面解决负外部性问题。

二、解决市场失灵需要征税和补贴

在市场经济中应该尽量利用市场机制解决外部性问题。这就是说，市场能做的尽量交给市场去做。例如，当市场可以通过明确产权解决外部性问题时，则交给市场解决。此外，如果政府能用市场方法解决市场失灵问题，则尽量采用市场方法。只有市场无法解决或者不能用市场方法解决时，政府再用行政或立法方法来解决。

经济中的纯公共物品，如国防、基础教育、市政建设、环境、社会保障等要由政府来提供。提供这些公共物品是政府在市场经济中的基本职能之一。这就是由政府向公民征收税收；对污染严重的企业多交税，企业为了减少税赋而少排污。政府将多征的税收作为提供这些公共物品的资金。这些公共物品为任何一个经济所需要，但又不是私人或市场所能提供的。利用的经济手段是征收污染税，这就把污染的社会成本变成了私人成本。生产污染产品的企业成本增加，会减少直至停止生产，或者自己治理污染。政府也可以用这种税收来治理污染或保护环境。污染税由政府根据有关规定征收。当然，对有正外部性的物品进行补贴也与此类似。

解决外部性问题市场和政府都需要。

与税收相反的做法是补贴。对有益的外部性的企业给予必要的补贴，将其企业的边际效益提高到与社会边际效益相等的程度，从而鼓励企业扩大产出。对教育科研单位、需要救济的贫苦人口和积极治理环境污染的企业进行补贴。对产生有利的外部性的机构则进行补贴，如教育事业，不但有助于为所有公民提供平等的机会，而且会产生巨大的有利的外部效应。科研事业也是这样。如果要求这些机构都成为盈利机构，那么他们提供的有利服务必将减少到无效率的境地，从而影响科学技术进步和社会发展。

有些公共物品可以变为私人物品，通过市场方式提供，这时政府就要把这种物品的供给交给市场。例如，许多人认为公共交通是公共物品，实际公共交通可以通过收费来实现排他性和竞争性。因此，公共交通可由私人企业提供，而且，由私人提供公共交通比政府提供效率高得多。例如，城市公共交通过去由市政府经营，运行成本高，需要政府补贴，服务还不好。现在把一部分公共交通交给私人经营，成本下降了，私人企业有盈利，政府减少了财政支出，服务也好了。在这些公共物品上，政府所做的事就是通过拍卖把这些事业的经营权转让给私人企业，让他们按市场原则去经营。

三、解决市场失灵需要立法和行政手段

政府解决外部性也可以使用立法或行政手段，就是制定环境保护法这样的法律，指定某个政府部门（如我国的环保局）作为执法机构，规定一定的排放标准，强制执行，对违规者进行从罚款到追究法律责任的处罚。例如，各国对汽车尾气的排放标准都有规定，超过这个尾气排放标准的汽车不让生产、销售和行驶。这种法规就是强制性的，要由政府来实施。

垄断是市场竞争的产物，有其存在的必要性和合理性，但是垄断也会造成和引发一些有害的外部性问题，因此政府必须采用一些措施，将垄断产生的有害的外部性减少到最小。

垄断可以分为自然垄断和立法垄断，政府对垄断的消除一般主要用以下几种方法。**首先是价格管制。价格管制即政府控制垄断者产品的价格**。这种方法主要用于自然垄断行业，其原则主要有二种：一是为防止垄断企业凭借其垄断地位限制产量，制定高价格获得高额利润。使商品的价格按照**边际成本定价，即垄断企业按产品的边际成本确定价格**。二是政府为了防止企业定价过高而产生的垄断企业的虚假利润，确定一个合理的资本回报率，按成本加适当的回报率定价。此外，也可以采用价格上限政策，即规定一个企业不能超过的最高价，在此之下由企业自行定价。**第二，实施反托拉斯法**。各国都有名称不同的反对垄断保护竞争的立法，在美国这种立法称为反托拉斯法。这种立法在美国由司法部或联邦贸易委员会实施，对违法的垄断企业提起起诉，进行行政惩罚或法律制裁。我国也有很多反垄断的法律和制度。

解决信息不对称及其相应产生的道德危险与逆向选择，政府可以

通过有效的制度安排和有力措施加以排除，要求交易双方公平竞争，等价交换所需的信息，维护市场的交易秩序等。如在旧车市场成立旧车鉴定机构，出售旧车也要有质量保修期。还比如汽车公司卖车的时候给买车的人提供一个保险，买到的旧车半年内坏了负责修理，这样会不同程度地抑制逆向选择，避免信贷风险。成立中介机构，专门从事个人信用等级评估工作，为不同的银行服务，根据设计好的一套评估标准进行评估。为防范保险市场的道德风险，对病人的初诊信息从制度上让所有的医院共享等。

为解决社会分配不公，贫富差距悬殊，避免引发社会矛盾，则需要政府在公平与效率之间进行权衡选择，通过税收制度、社会保障制度有效调节收入分配差距，体现社会公平，化解社会矛盾，维护社会稳定。为解决宏观经济总量与结构造成的通货膨胀与失业等问题，需要政府及时地制定和实施正确的宏观政策来治理。

第三节　政府调控经济的有限性

上述市场失灵的情况下需要政府进行干预。但是，正像市场不是万能的一样，政府也不是万能的。政府干预也不一定能解决市场失灵问题，因为政府经济调控能力也是有限的。

政府也不是万能的。

一、政府调控能力有限性的主要原因

对于政府调控能力的有限性，主要表现在以下几个方面。

第一，政府决策信息的有限性。是指政府在调节经济运行、克服市场失灵中，由于收集、掌握信息不足，影响政府决策的及时性、准确性和科学性，政策达不到预期效果。此种状况，既包括政府主观原因所形成的信息有限性，也包括因客观原因产生的信息有限性。如因政府公务人员玩忽职守，掌握情况不准确，而造成的决策失误属于前者；因情况紧急，原有统计资料不完整，已无法准确统计，对政府决策产生的不利影响属于后者。信息传递过程的各个环节出于自身利益而导致信息失真，也会造成政府决策失误等。政府一般游离于微观经济活动之中，对经济活动的结果也没有切实的利益关系。因此，从信息论角度看，政府职能应主要集中在宏观经济领域，如无特殊需要，政府应退出微观经济领域。

第二，对市场及主体行为控制的有限性。是指政府在制定、实施有关经济政策、调节经济运行、实现宏观经济目标时，企业、个人等市场主体不一定能够及时做出反应，使政府政策不能达到预期效果。这是因为在市场经济条件下，企业、个人是独立的市场主体，自主经营、自负盈亏、照章纳税，在国家法律制度范围内，根据其自身利益和市场预期，独立决定生产什么、生产多少，政府不能直接干预，只能间接调控，这在一定程度上制约了政府干预经济活动的有效性。

第三，对政府各级机构控制的有限性。是指政府在运用政策工具干

预经济运行过程中，受政府机构内部中央政府与地方政府关系、政府各部门关系的制约，政策效果未能如期实现，出现全部或部分失效的现象。即在制定实施经济政策中，政府未能有效执行立法机关制定的决策，中央政府未能有效控制地方政府行为，或者政府未能有效协调各个部门关系，以致出现政策执行偏差问题。在我国“上有政策，下有对策”的说法，在一定程度上反映了这种现象。

第四，政府程序实施中的有限性。是指政府财政收支等重大决策需要通过立法程序来解决，其涉及各部门、各地区、各单位、社会各阶层及其成员的切身利益，结果往往是相互妥协以达成协议，政府部门的有关判断、政策主张不完全能够实现。在政府经济活动中，除法律授权范围内的决策外，重大经济行为则要按法定程序报立法机关审核、批准。在西方议会制度中，各种利益集团通过院外游说议员，使政府财政分配符合其利益团体要求。在我国，各地区、各部门和各单位也通过各种方式对政府各项决策施加影响，以满足自己的需要。

此外，政府是由人组成的，人的智慧是有限的，这就决定了政府智慧的有限性，即便政府公务员比较优秀，社会责任感比较强，看问题比较全面，也存在时间、精力、阅历、见识、知识、经验能力等方面的局限，这就限制了他们的智慧。政府的智慧是有限的，而政府调节经济的社会影响几乎是无限的，以有限的智慧调节无限影响的社会经济，难免会对经济形势做出错误的判断和决策。因此，凡是市场能够解决的问题应该让市场去解决，才能将政府有限的智慧造成的不利影响降低到最低限度。

二、解决政府调控能力有限性的措施

解决政府调控能力有限性，公共选择理论认为，可以在政府公共物品生产中引入竞争机制，可以采取以下措施。

第一，明确政府在经济中的主要职能。政府的主要职能是收入分配职能，包括税收、社会保障、工资、财政补贴；稳定与发展职能，就是要运用财政与货币政策工具进行调节，保证社会总供给与总需求基本平衡，实现经济稳定与增长；政府资源配置功能，就是通过政府的经济活动解决由于市场失灵造成的资源配置不合理，提高配置效率，以最大限度地满足社会需求。

第二，公共部门权利分散化。一个国家可以有两个以上的电信部门，一个城市有几个排水公司。公共权利集中带来垄断和规模不经济，而公共权利分散有利于降低垄断程度，增加竞争成分，提高经济效率。

第三，私人公司参与。例如，美国的高速公路由政府投资，但由私人建筑公司生产。在处理城市垃圾、消防、清扫街道、医疗、教育、体格检查等公共劳务的生产都可以实行私人公司参与的方式，这样可以提高效率。

第四，促进地方政府之间的竞争。如果资源及要素，尤其是劳动力可以自由流动，则会促使地方政府间的竞争、防止职权被滥用并提高效率。因为，某地税收太高或者垄断程度高，投资环境差，政府提供的公共服务差、价格高，居民会迁出，从而会减少当地政府的税收。

第五，对政府经济职能的必要限制。包括财力的限制，执行能力的限制，外来压力的限制。政策的制定，相关法令、措施的配合以及政府各级机关执行能力等，均影响政策或措施的执行效果。民间利益团体的压力、各级民意机构的压力等将导致政策偏向，从而使执行效果降低。

知识拓展

科斯论产权与外部性

科斯是生于英国的美国经济学家。他的产权理论是现代经济学史上的一次革命性突破。在科斯之前，经济学家认为，外部性的存在是市场失灵的原因之一，因此，需要政府的干预来解决外部性问题。英国经济学家庇古正是沿着这一思路提出了庇古税的主张。

但科斯认为，在产权明确的条件下，市场机制可以有效地解决外部性问题。这就是说，私人经济主体可以解决他们之间的外部性问题，无论初始的权利如何分配，有关各方总可以达成一种双方满意的协议，在达成这种协议时，双方状况都可以变得更好，而且，结果是有效的。这被称为科斯定理。

但是，科斯定理的应用也有一定条件，即产权的界定和交易成本的大小。有些资源无法确定明确的产权，例如空气、河流等。在这种情况下，双方无法达成一致协议。在其他产权，如集体产权的情况下，强制的代价太高，即交易成本高，这时市场也无法解决外部性问题。因此，尽量通过市场方法来解决外部性问题，在市场调节无效或交易成本太高的情况下，仍需要政府用立法或行政手段解决。

草地上过多的奶牛，天空上过少的鹰

生长在黄海中的黄鱼以其肉嫩味美而闻名于世，但市面上越来越少、越来越贵；无锡太湖的银鱼也是一道美味佳肴，但餐桌上越来越难见其“身影”。究其原因，那就是人们无节制地滥捕。那么，为什么人们不在自己的鱼塘里滥捕，而在黄海与太湖中滥捕呢？这显然与黄海、太湖的产权特征有关。这其中的原理也能解释为什么天上的鹰越捉越少，地上的鸡越吃越多。

“草地上放牧过多的奶牛”就是由外部正效应引起市场失灵的一个典型案例。假定某个村子有一块归全体村民共有的草地，村民在这块草地

上放牛是免费并且无限制的，那么为村民共有的草地具有以下产权特征：一是所有权的不可分性，即草地归全体村民所有，但每个村民不能声明自己对草地拥有所有权；二是使用权的非排他性，即任何人都不能限制其他人进入草地放牧；三是存在外部效应，即草地上的草是稀缺资源，某一村民多放奶牛，就意味着对其他村民利益造成损害，因为其他村民养的奶牛吃的草少了；四是所有权的不可转让性，即除非所有村民一致同意，否则任何村民都不能转让其在草地上的权利。

追求自身利益最大化的村民有自由放牧奶牛的机会时，那么只要一头奶牛的产出大于这头牛的成本，放牧这头牛就是有利可图的。只有当利润降至零时，村民才会停止在草地上放牧。但单个村民在决策时忽视了他放牧行为的社会成本，即他多放奶牛将使其他奶牛的奶产量下降。当个别村民增加放牧的损人利己行为得不到制止时，其他村民也会选择增加放牧数量，其后果必然导致在草地上放牧过多的奶牛，最终把草场彻底破坏掉。黄海的黄鱼和太湖的银鱼越来越少的原因就在于此。

由此可知，在资源稀缺的条件下，一旦产权归属不明确，就会出现“搭便车”问题，即行为人不愿主动为公共产品付费，总想让别人提供公共产品，然后自己免费享用。这样，就不可能生产出最优数量的公共产品。

那么，如何解决因外部性导致对稀缺资源的过度使用呢？过去的福利主义经济学沿袭庇古传统，主张引入政府干预力量来解决市场失灵问题，如既可以通过政府定价等方式直接指令生产者提供最优的产量组合，也可以通过征税或提供补贴等方式使生产或消费的私人成本与社会成本相一致。但是，以科斯为代表的交易费用学派对这种方法提出了质疑，认为通过产权的界定可以更有效率地解决市场失灵。他们认为，在对产权充分界定并加以实施的条件下，私人之间所达成的自愿协议可以使经济活动的私人成本与社会成本相一致，实现外部效应内部化，从而实现资源的最优配置。

当然，产权的界定可以是多样化的。在上述过度放牧的案例中，一种可能是，所有村民达成一致协议，以集体产权取代公共产权。一旦建立了集体产权，村民委员会便可以利用民主表决程序决定草地上放牧奶牛的总规模和每户农户可以放牧奶牛的数量，并制定相应的惩罚措施，从而实现资源的最优配置。另一种可能是，把草地明确地界定给自然人。只要产权具有排他性，势必会出现某些产权的让渡，而且在众多的竞争者中，它必然转让给出价最高者，从而提高资源配置的效率。

顺着这条思路，不难理解为什么天上的鹰越来越少，地上的鸡越吃越多。因为鹰没有明确的产权归属，而谁也不能生产鹰，所以供给不会增加，而鸡有明确的产权归属，生产者有足够的回报，所以吃得越多，供给相应也越多。

本章小结

◆公共物品、外部性与垄断的存在引起市场失灵，即在这些情况下，仅仅依靠市场调节无法实现资源配置的最优化。

◆公共物品是具有消费非排他性和非竞争性的物品，公共物品引起搭便车问题，因此要由政府向公民征收税收来提供。

◆外部性是某种经济活动给予这项活动无关的第三者带来的影响，它使这项活动的社会边际收益大于或小于社会边际成本，而从私人角度看资源配置最优实现了，从社会角度看却没有实现资源配置最优。在产权明确的情况下，有些外部性可以通过市场交易来解决，当市场无法解决时，需要政府用立法、行政或税收方法解决，即使由政府解决，政府也可以用市场方法，如可交易的排污证。

◆垄断引起社会福利损失，政府用价格管制、反垄断法或国有化来消除垄断，但对这些方法的有效性存在争论。

◆信息不对称（Asymmetric Information）是指市场上买卖双方所掌握的信息是不对称的，一方面掌握的信息多一点，一方面掌握的信息少一些。信息不对称会造成逆向选择和道德风险。

◆市场不是万能的，市场运行的自身弱点主要是“市场失灵”问题。市场失灵指在有些情况下仅仅依靠价格调节并不能实现资源配置最优。市场失灵产生于公共物品、外部性与垄断。

◆解决市场失灵的对策是政府干预。政府干预并不是代替市场机制的作用，而是补充市场调节的不足，解决市场机制所解决不了的问题。解决政府调控有限性的措施是明确政府在经济中的主要职能、公共部门权利的分散化、私人公司参与、地方政府之间的竞争和对政府经济职能的必要限制。

主要概念

市场失灵　公共物品　私人物品　外部性　正外部性　负外部性　政府能力有限性

思考与应用

一、单项选择题

1. 市场失灵是指（　　）。

   A. 在私人部门和公共部门之间资源配置不均

B. 不能产生任何有用成果的市场过程

C. 以市场为基础的对资源的低效率配置

D. 收入分配不平等

2. 下面哪一项不是市场失灵的原因（　　）。

A. 私人物品　B. 公共物品　C. 外部性　D. 垄断

3. 为了提高资源配置效率，政府对竞争性行业厂商垄断行为是（　　）。

A. 限制的　B. 支持的　C. 有条件加以限制　D. 放任不管的

4. 公共产品具有以下哪个特征（　　）。

A. 排他性　B. 竞争性　C. 非排他性和非竞争性　D. 以上全对

5. 解决外部不经济可采取以下哪一种方法（　　）。

A. 通过征税的方法或补贴来使外部性内在化

B. 通过税收使原有外部不经济产品减少需求

C. 通过补贴使原有外部经济产品增加供给

D. 通过补贴使原有外部经济产品减少需求

6. 当人们无偿地享有了额外收益时，称作（　　）。

A. 正外部经济效果　B. 信息不完全

C. 交易成本　D. 负外部经济效果

7. 如果一种产品的社会边际收益大于私人边际收益时，则（　　）。

A. 价格低于有效率的价格

B. 社会应减少产品的生产

C. 私人有效率的结果也是社会有效率的

D. 社会应增加产品的生产

8. 市场不能提供纯粹的公共物品，是因为（　　）。

A. 公共物品不具有排他性

B. 公共物品不具有竞争性

C. 消费者都想“免费搭车”

D. 以上三种情况都是

9. 下面哪一项活动可能引起负外部性（　　）。

A. 汽车排出的废气　B. 在街心花园种花

C. 购买一台个人电脑　D. 修复历史建筑

10. 按照科斯定理，分配私人产权（　　）。

A. 意味着产权不能交易

B. 赋予的是责任而不是权力

C. 确保决策者考虑社会收益和成本

D. 确保获得利益

11. 下面哪一项不是政府职能（　　）。

A. 提供公共物品

B. 用行政与法律手段解决市场失灵

C. 对自然垄断实行价格管制

D. 在市场上决定产品的价格

二、多项选择题

1. 形成市场失灵的主要原因有（ ）。

A. 垄断 B. 不完全信息 C. 供求关系

D. 外部性 E. 公共物品

2. 一般来说，垄断存在的缺点是（ ）。

A. 缺乏效率 B. 缺乏公平 C. 利润低

D. 与完全竞争或垄断竞争相比，产品价格高，产量低

E. 与完全竞争或垄断竞争相比，产品价格低，产量高

3. 外部经济是指（ ）。

A. 私人成本高于社会成本 B. 私人成本低于社会成本

C. 私人利益低于社会利益 D. 私人利益高于社会利益

E. 某个家庭或厂商的一项经济活动能给其他家庭或厂商无偿地带来好处

4. 外部不经济是指（ ）。

A. 私人成本高于社会成本 B. 私人成本低于社会成本

C. 私人利益低于社会利益 D. 私人利益高于社会利益

E. 某个家庭或厂商的一项经济活动能给其他家庭或厂商带来的危害

5. 外部性可以分为（ ）。

A. 生产的外部经济 B. 生产的外部不经济

C. 消费的外部经济 D. 消费的外部不经济

E. 政府的外部经济

6. 解决外部性的对策有（ ）。

A. 征税 B. 补贴 C. 企业合并

D. 提高利率 E. 明确产权

7. 私人物品的基本特征是（ ）。

A. 竞争性 B. 非竞争性 C. 排他性

D. 非排他性 E. 竞争性与非竞争性

8. 市场不能提供纯粹的公共物品是因为（ ）。

A. 公共物品不具有竞争性 B. 公共物品不具有排他性

C. 有的消费者不需要公共物品 D. 公共物品具有排他性

E. 消费者都想“免费搭车”

三、判断题

1. （ ）私人生产的物品不具备消费的非排他性和非竞争性。
2. （ ）私人物品非排他性和非竞争性会引起“搭便车”问题。
3. （ ）公共物品实际上就是公用的物品。
4. （ ）公共物品会引起“搭便车”问题。

5. (　　) 汽车的尾气是有害的外部性。

6. (　　) 无论是正外部性还是负外部性都会引起市场失灵。

7. (　　) 市场失灵时应由政府取代市场机制。

8. (　　) 信息不对称就是买卖双方所拥有的信息数量与质量不同。

9. (　　) 政府完全有能力解决所有的市场失灵问题。

10. (　　) 政府能力的有限性决定了其应放弃调控市场。

四、问题与思考

1. 简述什么是市场失灵。其原因有哪些?

2. 简述公共产品的几个特点。

3. 简述解决市场失灵的主要措施。

4. 简述政府调控能力有限性的原因和解决方法。

5. 以下哪些物品是私人物品，哪些是公共物品，并说明理由：环境保护、义务教育、基础科学研究、应用技术研究、电影、有线电视。

6. 比较私人经营公共交通与政府经营公共交通的优缺点。过去天津由一家政府的公交公司经营公共交通，现在有多家公司——包括股份制公司经营公共交通，你认为这是进步还是退步，为什么?

7. 为什么空气污染这种负外部性不能由市场解决? 当政府解决这一问题时，能不能运用市场方式? 你认为是政府直接管制好，还是运用市场方式好? 为什么?

8. 以下各种活动哪些会带来负外部性? 哪些会带来正外部性? 为什么?

(1) 老大娘在居民小区扭秧歌。

(2) 老式蒸汽机火车通过农田时，灰尘对农作物生长不利。

(3) 私人开办以盈利为目的的私立学校。

(4) 私人购买汽车。

第九章

国民收入核算理论

学习导航

- GDP的核算方法
- 五个总量及关系
- 国民收入的恒等关系

学习要求

重点掌握

- 国内生产总值的含义
- 国内生产总值的计算方法
- 国民收入核算中的基本指标
- 两部门、三部门、四部门经济的收入构成与恒等关系

一般掌握

- 宏观经济学研究的问题
- 失业与GDP的关系
- 国民收入和个人收入的关系
- 实际国内生产总值与名义国内生产总值

一般了解

- 支出法、收入法、部门法的特点

GDP衡量一切，但并不包括使我们的生活有意义的东西。

——罗伯特·肯尼迪

从这一章开始学习宏观经济理论，在导言中讲到宏观经济的研究对象是一个国家的整体经济，而这个整体经济就是一个国家的国民经济，因而宏观经济考察的是社会的经济总量，包括国民生产总值、国民收入、总需求、总供给、总储蓄、总投资、总就业量、货币供给量及物价水平等。因此从本章起要学习这些指标是如何计算出来的，以及各指标之间的关系。通过学习掌握国民经济核算的基本理论和国民经济核算的方法，掌握四部门经济的构成与恒等关系。

第一节　国内生产总值及核算方法

一、国内生产总值的含义和特点

美国著名的经济学家保罗·萨缪尔森说："GDP 是 20 世纪最伟大的发现之一"。没有 GDP 这个发明，就无法进行国与国之间经济实力的比较，贫穷与富裕的比较，亦无法知道我国在世界上的位置，无法了解我国的经济增长速度是快还是慢，是需要刺激还是需要控制。因此，GDP 就像一把尺子，一面镜子，是衡量一国经济发展和生活富裕程度的重要指标。如果你要判断一个人在经济上是否成功，你首先要看他的收入。高收入的人享有较高的生活水平。同样的逻辑也适用于一国的整体经济。当判断经济富裕还是贫穷时，要看人们口袋里有多少钱。这正是国内生产总值（GDP）的作用。

2007 年我国的 GDP 总量排在全世界的第四位。

国内生产总值（英文缩写 GDP）**是指一国一年内所生产的最终产品（包括产品与劳务）的市场价值的总和**。国内生产总值是衡量一个国家整体经济状况最重要的指标。

广义的国民收入就是 GDP。

对于国内生产总值这一定义，要注意以下几个特点。

第一，国内生产总值指一国在本国领土内所生产的产品与劳务，既包括本国企业所生产的产品与劳务，也包括外国企业或合资企业在本国生产的产品与劳务。

第二，国内生产总值是指一年内生产出来的产品的总值，因此，在计算时不应包括以前所生产的产品的价值。例如，以前所生产而在该年所售出的存货，或以前所建成而在该年转手出售的房屋，等等。

第三，国内生产总值是指最终产品的总值，因此，在计算时不应包括中间产品产值，以避免重复计算。

注意区别最终产品与中间产品。

最终产品是最后供人们使用的产品，中间产品是在以后的生产阶段中作为投入的产品。在实际经济中，许多产品既可以作为最终产品使用，又可以作为中间产品使用，要区分哪些是最终产品，哪些是中间产品是很困难的。例如，煤炭用作冶金等行业的燃料或化工等行业的原料时就是中间产品，而作为人们生活中的燃料时就是最终产品。

第四，国内生产总值中的最终产品不仅包括有形产品，而且包括无形产品即劳务，即要把旅游、服务、卫生、教育等行业提供的劳务，按其所获得的报酬计入国内生产总值。

第五，国内生产总值指的是最终产品市场价值的总和，这就是要按这些产品的现期价格来计算。

二、国内生产总值的计算方法

在国民经济核算体系中有不同的计算国内生产总值的方法，其中，主要有支出法、收入法，以及部门法。这里简单介绍这三种计算国内生产总值的方法。

计算 GDP 以支出法为准。

（一）支出法

支出法又称产品流动法，产品支出法或最终产品法。这种方法从产品的使用出发，把一年内购买各项最终产品的支出加总，计算出该年内生产出的最终产品的市场价值。即把购买各种最终产品所支出的货币加在一起，得出社会最终产品的流动量的货币价值的总和。

支出法从支出的角度出发，将一定时期内按市场价格计算对最终产品服务的支出数额加总，形成 GDP。在一国民经济实际运行中，社会经济对最终产品和服务的支出分为四大部分，即消费、投资、政府购买和净出口。

（1）消费　消费是指居民户购买最终产品和服务。家庭消费支出可进一步划分为三部分，即耐用品（如彩电、空调、冰箱、汽车等）的支出、非耐用品（如食品、服装、电力、报刊等）的支出和服务（如理发、医疗教育等）的支出，居民租房的租金计算在消费中。

（2）投资　投资支出包括固定资产投资支出和企业存货两部分。固定资产投资包括商业固定资产投资和居民住宅投资。与消费支出相同，投资支出也包括对国外生产投资品的购买。投资支出中的企业存货是指企业存货的增加量。

（3）政府购买　政府购买指政府对国内外最终产品和服务进行购买所发生的全部支出。政府购买既包括政府在国防以及基础设施（如道路、桥梁等）的支出，也包括转移支付（如社会保障、医疗、失业救济、困难补助等支出）和向政府公务员支付薪金。

（4）净出口　净出口（$X-M$）（X 出口为正，M 进口为负）是指出口额与进口额的差额。出口是一个国家的商品和服务输出到国外，并由国外的消费者、生产者和政府进行购买；进口是本国居民、厂商和政府对外国产出的商品和服务进行购买。当一国贸易出现顺差时，净出口（$X-M$）为正值；出现贸易逆差时，净出口（$X-M$）为负值。

综上所述，用支出法核算时，计算式为

$$\text{国内生产总值(GDP)}=\text{消费}+\text{投资}+\text{政府购买}+\text{净出口}$$

从支出角度看，GDP 一部分是居民的消费；一部分是人们的投资；另一部分是政府支出；还有一部分，是外国人买了我们的产品，也就是出口。即把购买各种最终产品所支出的货币加在一起，得出社会最终产品的流动量的货币价值的总和。通常比较容易理解和应用较多的是支出法。

（二）收入法

收入法是从收入的角度出发，把生产要素在生产中所得到的各项收入相加。即把劳动所得的工资，土地所得的地租、资本所得的利息，以及企业家所得到的利润相加，计算国内生产总值。

（三）部门法

部门法按提供物质产品与劳务的各个部门的产值来计算国内生产总值。这种计算方法反映了国内生产总值的来源，所以又称生产法。

在用这种方法计算国内生产总值时，各物质生产部门要把所使用的中间产品的产值扣除，仅计算本部门的增值。商业、服务等部门也按增值法计算。卫生、教育、行政等无法计算增值的部门则按该部门职工的工资收入来计算，以工资代表他们所提供的劳务价值。

按以上三种方法计算所得出的结果，从理论上说应该是一致的，因为它们是从不同的角度来计算同一国内生产总值。但在实际上，这三种方法所得出的结果往往并不一致。**国民经济核算体系以支出法为基本方法，即以支出法所计算出的国内生产总值为标准**。如果按收入法与部门法计算出的结果与此不一致，就要通过误差调整项来进行调整，使之达到一致。GDP 三种计算方法的比较见表 9-1。

从不同角度比较三种计算方法。

表 9-1　GDP 三种计算方法比较

特点＼方法	支出法	收入法	部门法
分析角度	使用角度	分配角度	生产角度
指标实质	经济主体支出	要素所有者报酬	第一、第二、第三产业增加值之和
要素构成	消费、投资、政府支出、净出口	工资、利息、利润、地租	各部门的增加值
目的	分析总量变化和使用比例	分析总量变化和分配比例	分析总量变化和生产比例

第二节　国民收入核算中的基本总量及其相互关系

国民收入核算体系包括一系列总量指标和明细账户，从而能全面地反映一国或地区国民经济运行的过程和全貌。国民收入核算中最重要的指标是国内生产总值（GDP），也是从广义上讲的国民收入，在整个国民收入核算体系的指标中，看到了从 GDP 到与人们息息相关的可支配收入之间的关系。

宏观经济的中心理论是国民收入决定理论，与微观经济学的中心理论价格理论有什么关系？

一、国民收入核算中的基本指标

国内生产净值（Net Domestic Product，简称 NDP），是指在一个国家或地区的领土上，在一定时期内所生产的最终产品和劳务按市场价格

计算的净值，即新增加的产值。它等于国内生产总值扣除折旧后的余额。假如用20万元购买一辆汽车，计算在GDP的总值里，但这20万元有一部分价值是生产汽车流水线等固定资产的折旧，而这部分价值不是当年生产的，减去折旧部分就是国内生产净值（NDP）。

国民收入（National Income，简称NI），是指一个国家一定时期内用于生产的各种生产要素所要得到的实际收入，即工资、利息、地租和利润的总和。国民收入是国内生产净值（NDP）减去间接税。假定刚才你用20万元买的是进口汽车，其中有一部分进口关税，这部分关税是卖汽车的公司交纳的，然后在将其转嫁买汽车的你。这种税不直接由纳税人交纳，因此叫间接税，它是国民产出的市场价值直接交给政府的那部分。需要注意的是国民收入这一概念有广义和狭义两种用法。广义的国民收入可以代表五个总量。宏观经济学中有“国民收入核算理论”、“国民收入决定理论”，这里的国民收入都是广义上的。当说到五个总量中的国民收入指标时，国民收入是狭义上的，即上述的国民收入。狭义的国民收入不包括国家收入。

国民收入核算的总量指标有哪几个？其关系如何？会计算。

个人收入（Personal Income，简称PI），是指一个国家一年内个人所得到的全部收入。国民收入减去企业没有分的利润、企业上交政府的所得税和各种社会保险，加上政府对家庭的转移支付就得到了个人收入。包括工资、奖金、租金、股息和红利，以及来自政府和企业的转移支付等。国民收入中不付给个人的都减去，政府和企业的转移支付是家庭收入的一部分，但未包括在国民收入中，所以要加上。

个人可支配收入（Personal Disposable Income，简称PDI），是指一个国家一年内个人可以支配的全部收入。个人收入个人还不能全部支配，必须上缴个人所得税以后才能去消费和储蓄。

国民收入核算中这五种总量的关系为

GDP－折旧＝NDP

NDP－间接税＝NI

NI－公司未分配利润－企业所得税＋政府给居民户的转移支付＋政府向居民支付的利息＝PI

PI－个人所得税＝PDI＝消费＋储蓄

二、国民收入和国内生产净值的关系

国民收入是根据厂商出售产品得到的价格计算的，而国内生产净值是根据购买者支付的价格计算的。这两种价格是不同的，消费者购买时支付的价格超过厂商得到的价格的差额为间接税。间接税虽由企业交纳，但并不由企业负担，企业把间接税的支出附加在成本上。因此，间接税表现为产品的销售价格与成本（即生产要素的报酬）之间的差额，它不是由生产要素提供的，也不归任何生产要素所有，因而不包括在国民收入之中。政府对企业的补贴可以视为负税，从间接税中扣除。企业的转移支付，如企业间馈赠礼品属于收入的转移，不应计入国民收入。

三、国民收入和个人收入的关系

公司利润中包括公司所得税、公司未分配利润和股息。股息必须支付给股东个人，而公司所得税要上缴政府，未分配利润是留给公司的。社会保险税是企业从工人工资或股东股息中扣除的必须上缴给政府的部分，不能归生产要素提供者个人所得。政府转移支付和利息支出，如政府对某些居民的补贴、政府支付给居民的公债利息等归个人所得。因此，从国民收入中减去公司所得税、公司未分配利润和社会保险金，加上政府的转移支付和政府给居民的利息支出就是个人收入。

四、与国内生产总值相关的几个概念

（一）实际国内生产总值与名义国内生产总值

国内生产总值是最终产品市场价值的总和，国内生产总值还要受价格水平的影响。同样，最终产品量按不同的价格会计算出不同的国内生产总值。**按当年价格计算的国内生产总值称为名义国内生产总值。按不变价格计算的某一年的国内生产总值，称为实际国内生产总值。不变价格是指统计时确定的某一年（称为基年）的价格。**

名义国内生产总值与实际国内生产总值之比，称为国内生产总值平减指数。

在进行经济分析时，要注意区分名义国内生产总值与实际国内生产总值。例如，在研究经济增长率时，要依据实际国内生产总值，这是因为名义国内生产总值既反映了实际产量的变动，又反映了价格的变动，实际国内生产总值只反映产量的变动。只有根据实际国内生产总值，才能准确反映国内经济的实际增长情况。按名义国内生产总值计算的增长率，实际是由于价格水平变化引起的，只有按实际国内生产总值计算的增长率，才反映了产量的变动情况。

（二）国民生产总值与国内生产总值

国民生产总值（GNP）**是指一年内本国常住居民所生产的最终产品的价值的总和**。它以人口为统计标准。在美国的国民收入统计中，常住人口包括：居住在本国的本国公民，暂居外国的本国居民，常住本国但未入本国国籍的居民。国民生产总值应该包括以上三类居民在国内外所生产的最终产品价值的总和。

国内生产总值（CDP）**是指一年内在本国领土所生产的最终产品的价值总和**。它以地理上的国境为统计标准。也就是说，国内生产总值应包括本国与外国公民在本国所生产的最终产品的价值总和。

这两者之间的关系为：国民生产总值＝国内生产总值＋本国公民在国外生产的最终产品的价值总和－外国公民在本国生产的最终产品的价值总和。

如果本国公民在国外生产的最终产品的价值总和大于外国公民在本国生产的最终产品的价值总和，则国民生产总值大于国内生产总值；反

分析国民收入与宏观经济的关系。

之，如果本国公民在国外生产的最终产品的价值总和小于外国公民在本国生产的最终产品的价值总和，则国民生产总值小于国内生产总值。从以上分析中还可看出一国国内生产总值大于国民生产总值，说明这个国家吸引外资多；相反，如果国民生产总值大于国内生产总值，说明这个国家海外投资多。在开放经济中这两个概念是很重要的。

国内生产总值与国民生产总值是密切相关的两个总量指标。20 世纪 90 年代以前，宏观经济分析多采用国民生产总值作为总量指标，此后，各国普遍采用了国内生产总值。因为两者的区别在于对资本跨国流动所产生的收益的计量。

（三）国内生产总值与人均国内生产总值

国内生产总值有助于了解一国的经济实力与市场规模，而人均国内生产总值则有助于了解一国的富裕程度与生活水平。这两个概念都是很重要的。

用当年的国内生产总值，除以同一年的人口数量，则可以得出当年的人均国内生产总值，即

$$\text{某年人均国内生产总值}=\frac{\text{某年国内生产总值}}{\text{某年人口数}}$$

这里所用的人口数量是当年年初与年底人口数的平均值，或者是年中（当年 7 月 1 日 0 时）的人口数。

第三节　国民收入的基本恒等关系

从生产法、收入法、部门法所算出的国民生产总值基本上是一致的，说明国民经济中有一个基本的恒等关系。总支出代表了社会对最终产品的总需求，而总收入和总产量代表了社会对最终产品的总供给。因此，在国民收入核算中有一个恒等关系，即

$$\text{总供给}=\text{总需求}$$

包括两部门、三部门、四部门的收入构成及恒等关系。

一、两部门经济的收入构成与恒等关系

两部门经济是指由居民户（消费者）和厂商（生产者）构成的经济社会系统。在两部门经济中，不存在税收、政府支出以及国际贸易。

> 在两部门中，国民收入由消费与投资来决定。

两部门经济收入模型中第一个部门是家庭，第二个部门是企业。家庭出卖劳动，到企业去做工，挣来的钱去购买企业生产的产品；企业生产出来产品，再卖给家庭，收回来的钱继续生产。一国经济要想平衡，其条件是：家庭挣的钱全花了，企业生产的产品全卖了，这样宏观经济就能够正常运转了。但在现实中没有一个家庭会把挣来的钱全部花光，总是有点积蓄，作为企业来说，也不可能总是简单的再生产，他想扩大再生产就需要资本。家庭不花的钱存进银行，有了储蓄；企业扩大再生产找银行借钱，有了投资。宏观经济中出现了储蓄和投资，只要企业的

投资等于家庭的储蓄，宏观经济也能正常运转。这时宏观经济平衡的一个重要条件是：储蓄等于投资。

从支出角度看，由于将企业库存的变动视作企业存货投资，于是国内生产总值等于消费加投资，即

$$Y=C+I(\text{收入}=\text{消费}+\text{投资})$$

从总需求方面看，两部门经济的总需求等于消费需求加投资需求。

从收入角度看，国内生产总值就等于总收入。总收入的一部分用于消费，余下部分转为储蓄，即

$$Y=C+S$$

从总供给方面看，两部门经济的国内生产总值构成为

国内生产总值＝工资＋利息＋租金＋利润＝消费＋储蓄

在两部门经济中，总需求等于总供给，即 $C+I=C+S$，得出

$$I=S$$

$I=S$ 就是储蓄等于投资的恒等式。储蓄是基于国民收入从会计角度反映经济活动事后的储蓄与投资恒等关系。这种恒等关系不是针对某一个人、厂商或部门而言的，而是指整个两部门经济存在着储蓄等于投资的恒等关系。投资等于储蓄叫信贷平衡。

二、三部门经济的收入构成与恒等关系

任何一个国家经济，都不能没有政府，否则社会将会陷入混乱状态。所以在上述模型中，再加入一个政府部门即为三部门。政府怎样才能生存呢？它也需要收入。其收入来源为税收。有了收入，政府可用其维持政府生存，支付公务员工资，支付国防、公共教育、社会福利，等等。这时，宏观经济要想正常运行，其平衡条件是：财政收入等于财政支出。

三部门经济是在两部门经济的基础上引进政府部门后构成的封闭经济系统。在三部门经济中，政府的经济活动体现在：一方面，政府通过向居民和厂商征税形成政府收入 T；另一方面，政府采取购买商品和劳务，以及对居民和企业的转移支付等方式形成政府支出 G。于是，加入政府的经济活动之后，三部门经济的收入构成如下。

在三部门经济中，政府的作用是什么？

从支出角度看，国内生产总值等于消费、投资以及政府支出总和，即

$$Y=C+I+G$$

从总需求方面看，三部门经济的总需求等于消费需求、投资需求以及政府需求的总和。

从收入角度看，国内生产总值体现为所有者获得的收入总和，即工资、利息、租金和利润的总和。在三部门经济实际运行中，居民收入先纳税，税后收入用于消费，剩余部分转为储蓄。相对于政府而言，居民纳税交出了一部分收入；同时，政府的转移支付又使居民得到一部分收入。于是三部门国内生产总值为

$$Y=C+S+T$$

从总供给方面看，三部门经济的国内生产总值构成为

国内生产总值＝工资＋利息＋租金＋利润＋储蓄＋政府纯收入

在三部门经济中，总需求等于总供给，即 $C+I+G=C+S+T$。等式两边消 C，得出

$$I+G=S+T$$

或

$$I=S+(T-G)$$

这里，$(T-G)$ 代表了政府的储蓄。因为 T 是政府净收入，G 是政府支出，三者差额即为政府储蓄。政府储蓄既可为正，也可为负，于是等式 $I=S+(T-G)$ 体现了三部门经济中储蓄（私人储蓄与政府储蓄的总和）与投资之间的恒等关系。政府支出等于政府收入叫财政平衡。

税收与三部门经济有什么关系？

三、四部门经济的收入构成与恒等关系

现在没有一个国家的经济可以封闭起来，既不出口，也不进口。所以在上述模型中又加入了一个国外部门。这时宏观经济平衡的一个条件是：出口等于进口。

四部门经济是在三部门经济的基础上，加入国外部门后构成的开放经济系统。

从支出角度看，国内生产总值等于消费、投资、政府支出和净出口 $(X-M)$ 的总和，用公式表示为

$$Y=C+I+G+(X-M)$$

从收入角度看，国内生产总值可表示为

$$Y=C+S+T+D_r$$

这里，$C+S+T$ 的含义与上述三部门经济相同，D_r 代表本国居民对外国人的转移支付。例如，某友好国家遭受自然灾害时对该国救灾捐助。当然，这种转移支付也来自生产要素的收入。

在四部门经济中，总需求等于总供给，即 $C+I+G+(X-M)=C+S+T+D_r$，公式两边消去 C，有

$$I+G+(X-M)=S+T+D_r$$

则

$$I=S+(T-G)+(M-X+D_r)$$

如果消费、投资、政府购买不变，国民收入的变动由什么来决定？

这里，S 代表私人储蓄，$(T-G)$ 代表政府储蓄，而 $(M-X+D_r)$ 则代表外国对本国的储蓄。因为站在本国立场上，进口 (M) 代表其他国家出口商品，出口国获得收入，出口 (X) 代表其他国家从本国购买和劳务，进口国需要支出货币，D_r 则代表其他国家从本国获得收入。当 $(M+D_r)>X$ 时，外国对本国的收入大于支出，并形成外国储蓄；反之，则形成外国的负储蓄。于是，等式 $I=S+(T+G)+(M-X+D_r)$ 体现了四部门经济中的总储蓄（私人、政府和国外）与投资之间的恒等关系。出口等于进口叫国际收支平衡。

我国GDP是如何确定的

GDP值是如何确定的？国家统计局每年公布的GDP数据是怎么得到的呢？GDP计算需要经过以下几个过程：初步估计过程、初步核实过程和最终核实过程。初步估计过程一般在每年年终和次年年初进行。它得到的年度GDP数据只是一个初步数，这个数据有待于获得较充分的资料后进行核实。初步核实过程一般在次年的第二季度进行。初步核实所获得的GDP数据更准确些，但因仍缺少GDP核算所需要的许多重要资料，因此相应的数据尚需要进一步核实。最终核实过程一般在次年的第四季度进行。这时，GDP核算所需要的和所能搜集到的各种统计资料、会计决算资料和行政管理资料基本齐备。与前一个步骤相比，它运用了更全面、更细致的资料，所以这个GDP数据显得更准确些。

此外，GDP数据还需要经过一个历史数据调整过程，即当发现或产生新的资料来源、新的分类法、更准确的核算方法或更合理的核算原则时，要进行历史数据调整，以使每年的GDP具有可比性，这是国际惯例。如美国在1929～1999年之间就进行过11次历史数据调整。

总之，每个时段公布的GDP都有其特定阶段的含义和特定的价值，不能因为在不同时间公布的数据不同，而怀疑统计数据存在问题。当然，我国在GDP的计算体系上也有一些缺憾，如我国长期采用的原产生于前苏联和东欧国家的统计核算体系，从实际情况看，不少地方已经滞后于时代的发展了。

GDP指标的缺陷及其校正

从GDP的含义到它的计算方法不难看出，GDP只是用来衡量那些易于度量的经济活动的营业额，不能全面反映经济增长的质量。美国罗伯特·肯尼迪（美国总统约翰·肯尼迪之弟）："GDP衡量一切，但并不包括使我们的生活有意义的东西。"这句话就是他在竞选总统的演说中对GDP这个经济指标的批评。他不是经济学家，但他的这段话颇受经济学家的重视。

越来越多的人包括非常著名的学者，对GDP衡量经济增长的重要性发生了怀疑。斯蒂格利茨曾经指出，如果一对夫妇留在家中打扫卫生和做饭，这将不会被列入GDP的统计之内，假如这对夫妇外出工作，另外雇人做清洁和烹调工作，那么这对夫妇和佣人的经济活动都会被计入GDP。说得更明白一些，如果一名男士雇佣一名保姆，保姆的工资也将计入GDP。如果这位男士与保姆结婚，给保姆不发工资了，GDP就会减少。

德国学者厄恩斯特·B·冯·魏茨察克和两位美国学者艾墨里·B·洛文斯及L·亨特·洛文斯在他们合著的《四倍跃进》中对GDP在衡量经济增长中的作用更是提出了诘难，他们生动地写道："乡间小路上，两辆汽车静静驶过，一切平安无事，它们对GDP的贡献几乎为零。但是，其中一个司机由于疏忽，突然将车开向路的另一侧，连同到达的第三辆汽车造成了一起恶性交通事故。'好极了'，GDP说。因为，随之而来的是救护车、医生、护士、意外事故服务中心、汽车修理或买新车、法律诉讼、亲属探视伤者、损失赔偿、保险代理、新闻报道，等等，所有这些都被看做是正式的职业行为，都是有偿服务。即使任何参与方都没有因此而提高生活水平，甚至有些还蒙受了巨大损失，但我们的'财富'——所谓的GDP依然在增加。"1998年湖北发了大水，遭了大灾，湖北的经济增长速度却提高到了13%。基于以上的分析，三位学者深刻地指出："平心而论，GDP并没有定义成度量财富或福利的指标，而只是用来衡量那些易于度量的经济活动的营业额。"

上述分析不难看出，目前在评价经济状况、经济增长趋势及社会财富的表现时，使用最为广泛的国民经济核算所提供的GDP指标，不能完全反映自然与环境之间的平衡，不能完全反映经济增长的质量。这些缺陷使传统的国民经济核算体系不仅无法衡量环境污染和生态破坏导致的经济损失，相反还助长了一些部门和地区为追求高的GDP增长而破坏环境、耗竭式使用自然资源的行为。可以肯定的是，目前GDP数字里有相当一部分是靠牺牲后代的资源而获得的。有些GDP的增量用科学的发展观去衡量和评价，不但不是业绩，反而是一种破坏。要加快发展、加速发展，但不能盲目发展。

尽管GDP存在着种种缺陷，但这个世界上本来就不存在一种包罗万象、反映一切的经济指标，在现在使用的所有描述和衡量一国经济发展状况的指标体系中，GDP无疑是最重要的一个指标。正因为有这些作用，所以说，GDP不是万能的，但没有GDP是万万不能的。

本章小结

◆国内生产总值（英文缩写GDP）是指一国一年内所生产的最终产品（包括产品与劳务）的市场价值的总和。

◆在国民经济核算体系中有不同的计算国内生产总值的方法，其中主要有支出法、收入法，以及部门法。三种方法计算所得出的结果，从理论上说应该是一致的，因为它们是从不同的角度来计算同一国内生产总值的。但在实际上，这三种方法所得出的结果往往并不一致。国民经济核算体系以支出法为基本方法，即以支出法所计算出的国内生产总值为标准。如果按收入法与部门法计算出的结果与此不一致，就要通过误差调整项进行调整，使之达到一致。

◆国民收入核算体系包括一系列总量指标和明细账户，从而能全面地反映一国或地区国民经济运行的过程和全貌。在这个体系中，有五个基本的总量指标，除了国内生产总值外，还有其他四个指标，即国内生产净值、个人收入、个人可支配收入、国民收入。

◆国民经济中有一个基本的恒等关系。总支出代表了社会对最终产品的总需求，而总收入和总产量代表了社会对最终产品的供给。因此，在国民生产总值核算中有一个恒等关系。

主要概念

国内生产总值　最终产品　中间产品　支出法　收入法　国内生产净值　国民收入　个人收入　个人可支配收入　实际国内生产总值

思考与应用

一、单项选择题

1. 一个国家在本国（或地区）领土上，在一定时期内生产的全部产品和劳务的市场价值的总和是指（　　）。

A. 国民生产总值　　B. 国内生产总值

C. 国内生产净值　　D. 国民收入

2. 从使用角度考察，国民生产总值是指在一个国家或地区的领土上，在一定时期内居民、厂商、政府和国外部门购买最终产品和劳务的支出总额，这种方法是（　　）。

A. 支出法　B. 收入法　C. 生产法　D. 无法确定

3. 从分配角度考察，国民生产总值是指在一个国家或地区的领土上，在一定时期内生产要素所有者得到的报酬总和，这种方法是（　　）。

A. 支出法　B. 收入法　C. 生产法　D. 无法确定

4. 从生产角度考察，国民生产总值是指在一个国家或地区的领土上，在一定时期内各部门增殖的总和，这种方法是（　　）。

A. 支出法　B. 收入法　C. 生产法　D. 无法确定

5. 一个国家或地区的领土上，在一定时期内所生产的最终产品和劳务按市场价格计算的净值是指（　　）。

A. 国民生产总值　B. 国内生产总值

C. 国内生产净值　D. 国民收入

6. 一个国家一定时期内用于生产的各种生产要素所得到的实际收入，即工资、利息、地租和利润的总和扣除间接税净额和对企业转移支付后的余额是指（　）。

A. 国民生产总值　B. 国内生产总值

C. 国内生产净值　D. 国民收入

7. 构成国民经济的简单循环的是（　）。

A. 厂商与居民　B. 政府与居民

C. 出口与进口　D. 投资与储蓄

8. 居民提供资本与劳动后所得到的报酬一部分用于储蓄，这说明（　）。

A. 企业的投资增加

B. 企业的全部产品到能卖完

C. 企业生产出来的商品和服务积存相应的增加

D. 企业生产基金存量的增加的扩大

9. 两部门的均衡条件是（　）。

A. $I=S$　B. $I+G=S+T$

C. $I+G+X=S+T+M$　D. $AD=AS$

10. 三部门的均衡条件是（　）。

A. $I=S$　B. $I+G=S+T$

C. $I+G+X=S+T+M$　D. $AD=AS$

11. 开放经济的均衡条件是（　）。

A. $I=S$　B. $I+G=S+T$

C. $I+G+X=S+T+M$　D. $AD=AS$

二、多项选择题

1. 理解国内生产总值应注意以下问题（　）。

A. 只包括最终产品价值　B. 包括物质产品也包括劳务

C. 只包括中间产品价值　D. 包括折旧

E. 最终的产品和劳务是当期所生产的

2. 按支出法计算 GDP 的主要项目有（　）。

A. 消费支出　B. 投资支出　C. 政府购买

D. 政府转移支付　E. 净出口

3. 按收入法计算 GDP 的主要项目有（　）。

A. 雇员报酬　B. 业主收入　C. 租金收入

D. 折旧费　E. 家庭与政府支付的利息

4. 按生产法计算 GDP 的主要项目有（　）。

A. 第一产业　B. 第二产业　C. 第三产业

D. 第四产业　E. 第五产业

5. 国民收入核算中的总量指标包括（　）。

A. 国内生产总值　　B. 人均国内生产总值　　C. 国内生产净值

D. 国民收入　　E. 个人收入

6. 保证两部门经济正常循环的条件有（　　）。

A. 商品市场均衡　　B. 外贸市场均衡　　C. 要素市场均衡

D. 金融市场均衡　　E. 政府收入与支出均衡

7. 政府的税收包括（　　）。

A. 财产税　　B. 个人所得税　　C. 营业税

D. 进口税　　E. 人口税

8. 保证四部门经济正常循环的条件有（　　）。

A. 商品市场均衡　　B. 外贸市场均衡　　C. 要素市场均衡

D. 金融市场均衡　　E. 政府收入与支出均衡

三、判断题

1.（　　）个人储蓄向企业投资的转化是通过金融市场进行的。

2.（　　）转移性支付属于政府购买行为。

3.（　　）外贸不包括劳务的输入和输出。

4.（　　）为了准确进行核算，在计算最终产品的产值时可以采用增值法。

5.（　　）政府的转移支付也计算在国内生产总值中。

6.（　　）三种方法计算 GDP，支出法反映的是 GDP 的分配情况，收入法反映的是 GDP 的最终用途，生产法反映的是 GDP 的部门构成。

7.（　　）核算国内生产总值最基本的方法是收入法。

8.（　　）名义 GDP 与实际 GDP 的区别是计算方法的不同。

9.（　　）国内生产总值是以人口为统计标准来计算最终产品和劳务价值的。

四、计算题

1. 现有如下资料。

生产阶段	产品价值	中间产品成本	增值
小麦	100	—	
面粉	120		
面包			30

（1）请计算面粉的中间产品成本和增殖。

（2）请计算面包的产品价值及中间产品成本。

2. 根据下表提供的统计资料计算国内生产总值（GDP）、国内生产净值（NDP）、国民收入（NI）、个人收入（PI）和个人。支配收入（PDI）。

统计资料

项目	金额	项目	金额
政府商品和劳务的购买	600	股息	60
出口	390	进口	440
折旧	260	起初存货	30
固定投资	540	社会保险税	260
公司所得税	90	期末存货	60
个人消费支出	1700	公司利润(包括所得税和未分利润和股息)	200
间接税净额	300	政府转移支付和利息支出	320
企业转移支付	30	个人纳税	380

五、问题与思考

1. 如何理解国内生产总值的含义?

2. 简述国内生产总值的三种计算方法。

3. 国内生产总值与国民生产总值有什么不同?

4. 四部门经济的流量循环是怎样的?

5. 为什么说在国民收入核算中国内生产总值指标是最重要的?其与个人可支配收入是什么关系?

第十章

国民收入决定理论

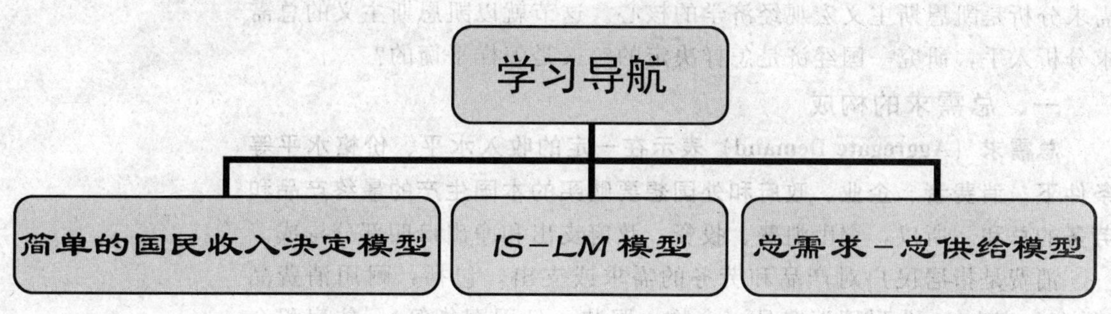

重点掌握

- 总供给不变时总需求决定国民收入
- 消费函数、边际消费倾向的含义
- 乘数的含义与计算
- 总需求与总供给曲线的含义

一般掌握

- 长期总供给曲线的特征
- 总需求-总供给模型分析宏观经济

一般了解

- 总需求曲线的移动
- 总供给曲线的移动

经济学家用总需求与总供给模型分析短期经济波动。根据这个模型，物品与劳务的产量和物价总水平调整使总需求与总供给平衡。

——格里高利·曼昆

本章是宏观经济学的核心，所论述的国民收入决定理论是分析宏观经济问题与决定宏观经济政策的基础。教材从简单的国民收入决定模型入手，分析了利率与投资不变情况下总需求对国民收入的影响；在 *IS-LM* 模型中分析了在利率与投资变化的情况下总需求对国民收入的影响；在总需求-总供给模型中分析了总需求与总供给是如何决定国民收入与价格水平的。

第一节　简单的国民收入决定模型

凯恩斯认为宏观经济学分析的重点是短期中的宏观经济状况，而且，凯恩斯认为，在短期中决定宏观经济状况的关键因素是总需求。总需求分析是凯恩斯主义宏观经济学的核心。这节就以凯恩斯主义的总需求分析入手，研究一国经济是怎样决定的？又是怎样平衡的？

一、总需求的构成

总需求（Aggregate Demand）表示在一定的收入水平、价格水平等条件下，消费者、企业、政府和外国想要购买的本国生产的最终产品和劳务的总和。所以，它由消费、投资、政府支出和净出口四部分构成。

消费是指居民户对产品和劳务的需求或支出，包括：耐用消费品（汽车、家电）、非耐用消费品（食物、服装、日用百货等）、住房租金（居民住房属于投资，租房租金属于消费）和其他劳务（美发、旅游等）。据西方经济学家对长期消费统计资料的分析，在总需求中消费比例大而且是相当稳定的。

投资是指厂商对投资品的需求或支出，包括：企业固定资产投资（厂房、设备等）、存货投资（原材料、半成品及未销售的产品等）以及居民购买住房。投资在经济中波动相当大。

净出口指出口减进口。如这几年我国出口大于进口，就叫贸易顺差，外国人增加了对我国产品的需求，增加了我国外汇收入；相反，如果一国的进口大于出口，就叫贸易逆差，现在我国与美国贸易，我国是顺差，美国是逆差，减少了美国的外汇收入。

净出口，出口为正，进口为负。

消费、投资和净出口是构成总需求的重要部分，在我国称其为拉动经济的三驾马车。

在总需求中还应包括政府支出，政府支出是指各级政府对各种产品和劳务的需求，或者说是政府购买产品和劳务的支出。随着国家对经济生活干预的加强，总需求中政府支出的比例也一直在提高。但政府行为是可以控制的，有的时候支出大，有的时候支出小。

如果消费、投资、政府支出和净出口都在增加，则是一国经济的注入因素增加，也就是总需求增加，总需求增加则国民收入就增加，反映在数量指标上就是 GDP 增加。

二、总需求与均衡国民收入的决定

假设不考虑总供给对国民收入的影响，所以均衡国民收入水平就由总需求来决定。

如图 10-1 所示，横轴表示国民收入 Y（GDP），纵轴表示总需求 AD，45°线表示总需求等于总供给。由于短期内总需求相对稳定，可以认为是不变的。所以总需求曲线与横轴平行即 AD_0，它与 45°线相交于 E，决定此时的均衡国民收入水平为 Y_0。

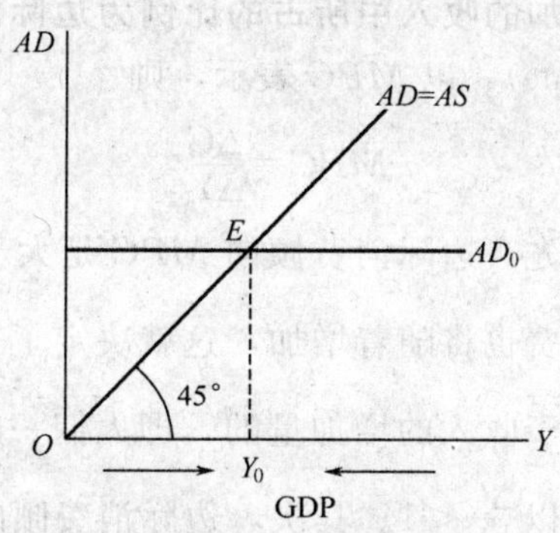

图 10-1　国民收入的决定

在 Y_0 的左边，总需求大于总供给，总供给应增加，国民收入将向 Y_0 移动；在 Y_0 的右边，总需求小于总供给，总供给应减少，国民收入也将向 Y_0 移动。只有在 Y_0 处，总需求等于总供给，国民收入处于均衡状态。

根据上述总支出与国内生产总值变动的关系，还可以进一步研究储蓄与国内生产总值变动的关系。在既定的收入中，消费与储蓄是呈反方向变动的，即消费增加，储蓄减少；消费减少，储蓄增加。消费是总支出的一个重要组成部分，储蓄增加使消费减少，总支出减少，从而国内生产总值减少；反之，储蓄减少使消费增加，总支出增加，从而国内生产总值增加。因此，储蓄的变动会引起国内生产总值反方向变动。

根据消费与储蓄对国内生产总值的不同影响，凯恩斯得出这样一个与传统的道德观相矛盾的推论。按照传统的道德观，增加储蓄是好的，减少储蓄是不好的。但按上述储蓄变动引起国内生产总值反方向变动的理论，增加储蓄会减少国内生产总值，使经济衰退，是不好的；而减少储蓄会增加国内生产总值，使经济繁荣，是好的。这种矛盾被称为“节约的悖论”。

三、消费变化对均衡国民收入的影响

在简单的国民收入决定理论中，研究的只有居民户和厂商两个部门。社会总需求就是对消费品需求和对投资品需求的总和，即消费加投资。为了分析简化，假定投资是一个与收入无关的常数，仅考虑消费变动对总需求的影响。这样就先要了解消费函数，以及相关的储蓄函数。

（一）消费函数和储蓄函数

消费函数（Consumption Function）是研究消费与收入之间的依存关系。在其他条件不变的情况下，消费随收入的变动同方向变动，即收入增加，消费增加；收入减少，消费减少。如果以 C 代表消费，以 Y 代表收入，则消费函数为

$$C=f(Y)$$

消费与收入之间的关系，可以用平均消费倾向和边际消费倾向来说明。**消费在收入中所占的比例为平均消费倾向**（Average Propensity to

Consume)，以 APC 表示，则

$$APC=\frac{C}{Y}$$

增加的消费在增加的收入中所占的比例为边际消费倾向（Marginal Propensity to Consume），以 MPC 表示，则

$$MPC=\frac{\Delta C}{\Delta Y}$$

凯恩斯认为：首先，边际消费倾向 MPC 是大于 0 小于 1 的。当收入增加时，人们的消费也将随着增加，这就决定了$\frac{\Delta C}{\Delta Y}>0$。但是，人们消费的增加量又是小于收入的增加量的，即人们一般不会把所增加的收入全部用于消费，所以$\frac{\Delta C}{\Delta Y}<1$。其次，边际消费倾向具有递减规律。正是因为边际消费倾向是大于 0 小于 1 的，并且具有递减规律。所以，人们的边际消费倾向或平均消费倾向是小于 1 的。这就是说，人们并不会把全部收入都用于消费。例如，假定你的收入是 1000 元，消费支出为 600 元，平均消费倾向是 0.6。假如你的收入从 1000 元增加到 1200 元，平均消费倾向是 0.5。

储蓄函数（Saving Function）**是研究储蓄与收入之间的依存关系**。在其他条件不变的情况下，储蓄随收入的变动同方向变动，即收入增加，储蓄增加；收入减少，储蓄减少。如果以 S 表示储蓄，则储蓄函数为

$$S=f(Y)$$

储蓄与收入之间的关系，也可以用平均储蓄倾向和边际储蓄倾向来说明。**储蓄在收入中所占的比例为平均储蓄倾向**（Average Propensity to Save），以 APS 表示，则

$$APS=\frac{S}{Y}$$

增加的储蓄在增加的收入中所占的比例为边际储蓄倾向（Marginal Propensity to Save），以 MPS 表示，则

$$MPS=\frac{\Delta S}{\Delta Y}$$

因为全部的收入只分为消费和储蓄两部分，所以

$$APC+APS=1$$

同样，全部增加的收入也只分为增加消费和增加储蓄，所以

$$MPC+MPS=1$$

（二）消费函数和总需求与均衡国民收入

在了解了边际消费倾向以后，可以建立一个具体的消费函数式。若以 b 代表边际消费倾向；a 为常数，代表自发消费（即人们最低的消费水平，在短期内，如收入为零时靠借贷维持），它不随收入变动而变动。则消费函数为

$$C=a+b\times Y$$

式中，$b\times Y$ 为引致消费，是指收入所引起的消费，这部分消费的大小取决于收入和边际消费倾向。

由于总需求中包括消费和投资两部分，只是假设投资固定，为 I_0，所以，总需求可以写为

$$\begin{aligned}AD&=C+I_0\\&=a+b\times Y+I_0\\&=(a+I_0)+b\times Y\\&=\overline{A}+b\times Y\end{aligned}$$

式中，不变的自发消费和固定的投资被称为自发总需求，它是一个常数，即 $a+I_0=\overline{A}$ 为常数。

这时，总需求对均衡国民收入的决定可表示为图 10-2。图中，总需求曲线 AD_0 在纵轴上的截距为 $\overline{A}$，即自发总需求，斜率为边际消费倾向 b。这时的总需求曲线 AD_0 向右上方倾斜，表示总需求中包括了引致消费，它随国民收入的增加而增加。AD_0 与 45°线相交于 E，决定了此时均衡的国民收入为 Y_0。

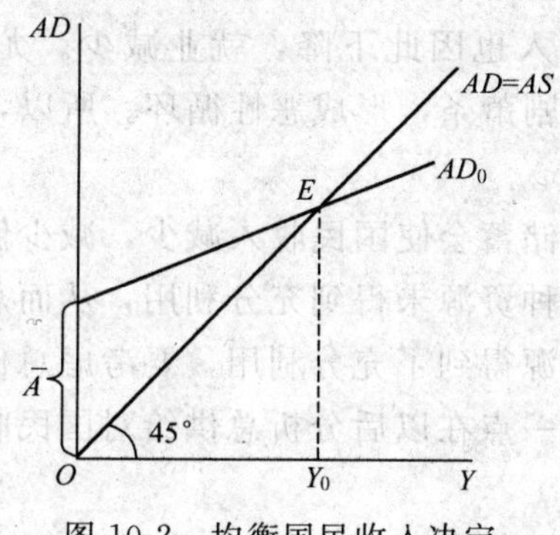

图 10-2　均衡国民收入决定

凯恩斯认为决定消费的边际消费倾向是递减的，他认为随着收入增加，人们的消费也将随着增加，但是，人们消费量的增加又是小于收入的增加量的，即人们一般不会把所增加的收入全部用于消费。通俗地说，在增加收入后增加消费的比例小于增加收入。例如，在收入是 2000 元时，消费 1600 元储蓄 400 元，边际储蓄倾向是 0.8。当收入增加到每月 1 万元时，消费 5000 元，消费的绝对数量在增加，消费相对量在减少，边际消费倾向是 0.425。这就是凯恩斯边际消费倾向递减规律。

四、总需求变动对均衡国民收入的影响

由于总需求的水平决定了均衡国民收入的水平，所以总需求变动，必然引起均衡国民收入水平的变动。

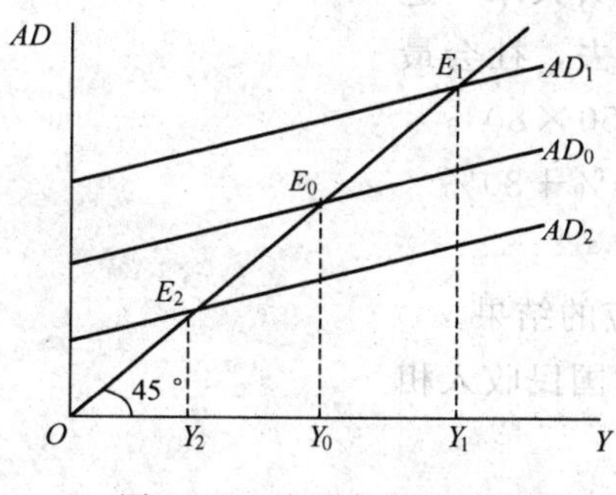

图 10-3　总需求变动对均衡国民收入的影响

如图 10-3 所示，总需求 AD_0 与 45°线交点 E_0 决定的均衡国民收入水平为 Y_0。总需求增加（由自发总需求增加引起的），需求曲线向上方移动，从 AD_0 上移到 AD_1，它与 45°线的交点 E_1 决定的均衡国民

收入水平为 Y_1，$Y_1>Y_0$，说明总需求增加，均衡国民收入增加；总需求减少（由自发总需求减少引起的），需求曲线向下方移动，从 AD_0 下移到 AD_2，它与 45°线的交点 E_2 决定的均衡国民收入水平为 Y_2，$Y_2<Y_0$，说明总需求减少，均衡国民收入减少。

由此，可以得出总需求的变动会引起均衡的国民收入同方向变动。

储蓄是对消费节俭的结果，这种节俭是美德，还是罪恶，对此结论并不一致。一般而论，是把储蓄或节俭作为一种美德来提倡的。但凯恩斯理论对储蓄和节俭提出了反论。他认为，节俭对个人来说可能是一种美德，但对整个社会来说，可能就不是美德，而是一种退步。因为大家都节俭，储蓄增加，如果这部分储蓄不能及时转化为投资形成新的消费力量，那就会减少社会需求，对国民经济活动造成一种紧缩的压力，导致经济萧条。国民收入也因此下降，就业减少。尤其是在经济萧条时期，这种节俭更会加剧萧条，形成恶性循环。所以，凯恩斯主张减少储蓄，增加消费。

对个人而言，节约是美德，对一个国家而言，节约是退步。

应该指出，增加储蓄会使国民收入减少，减少储蓄会使国民收入增加的结论只适用于各种资源未得到充分利用，从而总供给可以无限增加的情况。如果各种资源得到了充分利用，要考虑总供给的限制时，这一结论就不适用了。这一点在以后分析总供给对国民收入的影响时再加以讨论。

五、乘数理论

乘数（Multiplier）是指自发总需求的增加所引起的国民收入增加的倍数，或者说是国民收入增加量与引起这种增加量的自发总需求增加量之间的比率。自发总需求的增加会引起国民收入的增加，但是，一定量总需求增加会使国民收入增加多少，即总需求增加与国民收入增加量之间的关系如何呢？例如，你花了 50 元去买了 5 千克苹果，这样卖水果的小贩收到 50 元后，留下 20%即 50×20%＝10 元储蓄，拿其余的 80%即 50×80%＝40 元去购买其他商品，这 40 元又会成为其他人的收益。假如这个小贩把 40 元购买蔬菜，这又使菜农收益增加了 40 元。菜农再 20%即 40×20%＝8 元储蓄，其余 40×80%＝32 元去买大米，这样，卖大米的农户又会增加 32 元的收益。如此连续循环下去，社会最后的收益上升到 250 元，其计算方法是：50＋50×80%＋50×80%×80%＋50×80%×80%×80%…＝50×（1＋80%＋80%×80%＋80%×80%×80%…）＝50×[1/(1－80%)]＝250 元。

250 元是最初需求增加量 50 元的 5 倍，这就是乘数效应的结果。

根据均衡国民收入决定的公式，增加的总需求与增加的国民收入相等，即

$$\Delta Y=\Delta AD$$

$$\Delta Y=\Delta\overline{A}+b\times\Delta Y$$

$$\frac{\Delta Y}{\Delta \overline{A}}=\frac{1}{1-b}$$

增加的国民收入（ΔY）与引起这种增加的自发总需求（$\Delta \overline{A}$）之比$\left(\frac{1}{1-b}\right)$就是乘数。如果以 a 代表乘数，则有

$$a=\frac{1}{1-b}$$

思考乘数理论的现实意义。

乘数公式表明了乘数的大小取决于边际消费倾向。边际消费倾向越高，乘数越大；边际消费倾向越低，乘数越小。这是因为边际消费倾向越大，增加的收入就有更多的部分用于消费，从而使总支出和国内生产总值增加得更多。

从乘数公式还可以看出，因为边际消费倾向是小于 1 的，所以乘数一定是大于 1 的。这也反映了国民经济各部门之间存在着密切的联系。某一部门自发总需求增加，不仅会使本部门收入增加，而且会在其他部门引起连锁反应，从而使这些部门的支出与收入也增加，最终使国民收入的增加数倍于最初自发总需求的增加。

乘数作用是有条件的，是一把“双刃的剑”。

但必须知道乘数效应的发挥是有条件的。国民收入的增加也大于最初自发总需求的增加，只有社会上各种资源没有得到充分利用时，总需求的增加才会使各种资源得到利用，产生乘数作用；如果社会上各种资源已经得到了充分利用，或者某些关键部门（如能源、原料或交通）存在着制约其他资源利用的“瓶颈状态”，乘数则无法发挥作用。

此外，还必须了解乘数的作用是双重的，当自发总需求增加时，所引起的国民收入的增加要大于最初自发总需求的增加；当自发总需求减少时，所引起的国民收入的减少也要大于最初自发总需求的减少。所以经济学家形象地把乘数称为一把“双刃的剑。”

第二节　*IS-LM* 模型

在前面简单的国民收入决定模型中，研究了物品市场上的总需求。为了分析方便，假设总需求中只有消费变化，而投资是固定的常数。可实际上利率是变化的，投资也就不可能是常数。利率变动时，投资就会变动，从而影响物品市场上的总需求。总需求变动又会影响均衡的国民收入水平。

***IS-LM* 模型就是分析在利率和投资变动的情况下，总需求对均衡国民收入的决定，以及利率与国民收入之间的关系。**

IS-LM 模型是分析物品市场和货币市场同时达到均衡时，国民收入与利率决定的模型。在这个模型中：*IS* 表示物品市场，其中 *I* 表示物品市场上的投资，*S* 表示物品市场上的储蓄；*LM* 表示货币市场，其中 *L* 表示货币的需求，*M* 表示货币的供给。这一模型在理论上是对总需求分析的全面高度概括，在政策上可以解释财政政策和货币政策，因

此，被称为整个宏观经济学的核心。

一、*IS* 曲线

IS 曲线可以用来分析财政政策。IS 曲线也称投资储蓄曲线，是描述物品市场达到均衡时，国民收入与利率之间存在着反方向变动关系的曲线。

IS 曲线可以用来分析财务政策。

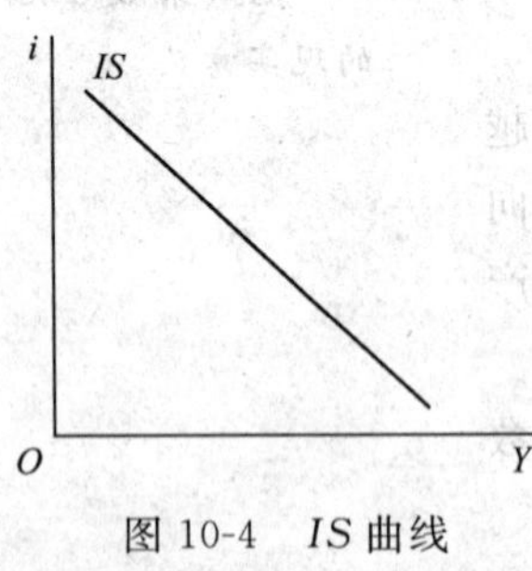

图 10-4 *IS* 曲线

如图 10-4 所示，横轴表示国民收入 Y，纵轴表示利率 i。IS 曲线上任何一点都是 $I=S$，即物品市场上实现了均衡。IS 曲线向右下方倾斜，表明在物品市场上实现了均衡时，利率与国民收入反方向变动，即利率高则国民收入低，利率低则国民收入高。

在物品市场上利率与国民收入反方向变动，是因为利率与投资反方向变动。由于投资的目的是实现利润最大化，投资者一般要用贷款来投资，而贷款必须支付利息，所以利润最大化实际是偿还利息后纯利润的最大化。这样，投资就要取决于利润率与利息率。如果利润率既定，则投资取决于利息率。利率越低，纯利润越大，从而投资就越多；反之，利率越高，纯利润越小，从而投资就越少。因此，利率与投资反方向变动。由于投资是总需求的重要组成部分，投资增加，总需求增加，国民收入就增加；投资减少，总需求减少，国民收入就减少。因此，利率与国民收入反方向变动。

由于投资现已可变，把投资也分为两部分：一部分是不随利率变动的自发投资，用$\bar{I}$表示；另一部分则取决于利率，且与利率反方向变动，故投资可以表示为

$$I=\bar{I}-d\times i$$

式中，i 为利率；d 为一个固定系数。

总需求可以写为

$$\begin{aligned}AD&=C+I\\&=a+b\times Y+\bar{I}-d\times i\\&=(a+\bar{I})+b\times Y-d\times i\end{aligned}$$

式中，$(a+\bar{I})$ 是自发总需求，假定 $b\times Y$ 一定，则总需求 AD 与利率 i 反方向变动，总需求与国民收入同方向变动，所以利率与国民收入反方向变动。

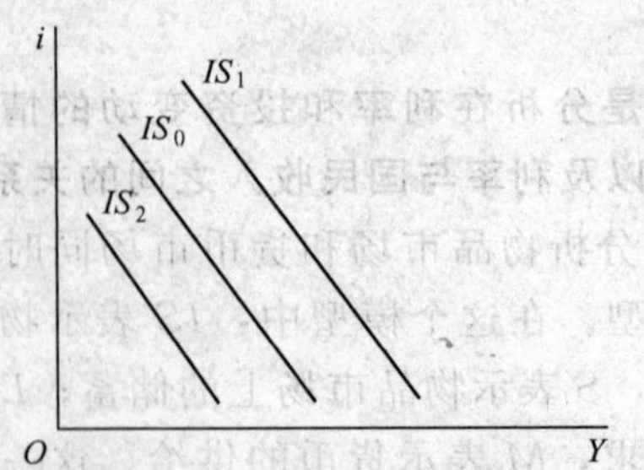

图 10-5 *IS* 曲线的移动

此外，自发总需求的变动，如自发消费、自发投资的变动会使 IS 曲线的位置平行移动。如图 10-5 所示：当自发总需求增加时，IS 曲线向右上方移动，即从 IS_0 上移到 IS_1。例如，政府采用扩张

性的财政政策，使投资者对投资前景乐观而增加投资。当自发总需求减少时，IS 曲线向左下方移动，即从 IS_0 下移到 IS_2。

二、LM 曲线

LM 曲线也称货币供求曲线，是指货币市场达到均衡时，国民收入与利率之间存在着同方向变动关系的曲线。

LM 曲线也可以分析货币政策。

如图 10-6 所示，横轴表示国民收入 Y，纵轴表示利率 i。LM 曲线上任何一点都是 $L=M$，即货币市场上实现了均衡。LM 曲线向右上方倾斜，表明在货币市场上实现均衡时，利率与国民收入同方向变动，即利率高则国民收入高，利率低则国民收入低。

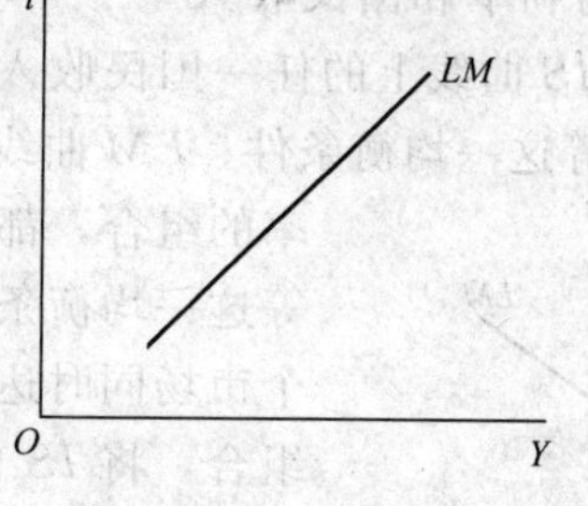

图 10-6 LM 曲线

在货币市场上，利率与国民收入呈同方向变动，可以用凯恩斯货币理论来解释。根据这一理论，货币需求由两部分组成：一部分是由于交易动机和谨慎动机决定的货币需求，用 L_1 表示，它取决于收入的水平。人们为了日常生活的购买需要，必须在手中保持一定数量的货币。同时为了应付意外支出，或者是意料之外的购买机会，也会储存一定数量的货币，这些货币的需求数量是由收入水平决定的，收入增加，这项支出也会相应增加，因此可以把它看做收入的递增函数，表示为 $L_1=f(Y)$。另一部分是由于投机动机决定的货币需求，用 L_2 表示，它取决于利率水平。人们根据债券价格变化而形成的利息差，可改变其对货币的需求。由于债券价格是与利率呈反比关系，所以当债券价格很低时，说明当时的利率很高，人们预计利率不久将会降低，债券价格将提高，这时，就会用货币去购买债券，因为现在的购买成本低，当以后利率下降、债券价格提高时，把债券卖掉，可以从中得到更多的收入。所以由投机动机决定的货币需求，可以看做是利率的递减函数，表示为 $L_2=f(i)$。而货币的供给（M）是指实际货币供给量，它由中央银行发行的名义货币供给量与价格水平来决定。货币市场的均衡条件为

$$M=L=L_1+L_2$$

从上式中可以看出：当货币的供给既定时，如果货币的交易需求与谨慎需求（L_1）增加，为了保持货币市场的均衡，则货币的投机需求（L_2）必然减少。L_1 的增加是国民收入增加的结果，而 L_2 的减少又是利率上升的结果。因此，货币市场达到均衡时，国民收入与利率之间必然是同方向变动的。

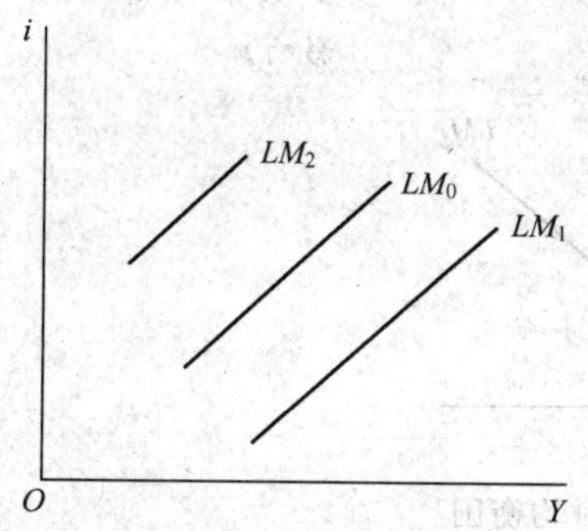

图 10-7 LM 曲线的移动

货币供给量的变动会使 LM 曲线的位置平行移动。

如图 10-7 所示，当货币供给量增加

时，LM 曲线向右下方移动，即从 LM_0 下移到 LM_1。例如，政府采用扩张性的货币政策，增加货币的供给量；当货币供给量减少时，LM 曲线向左上方移动，即从 LM_0 上移到 LM_2。

三、*IS-LM* 模型

（一） 均衡的利率和国民收入

如上所述，在 IS 曲线上的任一国民收入和利率组合，都满足物品市场储蓄与投资相等这一均衡条件；LM 曲线上任意一点国民收入和利率的组合，都满足货币市场货币供求相等这一均衡条件。为了找到能够使这两个市场同时达到均衡的国民收入和利率组合，将 IS 曲线和 LM 曲线放在同一坐标平面上。

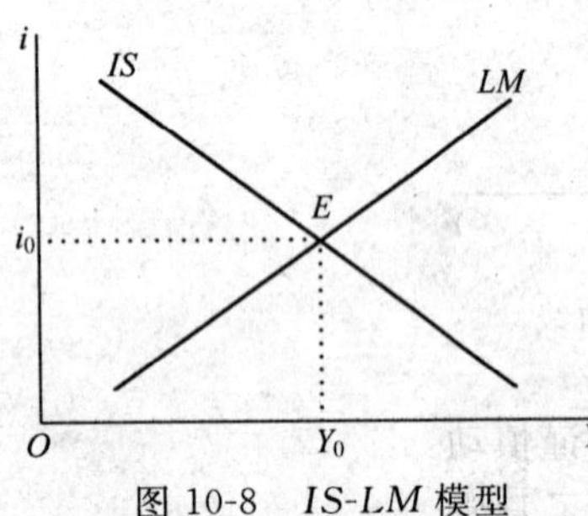

图 10-8 *IS-LM* 模型

如图 10-8 所示，IS 曲线与 LM 曲线交于 E 点，在其他条件不变的情况下，E 点所表示的国民收入和利率组合 Y_0 和 i_0，显然可以同时满足这两个市场的均衡条件，即储蓄等于投资，货币供给等于需求。

（二）*IS* 曲线变动对均衡利率和国民收入的影响

IS 曲线变动主要取决于政府的财政政策。当政府增加开支、扩大总需求规模，就会使 IS 曲线向右上方移动。如图 10-9 所示，在 LM 曲线不变的条件下，总需求增加 IS 曲线向右移动，从 IS_0 移至 IS_1，一方面会使国民收入水平提高，从 Y_0 增加到 Y_1，另一方面又会导致利率上升，从 i_0 上升到 i_1，最终结果是在国民收入和利率水平都提高的条件下，宏观经济达到新的均衡。

相反，若采用紧缩性的财政政策，则使 IS 曲线向左下方移动，从 IS_0 移至 IS_2，在 LM 曲线不变的条件下，国民收入水平减少，从 Y_0 减少到 Y_2，利率水平下降，从 i_0 下降到 i_2，宏观经济再一次达到均衡。

财政政策与货币政策对经济的影响。

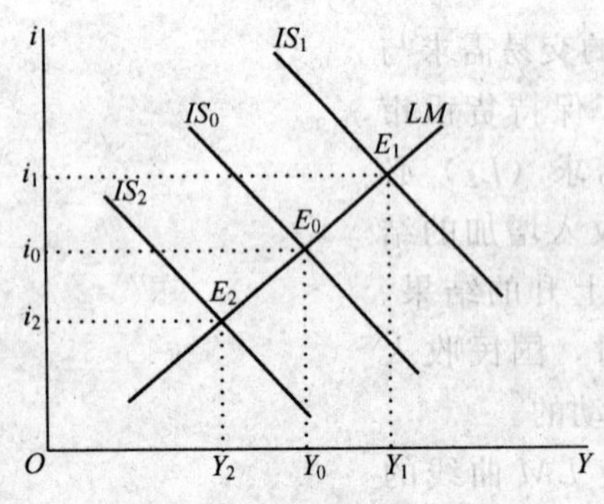

图 10-9 *IS* 曲线变动对均衡国民收入和利率的影响

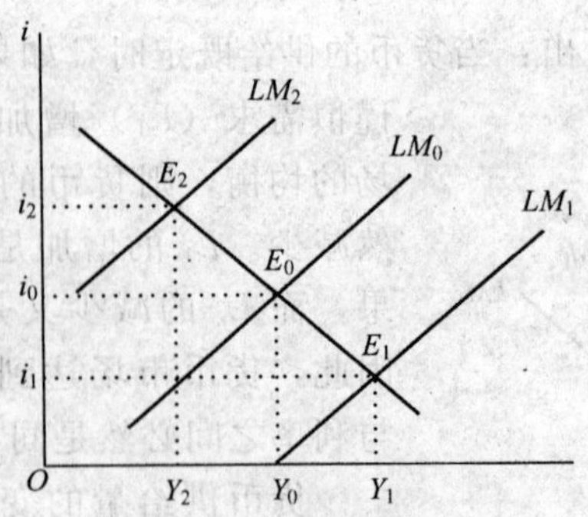

图 10-10 *LM* 曲线变动对均衡国民收入和利率的影响

（三）*LM* 曲线变动对均衡国民收入和利率的影响

LM 曲线变动主要取决于政府的货币政策。当政府采取扩张性的货币政策，增加货币供给量，就会使 *LM* 曲线向右下方移动，从 LM_0 移至 LM_1。如图 10-10 所示，在 *IS* 曲线不变的条件下，一方面会使国民收入水平提高，从 Y_0 增加到 Y_1，另一方面又会导致利率下降，从 i_0 降到 i_1，最终结果是在国民收入水平提高、利率水平下降的条件下，宏观经济达到新的均衡。

相反，若采用紧缩性的货币政策，则使 *LM* 曲线向左上方移动，从 LM_0 移至 LM_2。在 *IS* 曲线不变的条件下，国民收入水平减少，从 Y_0 减少到 Y_2，利率水平上升，从 i_0 上升到 i_2，宏观经济再一次达到均衡。

第三节　总需求-总供给模型

在以上两节的总需求分析中，因为假设总供给可以适应总需求的增加而增加，以及价格水平不变，从而也就没有分析总供给对国民收入的影响以及价格水平的决定。但在现实中，总供给总是有限的，价格水平也是变动的。在本节的总需求-总供给模型中，就要把总需求分析与总供给分析结合起来，说明总需求与总供给是如何决定国民收入与价格水平的。

微观经济学的需求和宏观经济学的总需求为什么都是向右下放倾斜的曲线？

一、总需求曲线的含义

总需求（Aggregate Demand）指一个经济中对物品与劳务的需求总量，包括消费需求、投资需求、政府需求与国外需求（用出口减进口的净出口表示）。所以，用 *AD* 代表总需求，*C*、*I*、*G*、（*X*－*M*）分别代表消费需求、投资需求、政府需求与国外需求，则可以把总需求公式写为

$$AD=C+I+G+X-M$$

在微观经济部分学过，需求是与价格相联系的一个变量，它与价格呈反方向变动。需求的这一规律表现在总需求这一变量上，就是整个社会对商品的总需求量随价格总水平的上升而下降。所以总需求曲线是一条向右下方倾斜的曲线。

如图 10-11 所示，横轴表示国民收入 *Y*，纵轴表示价格水平 *P*，*AD* 为向右下方倾斜的总需求曲线。这说明总需求与价格水平呈反方向变动，即价格上升，总需求量减少；价格下降，总需求量增加。

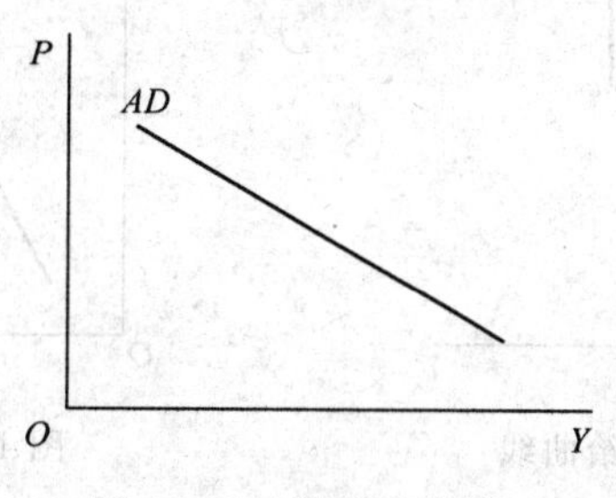

图 10-11　总需求曲线

可以用 *IS-LM* 模型来解释总需求与价格水平的变动。在 *IS-LM* 模型中，货币供给量是指实际货币供给量，它的多少取决于名义货币供给量与价格水平。当名

义货币供给量一定时，价格水平越高，表示实际货币供给量越少；价格水平越低，表示实际货币供给量越多，即实际货币供给量与价格水平反方向变动。在货币需求不变的条件下，实际货币供给量减少，将使利率水平上升，利率上升又会使投资水平下降，导致社会总需求减少；相反，实际货币供给量增加，将使利率水平下降，利率下降又会使投资水平上升，导致社会总需求增加。因此总需求与价格水平呈反方向变动。

从形状上看，总需求曲线AD与微观经济分析中的需求曲线D形状相似，实际上两者内涵不同。需求曲线表示的是特定商品的需求量与其价格的关系，总需求曲线则表示全社会总需求量（消费需求、投资需求、政府需求与国外需求）与总物价水平的关系。同时，需求曲线简单反映需求定理，总需求曲线则反映物价水平上升→实际货币供给量减少→利率水平上升→投资水平下降→国民收入水平减少这样一个复杂而迂回的传导机制。

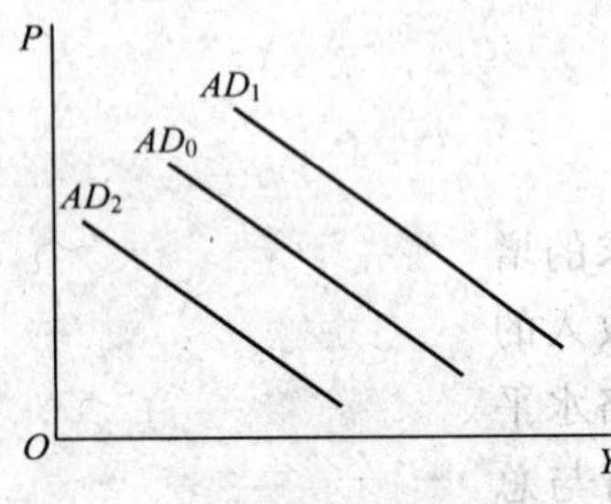

图 10-12　总需求曲线的移动

自发总需求的变动会引起总需求曲线移动，如图 10-12 所示，当自发总需求增加时，总需求曲线向右上方平行移动，AD_0右移到AD_1，表示在相同的价格水平下，社会的总需求增加了，如政府采用扩张性的宏观经济政策，使消费或投资等增加。当自发总需求减少时，总需求曲线向左下方平行移动，从AD_0左移到AD_2，表示在相同的价格水平下，社会的总需求减少了。

二、总供给曲线的含义

总需求-总供给模型中的总供给曲线是表示物品市场和货币市场同时达到均衡时，总供给与价格水平之间关系的曲线。它反映了在每一既定的价格水平时，所有厂商愿意提供的产品与劳务的总和。

总供给取决于资源的利用情况。在不同的资源利用情况下，总供给曲线与价格水平之间的关系是不同的，可以图 10-13 来说明。

资源状况不同导致了不同的总供给曲线。

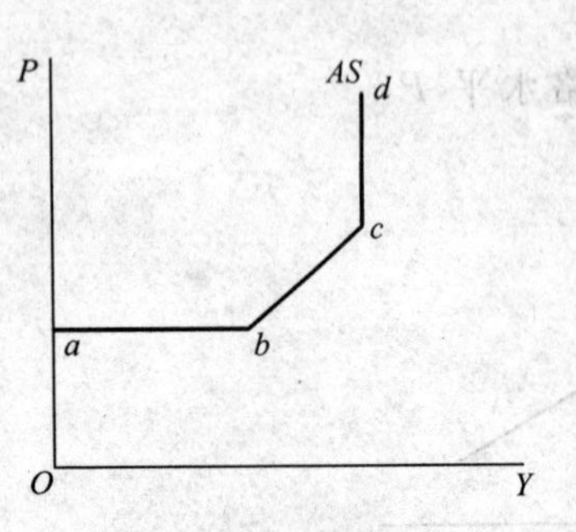

图 10-13　总供给曲线

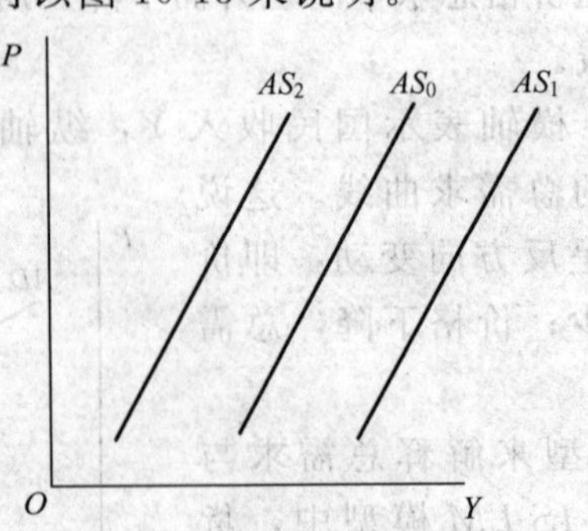

图 10-14　短期总供给曲线的变动

图中，ab 段总供给曲线基本上是一条水平线。它表示：短期内社会上还存在着一部分闲置资源，即未充分就业以前，即使价格总水平保持相对稳定，总供给数量也会随总需求的增加而增加，即可以在不提高价格水平的情况下，增加总供给。这就是凯恩斯的总供给曲线。

bc 段总供给曲线为向右上方倾斜的曲线。它表示：这时资源已处于接近充分利用状态，总需求的增加如果没有相应的价格水平的提高，供给者是不愿继续增加总供给数量的。此时，价格总水平与总供给同方向变动，称之为“短期总供给曲线”。

cd 段总供给曲线基本上是一条与横轴垂直的线。它表示：总供给水平已经达到充分就业水平，即资源已经被充分利用，这时无论社会的总需求如何增加，价格水平如何上涨，都不能使总供给继续扩大。这种情况在长期中存在，称之为“长期总供给曲线”。

在总供给曲线的三种情况下，一般认为：在资源既定的条件下，凯恩斯总供给曲线和长期总供给曲线是不变的，但短期总供给曲线是可以变动的。如图 10-14 所示，短期总供给曲线向右下方移动，从 AS_0 右移至 AS_1，表示在相同的价格水平下，社会的总供给增加了，如技术进步使总供给增加。短期总供给曲线向左上方移动，从 AS_0 左移至 AS_2，表示在相同的价格水平下，社会的总供给减少了。

三、总需求-总供给模型

前边分别分析了总需求和总供给，一国经济的理想状态是总需求与总供给相等。但在现实的经济中总需求与总供给总是不平衡的，这正是政府对宏观经济调控的依据。

政府对宏观经济的调控，就是在总需求和总供给上做文章，不是刺激总需求就是增加总供给。政府刺激总需求的办法是刺激消费、刺激投资、增加出口，这是比较容易的；但增加总供给则不是那么容易做到的。如果想增加一个钢厂，就必须考虑原材料铁厂、矿厂等能不能满足钢厂的需要，还要增加工人，再进行生产，它需要很长一段时间，需要一个周期。因此，一个政府在短期内调整的是总需求，在长期内调整的才是总供给。如果在短期内调整不好只有用价格来调节。

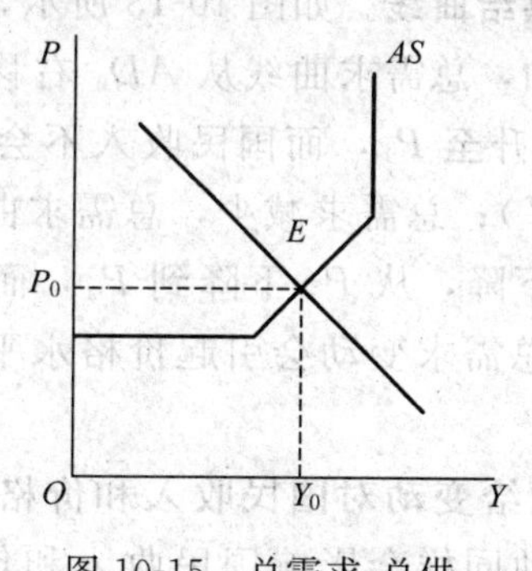

图 10-15　总需求-总供给模型

把总需求曲线和总供给曲线放在同一个坐标中，就可以得到总需求-总供给模型。如图 10-15 所示，总需求曲线和总供给曲线的交点 E 决定的国民收入水平 Y_0 和价格水平 P_0 就是均衡的国民收入和价格水平。

（一）总需求变动对国民收入和价格水平的影响

思考总需求-总供给模型的现实意义。

经济中的均衡状态取决于总需求和总供给之间的关系，无论总需求曲线移动还是总供给曲线移动都会改变均衡点，从而改变经济中的实际国民收入和价格水平。

下面分别分析三种不同的总供给曲线。

第一，凯恩斯总供给曲线。如图10-16所示，总需求增加，总需求曲线从AD_0右移至AD_1，会使国民收入增加，从Y_0增加到Y_1，而价格水平不变，为P_0；总需求减少，总需求曲线从AD_0左移至AD_2，会使国民收入减少，从Y_0减少到Y_2，价格水平仍不变，为P_0。也就是总需求变动不会引起价格水平的变动，只会引起国民收入水平的同方向变动。

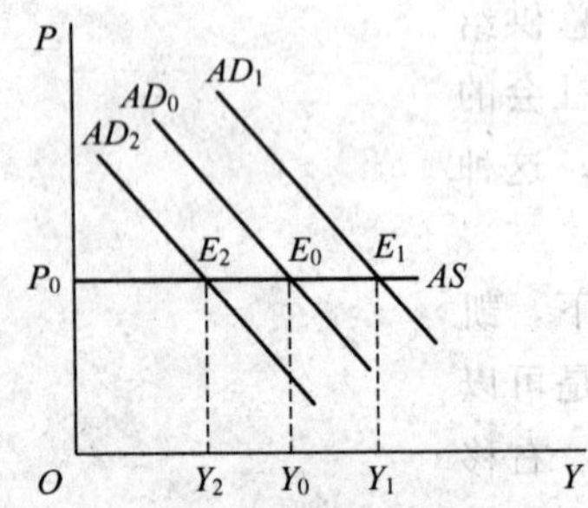

图10-16　总需求曲线变动与凯恩斯总供给曲线

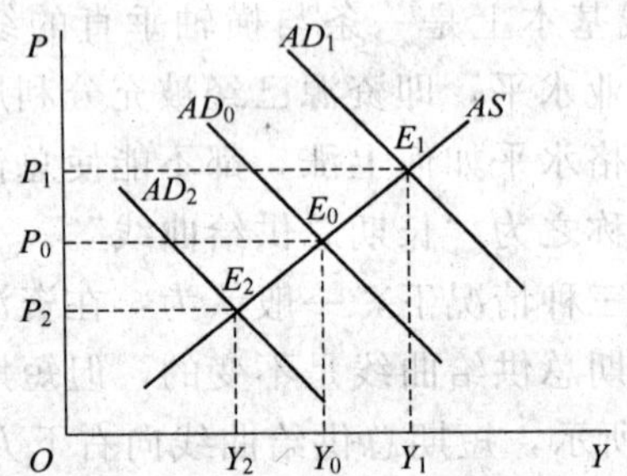

图10-17　总需求曲线变动与短期总供给曲线

第二，短期总供给曲线。如图10-17所示，总需求增加，总需求曲线从AD_0右移至AD_1，会使国民收入增加，从Y_0增加到Y_1，价格水平也上升，从P_0上升到P_1；总需求减少，总需求曲线从AD_0左移至AD_2，会使国民收入减少，从Y_0减少到Y_2，价格水平也下降，从P_0下降到P_2。也就是总需求变动引起国民收入与价格水平均同方向变动。

第三，长期总供给曲线。如图10-18所示，由于资源已经被充分利用，所以总需求增加，总需求曲线从AD_0右移至AD_1，这只会使价格水平上升，从P_0上升至P_1，而国民收入不会变动，为Y_f（表示充分就业的国民收入水平）；总需求减少，总需求曲线从AD_0左移至AD_2，也只会使价格水平下降，从P_0下降到P_2，而国民收入水平仍不会变动，为Y_f。也就是总需求变动会引起价格水平同方向变动，而不会引起国民收入的变动。

（二）短期总供给变动对国民收入和价格水平的影响

短期总供给变动同样会影响国民收入和价格水平。如图10-19所示，在总需求不变时，总供给增加，总供给曲线从AS_0右移至AS_1，会使国民收入增加，从Y_0增加至Y_1，价格水平下降，从P_0下降为P_1；总供给减少，总供给曲线从AS_0左移至AS_2，会使国民收入减少，从Y_0减少至Y_2，价格水平上升，从P_0上升至P_2。也就是短期总供给变动会引起国民收入同方向变动，而价格水平反方向变动。

（三）总需求-总供给模型的应用

总需求-总供给模型是分析宏观经济问题的有用工具。可以利用这

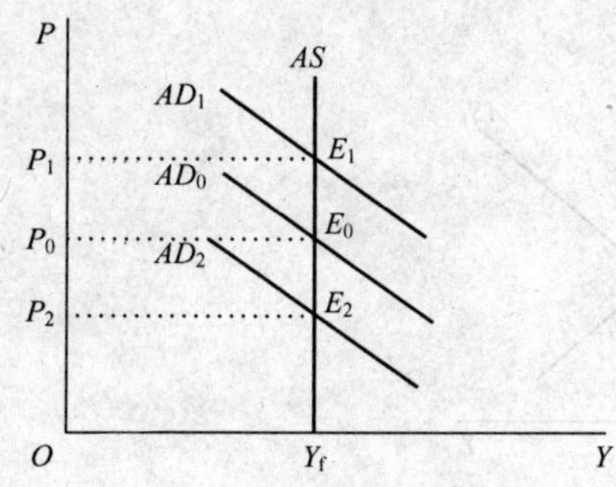

图 10-18　总需求曲线变动与长期总供给曲线

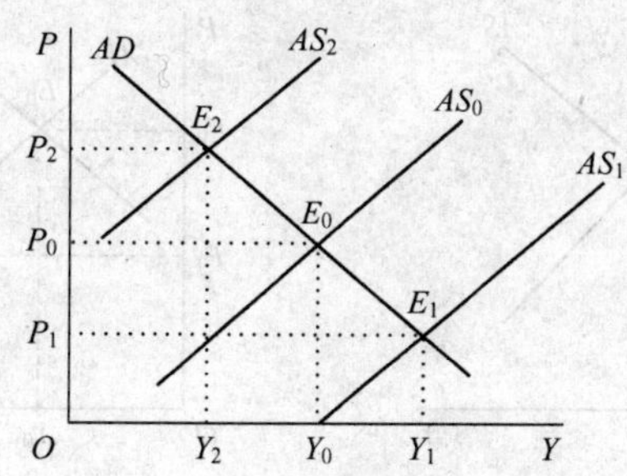

图 10-19　短期总供给的变动对国民收入与价格水平的影响

一模型来分析一些经济现象和经济问题。

1. 分析“滞胀”的原因

总供给曲线向左上方移动是西方国家经济发生滞胀的重要原因。20 世纪 70 年代中期，美国经济第一次发生滞胀，主要就是由于遭到强烈的“供给冲击”而造成的。当时谷物严重歉收，加之对前苏联出口大量小麦，使粮食供给不足，粮价猛升。与此同时，石油输出国组织大幅度提高石油价格，不仅使能源价格上升，而且使石油制品价格上升，从而使许多产品成本增加。因此，总供给曲线向左上方移动，从而造成严重滞胀局面，国民收入下降（生产停滞）和物价上涨（通货膨胀）两种病症同时并发（即图 10-19 所描述的）。

2. 分析治理通货膨胀与通货紧缩

当总供给大于总需求时，人们都愿意把钱存在银行，不管政府怎样刺激，老百姓就是不花钱。这时经济平衡需要用降价。企业要想卖出过剩的产品，就得降价，原材料厂家要想卖掉过剩的原材料也必须便宜卖，便宜人家也不买，则采取赊账。当生产厂家把商品送到超市时，超市也不马上付账。这种总需求大于总供给的结果，必然会导致物价指数下降。当各种商品价格上升时，经济开始回暖，总需求超过了总供给，开始通货（钱就不值钱）膨胀；当物价指数下降时，经济开始变冷，这时总供给超过总需求，开始通货紧缩。

当出现通货膨胀时，采取压制总需求的方法（抑制投资需求和消费需求）可以把通货膨胀压制下去。如图 10-20 所示，总需求减少，从 AD_0 左移至 AD_1，价格水平由 P_0 降至 P_1，但是，采用这一方法，虽然使物价水平下降了，但是国民收入也从 Y_0 减少到 Y_1，经济走向了衰退。

如果采取刺激增加总供给的方法，效果就会大不一样。如图 10-21 所示，刺激总供给，可以使总供给增加，总供给曲线从 AS_0 右移至 AS_1，价格水平下降，从 P_1 降至 P_0，同时增加了国民收入，从 Y_0 增加至 Y_1，促进了经济繁荣。

可见，在资源尚未充分利用的情况下，采用刺激总供给的方法对付

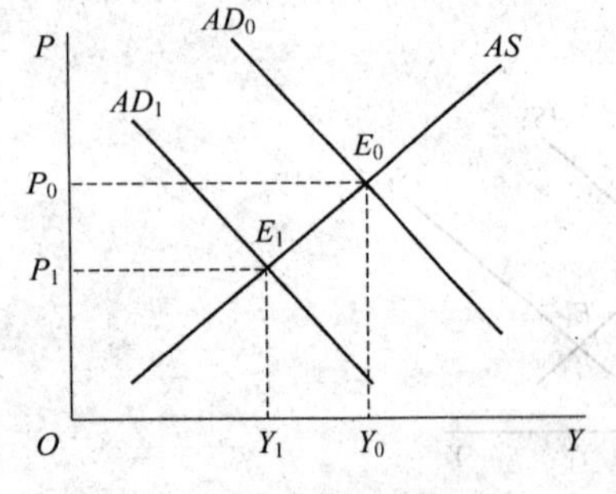

图 10-20 抑制总需求对付通货膨胀

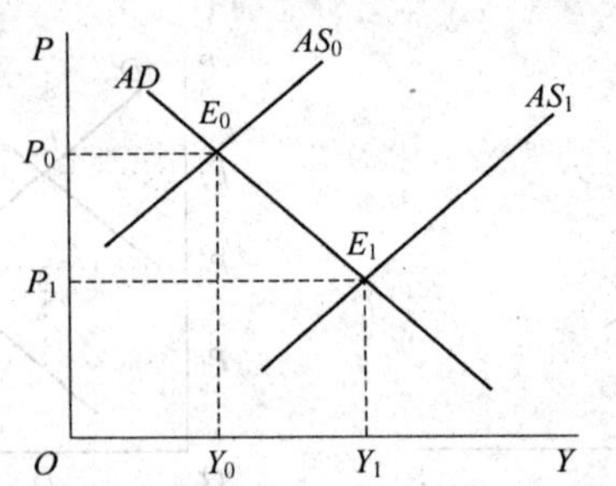

图 10-21 刺激总供给对付通货膨胀

通货膨胀比采用抑制总需求的方法更为有利。

与通货膨胀相反的情况是通货紧缩。通货紧缩是物价水平普遍下跌，引起纸币升值。通货紧缩产生的原因是复杂的，往往与政府紧缩银根、消费者和生产者对未来经济预期不乐观宁愿持有货币，而不愿意消费和投资。在这种情形下，通货紧缩会导致经济增长缓慢，甚至萧条。在这种时期，政府应积极运用扩张的财政政策和货币政策刺激总需求。

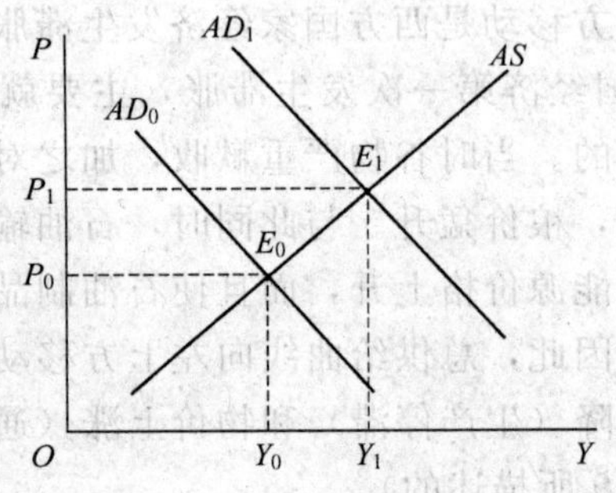

图 10-22 刺激总需求对付通货紧缩

当出现通货紧缩时，采取刺激总需求的方法（刺激投资需求和消费需求）可以提高物价水平以治理通货紧缩。如图 10-22 所示，总需求增加，从 AD_0 右移至 AD_1，价格水平由 P_0 升至 P_1，同时使国民收入从 Y_0 增加到 Y_1，使经济走向繁荣。

知识拓展

宏观经济学之父

宏观经济政策每一课题的讨论都必须从约翰·梅纳德·凯恩斯（1883 年、1946 年）开始。凯恩斯是一个全面天才。他在数学、哲学、文学方面都有建树。另外，他还经营一家大的公司，出任英国财政部顾问，协助管理英格兰银行，编辑一本世界闻名的经济杂志，收集现代艺术品和珍本图书，还创立过一家轮演选定节目的剧院，并娶了一位俄国最著名的芭蕾舞演员。他还是一位精通投机赚钱的投资家，不仅为自己，而且也为他所在的剑桥大学经济学院赚了钱。

然而，凯恩斯主要的贡献是首创研究宏观经济学和宏观经济政策的新方法。在凯恩斯以前，大多数宏观经济学家和政策制定者都认为，商业周期高峰和低谷的到来如潮汐一般不可避免。长时期形成的观点使得他们在20世纪30年代大危机面前茫然无措。凯恩斯1936年在《就业、利息和货币通论》一书中对上述问题提出了极其创造性的解释。凯恩斯有两点重要的论述：其一，市场经济中的失业率和未被完全利用的生产能力有可能长期并存；其二，政府的财政货币政策能够影响产出，从而降低失业率并缩短经济衰退期。

由凯恩斯首次提出的这些观点具有爆炸性效果，引发了无数的反对和争议。第二次世界大战后，凯恩斯学派的经济学开始在宏观经济研究和政府政策制定领域占据主导地位。到了20世纪60年代，事实上每一种宏观经济政策分析都基于凯恩斯主义。后来伴随经济学对关于供给、预期、工资及价格变动的研究成果的吸纳，凯恩斯主义早年一统天下的局面开始动摇。凯恩斯主义经济学曾经保证：政府的行为可以消除商业周期。但现在很少经济学家还在坚持这一观点。经济学和经济政策都已时过境迁，不再是凯恩斯伟大发现所处的那个时代。

1946年，凯恩斯抱病去美国萨凡纳，出席国际货币基金组织暨国际复兴开发银行的第一次会议。会议上的激烈辩论与争执，导致凯恩斯于3月19日清晨突发心脏病，一度处于昏迷状态。返回英国之后不久，这位划时代的经济学家，20世纪当之无愧的经济学领袖，因病情再次突发而去世。

蜜蜂寓言的启示

20世纪30年代，资本主义世界爆发了一场空前的大危机。经济大萧条使3000多万人失业，1/3的工厂停产，金融秩序一片混乱，整个经济倒退到第一次世界大战以前的水平。在经济大危机中，产品积压，工人失业，生活困难，绝大多数人感到前途悲观。持续的经济衰退和普遍失业，使传统的经济学遇到了严峻的挑战。一直关注美国罗斯福新政的英国经济学者约翰·梅纳德·凯恩斯，从一则古老的寓言中得到了启示：从前有一群蜜蜂过着挥霍、奢华的生活，整个蜂群兴旺发达，百业昌盛。后来，它们改变了原有的生活习惯，崇尚节俭朴素，结果社会凋敝，经济衰落，终于被敌手打败。凯恩斯从这则寓言中悟出了需求的重要性，并建立了以需求为中心的国民收入决定理论，并在此基础上引发了经济学上著名的“凯恩斯革命”。这场革命的结果就是建立了现代宏观经济学。

“凯恩斯革命”革了萨伊的命。

住房需求是投资

在许多人的观念中购买住房是一种消费，与购买冰箱、彩电、汽车一样。在经济学家看来，购买住房实际是一种投资行为，即投资于不动产。

为什么购买住房不是消费而是投资呢？先从这种购买行为的目的来看，消费是为了获得效用，如购买冰箱、彩电、汽车等都是为了使满足程度更大，但投资是为了获得利润，或称投资收益。在发达的市场经济中，人们购买房子不是为了住或得到享受（如果仅仅为了住可以租房子），而是作为一种投资得到收益。住房的收益有两个来源：一是租金收入（自己住时所少交的房租也是自己的租金收入）；二是房产本身的增值。土地总是有限的，因此，从总趋势来看，房产是升值的。正因为这样，许多人把购买住房作为一种收益大而风险小的不动产投资。

把住房作为消费还是投资在经济学家看来是十分重要的，因为决定消费与投资的因素不同。在各种决定消费的因素中最重要的是收入，但在决定投资的各种因素中最重要的是利率。因为利率影响净收益率。只有利率下降，收益率提高，人们才会投资，而且只要净收益率高，就愿意借钱投资，因此，要刺激投资就要降低利率。如果经济政策的目标是刺激人们购买住房，关键不是增加收入，而是降低利率。

本章小结

◆总需求与总供给相等时的国民收入是均衡的国民收入。当不考虑总供给这一因素时，均衡的国民收入是由总需求决定的。

◆消费函数是消费与收入之间的依存关系。储蓄函数是储蓄与收入之间的依存关系。在既定的收入中，消费与储蓄是呈反方向变动的。增加消费国民收入增加，增加储蓄国民收入减少。

◆乘数理论是指自发的总需求增加引起国民收入增加的倍数。乘数大小取决于边际消费倾向，边际消费倾向越大，乘数越大，从而使总需求和国民收入增加得就越多。

◆乘数发生的作用是有条件的，只有在社会各种资源没有得到充分利用时，总需求增加才会产生乘数效应。此外，乘数作用是双重的。

◆*IS* 曲线也称投资储蓄曲线，是描述物品市场达到均衡时，国民收入与利率之间存在着反方向变动关系的曲线。*LM* 曲线也称货币供求曲线，是指货币市场达到均衡时，国民收入与利率之间存在着同方向变动关系的曲线。

◆*IS-LM* 模型就是分析在利率和投资变动的情况下，总需求对均衡国民收入的决定，以及利率与国民收入之间的关系。

◆总需求曲线表示物价水平与总需求量之间的关系，总需求曲线向右下方倾斜，即物价水平与总需求量之间是反方向变动的关系。

◆除物价水平之外的其他因素变动引起总需求曲线的移动。总需求曲线向右移动表示既定物价水平时，总需求量增加；总需求曲线向左移动表示既定物价水平时，总需求量减少。

◆凯恩斯主义的总供给曲线是一条与横轴平行的线，表明在价格水平不变的情况下，总供给是可以增加的。

◆短期总供给曲线表示短期中物价水平与总供给量之间的关系，短期总供给曲线表示短期中物价水平与总供给量是同方向变动的关系。

◆长期总供给曲线是一条与横轴垂直的线，表示在长期中，物价水平与总供给量无关。长期总供给曲线的位置由经济潜力决定，随着经济增长向右移动。

◆总需求-总供给模型是从总需求与总供给的角度分析均衡国民收入和物价水平的决定。在总需求-总供给模型图中，当总需求曲线与短期总供给曲线相交时，就决定了均衡的国民收入与物价水平。

◆总需求-总供给模型是分析宏观经济问题的工具。

主要概念

总需求　总需求决定国民收入　消费与储蓄函数　乘数理论　*IS* 曲线　*LM* 曲线　总需求曲线　三种总供给曲线　总需求-总供给模型

思考与应用

一、单项选择题

1. 边际消费倾向与边际储蓄倾向之和（　　）。
   A. 大于1　B. 小于1　C. 等于1　D. 小于零
2. 引致消费取决于（　　）。
   A. 自发消费　B. 边际储蓄倾向
   C. 边际消费倾向　D. 收入和边际消费倾向
3. 依据消费函数，引起消费增加的因素是（　　）。
   A. 价格水平下降　B. 收入增加
   C. 储蓄增加　D. 收入减少
4. 根据简单国民收入的决定，引起国民收入增加的原因（　　）。
   A. 消费减少　B. 消费不变　C. 消费增加　D. 储蓄增加
5. 根据以下数据，乘数最大的是（　　）。
   A. 边际消费倾向为0.6　B. 边际消费倾向为0.4
   C. 边际消费倾向为0.75　D. 边际储蓄倾向为0.1

6. *IS* 曲线上的每一点都表示（　　）。

A. 投资等于储蓄的国民收入和利率的组合

B. 投资等于储蓄的均衡货币量

C. 货币需求等于货币供给的均衡货币量

D. 产品市场和货币市场同时均衡的收入

7. 自发总需求增加使 *IS* 曲线（　　）。

A. 向左移动　B. 向右移动　C. 保持不变　D. 斜率增大

8. *LM* 曲线上的每一点都表示（　　）。

A. 货币供给等于货币需求的国民收入和利率的组合

B. 货币供给大于货币需求的国民收入和利率的组合

C. 货币供给小于货币需求的国民收入和利率的组合

D. 产品需求等于产品供给的国民收入和利率的组合。

9. 一般地说，*LM* 曲线的斜率（　　）。

A. 为正　B. 为负　C. 为零　D. 可正可负

10. 货币供给量增加使 *LM* 曲线右移，表示（　　）。

A. 同一利率水平下国民收入增加

B. 利率不变国民收入减少

C. 同一国民收入水平下利率提高

D. 国民收入不变利率下降

11. 在 *IS* 曲线和 *LM* 曲线相交时，表示（　　）。

A. 产品市场均衡而货币市场不均衡

B. 产品市场不均衡而货币市场均衡

C. 产品市场和货币市场都处于不均衡

D. 产品市场和货币市场都处于均衡

12. 利率降低时，货币的投机需求将（　　）。

A. 增加　B. 减少　C. 不变　D. 无法确定

13. 在 *IS* 曲线不变的条件下，货币供给量减少，引起（　　）。

A. 国民收入增加，利率下降

B. 国民收入下降，利率上升

C. 国民收入增加，利率上升

D. 国民收入下降，利率下降

14. 价格一定，总供给可以增加的总供给曲线是（　　）。

A. 短期总供给曲线　B. 长期总供给曲线

C. 凯恩斯总供给曲线　D. 整条总供给曲线

15. 在资源未被充分利用时，对付通货膨胀的最佳方法是（　　）。

A. 刺激总需求　B. 抑制总需求

C. 刺激总供给　D. 抑制总供给

二、多项选择题

1. 居民消费函数的构成有（　　）。

A. 初始消费支出　　　B. 边际消费倾向决定的引致消费

C. 基本的投资支出　　D. 政府的支出　　E. 净出口

2. 居民边际消费倾向递减说明（　　）。

A. 随着人们的收入增加消费的绝对数量也会增加

B. 消费增加的数量小于国民收入的增加量

C. 消费在收入中的比例将随着国民收入的上升而下降

D. 消费在收入中的比例将随着国民收入的上升而上升

E. 消费和收入之间的差额随收入的增加而越来越大

3. 消费函数与储蓄函数的关系是（　　）。

A. 由消费和储蓄的关系决定的

B. 收入为消费和储蓄之和

C. 当收入一定时，消费增加储蓄减少

D. 当收入一定时，消费减少储蓄减少

E. 当收入一定时，消费减少储蓄增加

4. 边际消费倾向与边际储蓄倾向的关系（　　）。

A. $MPC+MPS=1$　　B. $MPS=1-MPC$　　C. $APC+APS=1$

D. $MPC=1-MPS$　　E. $APC=1-AP$

5. 乘数效应可以理解为（　　）。

A. 总需求的增加引起国民收入的成倍增加

B. 总需求的减少引起国民收入的成倍减少

C. 乘数发挥作用是在资源没有充分利用的情况下

D. 乘数发挥作用是在资源充分利用的情况下

E. 乘数的大小取决于边际消费倾向的大小

6. 投资乘数形成取决于（　　）。

A. 投资增加就业增加国民收入增加

B. 就业增加国民的消费增加

C. 投资乘数的大小与国民收入同方向变动

D. 投资乘数的大小与国民收入反方向变动

E. 最终收入的增加是最初投资增加的倍数

7. 国民收入变动的一般规律是（　　）。

A. 投资增加，国民收入增加

B. 投资减少，国民收入减少

C. 政府支出增加，国民收入增加

D. 政府支出减少，国民收入减少

E. 消费增加，国民收入减少

8. 乘数的公式表明（　　）。

A. 边际消费倾向越高，乘数就越小

B. 边际消费倾向越低，乘数就越小

C. 边际消费倾向越高，乘数就越大

D. 边际消费倾向越低，乘数就越大

E. 乘数一定是不小于 1 的

三、判断题

1. (　　) 在一般的情况下，随着国民收入的增加，国民消费倾向变得越来越小。

2. (　　) 在简单的国民收入决定模型中储蓄越多国民收入越多。

3. (　　) 边际消费倾向越大，乘数越大。

4. (　　) 边际消费倾向与边际储蓄倾向之和一定等于 1。

5. (　　) 根据简单储蓄函数，引起储蓄增加的主要原因是利率上升。

6. (　　) 只要投资增加国民收入就一定成倍增加，这就是乘数理论所揭示的一般原理。

7. (　　) 乘数大小取决于边际消费倾向，边际消费倾向越大乘数越大。

8. (　　) 乘数理论是一把“双刃的剑”，增加需求导致国民收入成倍增加，减少需求导致国民收入成倍减少。

9. (　　) 投资增加、消费增加和政府支出增加都会使国民收入增加。

10. (　　) 国民收入调节的最终目的是达到社会总需求等于社会总供给。

四、计算题

1. 已知消费函数为 $C=150+0.5Y$，计算自发总需求增加工厂 100 亿元，国民收入会增加多少？若自发总需求减少 80 亿元，国民收入又会减少多少？

2. 社会收入为 2000 亿元，储蓄为 800 亿元，收入增加为 3000 亿元时，储蓄为 1200 亿元。计算边际消费倾向、边际储蓄倾向和乘数。

3. 一个经济消费需求为 8000 亿元，投资需求为 1800 亿元，出口为 1000 亿元，进口为 800 亿元。计算该经济的总需求，并计算各部分在总需求中所占的比例（注意要把进口与出口算成净出口一项）。

4. 已知一个经济的消费函数为：$C=60+0.7Y$，试求：

(1) 该经济的乘数；

(2) 若投资增加 100 亿元，求国民收入和消费的增加量。

五、问题与思考

1. 在不同的总供给曲线下，总需求变动对国民收入和价格水平有什么不同的影响？

2. 什么是总需求曲线？总需求曲线与商品的需求曲线有何不同？

3. 什么是边际消费倾向？简述边际消费倾向与乘数的关系以及乘数在经济发展中的作用。

4. 用总需求-总供给模型说明经济中由于总需求不足引起的小于充

分就业的均衡。这种情况下如何实现充分就业均衡？用图形说明。

5. 什么是 *IS* 曲线？什么是 *LM* 曲线？

6. 在介绍总需求曲线时说明了物价水平与总需求量反方向变动，但在一些情况下，物价水平下降，总需求也在下降，你能解释这种现象吗？提示：根据总需求曲线的移动。

7. 用本章理论分析 2008 年奥运会对我国经济的影响。

第十一章

失业与通货膨胀理论

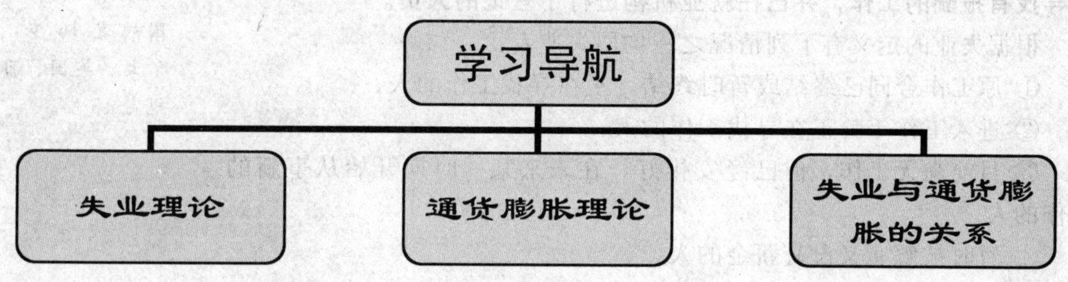

重点掌握

- 周期性失业及其原因
- 供给推动的通货膨胀
- 菲力普斯曲线的含义

一般掌握

- 通货膨胀对经济的影响
- 需求拉上的通货膨胀

一般了解

- 不同学派对菲力普斯曲线的解释

把通货膨胀控制在3.5%以下的同时达到60年代肯尼迪政府的目标，即把失业率降低到4%，是可能的。

——詹姆斯·托宾

失业和通货膨胀是各国宏观经济学研究的两个最重要的问题，运用国民收入决定理论中的总需求-总供给模型来解释失业、通货膨胀理论，分析失业、通货膨胀的原因及相互关系，从而了解各国政府为解决这些问题并制定相关政策的理论依据。

充分就业是宏观经济学研究的四大课题之一。

第一节 失业理论

一、失业和失业率

衡量失业有两个指标：失业人数和失业率。按照国际劳工组织规定，**失业人数（Unemployed Persons）（是指在一定年龄以上，有劳动能力的劳动者，在某一时间内没有职业或工作时间没有达到规定标准，并在寻找有报酬的工作，并已在就业机构进行了登记的人员。**

各国法定年龄不一样，美国、我国规定16岁，加拿大、英国、日本规定15岁。

根据失业的定义有下列情况之一均属失业者：

① 原工作合同已终结或暂时终结，正在寻找工作的人；

② 进入工作年龄正在寻找工作的人；

③ 目前尚无工作，但已经安排好，在未来某一时期开始从事新的工作的人；

④ 暂时被解雇又没有薪金的人。

理解失业的概念还要注意属于以下情况的不属于失业：

① 年龄规定以外的无工作者不是失业者；

② 丧失工作能力者不计入失业者；

③ 在校学习的学生不是失业者；

④ 由于某种原因不愿工作或不积极寻找工作的人不计入失业者；

⑤ 有些未领取失业救济的未登记注册的无工作者，没有被计入失业者。

衡量经济中失业状况最基本的指标是失业率。失业率是指失业人数占劳动力总数的百分比，公式表示为

$$失业率=\frac{失业人数}{劳动力总数}\times 100\%$$

式中，劳动力总数是指失业人数和就业人数之和。

失业率的变动在西方国家每月都是头条新闻。以美国为例，失业率的数据是每月大约对60000个家庭进行随机抽样调查并估算出来的，并在每月第一个星期五发表上个月失业率的估计数字。尽管官方对失业率的估计不一定能准确地反映失业程度，但它为政府决策提供了一个参考数据。

二、自然失业

经济学家认为，在长期中市场机制能充分发挥调节作用，因此，经济中可以实现充分就业。但充分就业并不是人人都有工作。由于经济中某些难以避免的原因引起的失业称为自然失业。在任何动态经济中，这

宏观经济学把长期中存在的失业，称为自然失业。

种失业都是必然存在的。自然失业可以分为以下几种。

（一）摩擦性失业

摩擦性失业是指劳动力在正常流动过程中所产生的失业。在一个动态经济中，各行业、各部门和各地区之间劳动需求的变动是经常发生的。即使在充分就业状态下，由于人们从学校毕业或搬到新城市而要寻找工作，总是会有一些人的流动。摩擦性失业量的大小取决于劳动力流动性的大小和寻找工作所需要的时间。由于在动态经济中，劳动力的流动是正常的，所以摩擦性失业的存在也是正常的。

（二）结构性失业

结构性失业是在对劳动力的供求不一致时产生的。供求之所以会出现不一致是因为对某种劳动的需求增加，而对另一种劳动的需求减少，与此同时，供给没有迅速作出调整。因此，当某些部门相对于其他部门出现增长时，经常看到各种职业或地区之间供求的不平衡。在这种情况下，“失业与空位”往往并存，即一方面存在着有工作无人做的“空位”，而另一方面又存在着有人无工作的“失业”，这是劳动力市场的结构特点造成的。

（三）临时性或季节性失业

临时性或季节性失业是由于某些行业生产的时间性或季节性变动所引起的失业。例如，建筑业或码头装卸，遇到坏天气，或舱盖打不开，使得建筑施工不得不停下来，运输装卸也常常雇用临时工。在农业、旅游业、建筑业中，这种失业最多。这些行业的生产时间性或季节性是客观条件或自然条件决定的，很难改变。因此，这种失业也是正常的。

（四）技术性失业

技术性失业是由于技术进步所引起的失业。在经济增长过程中，技术进步的必然趋势是生产中越来越广泛地采用了资本、技术密集性技术，越来越先进的设备代替了工人的劳动，这样，对劳动力需求的相对缩小则会使失业增加。此外，在经济增长过程中，资本品相对价格下降和劳动力价格相对上升也加剧了机器取代工人的趋势，从而也加重了这种失业。这种失业的工人大都是文化技术水平低、不能适应现代化技术要求的工人。

（五）求职性失业

求职性失业是指工人不满意现有工作，离职去寻找更理想的工作所造成的失业。这种失业的存在主要是因为劳动力市场不同质，即使是完全相同的工作也存在着工资及其他条件的差异，而且，劳动力市场信息又是不充分的，并不是每个工人都可以得到完全的工作信息。工人在劳动力市场上得到的信息越充分，越能找到理想的工作。工人在寻找理想工作期间的失业就是求职性失业。这种失业也是劳动力流动的结果，但它又不同于摩擦性失业。因为这种劳动力的流动，不是经济中难以避免的原因引起的，而是工人自己造成的，属于自愿失业性质。这种失业人口中青年人占的比例最大，因为青年人往往不满现状，渴望找到更适合自己的工作。

各国自然失业率不同。欧盟各国、加拿大和美国的自然失业率差别相当大。当美国的自然失业率为4%左右时，欧洲、加拿大的自然失业率在6%左右。引起这种差异的主要原因是制度上的。一般来说，欧洲和加拿大的各种社会保障和社会福利要高于美国。欧洲人和加拿大人享受的失业津贴高于美国人，时间也比美国长，最低工资标准也高于美国。此外，欧洲和加拿大工会的力量也比美国强大。欧洲和加拿大有3/4左右的工人是工会会员，而且所起的作用也大，但美国在工会极盛的20世纪40～50年代，加入工会的工人也仅1/3，现在下降为16%左右。

上述自然失业属于正常失业，各国都有自然失业。有些经济学家认为，这种失业不仅正常，而且必要。付出失业的代价换得劳动力最优配置的结果，从社会来看是利大于弊。

三、总需求不足的失业

总需求不足的失业就是周期性失业，凯恩斯认为这种失业是非自愿的。根据凯恩斯的分析，就业水平取决于国民收入水平，而国民收入水平又取决于总需求，总需求不足一般都出现在经济萧条时期，是周期出现的。

总需求不足的失业（周期性失业）是经济中总需求-总供给模型的应用。

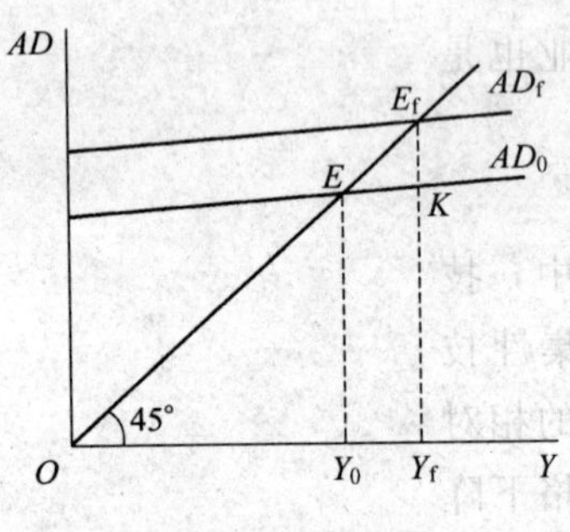

图 11-1　膨胀性缺口

下面用紧缩性缺口来说明总需求不足的失业。紧缩性缺口是指实际总需求小于充分就业的总需求的差额。

如图11-1所示，横轴表示国民收入Y，纵轴表示总需求AD，充分就业的总需求AD_f与45°线的交点E_f决定了充分就业的国民收入水平为Y_f，而现实中实际的总需求水平AD_0由于小于充分就业的总水平AD_f，AD_0与45°线的交点E决定了实际的国民收入水平仅为Y_0，$Y_0<Y_f$，则必然引起失业。由于$Y_0<Y_f$是$AD_0<AD_f$造成的。实际总需求与充分就业总需求之间的差额E_fK就是紧缩性缺口，这是造成周期性失业的根源。

凯恩斯认为失业的原因是总需求不足，即有效需求不足，而造成需求不足的原因则是三大心理规律的作用：**边际消费倾向递减规律导致消费不足；资本边际效率递减造成投资需求不足；流动偏好规律使利率的下降有一个最低限度，无法拉开利润率与利率之间的差距以便刺激投资。**其结果是总需求不足，出现紧缩性缺口。

心理上的边际消费倾向递减规律是说，随着收入的增加，消费也增加，但在增加的收入量中，用来消费的部分所占的比例越来越小，从而造成了消费需求不足。

资本的边际效率递减规律是指资本所带来的利润呈递减趋势。投资是为了获得最大纯利润，而这一利润取决于投资预期的利润率（即资本的边际效率）与为了投资贷款所支付的利息率。如果预期的利润率越大于利息率，则纯利润越大，投资越多；反之，如果预期的利润率越小于利息率，则纯利润越小，投资越少。资本的边际效率递减使得利润率与利息率间的差距缩小。

流动性偏好表示人们喜欢以货币形式保持一部分财富的愿望或动机。由于货币需求的存在，利息率的下降就有一定的限度，这样也使得利润率与利息率间的差距缩小，引起投资需求不足，最终造成总需求的不足，从而引起非自愿失业，即总需求不足失业的存在。

四、失业的损失

在现实经济中，失业的危害很容易被人认识，可以肯定，失业率增加时几乎没有人能从中获益。因为失业率的上升意味着总产量会下降，人们总实际收入会下降，实际消费力下降，社会产品就会卖不出去，产品越卖不去失业人数就会更多，经济陷入恶性循环。

对于个人来说，如果是非自愿失业，则会使他的收入减少，生活水平下降。对社会来说，失业增加了社会福利支出，造成财政困难，同时，失业率过高又会影响社会安定，带来其他社会问题。从整个经济看，失业在经济上最大的损失就是实际国内生产总值的减少。

曾任美国总统约翰逊首席经济顾问的美国经济学家阿瑟·奥肯研究了失业率变动对实际国民收入的影响，提出了奥肯定理。**奥肯定理说明的是失业率与实际国民收入增长率之间关系的经验统计规律。**这一规律表明，失业率每增加1%，则实际国民收入减少2.5%；反之，失业率每减少1%，则实际国民收入增加2.5%。理解这一规律时应注意：第一，它表明了失业率与实际国民收入增长率之间是反方向变动的关系。第二，失业率与实际国民收入增长率间1∶2.5的关系只是一个平均数，是根据经验统计资料得出的，在不同时期、不同国家数字略有不同。第三，奥肯定理适用于没有实现充分就业的情况。奥肯定理中所说的失业是指周期性的失业。

失业率的上升使经济付出了沉重的代价。失业率上升引起的国民收入的损失不可能在失业率下降的时候得到补偿，人们不可能指望所有的工人在一年之内干出两年的活，失去的将永远失去，不正常的情况是不能用正常情况来弥补的。

失业在各国都是一个敏感的问题。许多经济学家都把失业率作为衡量经济景气状况的重要指标。一些政治家更是把失业率的高低作为攻击对手或标榜自己的工具。

第二节 通货膨胀理论

通货膨胀是一种纸币现象，凡是实行纸币制度的国家，都有可能发生通货膨胀。由于现在世界各国实行的都是纸币制度，因而通货膨胀又是一个世界性的问题，而且也是宏观经济中最令人困惑、争论最多的问题之一。

一、通货膨胀及其衡量

通货膨胀（Inflation）的一般定义是：通货膨胀是在纸币流通制度下，由于纸币的发行量超过了商品流通中的实际需要量，由此引起的货币贬值以及一般物价水平持续普遍上涨的现象。

通货膨胀是宏观经济学研究的四大课题之一。

根据定义，通货膨胀的含义应包括三方面。

第一，通货膨胀是指一般物价水平持续普遍上涨，即所有商品和劳务的价格都上涨。因此，局部的或个别的商品和劳务价格上涨，以及季节性、偶然性和暂时性的价格上涨都不能称之为通货膨胀。

第二，通货膨胀是与纸币发行过多联系在一起的。物价上涨可以由多种原因引起，如资源短缺、结构失调、商品质量提高等，但仅仅是这些原因引起的价格上涨，不能算作通货膨胀，只有当纸币发行量超过了客观经济过程的实际需要量，才能称为通货膨胀。

第三，通货膨胀的形式可以是公开的，也可以是隐蔽的。如实行配给制或价格管制时，看起来物价没有上涨，但一旦取消配给制或放开物价，价格水平就会普遍上涨。

是否发生了通货膨胀，通货膨胀的程度如何，衡量通货膨胀的指标是物价指数。物价指数是目前世界各国衡量通货膨胀的主要指标之一，表明商品价格从一个时期到下一时期变动程度的指数。由于统计的口径、方法、选择对象不同，反映物价水平变化的物价指数有多种，其中最主要和常用的有三种。

消费物件指数简称CPI指数，生产者价格指数是PPI。

第一，消费物价指数（Consumer Price Index）。又称零售物价指数或生活费用指数，它是衡量各个时期居民个人消费的商品和劳务价格变化的指标。它既可作为通货膨胀率的测定指标，又可作为工资、津贴调整的依据，具体的计算公式为

$$通货膨胀率=\frac{本期消费物价指数-基期消费物价指数}{基期消费物价指数}\times 100\%$$

许多国家均采用消费物价指数来衡量通货膨胀率，但是，这一指数局限于统计居民家庭消费的商品和劳务，而把国家消费和集团消费排除在指数之外，这是它的主要缺陷。

第二，生产价格指数（Producer Price Index）。它是反映不同时期商品批发价格水平变动情况的指数，它通过对比基期计算出价格变动的百分比。由于这种指数与产品出厂价格紧密相关，而且既有消费资料又

有生产资料（但不包括劳务价格），所以持成本推进通货膨胀观点的经济学家认为物价指数最适合于衡量通货膨胀率。

第三，国民生产总值折算数。它是按当年价格计算的国民生产总值对按固定价格或不变价格计算的国民生产总值的比率。其计算公式为

$$\text{国民生产总值折算数}=\frac{\text{按报告期价格计算的报告期产值}}{\text{按基期价格计算的报告期产值}}\times 100\%$$

衡量通货膨胀主要以 CPI 为准。

由于这一指数统计范围包括一切商品和劳务，也包括进出口商品，所以能全面反映社会总物价水平的变动趋势。但由于编制这一指数资料统计较困难，多数国家每年统计计算一次，故不能迅速反映通货膨胀的情况。

二、通货膨胀的种类

经济学家根据不同的标准对通货膨胀分类，这里介绍按价格上升速度进行的分类。

温和的通货膨胀指每年物价上升的比例在 10%以内。美国在 20 世纪 90 年代一直保持 2%左右的通货膨胀就属于温和的通货膨胀。保持了温和通货膨胀，也就实现物价的稳定。有的经济学家认为，这种缓慢而逐步上升的价格对经济和收入增长有积极的刺激作用。

奔腾的通货膨胀，也叫加速的通货膨胀，指年通货膨胀率在 10%以上 100%以内。这时，货币流通速度的提高和货币购买力的下降均具有较快速度。奔腾的通货膨胀发生后，公众预期价格还会进一步上涨，因而采取各种措施保护自己，以免受通货膨胀之害，这使通货膨胀更为加剧，一旦奔腾的通货膨胀站稳了脚跟，便会出现严重的经济扭曲。例如我国 20 世纪 80 年代出现的 30%左右的通货膨胀就属于这种通货膨胀，好在我国政府在很短的时间内就将其遏制住。

恶性通货膨胀，也叫超级通货膨胀，指通货膨胀率在 100%以上。发生这种通货膨胀时，价格持续猛涨，人们都尽快地使货币脱手，从而大大加快了货币流通速度。其结果是对货币完全失去信任，购买力猛降，各种正常的经济联系遭到破坏，致使货币体系和价格体系完全崩溃，在严重情况下，还会出现社会动乱。例如 1920～1923 年的德国或者第二次世界大战以后的中国和匈牙利所发生的五花八门的价格上涨。在德国，政府开动货币印刷机，把货币和价格都推向天文数字的水平。从 1922 年 1 月到 1923 年 11 月，价格指数从 1 上升到 100 亿。假若一个人在 1922 年初拥有一张价值 3 亿美元的债券，那么两年之后这张债券便买不到一块橡皮糖。我国 1936 年 100 元钱能够买一头牛，到了 1946 年只能买到一个煤球。在当代，俄罗斯和东欧一些国家在经济转型中都出现过这种通货膨胀。

三、通货膨胀的原因

（一）需求拉上型通货膨胀

根据传统的凯恩斯理论，通货膨胀源于总需求超过充分就业情况下

的总供给，也就是说，过度需求向上拉动物价水平，从而导致通货膨胀。

凯恩斯在分析这个问题时使用了“膨胀性缺口”这一概念。如图11-2所示，与充分就业下的总供给水平相适应的总需求为AD_f，它与45°线的交点E_f决定了充分就业的国民收入为Y_f，而实际的总需求水平为AD_0，$AD_0 > AD_f$，AD_0与45°线的交点E_0要求的国民收入为Y_0，$Y_0 > Y_f$，因为Y_f已经是充分就业时的国民收入水平，无法再增加了，所以实际总需求AD_0与充分就业总需求AD_f之间的差额（图中E_0K）就形成了膨胀性缺口。

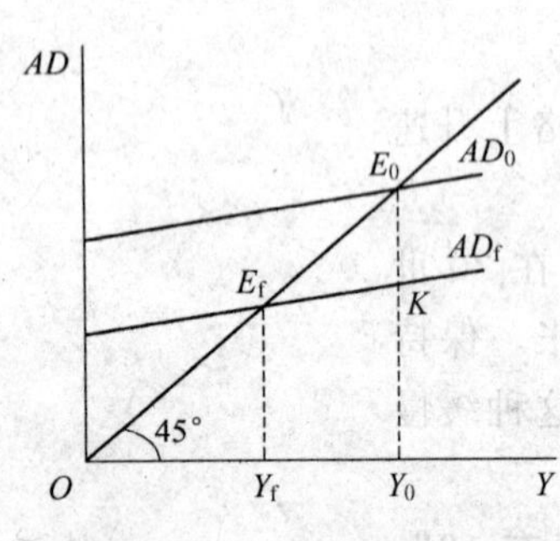

图 11-2 膨胀性缺口

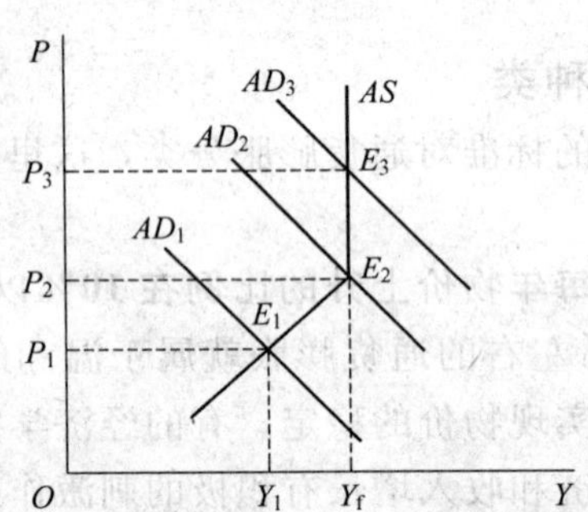

图 11-3 需求拉上的通货膨胀

凯恩斯主义的经济理论，从强调实际因素对需求影响的角度出发，认为社会总需求是由消费需求、投资需求构成的。在总需求中任何一个成分的增加，都会造成总需求的增加，当社会的生产能力已达到充分就业状态时，总需求的膨胀会产生膨胀性缺口，导致需求拉上的通货膨胀。

如图11-3所示，在未实现充分就业以前，总需求的增加从AD_1增加到AD_2，一方面会促使国民收入水平的提高，另一方面也会使物价水平有所上涨，但这个上涨是暂时的，因为在未实现充分就业以前，总供给是可以随总需求的增加而增加的，当总供给增加到与总需求水平相适应时，物价水平就可能回落（如果在凯恩斯总供给曲线上，总需求增加，只使国民收入水平提高，物价水平保持不变）。当实现充分就业以后，总需求继续增加，从AD_2增加到AD_3，国民收入已经达到充分就业的国民收入水平，无法继续增加，只会引起物价水平的上涨，从P_2上升到P_3。

从以上的讨论中，可以得出凯恩斯主义者关于通货膨胀的观点，即通货膨胀与失业不会同时存在，通货膨胀是在资源充分利用之后产生的。

现代货币主义对于需求拉上型通货膨胀，着重从货币因素的角度来进行说明。他们认为，当货币供给量增加，引起社会总需求扩大，这时，需求拉上的通货膨胀就是货币因素引起的。其道理是货币供给量的增加必然会扩大社会对商品和劳务的需求，但一旦达到充分就业以后，商品和劳务的供给就达到了极限，只能通过提高价格的办法来抑制总需求。

总之，无论上述哪一种对需求拉上的通货膨胀的解释，都必须由金融市场提供额外的大量货币资金，即需求拉上的通货膨胀的实质在于：过多的货币支出追逐在充分就业条件下可生产出来的有限的物品供给。

（二）成本推动型通货膨胀

从20世纪50年代起，成本推动型通货膨胀理论越来越受到人们的重视。成本推动型通货膨胀是从产品和劳务的供给及成本方面来解释物价水平的变动，认为通货膨胀的原因主要是企业生产成本的增加。具体说是由工资成本、利润成本和进口成本推动的通货膨胀。

（1）工资推动的通货膨胀　这种通货膨胀被认为是由于工会对工资率施加压力而产生的，它的前提是存在不完全竞争的劳动市场，而这种不完全性的最重要的表现是工会的存在。

从理论上说，如果工资率是由完全竞争的市场力量所决定的，那么工资推进通货膨胀就不会发生。因为在这种情况下，工资率将随着劳动力供给和需求的变动而上升或下降，而劳动力供给和需求的变动又依赖于总需求的变动。但是在现代社会中，工资率远不是由市场决定的。在这里起着重要作用的是垄断和工会的力量。当工会运用其垄断力量提高工资时，这种强制的工资率增长，提高了所生产的产品成本，而雇主也就按同样的速度来提高这些产品的价格。这种工资增长将会推广到别的企业或行业，这些产品价格的上升也同时波及到其他产品，最后导致了通货膨胀的产生。

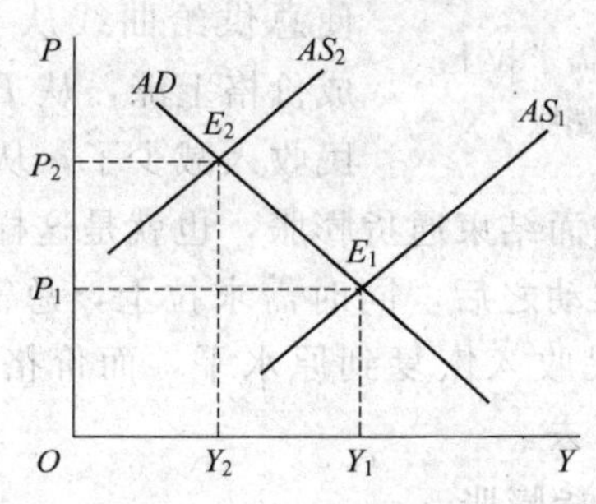

图11-4　成本推动的通货膨胀

如图11-4所示，总需求不变为AD，由于成本增加导致总供给减少，总供给曲线从AS_1左移到AS_2，结果是国民收入减少，从Y_1减少至Y_2，价格水平上升，从P_1上升至P_2。

（2）利润推动的通货膨胀　由供给方面引起的通货膨胀的另一因素是利润的增加。寡头企业和垄断企业在追求更大利润时，有可能提高产品价格，使之超过用以抵消任何成本增加的幅度。正如工会是工资推动通货膨胀的前提一样，物品和劳务销售的不完全竞争市场的存在，乃是利润推动通货膨胀的前提。如果产品价格完全由市场力量决定，那么这种类型的通货膨胀将不会产生。正是由于竞争的不完全，许多产品价格受到卖主的操纵。在一个大量存在这种价格操纵的经济中，企业或公司为赚取较多的利润，将价格上升的速度超过其成本增长的速度。如果这一过程得以推广，就会产生利润推动的通货膨胀。

（3）进口成本推动的通货膨胀　由供给方面引起的通货膨胀还有一个因素，那就是进口成本的增加。由于重要的进口物品价格提高而造成国内生产成本上升。从开放经济的角度看，当一些重要的进口产品价格提高，则会引起某些以进口品为主要投入的企业生产成本上升，从而使这些行业的产品价格也随之上涨。当这些行业的产品价格上涨波及到整个经济时，就形成了进口成本推动的通货膨胀。

（三）需求拉上和成本推动混合型通货膨胀

有些经济学家认为，通货膨胀有时不能简单地说是需求拉上的，还是成本推动的，而是它们同时发挥作用，并互相影响、互相促进的结果。对于成本推动的通货膨胀，如果没有需求的相应增长，由供给因素引起的通货膨胀将不可能持久。这是因为，工资率的增长将在需求并无增长的情况下，使价格提高，同时也带来了生产下降、失业扩大，这种情况必将限制仅仅依靠供给方面变动的通货膨胀过程。

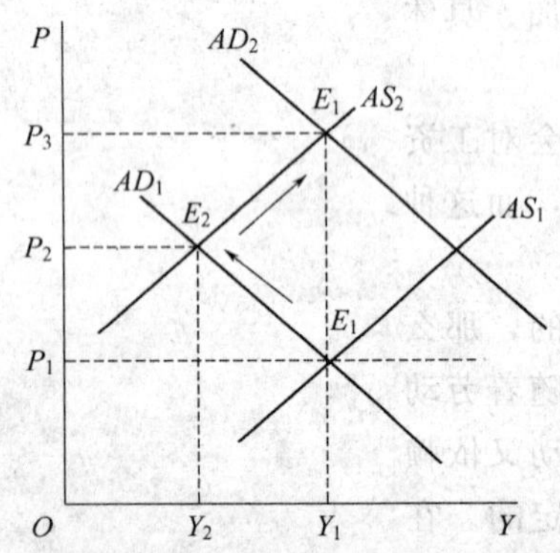

图 11-5　成本推动和需求拉上共同作用的通货膨胀

如图 11-5 所示，由于成本的增加使总供给曲线从 AS_1 左移到 AS_2，造成价格上涨，从 P_1 上升到 P_2，同时国民收入减少了，从 Y_1 减少到 Y_2，最终结果会由于经济衰退而结束通货膨胀，也就是这样的通货膨胀不会持续下去。只有在成本推动之后，同时需求拉上，总需求曲线从 AD_1 右移到 AD_2，结果使国民收入恢复到原水平，而价格水平继续上涨到 P_3，通货膨胀才能持续下去。

（四）结构性通货膨胀

结构性通货膨胀是指由于社会经济结构方面的因素而引起的物价水平在一定时期内的持续上涨。现代社会经济结构使资源不容易从生产率低的行业转移到生产率高的行业，从趋向衰落的行业转移到新兴行业，但生产率低的行业、正在趋向衰落的行业以及新兴行业在工资和价格问题上都要求“公平”，要求向生产率高的行业、正迅速发展的行业“看齐”，结果导致一般价格水平的上涨。

（五）政府发行了过量的纸币

有的经济学家认为通货膨胀的唯一成因就是“货币总量”相对“物品总量”不断增大的现象，概括地说，就是货币过多而物品过少。而大家都知道，只有政府才有权印刷钞票，所以通货膨胀的成因，就是政府发行了过量的钞票。政府有各种各样的理由多印钞票，例如，在一些税制不健全的国家，政府为了负担开支，就要通过增印钞票来暗中征税；另外，政府为了增加教育、基础建设或国防开支，或为了援助灾民，也会增印钞票。

以上介绍通货膨胀的成因都有一定的道理，也有各自的根据。通货膨胀往往是各种因素共同作用的结果，从这种意义上说，各种通货膨胀理论是互相补充的，而不是互相排斥的。探讨通货膨胀的成因，仍然是经济学家的重要任务之一。

四、通货膨胀的影响

如果通货膨胀率相当稳定，人们可以完全预期，那么，通货膨胀对经济的影响很小。因为在这种可预期的通货膨胀之下，各种名义变量（名义工资、名义利率等）都可以根据通货膨胀率进行调整，从而使实际变量（实际工资、实际利率等）不变。这时，通货膨胀的唯一影响是人们将减少他们所持有的货币量。如果通货膨胀率是不能预期的，它会产生一系列后果。

首先，造成实际收入和实际财富的再分配。如果名义工资率的增长小于通货膨胀率的增长幅度，消费者和企业因货币贬值所获得的货币收入购买力下降，即实际收入减少。概括地讲，通货膨胀不利于大多数工薪阶层、退休者、失业和贫困者、接受政府救济者、债权人。例如，通货膨胀为10%时，一个人名义工资收入是1000元，而实际收入只是900元；假如1000元是税收的起征点，没有通货膨胀时900元不上税，由于通货膨胀这个人还要上税；假如你贷出1000元，利息是10%，1年后本息是1100，在通货膨胀10%时，你贷出的1000元没有得到1分钱的利息。

其次，影响资源的合理配置。通货膨胀使价格信号扭曲，无法正常反映社会供求状况，使价格失去调节经济的作用，使人们用错了资源。通货膨胀会破坏正常的经济秩序，使价格失去核算功能，降低经济运行效率。

再次，影响国民收入和就业水平的变化。需求拉上的通货膨胀在一定条件下，能促使厂商扩大生产规模，增雇工人，导致国民收入上升；通货膨胀使得银行的实际利率下降，这又会刺激消费和投资需求，促进资源的充分利用和总供给的增加。但是，当通货膨胀可预料时，则不会对国民收入水平和就业发生直接影响。供给下降引起的通货膨胀只会引起国民收入水平和就业量的下降。

通货膨胀对经济发展究竟是有利还是不利，经济学家褒贬不一。大体上可以分为“有利论”、“不利论”、“中性论”三种观点。

“有利论”认为，温和的通货膨胀对经济的影响较小，不会给社会带来危害而且会刺激经济增长。理由是通货膨胀使得商品供不应求，刺激厂商增加投资。通货膨胀使得国家增加了税收，从而增加政府支出。不管是增加投资还是增加政府支出，都增加了社会总需求，进而拉动经济增长。

“不利论”认为，奔腾的通货膨胀对经济的影响较大，给社会造成的危害也大。理由是通货膨胀使价格信号失真，无法正常调节供求关系；通货膨胀增加了投资风险，减少了厂商的中长期投资。另外，通货膨胀后政府采取的紧缩性宏观调控政策会抑制经济的发展。

“中性论”认为通货膨胀与经济增长没有必然的联系。他们认为货币在经济中是中性的，从长期看决定经济发展的是资本、劳动和技术进步，而不是价格。

根据我国的情况，我国不易用通货膨胀刺激经济增长。

以上三种观点都有各自的依据，很难说哪个观点正确。

与通货膨胀相反的概念是通货紧缩。**通货紧缩是指物价水平的普遍、持续下滑**（见知识拓展通货膨胀与通货紧缩的关系）。

第三节 失业与通货膨胀的关系

关于宏观经济学中这两个主要的问题，是许多经济学家所关心的问题，不同的经济学派有不同的回答。这里介绍几种有代表性的观点。

一、凯恩斯学派的观点

按照凯恩斯主义理论，失业与通货膨胀是不会并存的。在没有达到充分就业时，总需求增加只会引起国民收入增加而价格水平不变；达到充分就业后，总需求增加则价格上升而国民收入保持不变。前边讲的周期性失业理论，说明了失业与通货膨胀不会并存的道理。

如图 11-6 所示，未充分就业以前，在凯恩斯总供给曲线上总需求增加，从 AD_1 右移至 AD_2，国民收入增加，从 Y_1 增加到 Y_f，而价格水平维持 P。充分就业以后，在长期总供给曲线上，总需求增加，从 AD_2 右移至 AD_3，因已达充分就业水平，则国民收入无法增加，为 Y_f，而价格水平上升，从 P 上升到 P'。

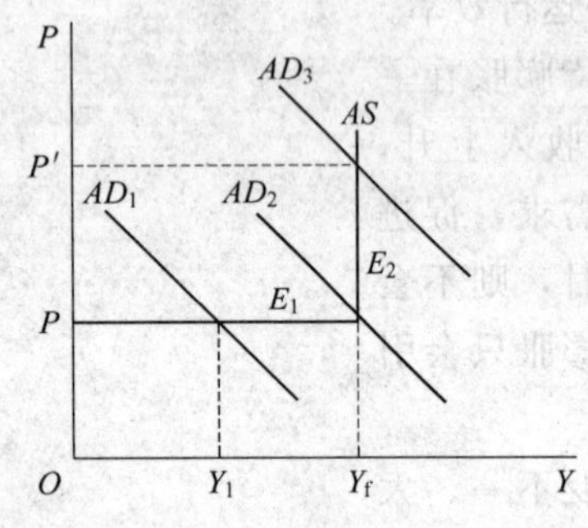

图 11-6 凯恩斯失业与通货膨胀的关系

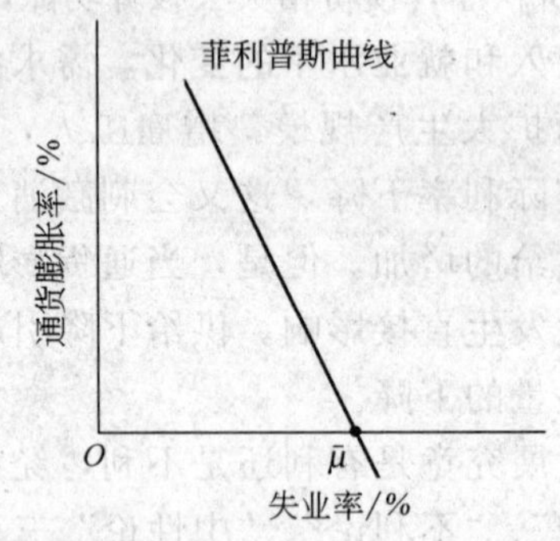

图 11-7 菲利普斯曲线

二、菲利普斯曲线

1958 年，新西兰经济学家菲利普斯发表文章，揭示失业率和通货膨胀率之间的互为消长关系，即低失业率必然伴随高通货膨胀率，反过来，物价稳定或低通货膨胀率必然伴随高失业率。所以这种关系被称作菲利普斯曲线。**菲利普斯曲线也就表示了失业率与通货膨胀率之间的关系。**

如图 11-7 所示，横轴表示失业率，纵轴表示通货膨胀率，向右下方倾斜的曲线就是菲利普斯曲线。这条曲线表明：当失业率较低时，货币工资增长率较高；反之，当失业率较高时，货币工资增长率较低，甚至是负数。

根据成本推动的通货膨胀理论，货币工资增长率可以表示通货膨胀率。因此，这条曲线就可以表示失业率与通货膨胀率之间的交替关系，即失业率高，则通货膨胀率低；失业率低，则通货膨胀率高。这就是说，失业率高表明经济处于萧条阶段，这时工资与物价水平都较低，从而通货膨胀也就低；反之，失业率低表明经济处于繁荣阶段，这时工资与物价水平都较高，从而通货膨胀率也就高。失业率与通货膨胀之间存在反方向变动关系，是因为通货膨胀使实际工资下降，从而能刺激生产，增加劳动需求，减少失业。

由于20世纪70年代末，“滞胀”局面出现，失业与通货膨胀之间不存在这种交替关系了，于是对失业与通货膨胀间的关系又有了新的解释。

三、短期菲利普斯曲线和长期菲利普斯曲线

（一）货币主义学派的观点

20世纪70年代，资本主义世界遇到新的经济问题“滞胀”。**滞胀是指一定时期持续的通货膨胀伴随着萧条或经济活动停滞发展。**1969年新上任的尼克松政府为了治理通货膨胀采取了紧缩性的财政政策和货币政策，希望以一定的失业为代价，降低通货膨胀。结果通货膨胀率没有沿菲力普斯曲线滑动，而是向右移动；剧烈的失业增加，通货膨胀仍维持在原较高的水平。面对这一新的挑战，以后的经济学家对“滞胀”作了种种解释。认为菲力普斯曲线在短期有效，从长期看菲力普斯曲线则是一条垂直线。

货币主义学派代表人物米尔顿·弗里德曼和埃特蒙特·菲尔利泼斯在解释菲利普斯曲线时引入了适应性预期，即人们根据过去的经验形成并调整对未来的预期。

他们认为，由于在短期中，工人来不及调整通货膨胀预期，使预期的通货膨胀率可能会低于实际发生的通货膨胀率。这样，工人所得到的实际工资可能小于先前预期的实际工资，从而使实际利润增加，刺激了投资，就业增加，失业率下降。所以向右下方倾斜的菲利普斯曲线在短期内仍成立，也被称为短期菲利普斯曲线。这说明，在短期中引起通货膨胀上升的扩张性的财政和货币政策可以起到增加就业的作用。宏观经济政策是有效的。

但是，长期中，工人将根据实际发生的情况不断调整自己的预期，使预期的通货膨胀与实际发生的通货膨胀一致。这时，工人会要求增加名义工资，使实际工资不变，从而通货膨胀就不会起到减少失业的作用，这时的菲利普斯曲线是一条从自然失业率出发与横轴垂直的线，即长期菲利普斯曲线，因为长期中经济可以实现充分就业，表明失业与通

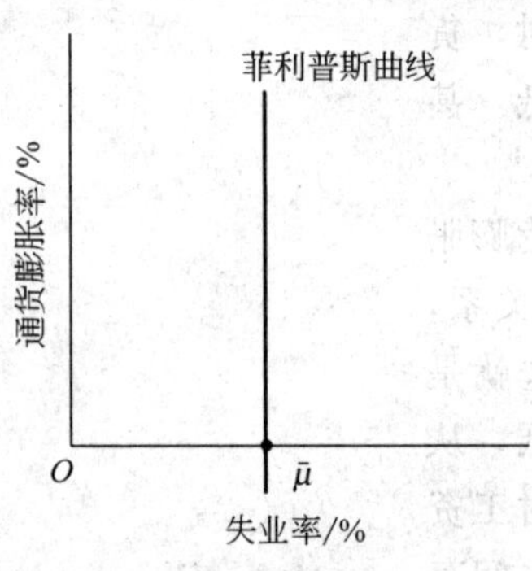

图 11-8 长期菲利普斯曲线

货膨胀之间不存在交替关系。说明以引起通货膨胀为代价的扩张性的财政和货币政策并不能减少失业，宏观经济政策长期无效。

如图 11-8 所示，长期菲利普斯曲线与横轴垂直，说明长期中通货膨胀率无论怎样上升，失业率都维持在自然失业率的水平上。这条新的菲力普斯曲线是现代货币主义者对凯恩斯主义的否定。由此指出了国家调节经济运行运用减少失业的政策在长期内是无效的。

货币主义学派与理性预期学派对菲利普斯曲线所得出的结论相同而解释的原因不同。

（二）理性预期学派的观点

理性预期学派采用的是理性预期，理性预期是合乎理性的，其预期值与实际发生的值总是一致的。在这种预期之下，无论是在短期，还是在长期，预期的通货膨胀率与实际发生的通货膨胀率总是一致的，从而也就无法以通货膨胀为代价来降低失业率，所以菲利普斯曲线始终为一条从自然失业率出发与横轴垂直的线，即失业与通货膨胀始终不存在交替关系，宏观经济政策始终无效。

在现实中菲利普斯曲线所表示的关系有时存在，有时不存在。经济是复杂的经济学也是多元化的，各国经济发展情况不同，经济理论的适用性也不同。

通货膨胀与通货紧缩的关系

通货膨胀与通货紧缩的联系：①两者都是由社会总需求与社会总供给不平衡造成的，亦即流通中实际需要的货币量与发行数量不平衡造成的；②两者都会影响正常的经济生活和社会经济秩序。因此，必须采取切实有效的措施予以抑制。

通货膨胀与通货紧缩的区别有以下几点。①含义及实质不同。通货膨胀是指纸币的发行量超过流通中所需要的数量，从而引起纸币贬值、物价上涨的经济现象，其实质是社会总需求大于社会总供给；通货紧缩是指物价总水平在较长时间内持续下降的经济现象，其实质是社会总需求小于社会总供给。②表现不同：通货膨胀表现为纸币贬值、物价上涨、经济过热的现象；通货紧缩则表现为物价持续下降、市场疲软、经济萎缩的现象。③原因不同：通货膨胀主要是因纸币的发行量大大超过流通中所需要的货币量引起的。另外，经济结构不合理、固定资产投资规模过大、生产资料价格大幅调整、需求膨胀等因素也是引发通货膨胀的重要原因；通货紧缩主要是宏观经济环境的变化引起的，如由卖方市场转变为买方市场。另外，货币供应增长乏力、金融危机等因素也是引发通货紧缩的重要原因。④危害性不同：通货膨胀的出现，直接引起纸币贬值、物价上涨，如果人们的实际收入没有增长，生活水平就会出现下降，购买力降低，商品销售困难，造成社会经济生活秩序混乱；通货紧缩，物价下降在一定程度上对人民生活有好处，但物价总水平长时间、大范围下降，会影响企业生产和投资的积极性，导致市场销售不振，对经济的长远发展和人民的长远利益不利。⑤解决办法不同：抑制通货膨胀主要是实行适度从紧的货币政策和量入为出的财政政策，控制货币供应量和信贷规模；抑制通货紧缩主要是采取积极的财政政策和货币政策，加大投资力度，扩大内需，调整出口结构，努力扩大出口。

本章小结

◆周期性失业定义，周期性失业是由于总需求不足引起的失业。

◆通货膨胀是物价水平普遍而持续的上升。根据严重程度可以分为温和的通货膨胀、加速的通货膨胀和超速通货膨胀。

◆由于总需求过大或增加过快引起的通货膨胀称为需求拉上型通货膨胀。

◆由于成本增加而引起的通货膨胀称为供给推动型通货膨胀。

◆菲力普斯曲线表示失业和通货膨胀之间存在替代关系。

◆不同经济学流派对菲力普斯曲线作出了不同解释，得出了不同政策结论。

◆货币主义根据适应性预期认为，菲力普斯曲线所表示的失业与通货膨胀交替关系在短期内存在，在长期内不存在，反对政府干预经济。

◆理性预期学派根据理性预期认为，菲力普斯曲线所表示的失业与通货膨胀交替关系在短期与长期中都不存在，反对政府干预经济。

◆新凯恩斯主义根据市场不完全性认为，菲力普斯曲线所表示的失业与通货膨胀的关系在短期内存在，长期中不存在，主张在短期内政府应该干预经济。

主要概念

周期性失业　奥肯定理　膨胀性缺口　紧缩性缺口　通货膨胀的类型　菲力普斯曲线　理性预期

思考与应用

一、单项选择题

1. 失业率是指（　　）。

A. 失业人口与全部人口之比

B. 失业人口与全部就业人口之比

C. 失业人口与全部劳动人口之比

D. 失业人口占就业人口与失业人口之和的百分比

2. 自然失业率是指（　　）。

A. 周期性失业率　　B. 摩擦性失业率

C. 结构性失业率　　D. 摩擦性失业和结构性失业造成的失业率

3. 某人正在等待着某项工作，这种情况可归类于（　　）。

A. 就业　　B. 失业　　C. 非劳动力　　D. 就业不足

4. 周期性失业是指（　　）。

A. 经济中由于正常的劳动力流动而引起的失业

B. 由于劳动力总需求不足而引起的短期失业

C. 由于经济中一些难以克服的原因所引起的失业

D. 由于经济中一些制度上的原因引起的失业

5. 由于经济衰退而形成的失业属于（　　）。

A. 摩擦性失业　　B. 结构性失业

C. 周期性失业　　D. 自然失业

6. 下列人员哪类不属于失业人员（　　）。

A. 调动工作的间歇在家休养者　　B. 半日工　　C. 季节工

D. 对薪水不满意而待业在家的大学毕业生

7. 奥肯定理说明了（　　）。

A. 失业率和实际国民生产总值之间高度负相关的关系

B. 失业率和实际国民生产总值之间高度正相关的关系

C. 失业率和物价水平之间高度负相关的关系

D. 失业率和物价水平之间高度正相关的关系

8. 通货膨胀是（　　）。

A. 一般物价水平普遍、持续的上涨

B. 货币发行量超过流通中的黄金量

C. 货币发行量超过流通中商品的价值量

D. 以上都不是

9. 在以下四种情况下，可称为通货膨胀的是（　　）。

A. 物价总水平的上升持续了一个星期之后又下降了

B. 价格总水平上升而且持续了一定时期

C. 一种物品或几种物品的价格水平上升而且持续了一定时期

D. 物价总水平下降而且持续一定时期

10. 可以称为温和的通货膨胀的情况是指（　　）。

A. 通货膨胀率在 10% 以上，并且有加剧的趋势

B. 通货膨胀率以每年 5% 的速度增长

C. 在数年之内，通货膨胀率一直保持在 2%～3% 水平

D. 通货膨胀率每月都在 50% 以上

11. 经济中存在着通货膨胀的压力，由于政府实施了严格的价格管制而使物价并没有上升，此时（　　）。

A. 不存在通货膨胀　　B. 存在着温和的通货膨胀

C. 存在着恶性通货膨胀　　D. 存在着隐蔽的通货膨胀

12. 下面表述中哪一个是正确的（　　）。

A. 在任何情况下，通货膨胀对经济的影响都很小

B. 在通货膨胀可以预期的情况下，通货膨胀对经济的影响也很大

C. 在通货膨胀不能预期的情况下，通货膨胀有利于雇主而不利于工人

D. 在任何情况下，通货膨胀对经济的影响都很大

13. 需求拉上型通货膨胀（　　）。

A. 通常用于描述某种供给因素所引起的价格波动

B. 通常用于描述某种总需求的增长所引起的价格波动

C. 表示经济制度已调整过的预期通货膨胀率

D. 以上均不是

14. 抑制需求拉上型通货膨胀，应该（　　）。

A. 控制货币供应量　　B. 降低工资

C. 解除托拉斯组织　　D. 减税

15. 由于工资提高而引起的通货膨胀是（　　）。

A. 需求拉上型通货膨胀

B. 成本推动型通货膨胀

C. 需求拉上和成本推动混合型通货膨胀

D. 结构性通货膨胀

16. 菲利普斯曲线是一条（　　）。

A. 失业与就业之间关系的曲线

B. 工资与就业之间关系的曲线

C. 工资与利润之间关系的曲线

D. 失业与通货膨胀之间交替关系的曲线

17. 根据菲利普斯曲线，降低通货膨胀率的办法是（　　）。

A. 减少货币供给量　　B. 降低失业率

C. 提高失业率　　D. 增加工资

18. 根据短期菲利普斯曲线，失业率和通货膨胀率之间的关系是（ ）。

A. 正相关 B. 负相关 C. 无关 D. 不能确定

19. 长期菲利普斯曲线（ ）。

A. 向右下方倾斜 B. 向右上方倾斜

C. 平行于横轴 D. 垂直于横轴

二、多项选择题

1. 按失业产生的原因，可将失业分为（ ）。

A. 摩擦性失业 B. 结构性失业 C. 周期性失业

D. 自愿性失业 E. 季节性失业

2. 下列因素中可能造成需求拉动型通货膨胀的有（ ）。

A. 过度扩张性的财政政策 B. 过度扩张性的货币政策

C. 消费习惯的突然改变 D. 农业歉收

E. 劳动生产率的突然降低

3. 按照价格上涨幅度加以区分，通货膨胀包括（ ）。

A. 温和的通货膨胀 B. 奔腾的通货膨胀

C. 平衡式通货膨胀 D. 非平衡式通货膨胀

E. 恶性通货膨胀

4. 从市场机制作用看，通货膨胀可分为（ ）。

A. 预期的通货膨胀 B. 非预期的通货膨胀

C. 放开的通货膨胀 D. 抑制的通货膨胀

E. 混合的通货膨胀

5. 菲利普斯曲线是一条（ ）。

A. 描述通货膨胀率和失业率之间关系的曲线

B. 描述货币工资变动率和失业率之间关系的曲线

C. 反映货币主义学派观点的曲线

D. 反映新古典综合学派观点的曲线

E. 反映理性预期学派观点的曲线

6. 菲利普斯曲线具有以下特征（ ）。

A. 菲利普斯曲线斜率为负

B. 菲利普斯曲线形状是一条直线

C. 菲利普斯曲线与横轴相交的失业率为正值

D. 菲利普斯曲线形状不是一条直线

E. 菲利普斯曲线与横轴相交的失业率为零

7. 在以下理论分析中哪个考虑了人们对未来的预期（ ）。

A. 短期菲利普斯曲线 B. 长期菲利普斯曲线

C. 滞胀理论 D. 货币主义学派通货膨胀理论

E. 新古典综合学派通货膨胀理论

三、判断题

1. （　　）失业率是指失业人口与全部人口之比。

2. （　　）自然失业率是指摩擦性失业和结构性失业造成的失业率。

3. （　　）周期性失业就是由总需求不足所引起的失业。

4. （　　）摩擦性失业与劳动力供求状态相关，与市场制度本身无关。

5. （　　）结构性失业的最大特点是劳动力供求总量大体相当，但却存在着结构性的供求矛盾。

6. （　　）奥肯定理说明了失业率和总实际国民生产总值之间高度负相关的关系。

7. （　　）奥肯定理适用于所有国家。

8. （　　）物价上升就是通货膨胀。

9. （　　）衡量通货膨胀的指标是物价指数。

10. （　　）在任何经济中，只要存在着通货膨胀的压力，就会表现为物价水平的上升。

11. （　　）成本推动型通货膨胀又称供给型通货膨胀，是指由厂商生产成本增加而引起的一般价格总水平的上涨。

12. （　　）需求拉上型通货膨胀形成的原因是“太多的货币追逐较少的产品”。

13. （　　）结构性通货膨胀是由于产业结构不合理而引起的。

14. （　　）经济学家认为，引起工资推动型通货膨胀和利润推动型通货膨胀的根源在于经济中的垄断。

15. （　　）在总需求不变的情况下，总供给曲线向左上方移动所引起的通货膨胀称为供给推动型通货膨胀。

16. （　　）长期菲利普斯曲线向右下方倾斜。

四、计算题

1. 某国的人口为 2500 万人，就业人数为 1000 万人，失业人数为 100 万人，计算该国的劳动力人数和失业率。

2. 把 1992 年作为基期，物价指数为 100；2002 年作为现期，物价指数为 120，则从 1995 年到 2001 年期间的通货膨胀率为多少？

五、问题与思考

1. 凯恩斯是怎样解释失业存在的原因的？

2. 失业主要有哪些类型？

3. 失业的社会代价有哪些？

4. 什么是紧缩性缺口？什么是膨胀性缺口？

5. 通货膨胀的类型有哪几种？

6. 查找上一年的失业人数，说明失业的主要类型、主要原因是什么？在各种失业种类中，哪些失业是可以消除的？哪些是无法消除的？

7. 菲利普斯曲线表示了什么关系？菲利普斯曲线在我国是否适用，说明理由。

8. 查找上一年的消费物价指数（CPI）是上升了还是下降了，上升与下降的主要原因是什么？

第十二章

经济周期与经济增长

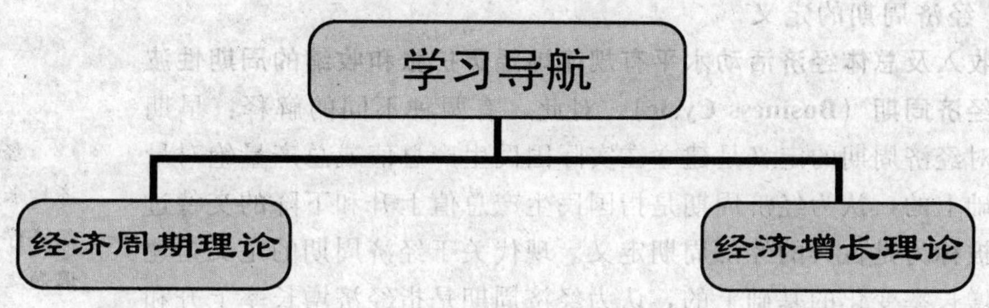

重点掌握

- 经济周期的含义与特征
- 经济增长的含义与特征
- 经济增长的源泉与因素

一般掌握

- 哈罗德-多马模型
- 影响经济增长的因素

一般了解

- 新古典模型
- 新剑桥模型
- 新经济增长理论

> **经济周期是国内生产总值、总收入、总就业量的波动，持续时间通常为2～10年，它以大多数经济部门的扩张或收缩为标志。**
>
> **——保罗·萨谬尔森**

经济周期与经济增长是宏观经济学要研究的课题。在 1825 年，英国爆发了资本主义历史上的第一次生产过剩性经济危机，以后每隔几年就有一次这样的危机，从那以后很多经济学家致力于经济周期方面的研究。经济增长更是一个古老的话题，自从有人类以来经济增长就是人类和经济学家所关心的问题。现代经济学家把经济周期和经济增长都作为以国内生产总值为中心的经济活动。经济周期是国内生产总值的波动；经济增长是国内生产总值的增长。本章将对这两个问题展开分析。

第一节　经济周期理论

一、经济周期的定义及阶段

（一）经济周期的定义

国民收入及总体经济活动水平有规律地经历扩张和收缩的周期性波动，称为经济周期（Business Cycle）。对此，有两种不同的解释：早期经济学家对经济周期的定义是建立在实际国民生产总值或总产量绝对量的变动基础上的，认为经济周期是指国民生产总值上升和下降的交替过程，这也被称为是古典的经济周期定义。现代关于经济周期的定义是建立在经济增长率变化的基础上的，认为经济周期是指经济增长率上升和下降的交替过程。根据这一定义，衰退不一定表现为国民生产总值绝对量的下降，只要国民生产总值增长率下降，即使其值不是负值，也可以称之为衰退。所以，在西方有增长性的衰退一说。但是，在当代对经济周期的经验研究中，新的定义并没有代替古典的定义。图 12-1 表明，美国经济在整个现代化史上一直受着经济周期的折磨。

经济周期与经济增长理论是宏观经济学研究的四大课题之一。

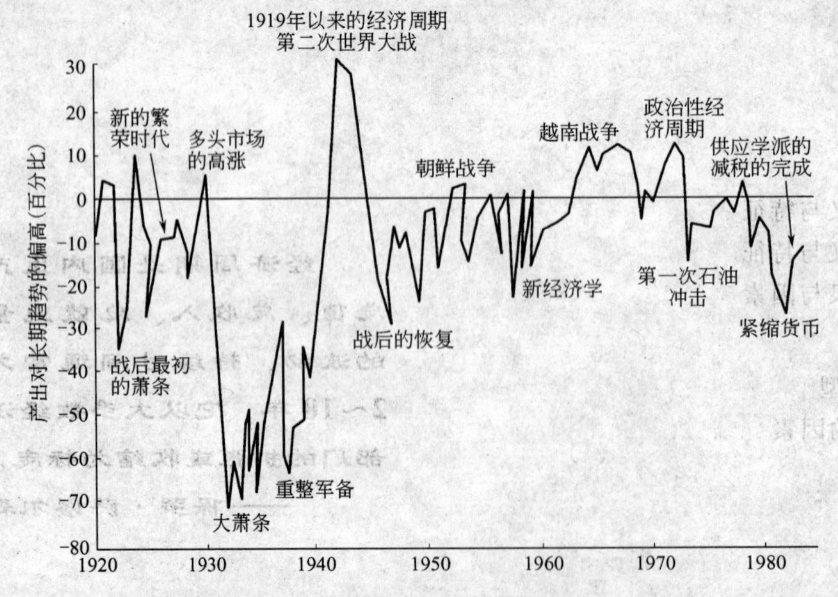

图 12-1　1919 年以来美国经济的波动

（二）经济周期的不同阶段

一般从一次危机到下一次危机称为一个经济周期。一个经济周期可以分为两大阶段：扩张阶段和收缩阶段。

在扩张阶段，就业增加，产量上升，投资增加，信用扩张，价格水平上升，公众预期乐观，生产要素和资源越来越被充分利用。当繁荣达到了顶点时，就业和产量水平也达到极限，繁荣开始让位于萧条。

在收缩阶段，股票价格下跌，存货增加，信用关系中断，一些企业倒闭，国民收入、就业水平、生产下降，价格和利润跌落，工人失业，公众预期悲观，就业和产量跌至谷底。

随着时间的推移，经济进入恢复期，开始新一轮的循环。如图12-2所示。

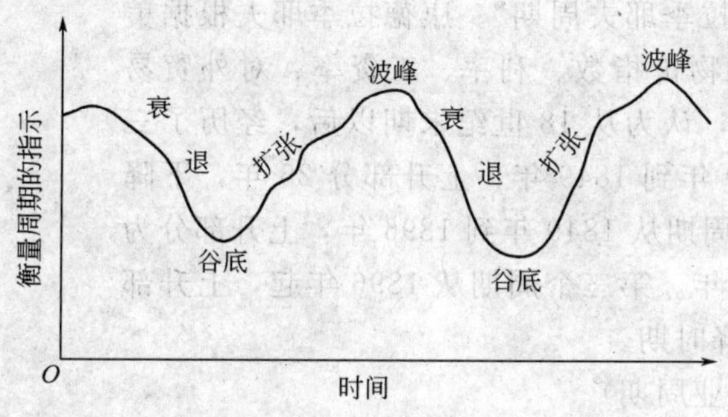

图 12-2 经济周期波动

如果更细一些，则可以把经济周期分为四个阶段，即繁荣、衰退、萧条、复苏。其中，繁荣和萧条是两个主要阶段，衰退和复苏是两个过渡阶段。从繁荣到萧条的过渡是衰退；从萧条到繁荣的过渡是复苏。

二、经济周期的类型

在这里首先介绍的是第二次世界大战之前的经济周期理论，经济学家从 19 世纪中期就开始研究经济周期问题了。了解一下以前经济周期理论的发展是有意义的。

1. 朱格拉周期（又叫中周期）

法国经济学家朱格拉提出了资本主义经济存在着 9～10 年的周期波动，一般称为“朱格拉周期”。这属于中等长度的周期，故称中周期。世界上第一次生产过剩性危机于 1825 年发生于英国，以后经济学家就注意并研究了这一问题。但是，他们大多把危机作为一种独立事件来研究。1860 年法国经济学家 C·朱格拉在他的《论法国、英国和美国的商业危机及其发生周期》一书中提出，危机或恐慌并不是一种独立的现象，而是经济中周期性波动的三个连续阶段（繁荣、危机、清算）中的一个。这三个阶段反复出现形成周期现象。他对较长时期的工业经济周期进行了研究，并根据生产、就业人数、物价等指标，确定了**经济中平**

均每一个周期为 9～10 年。

2. 基钦周期（又叫短周期）

英国经济学家基钦于 1923 年提出存在着一种 40 个月（3～4 年）左右的周期，这是一种小周期，又称为“基钦周期”。基钦在《经济因素中的周期与趋势》中研究了 1890～1922 年英国与美国的物价、银行结算、利率等指标，认为经济周期实际上有主要周期与次要周期两种。主要周期即中周期，次要**周期为 3～4 年一次的短周期**。

3. 康德拉季耶夫周期（又叫长周期）

1925 年，俄国经济学家康德拉季耶夫在《经济生活中的长期波动》中研究了美国、英国、法国和其他一些国家长期的时间序列资料，认为资本主义社会有一种**为期 50～60 年**，平均长度为 54 年左右的长期波动。这就是长周期，又称“康德拉季耶夫周期”。康德拉季耶夫根据美国、英国、法国一百多年内批发物价指数、利率、工资率、对外贸易量、煤铁产量与消耗量等的变动，认为从 18 世纪末期以后，经历了三个长周期。第一个长周期从 1789 年到 1849 年，上升部分 25 年，下降部分 35 年，共 60 年。第二个长周期从 1849 年到 1896 年，上升部分为 24 年，下降部分为 23 年，共 47 年。第三个周期从 1896 年起，上升部分为 24 年，1920 年以后进入下降时期。

4. 库兹涅茨周期（又叫建筑业周期）

1930 年，美国经济学家库兹涅茨提出存在一种与房屋建筑相关的经济周期，这种**周期平均长度为 20 年**。这也是一种长周期，被称为“库兹涅茨周期”，也称建筑业周期。库兹涅茨主要研究了美国、英国、德国、法国、比利时等国从 19 世纪初叶或中叶到 20 世纪初叶 60 种工、农业主要产品的产量和 35 种工、农业主要产品价格变动的长期时间数列资料。他剔除了其间短周期与中周期的变动，着重分析了有关数列资料中反映出的长期增长过程，提出在主要工业国家存在着长度从 15 年到 25 年不等，平均长度为 20 年的长周期。这种周期与人口增长引起的建筑业增长和衰退相关，是由建筑业的周期性变动引起的。

5. 熊彼特周期（又叫综合周期）

奥地利经济学家 J・熊彼特在 1939 年出版的两大卷《经济周期》第一卷中，对朱格拉周期、基钦周期和康德拉季耶夫周期进行了综合分析。熊彼特认为，每一个长周期包括六个中周期，每一个中周期包括三个短周期。他以重大的创新为标志，划分了三个长周期。第一个长周期为 18 世纪 80 年代到 1842 年，是“产业革命时期”；第二个长周期从 1842 年到 1897 年，是“蒸汽和钢铁时期”；第三个长周期为 1897 年以后，是“电气、化学和汽车时期”。在每个长周期中仍有中等创新所引起的波动，这就形成若干个中周期。在每个中周期中还有小创新所引起的波动，这就形成若干个短周期。

这些理论为研究经济周期奠定了基础。有些理论至今仍有影响。

三、经济周期的原因

自美国南北战争到1933年世界性经济危机的频繁爆发，给资本主义世界带来极大的恐慌，因此，经济危机为什么会周期性爆发成为西方经济学家关注的热点。

第二次世界大战以后，西方学者把众多的经济周期理论综合概括为两大类别：**外部因素和内部因素**（外生和内生）理论。

外部因素理论认为，经济周期的根源在于市场经济体制之外的某些事物的波动，如太阳黑点、战争、革命、政治事件、金矿的发现、人口和移民的增长、新资源的发现、科学发明和技术进步等。

9·11事件引起的美国经济衰退就是外部因素引起的经济周期。

内部因素理论则从市场经济体制本身的内部的某些因素，如投资、消费、储蓄、货币供给量、利率等之间的相互制约相互促进的运行机制来进行解释。比较有代表性的理论有以下几种。

(1) 消费不足理论 由英国经济学家马尔萨斯、霍布森等人提出，**认为萧条是由于国民收入分配不均造成富人储蓄过度而穷人收入水平太低，因而社会对消费品的需求赶不上消费品生产的增长。**而消费品需求不足又引起资本品需求不足，进而使整个经济出现生产过剩性危机。消费不足的根源则主要是由于国民收入分配不平等所造成的穷人购买力不足和富人储蓄过度，这种理论属于**内生经济周期理论。**

想一想：2007年美国的次贷风波是不是纯货币理论？

(2) 心理周期理论 **这种理论强调心理预期对经济周期各个阶段形成的决定作用。**由英国经济学家凯恩斯和庇古提出。这种理论认为，预期对人们的经济行为有决定性的影响，乐观预期与悲观预期的交替引起了经济周期中繁荣与萧条的交替。当任何一种原因刺激了投资活动，引起高涨后，人们对未来预期的乐观程度一般总超过合理的经济考虑下应有的程度。这就导致过多的投资，形成经济过度繁荣。而当这种过度乐观的情绪所造成的错误被觉察以后，又会变成不合理的过分悲观的预期。由此过度减少投资，引起经济萧条。凯恩斯认为，萧条的产生是由于资本边际效率的突然崩溃，而造成这种崩溃的正是人们对未来的悲观预期。因为这种理论强调了引起人们预期过分悲观或乐观的原因仍然是经济因素，所以这种理论也属于**内生经济周期理论。**

(3) 纯货币理论 **认为经济周期是由于银行体系交替的扩张和紧缩信用造成的，因而是纯粹的货币现象。**由英国经济学家霍特里提出。这种理论认为，经济周期是一种纯货币现象，经济中的周期性波动完全是由于银行体系交替的扩大和紧缩信用所造成的。在发达的资本主义社会，流通工具主要是银行信用。商人运用的资本主要来自银行信用。当银行降低利率、扩大信用时，商人就会向银行增加借款，从而增加向生产者的订货。这样就引起生产的扩张和收入的增加，而收入的增加又引起对商品需求的增加和物价上升，经济活动继续扩大，经济进入繁荣阶段。但是，银行扩大信用的能力并不是无限的，当银行体系被迫停止信用扩张，转而紧缩信用时，商人得不到贷款，则减少订货，由此出现生产过剩危机，经济进入萧条阶段。这种理论也属于**内生经济周期理论**。

(4) 投资过度理论　认为经济萧条是生产资料的生产部门投资过多，生产资料供过于求造成的。这种理论认为，无论是什么原因引起了投资增加，这种增加都会引起经济繁荣，首先表现在对投资品（即生产资料）需求的增加以及投资品价格的上升，并进一步刺激了对资本品的投资。资本品的生产过度发展，引起了消费品生产的减少，从而形成经济结构失衡。而资本品生产过多必将引起资本品过剩，于是出现生产过剩危机，经济进入萧条。这种理论属于**内生经济周期理论**。

(5) 太阳黑子理论　这种理论用太阳黑子来解释经济周期。英国经济学家杰文斯于19世纪中后期提出该理论。这种理论认为，太阳黑子的活动对农业生产影响很大，而农业的生产状况又会影响工业及整个经济。太阳黑子的周期性决定了经济的周期性。具体来说，太阳黑子活动频繁则使农业生产减产，农业减产可影响到工业、商业、工资、购买力、投资等方面，从而引起整个经济萧条。相反，太阳黑子活动的减少则使农业丰收，整个经济繁荣。他们用长期中太阳黑子活动周期与经济周期基本吻合的资料来证明这种理论。这种理论把经济周期的根本原因归结为太阳黑子的活动，是典型的**外生经济周期理论**。

(6) 创新理论　一种用技术创新来解释经济周期的理论，由美籍奥地利经济学家熊彼特提出。创新是指对生产要素的重新组合。例如，采用新生产技术、新的企业组织形式、开辟新产品、新市场等。这种理论首先用创新来解释繁荣和衰退。这就是，创新提高了生产效率，为创新者带来了盈利，其他企业仿效，形成创新浪潮。创新浪潮使银行信用扩大，对资本品的需求增加，引起经济繁荣。随着创新的普及、盈利机会的消失，银行信用紧缩，对资本品的需求减少，引起经济衰退。直至另一次创新出现，经济再次繁荣。这种理论也属于**外生经济周期理论**。

四、乘数与加速原理

20世纪30年代以来，经济学家普遍认为，既然国民收入或就业决定于总需求，那么经济波动也就起源于总需求的波动，尤其是投资需求的波动。比较有代表性的理论是萨谬尔森用加速数和乘数的相互作用来解释经济波动的理论模型。这是一种从内部因素即从经济体系本身寻找经济周期自我推动力的理论。

投资增加将引起收入若干倍的增加，其倍数就是投资乘数。如果说投资乘数原理说明的是投资变动如何引起收入的变动，那么，**加速原理说明的则是收入变动如何反过来影响投资变动。**

乘数与加速原理很复杂，现举例说明。例如，你花了3000元买了一台电视机，电视机厂商为了增加这一台电视机的生产，必须增加6000元的投资，这6000元的投资会形成那些提供投资品厂商的收益。这样这些投资厂商的员工收入会增加，消费支出也随着增加，为了应付这新增加的消费，消费品厂商也要增加投资，这又形成另外一些提供投资品厂商的收益。如此循环不息，最终全社会的总收益也迅速扩张。如果你不去购买这3000元的电视机，电视机厂就会减少投资6000元，而其他的连锁反应都会成倍减少。这就是乘数效应和加速效应交互作用导致的经济波动。

如前所述，在总需求中投资占的比例并不大，但投资的波动性相当大。经济繁荣与衰退的主要原因都在于投资的波动性。引起投资波动的原因是多方面的。加速原理说明了投资变动的波动要大于实际国内生产总值的变动。在一般情况下，实际国内生产总值由于各种影响总在波动，这是投资波动性的一个重要原因。但引起投资波动的另一个更重要的原因是人们的心理预期。投资是现在投入资金，在以后若干年才能得到收益，但未来是不确定的，现在对未来投资收益的预期，以后可能会由于各种突发因素的影响而变动。影响未来投资收益的因素许多又是难以预期的。例如，某些自然灾害或政治上的变动。因此投资是一项风险事业。人们对未来的预期往往会成为投资波动的根源。

一般来说，在经济繁荣时，人们对未来预期乐观，这就会使他们高估未来的投资收益，从而使投资高于正常预期下应有的水平，形成投资过度。但在经济衰退时，人们对未来预期悲观，这就会使他们低估未来的投资收益，从而使投资低于正常预期下应有的水平，形成投资不足。投资高于或低于正常水平，都是一种心理预期的结果，使投资波动剧烈。所以，过分乐观的预期会使投资过多，而过分悲观的预期又会使投资过少。人们的心理预期往往被各种因素，如现实经济中的某些变动，甚至谣传所影响，难以确定。这就形成投资的不确定性，并反过来加剧了经济中的周期性波动。

西方经济学家从不同角度对经济周期进行研究，并已经有100多年的历史了，但至今也没有一致结论。当代世界经济在变，经济周期理论也在变。

第二节 经济增长理论

经济增长一直是经济学家关心的问题。从1776年亚当·斯密的《国民财富的原因和性质的研究》开始，很多经济学家都对经济增长提出过至今仍有影响的思想，但现代经济增长理论是在第二次世界大战以后发展起来的。

一、经济增长的含义

用库兹涅茨的话来说：**“一个国家的经济增长可以定义为给居民提供种类日益繁多的经济产品的能力长期上升，这种不断增长的能力是建立在先进技术以及所需要的制度和思想意识之相应的调整的基础上的。”**

这个定义包含了三个含义。

第一，经济增长集中表现在经济实力的增长上，而这种经济实力的增长就是商品和劳务总量的增加，即国内生产总值的增加。如果考虑到人口的增加和价格的变动，也可以说是人均实际国内生产总值的增加。这里要注意的是，经济增长仅仅是国内生产总值的增加，而不是其他。例如，经济增长并不等于社会福利的增加或个人幸福的增加，因为国内生产总值增加当然是社会福利或个人幸福增进的基础，但在某些情况下，经济增长并不一定能增加社会福利或个人幸福。

第二，技术进步是实现经济增长的必要条件。即只有依靠技术进步，经济增长才是可能的。在影响经济增长的各种因素中，技术进步是第一位的。从历史经验看，经济增长中有一半以上要归功于技术进步，生产率的提高80％来自技术进步。

第三，经济增长的充分条件是制度与意识的相应调整。即只有社会制度与意识形态适合于经济增长需要，技术进步才能发挥作用，经济增长才是可能的。美国经济学家道格拉斯·诺斯强调“增长的路径依赖”，即一个国家只有选择了一条正确的道路才能走上增长之路。实践证明，这条正确的增长之路就是市场经济。我国改革后经济增长的高速度，说明了制度是经济增长的前提，资源和技术进步是经济增长的源泉。

二、经济增长的源泉

经济增长就是产量的增加，因此，可以根据投入的各种生产要素对总产量之间的函数关系得出：**经济增长的源泉是资本、劳动和技术进步。**

1. 资本

资本分为有形的物质资本和无形的人力资本。这里所研究的是物质资本。

经济增长中必然有资本的增加。现代经济学家认为，在经济增长中，一般的规律是资本的增加要大于人口的增加，即人均资本量是增加的。在经济增长的开始阶段，资本增加所作的贡献还是比较大的。因此，许多经济学家都把资本积累占国民收入的10％～15％作为经济起飞的先决条件，把增加资本作为实现经济增长的首要任务。

2. 劳动

劳动指劳动力的增加，劳动力的增加又可以分为劳动力数量的增加与劳动力质量的提高，这两个方面对经济增长都是很重要的。

劳动力数量的增加主要来源于：第一，人口的增加；第二，人口中就业率的提高；第三，劳动时间的增加。而劳动力质量的提高则是文化技术水平和健康水平的提高，劳动力是数量与质量的统一。一个高质量的劳动力，可以等于若干个质量低的劳动力。一般在经济增长的初期，劳动的增加主要依靠劳动力数量的增加，而经济增长到了一定阶段，人口增长率下降，劳动工时缩短，就要依靠提高劳动力质量来弥补数量的不足。当今西方许多发达国家就是这样做的。

发达国家技术进步对经济增长的贡献率高于90%以上。

3. 技术进步

技术进步在经济增长中的作用，体现在生产率的提高上，即同样的生产要素投入能提供更多的产品。随着经济的发展，技术进步在经济增长中所作出的贡献越来越大。

三、经济增长模型

现代经济增长理论的一个特点，就是把理论模型化，即通过建立增长模型来阐明国民收入的增长同有关的各经济因素之间的因果关系。现代主要的增长模型有哈罗德-多马模型、以美国经济学家索洛为代表的新古典派模型和以英国经济学家卡尔多为代表的新剑桥派模型，以下就主要介绍这三种经济增长模型。

(一) 哈罗德-多马模型

1. 假设条件

(1) 假定全社会所生产的产品只有一种。这种产品既可以用于个人消费，又可以作为投资所需的生产资料。

(2) 假定只有两种生产要素：劳动和资本，这两种生产要素之间不能相互替代，且只有一种可行的配合比例。

(3) 假定规模收益不变，即生产规模扩大时不存在收益递增或递减。

(4) 假定技术水平不变。

(5) 由于以上假定，因此在任何时候生产单位产出所需要的劳动力数量和资本数量不变。

2. 基本公式

$$G=\frac{S}{C}$$

式中，G 为经济增长率；S 为储蓄率，即储蓄量在国民收入中所占的比例；C 为资本/产量比率。

哈罗德-多马模型是经济增长中最基本的模型。

由于假定条件中资本/产量比率为定值，所以经济增长率实际上取决于储蓄率。这一模型研究的是资本增加对经济增长的作用。

3. 经济长期稳定增长的条件

此模型采用了实际增长率、合意增长率（有保证的增长率）和自然增长率三个概念分析经济长期稳定增长的条件及波动的原因。

实际增长率（G）是实际上发生的增长率，它由实际储蓄率（S）

和实际资本/产量比率（C）来决定，即

$$G=\frac{S}{C}$$

合意增长率（G_w）（有保证的增长率）是长期中理想的增长率，它由合意的储蓄率（S_d）和合意的资本/产量比率（C_r）决定，即

$$G_w=\frac{S_d}{C_r}$$

自然增长率（G_n）是长期中人口增长和科技进步所允许达到的最大增长率，它由最适宜的储蓄率（S_o）和合意的资本/产量比率（C_r）决定，即

$$G_n=\frac{S_o}{C_r}$$

哈罗德-多马模型认为，长期中实现经济稳定增长的条件为

$$G=G_w=G_n$$

如果这三个增长率不一致，则必然会引起经济波动。具体地说就是，实际增长率与合意增长率不一致，会引起经济的短期波动。当实际增长率大于合意增长率（$G>G_w$）时，会引起累积性扩张。因为这时实际资本/产量比率小于合意的资本/产量比率（$C<C_r$），厂商会增加投资，使这两者一致，从而刺激了经济扩张。反之，当实际增长率小于合意增长率（$G<G_w$）时，会引起累积性收缩，因为这时实际资本/产量比率大于合意的资本/产量比率（$C>C_r$），厂商会减少投资，使这两者一致，从而引起经济收缩。在长期中，合意增长率与自然增长率不一致也会引起经济波动。当合意增长率大于自然增长率（$G_w>G_n$）时，由于合意增长率超过了人口增加和技术进步所允许的最大值，将会出现长期停滞。反之，当合意增长率小于自然增长率（$G_w<G_n$）时，由于合意增长率没有达到人口增长和技术进步所允许的最大值，将会出现长期繁荣。

哈罗德-多马模型虽然有缺陷，但以后的经济增长模型都是以它为基础经过发展改进建立起来的。

（二）新古典经济增长模型

1. 假设条件

新古典经济增长模型是在哈罗德-多马模型的基础上进行改进和完善，所以它的假定条件基本上与哈罗德-多马模型一致，只是假定资本/产量比率可变，且考虑技术进步对经济增长的贡献，其他假定条件不定。

由于资本投入和劳动投入的增加以及技术进步是经济增长的三大因素。新古典增长模型不像哈罗德-多马模型只强调投资对经济增长的作用，它强调了资本和劳动对经济增长的共同作用，同时认为技术进步不仅会改变劳动生产率，而且会改变资本/产出比率，并将其作为一个独

立的变量加在经济增长模型中。

2. 基本公式

$$G=a\left(\frac{\Delta K}{K}\right)+b\left(\frac{\Delta L}{L}\right)+\frac{\Delta A}{A}$$

式中，$\frac{\Delta K}{K}$为资本增加率；$\frac{\Delta L}{L}$为劳动增加率，$\frac{\Delta A}{A}$为技术进步率；a为经济增长中资本所作贡献的比例；b为经济增长中劳动所作的贡献比例。

a与b之比即资本/劳动比率。由于生产中投入的要素只有资本和劳动，所以$a+b=1$。

3. 经济长期稳定增长的条件

新古典模型从资本/产量比率的角度探讨了经济长期稳定增长的条件。

这一模型认为，在长期中实现均衡的条件是储蓄全部转化为投资，即对凯恩斯储蓄等于投资这一短期均衡条件的长期化。在这种情况下，如果储蓄倾向不变，劳动增长率不变，则长期稳定增长的条件是经济增长率（$\Delta Y/Y$）与资本存量增长率（$\Delta K/K$）必须相等，即

$$\Delta Y/Y=\Delta K/K$$

如果$\Delta Y/Y>\Delta K/K$，意味着收入增长快于资本存量增长，从而资本生产率提高。这则会刺激厂商用资本替代劳动，使资本价格提高，从而最终减少资本使用量，最后达到$\Delta Y/Y=\Delta K/K$。

可见，通过市场调节会使经济在长期中保持$\Delta Y/Y=\Delta K/K$，从而实现稳定增长。

（三）新剑桥经济增长模型

为说明经济长期稳定增长的途径，哈罗德-多马模型强调投资的重要作用，并以三种增长率的一致来说明这一点；而新古典增长模型则用要素的不同组合寻求长期稳定增长的可能性。与这两种增长模型不同，新剑桥模型虽然也注意投资的重要作用，然而认为投资与储蓄相等的关键是如何调整储蓄率，使之适合均衡增长的要求。而社会储蓄是工人储蓄与资本家储蓄之和，又由于两者的储蓄率因他们的收入在国民收入中所占的比例不同而不同。一旦规定了稳定增长的途径，长期的经济增长必然影响收入分配的相对份额。因此，从收入分配入手来研究经济增长问题，是新剑桥增长理论的一大特点。

1. 基本假设

（1）社会成员只分为利润收入者（资本家或雇主）与工资收入者（工人或雇员）两个阶级。

（2）利润收入者与工资收入者的储蓄倾向是不变的。

（3）利润收入者的储蓄倾向于大于工资收入者的储蓄倾向。

2. 基本公式

新剑桥学派仍然以哈罗德-多马模型的基本公式 $G=\frac{S}{C}$，作为分析经济增长的基本公式，不同的是新剑桥学派将其研究重点放在储蓄率的变化上，并认为可以通过调整储蓄率满足稳定增长的条件，即

$$G=\frac{S}{C}=\frac{\left(\frac{P}{Y}\times S_p+\frac{W}{Y}\times S_w\right)}{C}$$

式中，C 为资本/产量比率；$\frac{P}{Y}$ 为利润在国民收入中所占的比例；$\frac{W}{Y}$ 为工资在国民收入中所占的比例；S_p 为利润收入者的储蓄倾向（即储蓄在利润中所占的比例）；S_w 为工资收入者的储蓄倾向（即储蓄在工资中所占的比例）。

根据假设条件 S_p 和 S_w 都为定值，且 $S_p>S_w$。由于国民收入只分为工资和利润两部分，所以 $\frac{P}{Y}+\frac{W}{Y}=1$。

由于 S_p 和 S_w 为定值，则储蓄率的大小取决于国民收入的分配状况，即利润与工资在国民收入中所占的比例。

假设 $S_p=40\%$，$S_w=10\%$，且 $\frac{P}{Y}=30\%$，$\frac{W}{Y}=70\%$

则

$$\begin{aligned}S&=S_p\times\frac{P}{Y}+S_w\times\frac{W}{Y}\\&=0.4\times0.3+0.1\times0.7\\&=19\%\end{aligned}$$

若 $\frac{P}{Y}=70\%$，$\frac{W}{Y}=30\%$

则

$$\begin{aligned}S&=0.4\times0.7+0.1\times0.3\\&=31\%\end{aligned}$$

从计算可以得出：利润在国民收入中所占的比例越大，则储蓄率越高，而工资在国民收入中所占的比例越大，则储蓄率越低。若资本/产量比率不变，在经济增长的过程中，工资和利润在国民收入中所占的相对份额将朝着不利于工人的方向发生变化。经济增长率越高，国民收入的分配必然越有利于资本家而不利于工人。

所以新剑桥经济增长模型的结论是：经济增长是以加剧收入分配不平等为前提的，经济增长的结果也必然加剧收入分配的不平等。

3. 经济长期稳定增长的条件

新剑桥模型从储蓄率的角度分析了经济长期稳定增长的条件。

要使经济以一定的增长率不断增长，就必须保持一定的储蓄率，而储蓄率又与利润收入者和工资收入者的储蓄倾向及他们的收入在国民收

入中所占的份额有关。S_p 和 S_w 固定不变，所以要保持一定的储蓄率就必须使国民收入中工资和利润保持一定的比例。这个过程是通过价格进行调节的。

经济要长期稳定增长，利润和工资在国民收入中就要保持一定的比例，这一比例并不是不变的。随着经济增长，在国民收入分配中利润所占的份额在提高，工资所占的份额在下降。

四、新经济增长理论

（一）经济增长因素分析理论

20世纪60年代，美国经济学家肯德里克和丹尼森对劳动、资本和技术进步对经济增长的影响进行了定量分析，以寻求提高经济增长率的途径。

根据肯德里克的计算，1889～1957年，美国国内私营经济全要素生产率平均每年增长1.7%，同期的年增长率为3.5%。这就是说，经济增长中来自要素投入量增加的比例，与来自生产效率提高的比例大致为1∶1。他还计算出在1958～1966年，全要素生产率提高对经济增长的贡献已超过要素投入量的增加。

丹尼森把影响经济增长的因素分为7项：①就业人数及其年龄-性别构成；②包括非全日工作的工人在内的工时数；③就业人员的教育年限；④资本存量的大小；⑤资源配置，主要指低效率工作使用劳动力比重的减少；⑥规模经济，以市场的扩大来衡量；⑦知识进展。

这7项中，前4项属于要素投入量，后3项属于每一单位投入量的生产率。根据他的计算，劳动对增长的贡献为39.3%，资本对增长的贡献为15%，技术进步对增长的贡献为45.5%（其余为非正常因素）。这个研究证明，由于技术进步引起的生产率提高（即单位投入的产量增加）对经济增长的贡献为50%左右，这与其他经济学家的研究成果相同。

（二）零经济增长理论

20世纪50～60年代西方国家的高经济增长政策尽管获得了成功，但也引起了滞胀、环境污染、社会风尚败坏等问题。因此，20世纪70年代研究经济增长的热点是经济增长给社会带来的副作用，并被称为世界末日模型。这种理论认为，影响经济增长的五个因素是人口增长、粮食供应、资本投资、环境污染和能源消耗。这些因素的共同的特点在于它们的增长都是指数增长，即按照一定的百分比递增。他们把这五种因素的相关数据代入公式运用计算机进行计算，得出的结果是：假定世界上自然的、经济的和社会的关系没有重要变化，那么，由于世界粮食短缺、资源耗竭和严重污染，世界人口和工业生产能力将会发生非常突然和无法控制的崩溃，为了避免这种人类毁灭的厄运，必须在1975年停止人口增长，在1980年停止工业投资增长，以达到零增长的全球性均衡。这种观点被称为增长极限论。如果人类这样没有节制地增长下去必然在2010年遭到崩溃，这个结论引起了全世界的广泛关注和争论，支持者提出了限制经济增长，实现零增长目标。这就是零经济增长理论的由来。这种理论或者认为增长是有极限的，或者认为即使可以无限增长，增长也是不可取的。

另一种相关的观点认为，即使增长不存在极限，也并不可取，因为经济增长并不一定是生活水平的提高，人们为经济增长所付出的社会与文化代价太高了。这首先在于：持续的经济增长使人们失去了许多美好的享受，如无忧无虑的闲暇、田园式的享受、清新的空气等。其次，经济增长所带来的仅仅是物质享受的增加，但是物质并不是唯一的幸福源泉，随着社会的发展，人们也并不把物质享受作为唯一的目标，有些物质产品的增加也许还会给人们带来负效用。最后，人对幸福的理解取决于他在社会上的相对地位，因此经济增长尽管增加了个人收入的绝对量，但并不一定能提高他在社会上的相对地位，这样也就并不一定能给他带来幸福。总之，提出该种观点的美国经济学家米香认为，技术进步、经济增长仅仅是物质产品的增加而不是幸福的增加。在经济增长中，人们失去的幸福太多了，因此，即使经济增长是可能的，也是不可取的。应该停止经济增长，恢复过去那种田园式的生活。

（三）新增长理论

20 世纪 80 年代之后，随着知识经济的到来和科学技术的进步，美国经济学家罗默等人提出了新增长理论。在新增长理论中，突破了技术进步是外生变量的新古典学说，把技术进步作为内生变量，揭示了劳动、资本、技术进步对增长的共同作用，以及这三者之间的相互关系，该理论突出了技术进步在劳动和资本中的作用：技术进步体现在劳动中就是劳动者素质的提高；体现在资本中就是用更先进的设备替代了旧设备。资本的增加和劳动的增加是技术进步的结果，技术进步是经济增长的中心。这种理论反映了当代经济增长的基本特征，也指出了经济增长的必由之路是技术进步和技术创新。

西方经济学家的这些经济增长理论对我国实现长期的经济增长是非常有借鉴意义的。我国的经济学家根据我国的特点，正在积极地探索适合我国国情的经济增长方式。

知识拓展

关于 20 世纪 30 年代大萧条的争论

20 世纪 30 年代的大萧条已经过去 70 多年了，但经济学家围绕这次大萧条的争论一直没有停止。这种争论不是纯学术性的，是为了更深入地认识引起大萧条的原因，避免这种悲剧的重演。

一种观点认为，引起大萧条的原因是支出的减少。20 世纪 20 年代后期是美国经济极度繁荣的时代，新住房、新工厂不断建立，资本积累迅速增加，股市上扬，但这种繁荣背后亦有潜在的危机。由于世界经济增长的不平衡，一些国家采取了限制性贸易政策。人们对未来有不确定的感觉。1929年秋纽约股市崩溃引发了危机，支出大大减少，投资崩溃，建筑业几乎消失。这就是悲观与不确定性引起的支出减少，包括耐用品消费和投资减少。这是大萧条的真正原因。

另一种观点认为，大萧条更深刻的原因是货币供给的大幅度减少。这种货币供给减少并不是由美联储的货币紧缩引起的。因为基础货币并没有减少，货币供给减少的原因在于大量银行破产或停业，不能创造货币。在大萧条之前，经济极度繁荣，银行信贷亦大大增加，但大萧条开始之后，许多企业破产，无力偿还银行债务，使银行银根吃紧，银根紧又引发了挤兑风潮，使银行破产或停业。银行破产，货币供给减少，使企业得不到贷款，更无法维持，同时又使利率上升，压抑了投资。如果没有银行的破产与货币供给减少，大萧条也不至于如此严重。

经济学家在争论大萧条的原因时，提出了大萧条会不会重演的问题。大部分经济学家认为发生这种大萧条的可能性很小。因为，第一，在制度上有了很大进步。例如，中央银行作为商业银行的最后贷款人和存款保险制度防止了银行大量倒闭。第二，国家加强了对经济的干预，1929年国家的支出仅占国内生产总值的6%，如今这一比例已上升到20%以上。政府的行为是可以控制的，政府的支出增加有利于稳定和避免大萧条出现。第三，经济发生变化，个人和社会抵抗衰退的能力都加强了。例如，劳动参工率提高和双职工家庭增加，社会福利制度的不断完善，使消费稳定维持在一定水平上。

历史不会重演，发生于20世纪30年代的大萧条再次发生的可能性很小，但在市场经济中经济波动是不可避免的，但仍要未雨绸缪，减少经济周期给人类带来的损失。

选自梁小民《西方经济学》教材

本章小结

◆国民收入及总体经济活动水平有规律地经历扩张和收缩的周期性波动，称为经济周期。经济周期分为四个阶段，即繁荣、衰退、萧条、复苏。其中，繁荣和萧条是两个主要阶段，衰退和复苏是两个过渡阶段。

◆按时间长短划分经济周期：平均每一个周期为9～10年，叫朱格拉周期，又叫中周期；为期50～60年的康德拉季耶夫周期，又叫长周期；平均长度为20年的长周期叫库兹涅茨周期，又叫建筑业周期；熊彼特周期，又叫综合周期，他以重大的创新为标志，划分了三个长周期。

◆西方学者把众多的经济周期理论综合概括为两大类别：外部因素和内部因素（外生和内生）理论。外部因素理论认为，经济周期的根源在于市场经济体制之外的某些事物的波动，内部因素理论则从市场经济体制本身的内部的某些因素之间的相互制约相互促进的运行机制来进行解释。

◆经济增长是实际 GDP 的增加。决定一国经济增长的因素是制度、资源和技术进步。现代经济增长的核心是技术进步。

◆各种增长模型是为了分析经济增长与影响它的各种因素之间的关系。现代主要的增长模型有哈罗德-多马模型、以美国经济学家索洛为代表的新古典派模型和以英国经济学家卡尔多为代表的新剑桥派模型。

◆新经济增长理论包括：经济增长因素分析理论、零经济增长理论和新增长理论。

主要概念

经济周期　经济增长　经济增长的源泉　哈罗德-多马模型　新古典模型　新剑桥模型

思考与应用

一、单项选择题

1. 经济周期的中心是（　　）。
   A. 价格的波动　　B. 利率的波动
   C. 国民收入的波动　　D. 就业率的波动
2. 经济周期的四个阶段依次是（　　）。
   A. 繁荣、衰退、萧条、复苏　　B. 繁荣、萧条、衰退、复苏
   C. 复苏、萧条、衰退、繁荣　　D. 萧条、衰退、复苏、繁荣
3. 中周期的时间大约为（　　）。
   A. 5～6 年　B. 9～10 年　C. 20 年左右　D. 3～4 年
4. 50～60 年一次的经济周期称为（　　）。
   A. 基钦周期　　B. 朱格拉周期
   C. 康德拉季耶夫周期　　D. 库兹涅茨周期
5. 已知资本/产量比率是 4，储蓄率是 20%，依哈罗德-多马模型，经济增长率应该是（　　）。
   A. 4%　B. 5%　C. 6%　D. 10%
6. 资本与劳动可以互相替代，这是（　　）。

A. 哈罗德-多马模型的假设条件

B. 新古典增长模型的假设条件

C. 哈罗德-多马模型和新古典增长模型的共同假设条件

D. 新剑桥经济增长模型的假设条件

7. 在经济增长中起最大作用的因素是（ ）。

A. 资本 B. 劳动 C. 技术进步 D. 储蓄率

8. 根据哈罗德-多马模型，当合意的增长率大于实际增长率时，经济中将出现（ ）。

A. 均衡增长 B. 累积性扩张

C. 累积性收缩 D. 繁荣趋势

9. 经济增长的核心是（ ）。

A. 资本 B. 土地 C. 劳动 D. 技术进步

10. 经济周期包括的主要阶段有（ ）。

A. 繁荣 B. 复苏 C. 衰退 D. 萧条

11. 哈罗德-多马模型提出的增长率包括（ ）。

A. 自然增长率 B. 实际增长率

C. 合意的增长率 D. 长期经济增长率

二、多项选择题

1. 经济周期繁荣阶段的主要特征是（ ）。

A. 投资增加 B. 信用增加 C. 物价上涨

D. 就业增加 E. 发散型蛛网

2. 加速原理主要使用的经济变量是（ ）。

A. 效用 B. 国民收入 C. 投资

D. 消费 E. 基尼系数

3. 加速数的大小可用以下因素确定（ ）。

A. 投资乘数 B. 自发消费 C. 单位产出

D. 资本量 E. 等产量曲线

4. 经济周期一般呈现的阶段有（ ）。

A. 经济繁荣阶段 B. 经济衰退阶段 C. 经济萧条阶段

D. 经济复苏阶段 E. 自然垄断阶段

5. 经济增长的源泉是（ ）。

A. 国民收入 B. 资本 C. 劳动

D. 技术进步 E. 基数效用

6. 关于经济周期理论，以下正确的说法是（ ）。

A. 经济周期的中心是国民收入的波动

B. 科斯定理作用于经济周期

C. 每次经济周期是相同的

D. 经济周期都是繁荣与萧条的交替

E. 经济周期在经济中是不可避免的波动

7. 经济长期稳定增长的条件是（　　）。

A. 实际增长率等于合意增长率

B. 实际增长率等于自然增长率

C. 合意增长率等于自然增长率

D. 合意增长率等于有保证增长率

E. 公共物品与私人物品相适应

8. 哈罗德-多马模型的假设包括（　　）。

A. 社会只生产一种产品

B. 生产中只使用劳动和资本两种生产要素

C. 规模收益递增　　D. 规模收益不变　　E. 不考虑技术进步

9. 哈罗德-多马模型提出的三个增长率的概念是（　　）。

A. 实际增长率　　B. 技术进步增长率　　C. 保证增长率

D. 自然增长率　　E. 边际技术增长率

三、判断题

1.（　　）繁荣和萧条是经济周期的过渡阶段。

2.（　　）衰退与复苏是经济周期的主要阶段。

3.（　　）只要国民收入变动，就会引起投资的加速变动。

4.（　　）经济增长可以简单的定义为一国在一定时期内国内生产总值的增长，即总产出量的增加。

5.（　　）经济增长和经济发展是相同的概念。

6.（　　）哈罗德-多马模型表明，当经济处于均衡时，国民收入增长率等于该社会的储蓄率除以资本/产量比率。

7.（　　）根据哈罗德-多马模型，当保证增长率大于实际增长率时，经济将出现均衡增长。

8.（　　）新古典增长模型表明，决定经济增长的因素是资本的增加、劳动的增加和技术进步。

9.（　　）经济增长的充分条件是制度与意识的相互调整。

10.（　　）加速原理与乘数原理一样，存在一些局限性。

11.（　　）乘数与加速原理的互为因果、互为前提，造成了国民经济由繁荣、衰退、萧条到复苏的周期性波动。

12.（　　）如果一段时间内国民收入保持稳定，那么，总投资将减少。

13.（　　）当经济达到繁荣时，会因加速数下降而转入衰退。

14.（　　）经济增长的充分条件是技术进步。

15.（　　）经济增长的必要条件是要有与之相适应的社会制度和意识形态。

四、计算题

1. 假设一个经济储蓄率为12%，资本/产量比率为3，根据哈罗德-多马模型，增长率为多少？如果要使增长率达到6%，储蓄率应该是多少?

2. 假设一个经济中，$\Delta K = 100$，$K = 1000$，$\Delta L = 200$，$L = 1000$，$a = 0.6$，$b = 0.4$，$\frac{\Delta A}{A} = 0.3$，用新古典增长模型计算该经济的增长率。

五、问题与思考

1. 经济周期的两大阶段是什么? 各有什么特征?

2. 西方经济学家把经济周期划分为哪几种类型?

3. 什么是经济增长? 经济增长的源泉是什么?

4. 以中国改革前后的经济变化说明制度在经济增长中的重要性。

5. 用技术进步在经济增长中的作用解释“科技是第一生产力”这句话。

6. 根据新剑桥增长模型解释为什么经济增长以收入分配不平等加剧为条件?

第十三章

宏观经济政策

重点掌握

- 财政政策的工具
- 财政政策的运用
- 赤字财政政策
- 货币政策的工具
- 货币政策的运用

一般掌握

- 货币的需求
- 凯恩斯主义的货币政策目标
- 自动稳定器

一般了解

- 财政政策的挤出效应
- 货币的职能
- 拉弗曲线

宏观经济学的重要任务之一就是要表明如何能够运用中央政府的财政工具和货币工具来稳定经济。

——J·托宾

在微观经济里，人们把价格称为调节经济的“看不见的手”，但“看不见的手”有时失灵，就需要用“看得见的手”进行调节。“看得见的手”就是国家的宏观经济政策。宏观经济政策以宏观经济理论为依据，本章主要介绍财政政策和货币政策。

第一节 财政政策

政府的钱从哪里来，又到哪去？这就是我们要探讨的财政收入和财政支出。为了更好地发挥政府作用，使钱来的合理、用的恰当，政府就必须制定合适的财政政策。

一、财政政策的基本内容和工具

财政政策是指政府为了达到既定的经济目标或者说国家其他目标而对财政收入和财政支出以及公债的发行、公债的偿还作出的决策。财政政策具有遏制或刺激国民经济发展、调控宏观经济、调整经济结构、平衡地区经济、调节社会产品合理分配、防治环境污染等作用。早期的财政政策主要是满足于财政本身收支的需要，后来逐步发展成为调节国民经济总收入与总支出，实现国家经济目标的手段。可以说，财政政策的内容和措施是不断丰富和发展的。

（一）财政政策的内容

在凯恩斯主义之前，财政政策的目的是为政府的各项开支筹集资金，以实现财政收支平衡。在凯恩斯主义之后，财政政策是作为国家职能部门进行需求管理的重要工具，以实现既定的政策目标。西方国家的财政政策包含了三个相互关联的选择。

第一，财政收入政策，主要是税收，包括税收的形式、手段、税种、税率、起征点、征收范围、征收对象以及财政收入政策的实施应达到的目的等。

第二，财政支出政策，即财政支出比例、数量、方向、用途以及财政支出政策的实施应达到的目的等。

第三，赤字政策，即确定赤字的规模和分配。世界各国的财政政策运行规则有其共同的地方，如中央政府和地方政府按照各自收支体系，编制年度财政预算并向立法机构汇报其执行情况，各自为弥补财政赤字发行公债和偿还公债等。

（二）财政收入政策

财政收入基本来自各种税收，大体可分为三类，即财产税、所得税和货物税。**财产税是对不动产、房地产即土地和土地上的建筑物等所征收的税。所得税是指对个人和公司的收入征收的税。**例如，个人的工薪收入和股票债券存款等资产的收入。公司的利润税、财产税和所得税又称直接税，是由纳税人负担不能转嫁给别人的税。这两种税收一般为累进税，即财产和收入越多边际税率累进提高。第三类税收是对生产流通和消费等各个环节的货物征税，如营业税、消费税。货物税又称间接税，因为原来的纳税人——生产商和销售商可以采取提高售价的形式，将一部分税的负担转嫁给最终消费者。这种税通常是按固定不变的税率征税，故称比例税。比例税具有累退税的性质，因为从纳税的负担来看，富人收入中纳税的份额与穷人收入中纳税的份额相等，但是，相对累进税而言，富人的纳税比例实际上却在下降。现在，我国和国外大都对个人收入实行累进税，但利息税，实行的是5%的比例税，富人和穷人都按利息收入的5%纳税，富人和穷人按同比例纳税，前者负担轻后者负担重，所以比例税不利于调节收入分配。但这是一个无奈的选择，当初开征利息税时，还没有实行存款实名制，现在实行了，但银行还没有联网，因而难以汇总个人存款的利息所得。在美国利息税不是一个独立的税种，而是纳入个人的总收入，一并征收个人收入所得税，实行超额累进税率。

无论是发达国家还是不发达国家，政府财政收入主要是从税收中来。税收的特点是强制性，而且是无偿的。我国现在税收管理体制分为国家税和地方税两部分，国家税归中央政府所有，地方税归地方政府所有。税收是一个政府赖以生存的经济基础，没有税收收入，政府难以维持运转。所以纳税是每一个公民的义务，如果大家都不纳税的话，政府就无法运转了。

在美国流行着这样的说法："每个人有两件事情不可避免，一件是死亡，另一件就是纳税。"税收是财政收入的主要来源。

（三）财政支出政策

有了收入就要进行支出。财政支出政策按照国民收入核算体系的分类，财政支出大体可分为政府购买和政府转移支付两大类。

政府购买作为计入GDP的四大需求项目（消费、投资、政府购买和出口余额）之一，根据政府对商品和劳务的购买，包括购买军需品、警察装备用品、机关办公用品以及支付给政府雇员的工资薪金。

政府转移支付包括社会保障、社会福利支出，政府对农业的补贴以及公债利息。财政对某个领域增加税收，该领域的发展就会受到遏制，而增加对某个领域的支出，则有增加该领域发展的效果。财政将这种收支的效果运用于不同的社会阶层，运用于有污染或者没有污染的经济领域，从而实现其调整产业结构、平均财富分配以及缓解和治理环境污染的目的。

如果财政收入大于支出，就会出现财政盈余；当财政收入小于支出，就会出现财政赤字；当财政收入等于支出就是财政平衡。

（四）赤字政策

在经济萧条时期，财政政策增加政府支出，减少政府税收，这样就必然出现**财政赤字，即政府收入小于支出**。赤字财政是财政政策的一项重要内容。国际上衡量财政赤字有两条警戒线标准。第一条警戒线是：

财政赤字占 GDP 的比重不能超过 3%。一旦超过，就会出现财政风险。第二条警戒线是：政府的财政赤字不能超出财政总支出的 15%。政府的钱不够花，可以去借债，但不能借债太多，一国政府的财政赤字不能超出这个百分比，如果超出说明赤字太大了。

政府实行赤字财政政策是通过发行债券来进行的，通常有两种方式。

一种方式是**把债券卖给中央银行，称为货币筹资**。因为中央银行可以把政府债务作为准备金发行货币。这种方法的好处是政府不必还本付息，从而减轻了政府的债务负担。但缺点是会增加货币供给量引起通货膨胀。

另一种方式是**把债券买给中央银行以外的其他人**，如个人、企业、商业银行等，**称为债务筹资**。这时，政府债券相当于向公众借钱的借据。这种筹资方法相当于向公众借钱，不会增加货币量，也不会直接引发通货膨胀，但政府必须还本付息，这就背上了沉重的债务负担。

政府不能仅用一种方法筹资，因为货币筹资过多，增加通货膨胀压力；债务筹资过多不仅财政负担加剧，而且公众会拒绝购买，现实中往往是交替地使用这两种方法为赤字筹资。

凯恩斯主义经济学家认为，赤字财政政策不仅是必要的，而且也是可能的，因为：第一，债务人是国家，债权人是公众。国家与公众的根本利益是一致的。政府的财政赤字是国家欠公众的债务，也就是自己欠自己的债务。第二，政府政权是稳定的，这就保证了债务的偿还是有保证的，不会引起信用危机。第三，债务用于发展经济，使政府有能力偿还债务，弥补赤字。这就是一般所说的"公债哲学"。

二、财政政策的主要思想

（一）内在稳定器

某些财政政策由于其本身的特点，具有自动地调节经济，使经济稳定的机制，被称为内在稳定器，或者自动稳定器。具有内在稳定器作用的财政政策，主要是个人所得税、公司所得税，以及各种转移支付。个人所得税与公司所得税有其固定的起征点和税率。当经济萧条时，由于收入减少，税收也会自动减少，从而抑制了消费与投资的减少，有助于减轻萧条的程度。当经济繁荣时，由于收入增加，税收也会自动增加，从而抑制了消费与投资的增加，有助于减轻由于需求过大而引起的通货膨胀。失业补助与其他福利支出这类转移支付，有其固定的发放标准。经济萧条时，由于失业人数和需要其他补助的人数增加，这类转移支付会自动增加，从而抑制了消费与投资的减少，有助于减轻经济萧条的程度。经济繁荣时，由于失业人数和需要其他补助的人数减少，这类转移支付会自动减少，从而抑制了消费与投资的增加，有助于减轻由于需求过大而引起的通货膨胀。

虽然财政政策内在稳定器能自动地发生作用，调节经济。但是，这种内在稳定器调节经济的作用是有限的。它只能减轻萧条或通货膨胀的程度，并不能改变萧条或通货膨胀的总趋势，只能对财政政策起到自动配合的作用，并不能代替财政政策。

（二）拉弗曲线

拉弗曲线的产生是在 1974 年某一天，经济学家阿瑟·拉弗和一些著名的记者与政治家坐在华盛顿的一家餐馆里，他拿来一块餐巾并在上面画了一个图来说明税率如何影响税收收入。然后拉弗提出，美国已处于这条曲线向下的一边上。他认为，税率如此之高，以至于降低税率实际上会增加税收收入。

一般来说，税率越高政府税收越多，提高税率可以增加政府税收。但是如果税率越过一定的限度，企业的经营成本提高，企业就会减少或退出投资，从而造成政府征税范围缩小，政府税收总量也因此减少。**描绘这种税收与税率关系的曲线称为拉弗曲线。**

如图 13-1 所示，纵坐标为税率，横坐标 t 为税收，税收随税率的提高而增加，但税率提高到 T_1 以后，税收随税率的提高而减少。拉弗曲线表明了税率应当保持在适当的水平上。美国里根政府时期采取减税政策，就是因为当时供给学派认为当时美国的税率已超过了 T_1，减税率能刺激投资。事实上美国当时的减税政策确实取得了积极的效果。

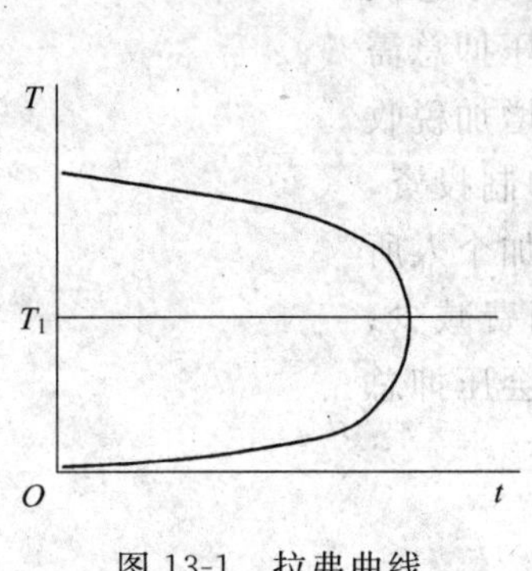

图 13-1　拉弗曲线

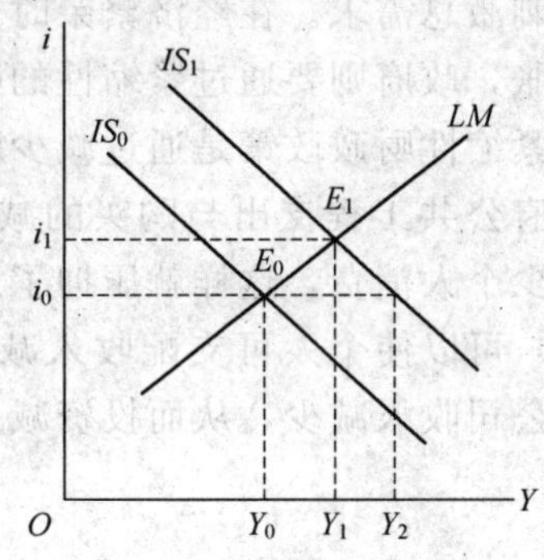

图 13-2　*IS-LM* 模型

（三）财政政策的挤出效应

财政政策的挤出效应是指政府开支增加所引起的私人支出减少，即以政府开支代替了私人开支。这样，扩张性财政政策刺激经济的作用就被减弱。财政政策挤出效应存在的最重要原因就是政府支出增加引起利率上升，而利率上升会引起私人投资与消费减少。

财政政策有没有挤出效应主要取决于经济环境，如果经济繁荣时私人消费和投资都在增加，总需求大于总供给，政府就应该减少财政支出，抑制经济过热，否则会有挤出效应；经济萧条时私人消费和投资都在减少，总供给大于总需求，政府就应该增加财政支出，刺激经济增长不会有挤出效应。可以用图 13-2 来说明财政政策的挤出效应。

分析挤出效应对国民收入的影响。

图 13-2 是 *IS-LM* 模型，当 *IS* 曲线为 IS_0 时，IS_0 与 *LM* 相交于

E_0，决定了国内生产总值为 Y_0，利率为 i_0。政府支出增加，即自发总支出增加，IS 曲线从 IS_0 向右上方平行移动为 IS_1，IS_1 与 LM 相交于 E_1，国内生产总值为 Y_1，利率为 i_1。在政府支出增加，从而国内生产总值增加的过程中，由于货币供给量没变（也就是 LM 曲线没有变动），而货币需求随国内生产总值的增加而增加，所以引起利率上升。这种利率上升减少了私人投资与消费，即一部分政府支出增加，实际上只是对私人支出的替代，并没有起到增加国内生产总值的作用。这就是财政政策的挤出效应。从图 13-2 中还可以看出，如果利率仍为 i_0 不变，那么国内生产总值应该增加为 Y_2。Y_1-Y_2 就是由于挤出效应所减少的国内生产总值增加量。

三、财政政策的运用

财政政策就是要运用政府开支与税收来调节经济。具体来说，在经济萧条时期，总需求小于总供给，经济中存在失业，政府就要通过扩张性的财政政策来刺激总需求，以实现充分就业。扩张性财政政策是通过政府增加支出和减少税收来刺激经济的政策。政府公共工程支出与购买的增加有利于刺激私人投资，转移支付的增加可以增加个人消费，这样就会刺激总需求。减少个人所得税（主要是降低税率）可以使个人可支配收入增加，从而消费增加；减少公司所得税可以使公司收入增加，从而投资增加，这样也会刺激总需求。在经济繁荣时期，总需求大于总供给，经济中存在通货膨胀，政府则要通过紧缩性的财政政策来压抑总需求，以实现物价稳定。紧缩性财政政策是通过减少政府支出与增加税收来抑制经济的政策。政府公共工程支出与购买的减少有利于抑制投资，转移支付的减少可以减少个人消费，这样就压抑了总需求。增加个人所得税（主要是提高税率）可以使个人可支配收入减少，从而消费减少；增加公司所得税可以使公司收入减少，从而投资减少，这样也会压抑总需求。

注意在经济萧条时期和在经济繁荣时期财政政策的运用。

第二节　货币政策

在 20 世纪 70 年代后期，由于通货膨胀严重，西方各国又采用了货币主义经济学家所主张的控制货币供给量的政策。20 世纪 90 年代之后，克林顿政府又更多地运用货币政策来刺激经济并取得成功。

一、货币职能

讨论货币政策和货币需求问题，必须先认识货币的职能，因为货币有其独特的功能，才会引起人们对货币的需求。那么，货币有哪些职能呢？

第一，价值尺度。货币可以作为一种价值尺度用以衡量一切商品和服务的价值，也就是价格。

世界上假如没有货币，会成一个什么样了？

第二，流通手段。货币作为一种流通手段也就是经常说的交换媒介，它可以使整个社会摆脱那种物物交换的累赘和不便。

第三，储藏手段。货币可以代表财富，被人无限制地储藏起来，并可随时变换成货币持有者所需的商品。

第四，支付手段。这里的支付，实质上是指延期支付，即买者向卖者购买物品，手头一时没有钱，采用赊购的办法，先得到物品，后支付货款。

第五，世界货币。由于货币发行权在于各国政府，因此在国际贸易中，商品交换一般不再采取铸币或者纸币形态，而直接以通行的贵金属形态出现，或者将各国货币折算成一定的兑换比率，彼此流通。

一般了解货币的职能。

只有充分认识上述货币职能，才会深刻理解人们为什么非要手中持有一定量货币。

二、货币需求

人们所以需求货币，是因为日常生活离不开它，对货币需求有三种情况：交易需求、预防需求和投机需求。

（一）交易需求

货币的交易需求即为了支付生产或生活日常开支所必需的货币量。人们手中必须保留一部分现金，以购买日常生活用的物品，还必须保留一定量现金或者活期存款用于周转。如果人们的收入增加，支出也会相应增加，那么货币的交易需求也会因此增加，可以说货币的交易需求是货币收入的函数。所以货币的交易需求总是占货币收入的一定比例。同时，货币的交易需求与利率水平也有着一定的关系。

（二）预防需求

货币的预防需求就是备用之意。人们出于多种原因，总是要保留一部分货币，以便应急之用。我国有“穷家富路”之说，人们出差在外，就要预备足够的现金，用于支付车旅费和一些预想不到的开支。人们持有一定量的货币，有时完全是为了谨慎。人们不愿意购买有息债务，宁可把现金放在家中的箱子里，随用随拿，认为此举是最方便、最保险的。货币的预防需求与收水平也有密切的关系，人们活动次数增加和价格水平上升，货币的预防需求也会随之增加。

（三）投机需求

货币的投机需求是指投机家和非投机家出于投机目的而需持有的货币量。货币的投机需求与收入并没有多大关系，但与金融市场中通行的利率有着十分密切的关系。货币的投机需求就是持有货币的目的既不是为了交易之用，也不是为了预防之需，而是期望将来得到较大的收益。这种货币需求也称流动偏好需求。它与利率的关系一般也呈反比关系，也就是说，利率高，使人们不愿把货币放在手里，而要换成有息资产取得利息，会失去本来可以得到但未能得到的许多利息。

货币需求既与国民收入有密切关系，又与利率有密切关系。货币需求是国民收入的递增函数，是利率的递减函数，为分析简便起见，人们把货币的交易需求和预防需求归并为一种需求，称为货币的交易需求。

三、凯恩斯主义货币政策工具

讲到货币政策，可能说起来比较抽象，可以这样来理解：中央银行用什么办法把钱投放到市场上，又是用什么办法把钱抽走。在美联储格林斯潘的办公桌上放着这样一块排子，上面写着："钱从这里滚出去。"他非常形象地说明了中央银行控制着货币的供给。**货币政策就是中央银行借改变货币供给量以影响国民收入和利息的政策。**中央银行实施货币政策的主要工具有公开市场业务、贴现政策，以及准备金率政策。

（一）公开市场业务

公开市场业务就是中央银行在金融市场上买进或卖出有价证券以调节货币供给量。其中主要有国库券，其他政府债券、政府机构债务和银行承兑汇票。例如，有些企业手中有一笔闲钱，既不想投资，也不想扩大再生产，更不想进股市，担心风险太大。于是他们决定买债券，因为债券利息高于银行利息，风险又小于股票。中央银行发现经济过冷，就买进有价证券，这实际上就是发行货币，从而增加货币供给量，鼓励人们去消费、去投资等以刺激经济的回升。中央银行发现经济过热，就卖出有价证券，这实际就是中央银行回笼货币，减少市场货币流通量，人们用于消费和投资的钱少，经济就会适度降温。公开市场业务能够灵活而有效地调节货币量，针对市场资金多余和短缺的具体时间和领域进行操作。因此，公开市场业务是中央银行经常使用的最重要的货币政策工具。

公开市场业务、贴现政策，以及准备金率政策称为中央银行的三大法宝。

（二）调整贴现率

贴现是商业银行向中央银行贷款的方式。当商业银行资金不足时，可以用客户借款时提供的票据到中央银行要求再贴现，或者以政府债务或中央银行同意接受的其他"合格的证券"作为担保来贷款。再贴现与抵押贷款都称为贴现，目前以后一种方式为主。贴现期限一般较短，为1～14天。**商业银行向中央银行进行这种贴现所付的利息率就称为贴现率。**贴现政策包括变动贴现率与贴现条件，其中，最主要的是变动贴现率。在经济萧条时期，中央银行降低贴现率或放松贴现条件，使商业银行得到更多的资金，这样这可以增加其对客户的放款，放款的增加又可以通过银行创造货币的机制增加流通中的货币供给量，降低利息率。

（三）调整准备金率

准备金率是商业银行吸收的存款中用作准备金的比率，准备金包括库存现金和在中央银行的存款。通俗地说，当人们把1000元钱存进银行，银行就必须把一笔钱放在中央银行。假如准备金率是10%，商业银行只能往外贷款900元。中央银行变动准备金率则可以通过准备金的影响来调节货币供给量。在繁荣时期提高准备金率，通过银行创造货币的机制减少货币供给量，提高利息率；在萧条时期下调准备金率，通过

2007年我国为什么多次调整准备金率？

银行创造货币的机制增加货币供给量，降低利息率。

上述三大政策称为中央银行的三大法宝。除此货币政策外，还有道义上的劝告，即中央银行对商业银行的贷款、投资业务进行指导，要求商业银行采取与其一致的做法。这种劝告没有法律上的约束力，但也有一定作用；垫头规定，即规定购买价证券必须付出的现金比例；利息率上限，也就是规定商业银行和其他储蓄机构对定期存款和储蓄存款的利息上限；控制分期付款与抵押贷款条件等。货币政策在宏观经济政策中的作用是不断加强的。凯恩斯认为，由于人们心理上对货币的偏好，利率下降是有一定限度的，依靠降低利率来刺激私人投资的货币政策其效果是有限的。

四、凯恩斯主义货币政策目标

货币供给量的变动影响利率，利率的变动通过对投资和总需求的影响而影响国内生产总值，这是凯恩斯主义货币政策的理论基础。由此出发，货币政策的直接目标是利率。

（一）货币政策的作用机制

货币政策的目标是什么？

凯恩斯主义货币政策是要通过对货币供给量的调节来调节利率，再通过利率的变动来影响总需求。这样，凯恩斯主义货币政策的作用机制为

货币量 → 利率 → 总需求

在这种货币政策中，政策的直接目标是利率，利率的变动通过货币量调节来实现，所以调节货币量是手段。调节利率的目的是要调节总需求，总需求变动是政策的最终目标。

那么，货币量是如何影响利率的呢？而利率又是如何影响总需求的呢？

凯恩斯主义以人们的财富只有货币与债券这两种形式的假设作为货币量可以调节利率的前提。在这一假设与前提之下，债券是货币的替代物，人们在保存财富时只能在货币与债券之间做出选择。持有货币无风险也没有收益；持有债券有收益也有风险。人们在保存财富时总要使货币与债券之间保持一定的比例。如果货币供给量增加，人们就要以货币购买债券，债券的价格就会上升；反之，如果货币供给量减少，人们就要抛出债券以换取货币，债券的价格就会下降。债券价格公式为

$$债券价格=\frac{债券收益}{利率}$$

这说明债券价格与债券收益的大小成正比，与利率的高低成反比。因此，货币量增加，债券价格上升，利率下降；反之，货币量减少，债券价格下降，利率上升。

利率的变动影响投资。投资是总需求中的重要部分，因此，其影响

到总需求和国内生产总值。

（二）货币政策的运用

中央银行运用货币政策直接调控的是货币供给量，它控制货币供给量的工具就是公开市场活动、改变贴现率和改变准备金率。最常用的是公开市场活动。在不同的经济形势下，中央银行要运用不同的货币政策来调节总需求和国民经济。

分析萧条时期和繁荣时期货币政策的运用。

在萧条时期，总需求小于总供给，为了刺激总需求，运用扩张性货币政策，如增加货币供应量、降低利率、刺激总需求的货币政策。其中，包括在公开市场上买进有价证券、降低贴现率并放松贴现条件、降低准备金率等。这些政策和措施可以增加货币供给量，降低利率，刺激总需求等。

在繁荣时期，总需求大于总供给，为了抑制总需求，要运用紧缩性货币政策，即减少货币供应量、提高利率、抑制总需求的货币政策。其中，包括在公开市场上卖出有价证券、提高贴现率并严格贴现条件、提高准备金率等。这些政策措施可以减少货币供给量，提高利率，抑制总需求等。

五、货币主义货币政策的思想

货币主义货币政策在传递机制上与凯恩斯主义的货币政策不同。货币主义的基础理论是现代货币数量论，即认为影响国内生产总值与价格水平的不是利率而是货币量。货币量直接影响国内生产总值与价格水平这一机制的前提是：人们的财富具有多种形式——货币、债券、股票、住宅、珠宝、耐用消费品等。这样，人们在保存财富时就不仅是在货币与债券中作出选择，而且是在各种财富的形式中进行选择。在这一前提下，货币供给量的变动并不仅仅是影响利率，而是影响到各种形式的资产的相对价格。在货币供给量增加后，各种资产价格上升，从而直接刺激生产，在短期内使国内生产总值增加，以后又会使整个价格水平上升。

货币主义者反对把利率作为货币政策目标。他们认为货币供给量的增加只会在短期内降低利率，而其主要影响还是提高利率。因为货币供给量的增加使总需求增加，总需求增加一方面增加了货币需求量，另一方面提高了价格水平，从而减少了货币的实际供给量，这两种作用的结果会使利率提高。同时，利率还要受到人们对通货膨胀预期的影响。因此，名义利率等于实际利率加预期的通货膨胀率。货币供给量增加提高了预期的通货膨胀率，从而也就提高了名义利率。所以货币政策不能限定利率，利率是一个会把人们引入歧途的指示器。

货币主义者还认为，货币政策不应该是一项刺激总需求的政策，而应该作为防止货币本身成为经济失调根源的政策，为经济提供一个稳定的环境，并抵消其他因素所引起的波动。货币政策不应该是多变的，应该以控制货币供给量为中心，以制止通货膨胀，为经济发展创造一个良好的环境。

知识拓展

银行是如何创造货币的

在现代社会，货币的供给是由银行创造的。这一点大家很难理解，一般人认为，人们手中的货币是由印钞厂印刷出来的。不理解银行为什么能创造货币呢？现在就看看银行是怎样创造货币供给的。

人们把钱存入银行，银行不能把这些钱全部贷出去，因为人们随时有可能再到银行取款，银行留的这部分货币叫准备金。

银行创造货币的关键在于现代银行的部分准备金制度，即只把一部分存款作为准备金的制度。这就是说，银行不用把所吸收的存款都作为准备金留在金库中或存入中央银行，只要按中央银行规定的法定准备金率留够准备金就可以，其他存款则可以作为贷款发放出去。法定准备金率是中央银行规定的银行所保持的最低准备金与存款的比率。例如，法定准备金率为10%，就是说银行吸收100万元存款时，要把其中10万元作为准备金，只能往外贷款90万元。

这就是说，B银行得到90万元贷款后，把其中的9万作为准备金，其余的81万元可以作为贷款供给乙。乙得到贷款后也把这81万元存入与自己有业务关系的C银行。C银行得到81万元存款后仍把8.1万元作为准备金，其余72.9万作为贷款贷出……这个过程会一直继续下去，存款是货币，存款增加就是流通中货币增加。这个过程中存款的增加为

100万元＋90万元＋81万元＋72.9万元＋…＝1000万元

这个过程结束时，流通中的货币共有1000万元，100万元的存款通过各银行发放贷款和吸收存款的过程，流通中的货币增加到1000万元。这就是银行创造出了货币。当最初的存款既定时，银行能创造出多少货币呢？

如果以R代表最初存款，D代表存款总额即创造出的货币，r代表法定准备金率（$0<r<1$），则商业银行体系所能创造出的货币量的公式为

$$D=\frac{R}{r}$$

由这一公式可以看出，商业银行体系所能创造出来的货币量与法定准备金率成反比，与最初存款成正比。这说明法定准备金率的高低决定于银行能创造出的货币的多少。在这个例子中，法定准备金率为10%，所以银行创造出来的货币为

$$D=\frac{100\text{万元}}{0.1}=1000\text{万元}$$

银行所创造的货币量与最初存款的比例，称为简单货币乘数。在所举的例子中，简单的货币乘数为

$$\frac{1000\text{ 万元}}{100\text{ 万元}}=10$$

如果用 D 代表银行所创造出来的货币，R 代表最初存款，m 代表简单货币乘数，则简单货币乘数的公式为

$$m=\frac{D}{R}$$

还可以看出，简单货币乘数实际上就是法定准备金率的倒数，即

$$m=\frac{D}{R}=\frac{1}{r}$$

在这个例子中，法定准备金率 $r=0.1$，所以简单货币乘数 $m=10$。简单货币乘数表明一定的最初存款能创造出多少货币，这对分析货币供给十分重要。

为什么经过上述过程银行就能创造出货币来了？简单地说，在每一个环节上都有新的财富创造出来。到银行存款的人，他为什么有这比钱呢？因为他销售了产品或为别人提供了服务，获得了劳动报酬，而那些从银行借钱去经营的人，他最终也要通过劳动获得报酬，才能再把这笔钱还给银行。所以这里每一个环节都在创造着财富，那么银行通过信用机制创造货币的供给，也是实实在在的。

格林斯潘与美国货币政策

在美国，甚至全世界，美联储主席格林斯潘的一言一行都备受关注。他被认为是美国仅次于总统的第二号人物，在经济方面，甚至比总统地位还高。他知道自己“一言可以兴邦，一言可以废邦”，说话格外谨慎，习惯于用一种故意让人不明其意的“美联储语言”，以至于用这种语言向女友求婚，女友没听懂，婚事拖了好几年。

格林斯潘为什么有如此大的影响呢？这来自两个方面：一是货币政策在美国经济中的重要性及美国经济在世界上的地位；二是美联储的独立性及决策权。

美国政府一直运用财政政策与货币政策调节经济，但总的趋势是货币政策的作用在不断加强，而财政政策的作用相对下降。美国经济学家芒德尔证明在资本自由流动和浮动汇率的情况下，货币政策对国内宏观经济的影响要大于财政政策。在 20 世纪 90 年代，克林顿政府正是主要依靠货币政策实现了经济繁荣与物价稳定。这种政策的主要制定者正是格林斯潘。在世界上，美国经济是世界经济的领头羊，“美国感冒，全世界打喷嚏”。这样，对美国经济影响重大的人，必定也是对世界经济影响重大的人。

分析美国的货币政策。

格林斯潘的地位还与美联储的独立性相关。美联储的最高领导机构是由总统任命，并得到议会批准的 7 名理事会成员组成，每位成员任职

14 年，每 2 年更换一位。理事会主席，即美联储主席由总统任命并得到议会批准，任期 4 年。决定货币政策的机构是联邦公开市场委员会，由美联储 7 位理事和 12 个地区联邦储备银行总裁组成（其中 5 位有投票权，除纽约联邦储备银行总裁外，其他 4 位轮流担任），这些地区联邦储备银行总裁并不是政府任命，而是选举产生的。格林斯潘也是联邦公开市场委员会的主席。货币政策由美联储的联邦公开市场委员会决定，不受政府议会和政府干预。美联储的这种独立性也加强了格林斯潘的地位。格林斯潘自 1987 年以来先后由老布什、克林顿和小布什任命为美联储主席，可见他在美国货币政策的决定中起了至关重要的作用。

本章小结

◆财政政策是指政府为了达到既定的经济目标或者说国家其他目标而对财政收入和财政支出以及公债的发行、公债的偿还做出的决策。

◆具有自动调节经济，使经济稳定的机制，被称为内在稳定器，或者自动稳定器。主要是个人所得税、公司所得税，以及各种转移支付。

◆财政政策的挤出效应是指政府开支增加所引起的私人支出减少，即以政府开支代替了私人开支。这样，扩张性财政政策刺激经济的作用就被减弱。财政政策挤出效应存在的最重要原因就是政府支出增加引起利率上升，而利率上升会引起私人投资与消费减少。

◆财政政策运用：在经济萧条时期，总需求小于总供给，经济中存在失业，政府要通过扩张性的财政政策来刺激总需求，以实现充分就业。扩张性财政政策是通过政府增加支出和减少税收来刺激经济的政策。在经济繁荣时期，总需求大于总供给，经济中存在通货膨胀，政府则要通过紧缩性的财政政策来压抑总需求，以实现物价稳定。

◆货币政策是中央银行借改变货币供给量以影响国民收入和利息的政策。中央银行实施货币政策的主要工具有公开市场业务、贴现政策，以及准备金率政策。

◆货币政策的作用机制。凯恩斯主义货币政策是通过对货币供给量的调节来调节利率，再通过利率的变动来影响总需求。这样，凯恩斯主义货币政策的机制就是：货币量-利率-总需求。

◆货币政策的运用：在萧条时期，总需求小于总供给，为了刺激总需求，运用扩张性货币政策，如增加货币供应量，降低利率，刺激总需求；在繁荣时期，总需求大于总供给，为了抑制总需求，要运用紧缩性货币政策，即减少货币供应量，提高利率，抑制总需求。

主要概念

财政政策 扩张性财政政策 紧缩性财政政策 财政赤字 自动稳定器 拉弗曲线 挤出效应 货币政策 公开市场业务 准备金 贴现率

思考与应用

一、单项选择题

1. 政府把个人所得税率从20%降到15%，这是（ ）。
   A. 内在稳定器的作用　B. 一项财政收入政策
   C. 一项财政支出政策　D. 一项公共政策
2. 当经济中存在失业时，应该采取的财政政策工具是（ ）。
   A. 增加政府支出　B. 提高个人所得税
   C. 提高公司所得税　D. 增加货币发行量
3. 当经济中存在通货膨胀时，应该采取的财政政策工具是（ ）。
   A. 增加政府支出和减少税收　B. 减少政府支出和减少税收
   C. 减少政府支出和增加税收　D. 增加政府支出和增加税收
4. 属于扩张性财政政策工具的是（ ）。
   A. 减少政府支出和减少税收　B. 减少政府支出和增加税收
   C. 增加政府支出和减少税收　D. 增加政府支出和增加税收
5. 属于内在稳定器的项目是（ ）。
   A. 总需求　B. 公债　C. 税收　D. 政府公共工程支出
6. 下列因素中不是经济中内在稳定器的是（ ）。
   A. 政府投资　B. 个人所得税
   C. 社会保障金和失业保险　D. 农产品支持价格
7. 要实施扩张性财政政策，可采取的措施有（ ）。
   A. 提高税率　B. 减少政府购买
   C. 增加财政转移支付　D. 降低再贴现率
8. 财政政策挤出效应存在的最重要原因就是政府支出增加引起（ ）。
   A. 利率上升　B. 利率下降
   C. 利率为零　D. 利率为负数
9. 赤字增加的时期是（ ）。
   A. 经济衰退时期　B. 经济繁荣时期
   C. 高通货膨胀时期　D. 低失业率时期

10. 实施货币政策的机构是（　　）。

A. 财政部　　B. 中央银行

C. 商业银行　　D. 中央政府

11. 中央银行最常用的政策工具是（　　）。

A. 法定存款准备金率　　B. 公开市场业务

C. 再贴现率　　D. 道义劝告

12. 公开市场业务是指（　　）。

A. 商业银行的信贷活动

B. 中央银行增减对商业银行的贷款

C. 中央银行买卖政府债券的活动

D. 中央银行增减货币发行量

13. 紧缩性货币政策的运用会导致（　　）。

A. 减少货币供给量，降低利率

B. 增加货币供给量，提高利率

C. 减少货币供给量，提高利率

D. 增加货币供给量，降低利率

14. 中央银行提高再贴现率会导致货币供给量的（　　）。

A. 增加和利率提高　　B. 减少和利率提高

C. 增加和利率降低　　D. 减少和利率降低

15. 要实施扩张性货币政策，中央银行可采取的措施有（　　）。

A. 卖出国债　　B. 提高准备金率

C. 降低再贴现率　　D. 减少货币供应

二、多项选择题

1. 财政支出的政策工具包括（　　）。

A. 税收　　B. 公债　　C. 政府购买

D. 转移支付　　E. 政府投资

2. 扩张性的财政政策包括（　　）。

A. 增加政府支出　　B. 减少政府支出

C. 增加税收　　D. 减少税收　　E. 调节货币供给

3. 属于内在稳定器的项目是（　　）。

A. 政府购买　　B. 税收　　C. 政府转移支付

D. 政府公共工程支付　　E. 以上说法均正确

4. 经济萧条时政府应该（　　）。

A. 增加政府购买支出　　B. 减少政府财政支出

C. 增加税收　　D. 减少税收　　E. 增加转移支付

5. 在经济衰退时期，依靠发行公债扩大政府支出的扩张性财政政策对经济有下述影响（　　）。

A. 缓和经济萧条　　B. 增加政府债务　　C. 缓和了通货膨胀

D. 减少了政府债务　　E. 税收增加

6. 实行赤字财政（　　）。

A. 在短期内可以刺激经济增长

B. 在长期内可以刺激经济增长

C. 在经济萧条时使经济走出衰退

D. 可以使经济持久繁荣

E. 对经济没有影响

7. 居民和企业持有货币的动机有（　　）。

A. 储备动机　B. 交易动机　C. 预防动机

D. 投机动机　E. 以上都是

8. 依据凯恩斯货币理论，货币供给增加将（　　）。

A. 降低利率　B. 提高利率　C. 投资和总需求增加

D. 投资和总需求减少　E. 对利率和总需求没有影响

9. 中央银行扩大货币供给的手段是（　　）。

A. 降低法定准备金率以变动货币乘数

B. 降低再贴现率以变动基础货币

C. 公开市场业务买入国债

D. 向商业银行卖出国债

E. 以上四个都对

10. 在经济萧条时期，政府实施货币政策时，应（　　）。

A. 增加商业银行的准备金

B. 中央银行在公开市场卖出政府债券

C. 降低存款准备金率

D. 降低再贴现率

E. 提高存款准备金率和再贴现率

三、判断题

1.（　　）作为财政政策手段的政府购买支出和税收，它们对国民收入的调节作用是数量上的增减变化。

2.（　　）自动稳定器不能完全抵消经济的不稳定。

3.（　　）拉弗曲线说明税率越高政府税收越多，提高税率可以增加政府税收。

4.（　　）萧条时期扩大政府支出没有“挤出效应”，繁荣时期扩大政府支出有“挤出效应”。

5.（　　）在其他条件不变的情况下，增加公债的负担在通货膨胀时期比萧条时期更重。

6.（　　）利率越低，用于投机的货币则越少。

7.（　　）当收入增加时，人们购买增多，货币交易需求也将增加。

8.（　　）货币政策和财政政策都是由政府制定，用以调节经济。

9.（　　）中央银行是银行的银行，在必要时对企业发放贷款。

10.（　　）中央银行提高再贴现率会导致货币供给量的减少和利息率的提高。

11.（　　）如果中央银行希望降低利息率，那么，它就可以在公开市场上出售政府债券。

12.（　　）提高存款准备金率是为了增加银行的贷款量。

13.（　　）债券具有无期性和非返还性的特点，其收益风险也较大。

14.（　　）凯恩斯主义货币政策和货币主义货币政策的作用机制是一样的。

四、计算题

1. 假定某银行吸收存款 100 万元，按规定要留准备金 15 万元，求准备金率为多少？商业银行能创造出多少货币来？

2. 假定某债券的收益是 100 万元，当时年银行存款利率是 5%，那么债券的价格是多少？

五、问题与思考

1. 财政政策的主要内容是什么？

2. 货币政策的主要工具和目标是什么？

3. 为什么仅有自动稳定器是不够的，还要运用财政政策？

4. 什么是财政政策的挤出效应？如何消除这种挤出效应？

5. 在经济繁荣时期和经济萧条时期应如何运用不同的财政政策与不同的货币政策？

6. 经济学家认为，无论采用哪一种筹资方式最终都会引起通货膨胀，你认为这种看法正确吗？为什么？

7. 1997 年东南亚国家发生金融危机之后使我国出现了增长放慢的现象，这时应该采取什么样的财政政策？我国是如何运用这一政策的？

8. 你如何看待我国正在实行的赤字财政政策，赤字财政政策是否应该继续实下去（回答这一问题时最好能收集一些有关我国财政政策的资料）？

9. 2007 年中央银行多次上调存款准备金，其针对宏观经济的什么问题？用本章理论分析其作用与效果（回答这一问题时最好能收集一些有关我国货币政策的资料）。

第十四章

开放经济与对外经济政策

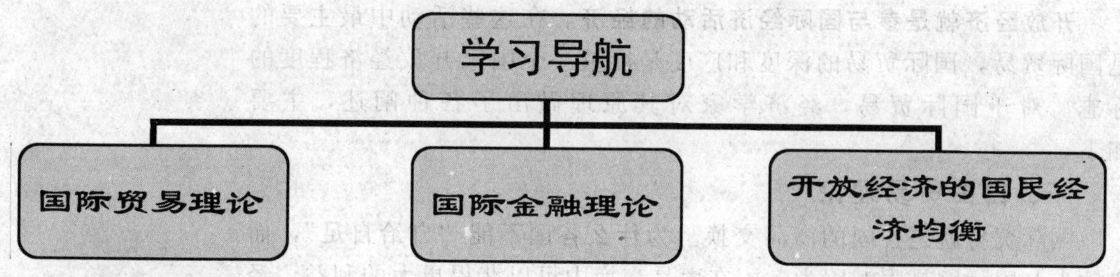

重点掌握

- 自由贸易理论
- 国际贸易发展的趋势
- 对外经济政策
- 开放经济中的宏观经济调节
- 调节国际收支的措施

一般掌握

- 国际收支平衡要求
- 国际金融对一国宏观经济的影响
- 开放经济中各国经济的相互依赖性
- 对外贸易政策

一般了解

- 外汇管理政策
- 鼓励出口政策
- 非关税壁垒
- 关税

在商业完全自由的制度下，各国都必须把它的资本和劳动用在有利于本国的用途上。

——大卫·李嘉图

“自给自足”是中国一句古老的成语，但这个成语在现代经济社会里已经很难找到适用的场合了，无论是对国家还是对个人都是如此，因为在今天各国经济都是开放的。有人讲，“美国感冒，全世界打喷嚏”。这说明各国经济互相渗透，互相影响，你中有我，我中有你，世界离我们越来越近。这一章要以世界经济宏观视野了解开放经济的国际贸易理论、国际金融理论以及在开放经济中对一国宏观经济的影响。

第一节　国际贸易理论

开放经济就是参与国际经济活动的经济。在这些活动中最主要的是国际贸易，国际贸易的深度和广度是衡量一个国家开放经济程度的标志。对于国际贸易，经济学家对其原理做出了各种阐述，主要如下。

一、自由贸易理论

国际贸易就是各国的商品交换。为什么各国不能“自给自足”，而必须参与国际贸易呢？因为各国在商品交换中可以获得更大的利益。经济学家用各种不同理论来解释国际贸易的好处。

（一）绝对优势理论

200 多年前，英国古典经济学家亚当·斯密就举例做出这样的分析，他说：“如果一件东西在购买时所费的代价比在家内生产时小，那就永远不要在家生产，这是每一个精明的家长都知道的。裁缝不制作他自己的鞋子，而向鞋匠购买，鞋匠不制作他自己的衣服，而雇裁缝制作。农民不缝衣，也不制鞋，而宁愿雇用那些不同的工匠去做。他们都感到，为了他们自身的利益，就应当把他们的全部精力集中使用到比邻人处于某种有利地位的方面，而以劳动生产物的一部分或同样的东西，即其一部分的价格，购买他们所需要的其他任何物品。”一个家庭如此，一个国家也是如此。

上述例子是说分工能提高生产率，这一原则不仅适用于国内，而且适用于各国之间。**如果一国生产一种产品效率比另一国高，该国在这种产品的生产上就有绝对优势。**各国由于自然资源赋予或后天的条件，生产同一种商品所用的成本并不一样。各国生产自己生产成本最低的产品，然后与其他国家交换其他产品，这样对各国都是有利的。也可以说多穷的国家都有它的优势，多富的国家都有它的劣势，交换使两个国家优劣互补，各自都获得了利益。例如，A 国生产甲产品，成本是 10 元，B 国也能生产同质的甲产品，其价格是 6 元，那么 A 国就没理由不从 B 国进口同质的甲产品，其价格是 6 元。还比如，美国和日本都可以生产电脑和汽车，生产 100 台电脑美国消耗的资源是 50，而日本消耗的资源是 70，由美国生产 100 台电脑是绝对有利的；而如果生产 50 辆汽车，美国消耗的资源是 40，日本消耗的资源是 20，那么由日本生产 50

辆汽车是绝对有利的。这就是著名的绝对优势理论。

(二)比较优势理论

亚当·斯密的理论建立在两国绝对成本比较的基础之上，但实际上，往往是有的国家无论生产什么，其绝对成本都低于另一国家。在这种情况下，国际贸易还有利于双方吗？李嘉图提出的比较优势理论解决了这一问题。

比较优势理论又叫比较成本贸易理论(Comparative Cost Doctrine)，如果一国生产一种产品的机会成本比另一国低，该国在这种产品的生产上就有比较优势。以后的经济学家继承了李嘉图的比较优势思想，并用机会成本来解释比较优势。如果一国生产某种产品的机会成本低于另一国，那么，该国在生产这种产品上就有比较优势，任何一个国家无论生产率(绝对优势)如何，一定有自己的比较优势，因此，各国之间的交易就是双赢的。这种以比较优势为基础的国际贸易理论一直是自由贸易理论的中心，也是自由贸易政策的基础。

大卫·李嘉图是英国产业革命时期的古典经济学家，是古典经济学的另一位杰出代表。

假设生产一定数量和质量的计算机和冰箱，美国生产计算机用50个工人1年的劳动，中国用70个工人1年的劳动；生产冰箱美国用80个工人1年的劳动，中国用90个工人1年的劳动。显然，美国在两种产品上都具有绝对优势。

但是由于资本和劳动在国际间是不能完全自由流动的，因此，不可能把生产全部转移到美国，这时双方可以生产对自己相对有利的产品，并通过国际贸易使双方获益，中国具有相对优势的产品是冰箱，因为生产计算机比美国多用20个工人，生产冰箱只需多用10个工人，这样中国用90个工人的劳动去交换美国的计算机，他可以节省20个工人的劳动；而美国用50个工人的劳动去交换中国的冰箱，可以节省30个工人的劳动。可见，这种贸易对双方都是有利的。

比较成本贸易理论可以解释现实中的先进国家、发展中国家以及落后国家之间的贸易往来。当然，应该知道，在现实经济社会中，对于贸易往来和国际分工的决策远远不是这么简单，此后的经济学家对此有进一步的论述。

(三)俄林-赫克歇尔定理，即要素禀赋说

俄林-赫克歇尔定理，即要素禀赋说，是以两位瑞典经济学家的名字命名的。这种学说以比较优势理论为基础，但又进一步运用各国生产要素禀赋的不同来解释比较优势。这一定理强调的是各国自然资源赋予的差异。这一理论的基本内容是：**各种商品生产中所使用的各种生产要素的比例是不相同的，各国所拥有的资源不同使各国的贸易是互利的。**

具体来说，使用劳动多的是劳动密集型产品，使用资本多的是资本密集型产品。各国由于资源赋予的不同，各种生产要素的多少与价格就不同，有些国家劳动丰富，劳动的价格低；有些国家资本丰富，资本的价格低。在国际间，生产要素的流动受到一定限制。这样，各国就生产自己具有资源优势的产品，各国产品进行交换。假如，两个国家 A 国和 B 国都生产汽车和粮食，由于各国生产力水平不同，生产汽车需要的资本多而劳动少，生产粮食需要的资本少而劳动多。A 国的资本丰富而劳动缺乏，资本的价格低而劳动的价格高；B 国的资本缺乏而劳动丰富，资本的价格高而劳动的价格低，因此，A 国生产汽车成本低，价格也低；B 国生产粮食成本低，价格也低。这样，由于A、B 两个国家生产要素赋予与价格不同，两个国家的分工就是 A 国生产汽车而 B 国生产粮食。两国进行贸易，A 国得到低价粮食，B 国得到低价汽车，都从贸易中得到好处。

我国与发达国家的贸易中，由于我国劳动力丰富而价格低，出口的大多是劳动密集型产品；而发达国家资本丰富而价格低，出口的大多数是资本密集型产品。因为各自都是出口自己生产要素价格低的产品，进口自己生产要素价格高的产品，结果对贸易双方都有利。

（四）新国际贸易理论

20 世纪 60 年代后国际贸易中出现的新特征使发达工业国之间的贸易量大大增加，而且同类制成品贸易量大大增加，传统的比较优势理论和要素禀赋理论都无法对此作出令人信服的解释，于是 20 世纪 80 年代后，美国经济学家克鲁格曼等人提出了**新国际贸易理论，这种理论用市场竞争的不完全性和规模经济解释国际贸易的好处。**

新贸易理论从需求出发来解释国际贸易，认为由于收入和偏好不同，消费者的需求千差万别。即使是同一种产品，如汽车，消费者也有不同的需求，有的喜欢豪华型，有的喜欢节油型，也有的喜欢不同的颜色等。这种不同的需求就使企业要生产出有差别的产品。产品差别引起垄断，这样，像汽车这样制成品的市场是不完全竞争市场。在这种市场上，企业只有具有一定的规模才有创造产品的能力，才能实现低成本生产以获得更大利益。在这种市场上规模经济十分重要，如果企业以本国需求为目标来生产有差别的产品（如不同的汽车），国内市场有限，难以实现规模经济，只有以全世界的需求为目标才能实现规模经济。这样，各国生产不同及有细微差别的制成品，然后交易，各国都实现了规模经济，企业和消费者均受益。这就是国际贸易的利益所在。

随着人们收入和生活水平的提高，需求会愈来愈多样化；随着技术的进步，规模经济也会越来越重要，根据新国际贸易理论，同类制成品的贸易还会不断扩大。

以上各种自由贸易理论都证明了国际贸易的好处，各国通过商品交换比不通过商品交换获取了更大的利益，正因为如此才有国际贸易今天的发展。

二、保护贸易理论

尽管国际贸易发展总的趋势是贸易自由化，从长期看国际贸易对各国都有利，但从短期看国际贸易并不一定如此。但在不同时期和不同国家，保护贸易仍然相当严重。在现代经济中仍有一定影响的保护贸易理论主要有下面一些观点。

（一）加剧失业论

加剧失业论认为，与其他国家之间的贸易会减少国内的工作岗位，从而加剧失业。当一国向他国进口纺织品时，该国的纺织行业失业就会增加。尽管增加其他商品出口也会创造一些工作岗位，但原来纺织行业的人由于年龄、技术等限制，无法进入新行业，这就加剧了失业。

（二）国家安全论

国家安全论认为，有些行业如钢铁影响到国家安全，如果实行自由贸易，这些行业消失，完全依靠进口，一旦出口国与进口国成为敌对国，进口国的国家安全就会受到威胁，或者出口国会把这些出口品作为威胁对方的武器。因此，从国家安全出发，也应该对某些行业进行保护。

（三）民族产业论

民族产业论是为了使国内尚不具备国际竞争力的行业得以发展而进行保护的保护贸易理论。落后国家的新兴行业无法与发达国家竞争，为了使落后国家的这些行业得到保护，就应该实行保护，最少是暂时的保护，等这些行业发展起来并能与发达国家抗争之后再放开。

（四）战略性保护论

战略性保护论是为了建立国内有竞争力的行业而进行保护的保护贸易理论。这就是说，比较优势不一定自然存在，可以人为地创造，建立战略性行业正是创造自己的比较优势。要建立这种行业，并使之具有规模经济，一是要靠国家支持，二是要保护国内市场。这种理论在20世纪90年代颇为流行，其实与幼稚产业论颇为相似，不过不是保护一些幼稚产业，而是重点保护未来有竞争力的战略性产业。

上述理论均说明保护贸易政策的有利性与合理性，且仍有相当影响，这正是保护贸易主义经常抬头，国际贸易中纷争与贸易战从未停止过的原因。

（五）保护贸易的手段

保护贸易的手段分为关税和非关税壁垒两大类。关税就是向通过一国海关的货物征收的税，又可分为进口关税与出口关税。非关税壁垒花样繁多，主要是用关税以外的工具来限制进口，其中包括进口限额与出口限额，其目的是为了保护国内市场；补贴是对本国与外国进出口品进行竞争的部门进行补贴，目的是为了提高本国产品的竞争力；进口特许又称进口许可证，目的在于限制进口；进口商品的技术性壁垒，即通过对商品的技术性能、质量、卫生和安全等的检验来限制进口；反倾销，即对低于成本或国内价格的出口产品实行报复；等等。当一国运用这些手段进行保护贸易时，往往引起各国之间的贸易战。

总之，无论哪一种保护贸易政策，有积极作用的同时，也产生了副作用，尤其是保护贸易政策之下，走私行为普遍存在，对国内经济会带来不利影响。国际贸易自由化是一个不可抗拒的历史潮流，但实现这一目标还是一个漫长的过程。

三、国际贸易发展的趋势

国际贸易的增长速度超过世界经济的发展速度且继续保持较好的增长势头，打破了市场分割的局面，使各国之间的相互依存度提高，成为经济全球化的主要标志之一。

（一）以发达国家为中心的贸易格局将维持不变

20 世纪 90 年代以来，美国经济的持续增长和美国股市的持续强劲上扬，吸引了大量外资，使美国经济连续稳定发展，在知识经济时代取得绝对竞争优势，又弥补了一些传统产业放慢的速度。欧盟 27 国综合实力可与美国相匹敌。日本经济虽然低迷，但其一系列调控措施仍然有效，欧、日、美仍是世界经济三大火车头，是全球三大贸易力量，在全球贸易总额中的比重达到 60%以上。

（二）电子商务引导国际贸易新潮流

以电子商务为中心的网络经济在全球扩散，将推动世界经济和世界贸易增长。电子商务实现了贸易网络化、无边界化和个性化，能有效打破自然和人为限制，具有营运成本低、用户范围广、互动交流性强等特点，代表着 21 世纪国际贸易的发展方向。据联合国报告，预测到 2010 年将占到世界贸易的 1/3。互联网的出现以及电子商务的发展，推动了全球一体化进程，给发展中国家发展国际商务提供了便利条件。

（三）跨国公司在国际贸易中的地位突出

跨国公司开展的国际贸易，是加快经济全球化进程的强大动力。国际贸易的发展，为经济全球化进程提供了动力，成为国际贸易的主体。跨国公司开展的国际贸易，不仅使货物和资源跨国界流动日益增强，而且也使不同国家市场和生产更加相互依存，经济资源如商品、资本、劳动力、信息、技术等通过国际贸易超越国界被重新配置的范围越来越广。目前，跨国公司的贸易量已占全球贸易总额的 40%以上。跨国公司内部及互相贸易占世界贸易量的 60%以上。跨国公司实行的全球贸易策略，既拓展了自己的发展空间，又有力地促进了全球市场体系的形成，推动了经济全球化发展。

（四）科技进步促进了国际技术贸易发展

科技进步以及技术信息的加快传播，促进了国际技术贸易发展。联合国有关资料统计，1985 年国际技术贸易额为 500 亿美元，1995 年达 2600 亿美元，到 20 世纪末，达到 5000 亿美元。目前，世界贸易总量中有 15%以上的贸易额直接与高新技术产业有关。

（五）贸易自由化和贸易保护主义继续并行发展

随着经济全球化趋势的加速推进，生产要素在全球范围内的流动性日趋增强，WTO 为贸易自由化进一步提供了制度保证，贸易自由化已经从货物贸易扩大到服务贸易，并将成为今后国际贸易发展的主流。各国都积极利用新科技革命发展的机遇，大力发展信息等高科技产业以提升产业结构，带动了世界产业结构的高级化发展。

（六）多边贸易体制逐步完善并发挥着积极作用

1995 年"世界贸易组织"（简称"世贸组织"）取代了带有很大局限性的 1947 年的关贸总协定。尽管世贸组织仍有不少弊端，但它在人类历史上第一次统一了国际贸易管理法，彻底改变了国际贸易统一法偏重于自治性私法领域的状况，实现了国际贸易统一法在私法领域和公法领域两者兼顾和并驾齐驱的目标，开创了国际贸易统一法的新格局。世贸组织为国际贸易摩擦争端提供了一套解决机制，更有利于维护成员国应有的权利和承担应有的义务。

四、国际贸易对国民经济的影响

由于各国之间进行国际贸易，因此决定一个国家宏观经济状况的除了国内总需求与总供给外，还要考虑进出口对一国总需求与总供给的影响。

（一）总需求变动对国际贸易的影响

存在国际贸易时，一部分国内产品要卖给外国人（即出口），国内居民的一部分支出要用于购买外国产品（即进口）。这时决定国内生产总值水平的总需求不是国内总需求，而是对国内产品的总需求。

在图 14-1 中，在封闭经济中，人们所考虑的是均衡的国内生产总值是否等于充分就业的国内生产总值。总需求曲线 *AD* 与短期总供给曲线 *SAS* 相交决定了均衡的国民生产总值为 Y_0，物价水平为 P_0。在开放经济中如有国际贸易，还要考虑均衡的国内生产总值能否实现国际贸易平衡。假设出口不变，进口由国内生产总值决定，并与国内生产总值同方向变动。图 14-1 中的垂线 $NX=0$ 表示在这种国内生产总值（Y_B）时，贸易平衡，即既无贸易盈余，又无贸易赤字，贸易余额为零（$NX=0$）。

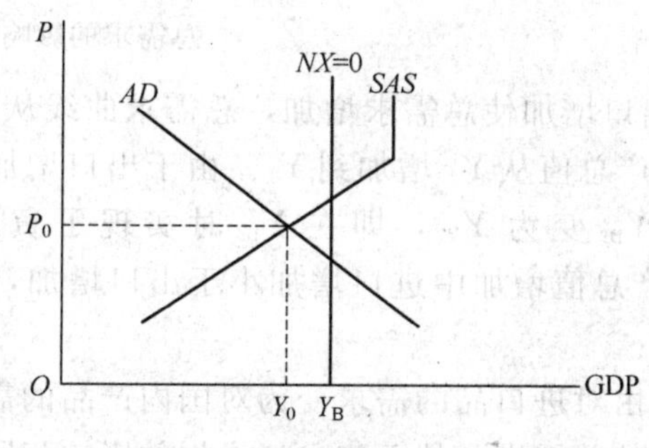

图 14-1 出口增加对 GDP 的影响

如果国内生产总值小于 Y_B（在图上 Y_B 之左），这时进口小于 Y_B 时的进口，因此，出口大于进口，贸易收支有盈余（即 $NX>0$）。如果国内生产总值大于 Y_B（在图 Y_B 之右），这时进口大于 Y_B 时的进口，因此，出口小于进口，贸易收支有赤字（$NX<0$），图 14-1 中的情况是 $Y_0<Y_B$，所以，贸易收支有盈余。

总需求的变动不仅会影响均衡的国内生产总值，而且可影响贸易余额状况。总需求的变动来自国内总需求（消费与投资）的变动和出口的变动。先用图 14-2 分析国内总需求变动的影响。

在图 14-2 中，国内总需求增加，总需求曲线由 AD_0 移动到 AD_1，这时均衡的国内生产总值由 Y_0 增加为 Y_1。在假设出口不变时，国内生产总值增加使进口增加，从而贸易余额减少，即赤字增加或盈余减少（在图 14-2 中，Y_B 仍大于 Y_1，所以仍然有贸易盈余，但由于 Y_1 大于 Y_0，贸易盈余减少了）。

由此得出的结论是：国内总需求的增加会使 AD 曲线向右上方移动，这就会使均衡的国内生产总值增加，同时也会使贸易收支状况恶化（即贸易收支盈余减少或赤字增加）。

（二）出口增加

如果总需求的变动是由于出口的变动引起的，宏观经济均衡的变动与国内总需求引起的变动有所不同，因为出口的增加提高了对国内产品的需求，从而总需求增加，并使国内生产总值增加。一般来说，出口增加所引起的国内生产总值增加不会全用于进口（即边际进口倾向是小于 1 的），所以贸易收支状况改善（贸易盈余增加或赤字减少），可用图 14-3 来说明这一点。

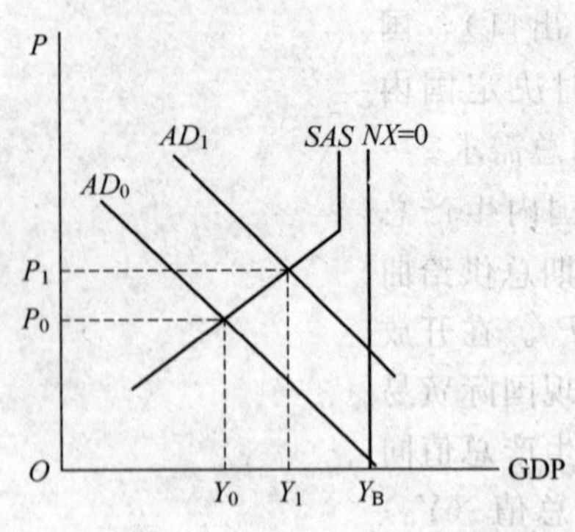

图 14-2　国内总需求增加对 GDP 的影响

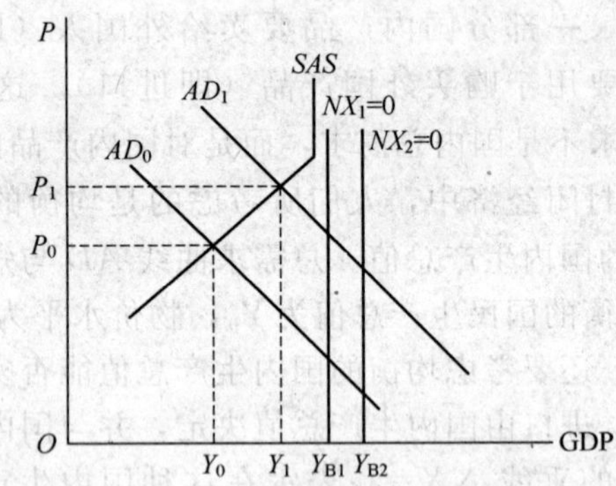

图 14-3　出口增加对国内总需求的影响

在图 14-3 中，出口增加使总需求增加，总需求曲线从 AD_0 移动到 AD_1，均衡的国内生产总值从 Y_0 增加到 Y_1。由于出口增加，贸易收支均衡水平由原来的 Y_{B1} 变为 Y_{B2}，即在 Y_{B2} 时实现了贸易收支均衡（$NX_2=0$）。国内生产总值增加中进口增加小于出口增加，因此贸易收支状况改善。

当国内总需求中由对进口品的需求变为对国内产品的需求时，也同样会增加对国内产品的总需求，从而与出口增加的影响相同，即国内生产总值增加，贸易收支状况得以改善。

（三）对外贸易乘数

国内总需求增加对国内生产总值增加的影响大小，即国内总需求增加所引起的国内生产总值增加量取决于乘数的大小。但开放经济中的乘数要考虑到进口增加在国内生产总值增加中所占的比例。**进口增加在国内生产总值增加中所占的比例，称为边际进口倾向。**开放经济中的乘数称为对外贸易乘数。对外贸易乘数的公式为

$$\text{对外贸易乘数}=\frac{1}{1-\text{边际消费倾向}+\text{边际进口倾向}}$$

根据上述论述同样可以推出：国内总需求减少，会使国内生产总值减少，并使贸易收支状况改善。

可见这时国内总需求的增加，不仅会影响国内生产总值，还会影响贸易收支状况，而且国内总需求增加所引起的国内生产总值增加量也与封闭经济时不一样。对外贸易乘数小于封闭经济中的乘数。

总之，一个国家在参与国际贸易活动中，可以发现自己的绝对优势和比较优势，发展自己具有绝对优势和比较优势的产业，促进经济的长期稳定增长。参与国际贸易，产品所面对的国际市场比国内市场容量大得多，需求增加，企业产量必须相应增加以满足市场需求，同时产品的平均成本降低，从而在国际市场上增加了竞争力，进而促进一国经济增长

第二节　国际金融理论

国际金融是各国资金的往来。主要包括国际收支和汇率理论。

一、国际收支

国与国之间的交往，很少不涉及货币往来。每个国家都有自己的主权货币，一个国家与其他国家发生货币往来，称为国际收支。只要一个国家有国际收支业务，都可以编制出一张国际收支平衡表。从国外收入的款项，称为“贷方项目”；对外国支付的款项，称为“借方项目”。**国际收支平衡表是一国在一定时期内，与所有其他国家或地区的经济交往收支状况的统计报表。**按照现行的做法，国际收支平衡表是按复式簿记原理——借贷法记载。通常国际收支平衡表由以下各项组成。

（一）经常账户

经常账户又称商品和劳务项目，是国际收支中最基本的一项内容。其中又包括以下项目：商品贸易收支，即因商品进出口而引起的收支，也叫有形收支项目；劳务收支，如运输、邮电、银行、保险、旅游和使馆等收支；国外投资的利息和股息，也叫无形收支项目；单方面转移支付，即一国对外的无偿支付，这又可分为私人单方面支付和政府单方面支付。

（二）资本项目

资本项目是指国与国之间资本的输入与输出，包括长期资本流动和短期资本流动。长期资本流动一般指1年以上的资本移动，包括直接投资、证券投资和中长期出口信贷等。短期资本流动则指1年以下的资本移动，包括临时性融资借贷、国外存放款、购买短期债券等。一个国家的资本输出列入“借方”，一个国家的资本输入列入“贷方”。

（三）平衡账户

平衡账户是为保持国际收支平衡表账面上的平衡而设的，包括官方储备、错误与遗漏两项。一国在一定时期内出现国际收支赤字或盈余，就要通过官方储备的变化来进行调整，以弥补其“缺口”。官方储备一般包括黄金、可兑换的外国货币、在国际货币基金的储备和特别提款权等。此外，国际收支平衡表上还设有错误与遗漏项目。由于国际收支平衡表的数据来源于各个方面，而且统计的不完全和其他一些特殊原因，不可避免地出现一些错误与遗漏。因此，国际收支平衡表不得不设立此项目。**官方储备项目是国家货币当局对外交易净额，包括黄金、外汇储备等的变动。**

在不考虑官方储备项目的情况下，国际收支有平衡与不平衡两种情况，不平衡又分为国际收支顺差与逆差两种情况。各国政府宏观调控的一个重要的任务就是国际收支平衡。因为国际收支顺差和逆差从长期看对本国经济都是不利的。当国际收支顺差，即有盈余时，会有黄金或外汇流入，即官方储备项增加；当国际收支逆差，即有赤字时，会有黄金或外汇流出。这也就是说，当国际收支中的经常项目与资本项目之和不相等，即国际收支不平衡时，要通过官方储备项目的调整来实现平衡。

二、汇率理论

外汇是指外国货币，或者对外国货币的索取权，如在外国的存款和外国的支付承诺等。在国际贸易中，各国所使用的货币是不统一的，某一国货币不可能通行无阻。参与贸易的各方只接受其本国货币或可能被各国普遍接受的货币（如美元），这样，外汇在国际贸易中就扮演了不可或缺的角色。

（一）外汇

如同商品的买卖有价格一样，外汇买卖也有价格，**外汇的价格叫汇率，又称“外汇行市”或“汇价”，是一国货币单位同他国货币单位的兑换比率。汇率反映的是国与国之间货币的比较，汇率可以说是更大范围内的宏观问题。**如美元对人民币来说就是外汇，如果购买100美元要支付721元人民币，那么就说100美元汇率是721元人民币。那么，为什么100美元汇率是721元人民币呢？它是由购买力平价决定的，现行的货币制度下，汇率以两国货币实际所代表的价值量为依据。什么是购买力平价和价值量为依据呢？通俗地说，用美元和人民币分别在美国和中国市场上购买数量、质量相同的商品，在美国用了100美元，在中国

2007年以来人民币对美元汇率不断升值。

用了721元人民币，这是理论上的价格，两国外汇还受很多其他因素的影响，主要有国际收支状况、通货膨胀率、利率、经济增长率、财政赤字、外汇储备等。

外汇汇率有两种标价法。**直接标价法是以1单位或100单位外国货币作为标准，折算为一定数额的本国货币。间接标价法是以1单位或100单位本国货币作为标准，折算为一定数额的外国货币。**现在的外汇市场一般用直接标价法，我国所用的也是直接标价法。伦敦外汇市场与纽约外汇市场用间接标价法。在外汇买卖时，银行卖出外汇的价格叫银行卖价。银行买进外汇的价格叫银行买价，卖价高于买价，两者的差额一般为1‰～5‰。

（二）汇率制度

在国际经济交易和国际支付中有了外汇，必须用本国货币同外国货币交换。利用汇率，各国间的商品、劳务和金融资产的价值可以进行比较，从而使国际经济交易和国际支付得以实现。国际经济交易和国际支付要求建立各国货币相互兑换制度。在历史发展的不同时期，实行过多种汇率制度，大体上可以分为固定汇率制和浮动汇率制两大类。

固定汇率制指一国货币同他国货币的汇率基本固定，其波动仅限于一定的幅度之内。在这种制度下，中央银行固定了汇率，并按这一水平进行外汇买卖。实行固定汇率有利于一国经济的稳定，也有利于维护国际金融体系与国际经济交往的稳定，可减少国际贸易与国际投资风险。但是，实行固定汇率要求一国的中央银行有足够的外汇或黄金储备。

浮动汇率制指一国中央银行不规定本国货币与他国货币的官方汇率，听任汇率由外汇市场自发地决定。浮动汇率制又分为自由浮动与管理浮动。**自由浮动又称“清洁浮动”，指中央银行对外汇市场不采取任何干预措施，汇率完全由市场力量自发决定。管理浮动指实行浮动汇率制的国家，其中央银行为了控制或减缓市场汇率的波动，对外汇市场进行各种形式的干预活动，主要是根据外汇市场的情况售出或购入外汇，以通过对供求的影响来影响汇率。**实行浮动汇率对经济较为有利，但浮动汇率不利于国内经济和国际经济关系的稳定，会加剧经济波动。

从20世纪70年代初，以美元为中心的固定汇率制度在世界上占据主导地位。随着美元危机的爆发和美元信用的不断下降，自1973年3月以后，世界各主要发达国家先后与美元脱钩，实行浮动汇率制度。

三、国际金融对一国宏观经济的影响

（一）汇率变动对进出口的影响

一国汇率的不断变动，对整个国家又有什么影响呢？假定原来人民币和美元的汇率是1∶8.27的比价，如果人民币和美元的汇率是1∶5

的比价则人民币的汇率升值，美元贬值；如果人民币和美元的汇率是1∶10的比价，则人民币的汇率贬值，美元升值。

在前一种情况下，拿1元人民币从可以买到0.12美元变成为可以买到0.2美元；在后一种情况下，1元人民币从可以买到0.12美元变为只可以买到0.1美元。汇率贬值有增加出口、减少进口的作用，因为用美国钱买我国的物品便宜了，增加了我国出口，增加了我国国内生产总值；相反，汇率升值则有减少出口、增加进口的作用，因为用美国钱买我国的物品贵了，这样汇率升值减少了我国出口，使我国国内生产总值减少。在东南亚金融危机后，为什么对我国经济影响这么大？主要是东南亚金融危机后，东南亚各国与美元汇率大幅度贬值，而我国与东南亚的出口结构相似，我国政府对国际社会承诺人民币不贬值，用美元购买东南亚的东西非常便宜，中国与美元的汇率不变，因此我国的商品出口减少了。

（二）汇率变动对人们交易行为的影响

汇率的变动将如何影响人们的交易行为呢？比如美元与欧元的汇率是1∶0.64的比价，如果买一辆同样奔驰轿车在美国要13.48万美元，在欧洲只要8.63万欧元，若美元出现贬值，则购买美国奔驰就有价格优势，这就会促使人们把欧元换成美元，到美国去买汽车，因为在美国买车便宜。这样一来，对美元的需求就会上升，从而带动美元升值，当钱不断地往美国流动，美元越来越贵，到一定程度，人们就不再换美元买奔驰车了，因为换成美元贵了，不如在欧洲用欧元买奔驰车合适。这时候汇率就会稳定在一个适当的价位上。当然去不去美国买奔驰还要受交通成本、关税成本等影响。

一国货币在外汇市场上代表什么呢？它代表这个国家的经济，代表一个国家的经济是否繁荣，国力是否强盛。目前人民币不断升值，说明中国经济不断发展。

第三节 对外经济调节与政策

在开放经济中，各国国内生产总值的决定与变动是相互影响的。一国的失业和通货膨胀会通过不同的渠道传递到其他国家。各国经济的这种相互依赖性，是分析开放经济中一国经济调节的出发点。

开放经济中各国经济有什么相互关系？

一、开放经济中各国经济的相互依赖性

在开放经济中，各国经济通过国际贸易和国际金融联为一体，这就是全球经济一体化。在开放经济中，各国国内生产总值的决定与变动是相互影响的。一国国内总需求与国内生产总值的增加会通过进口的增加而影响对国外产品的需求，从而使与之有贸易关系的国家的国内生产总值也增加。**这种一国总需求与国内生产总值增加对别国的影响，称为“溢出效应”**。反过来，**别国由于“溢出效应”所引起的国内生产总值增**

加，又会通过进口的增加使最初引起“溢出效应”的国家的国内生产总值再增加，这种影响被称为“回波效应”。这两种效应概括了各国间国内生产总值变动的相互影响。

各国之间相互影响的程度并不一样，大体取决于以下几个因素。

第一，国家的大小。一般来说，大国对小国的影响大，小国对大国的影响小。

第二，开放程度。开放程度高的国家对别国的影响与受别国的影响都大，相反，开放程度低的国家对别国的影响与受别国的影响都小。

第三，各国边际进口倾向的大小。一国的边际进口倾向越高，对别国的影响与受别国的影响越大；反之，一国的边际进口倾向越低，对别国的影响与受别国的影响越小。

例如，德国1981～1982年的经济衰退就是依靠美国复兴而得以摆脱的。美国经济复兴引起的国内生产总值增加提高了进口水平，而美国的进口中有相当一部分来自德国，这就增加了德国的出口，使其经济摆脱衰退。通过溢出效应与回波效应，国际贸易就把各种经济紧紧联系在一起，既可以由一国的繁荣带动其他国的繁荣，也可以由一国的萧条引起其他国家的萧条。

二、开放经济中的最优政策配合

开放经济中的宏观经济调节有哪几种具体情况？

在开放经济中内在均衡与外在均衡的矛盾，要求经济学家寻找出最优政策配合方案。**最优政策配合的含义是：在国内外需要不同的调节政策的情况下，所采用的政策应使其中一种政策的积极作用超过另一种政策的消极作用。**在选择最优政策时，首先应该注意各种政策对内与对外的不同影响。货币政策对外的影响往往要大于对内的影响。例如，货币量增加通过利率下降对国内总需求的刺激作用，比利率下降对资本流入的影响要小。财政政策对内的影响往往要大于对外的影响。例如，增加政府支出引起的国内生产总值增加的作用要大于增加进口的作用。其次，应该确定政策所要解决的主要问题。例如，如果在国内经济衰退与国际收支盈余的情况下，主要是要解决国内经济衰退问题，那就要把政策重点放在刺激国内经济上。最后，要把各种政策配合运用，使一种政策的积极作用去抵消另一种政策的消极作用。

最优政策配合是一个很复杂的问题，不仅要考虑国内国外的经济状况、政策目标、政策效应等问题，还要考虑各种复杂的政治因素、国际关系、一国的历史传统等问题。例如，在通过增加进口来消除国际收支盈余时，应考虑到本国的边际进口倾向有多大。边际进口倾向是由许多经济与非经济因素决定的，在一定时期内有相对稳定性。如果一国由于历史原因边际进口倾向较低，那么，增加进口消除国际收支盈余的作用就有限。此外，在通过扩张性货币政策降低利率，以吸引资本流入，消除国际收支赤字时，还要考虑资本流动对本国利率变动的反应程度，这种反应程度在相当程度上取决于一国的政局是否稳定和投资环境与政策是否足以吸引外资等。在通过出口来增加国内生产总值，消除国际收支赤字时，应考虑国际经济形势及世界市场对本国出口产品的需求弹性。如果国际经济处于衰退时期，而且本国出口产品在世界市场上的需求弹性低，那么，这一政策就很难奏效。

三、对外经济政策

各国制定的对外贸易政策和国际金融政策是规范一国对外贸易和资金流动的主要政策，构成对外经济政策的主要内容。

对外贸易政策和国际金融政策构成对外经济政策。

（一）对外贸易政策

对外贸易政策是指一国一定时期内影响其进出口贸易的政策措施总和，是一国政府在经济发展战略指导下，运用经济法律和行政手段对国际贸易活动的方向、数量、规模、结构和效益所进行的一系列干预和调节行为。对外贸易政策主要通过关税、非关税壁垒及鼓励出口等措施来实施。

关境是一国的关税法令完全实施的境域。

1. 关税

关税是进出口商品经过一国关境（Customs Territory）时，由政府所设置的专门执行国家有关进出口政策法令和规章的行政管理机构——海关对进出口商品所征收的税收。

2. 非关税壁垒

非关税壁垒是指除关税以外的一切限制进口的措施。随着新贸易保护主义的抬头，非关税壁垒以其隐蔽性强、灵活性强、歧视性强而得到日益盛行。其趋势表现为：非关税壁垒项目有增多的趋势。受非关税壁垒损害的国家日趋增多。

3. 鼓励出口政策

鼓励出口政策包括以下措施：①出口信贷是一国为鼓励出口而由本国银行对本国出口商、外国进口商或外国进口方银行提供的贷款，包括卖方信贷、买方信贷；②出口信贷国家担保制由国家设立专门机构出面对本国出口商或商业银行向外国进口商或银行提供的信贷进行担保，需要确定担保项目与金额、担保对象、担保期限和费用等内容；③出口补贴是一国政府对出口商品现金补贴或财政上的优惠待遇，又称为出口津贴，可以分为直接补贴（直接对出口商现金补贴）、间接补贴（退税、减免税、优惠汇率）。

（二）对外金融政策

一国对外贸易政策必须与对外金融政策相互配合。这包括外汇管理政策、国际收支调节政策。

1. 外汇管理政策

很多发展中国家更多地采用外汇管制的方法直接调整国际收支的平衡和保持汇率的稳定。**外汇管制是指一国政府通过法令对国际结算和外汇买卖来限制以平衡国际收支和维持本国货币汇价的一种制度。**

外汇管理的对象为人和物两方面。前者分自然人（居民、非居民）、法人管理，对于居民管理较严。后者是对外币、外汇支付工具、外汇有价证券和黄金管理。由中央银行设立的外汇管理局进行外汇管理，并指定专门的银行经营外汇业务。

对于贸易外汇收支，出口商必须把出口所得外汇收入按照官定汇率卖给外汇管理机关，进口方也必须在外汇管制机关按照官定汇率申请购买外汇。外汇管制方式又分数量性外汇管制（对外汇买卖直接进行限制和分配）、成本性外汇管制（不同的商品实行不同的汇率）、混合性外汇管制。

对于非贸易外汇收支，采用直接限制（按期结汇给国家指定银行）、最高限额（对非贸易支出规定最高限额）、登记制度（对一定数额的外汇收入支出登记）、特别批准等方式管理。对于资本输出、输入的管理，发达国家比较宽松，发展中国家则量入限出。

在汇率管制方面，实行间接管制和直接管制。**间接管制主要是指政府利用外汇平衡基金干预汇市，以维持汇率稳定。直接管制主要是通过选择具备管理性的汇率制度实现。**这包括管理浮动、钉住单一货币、钉住一篮子货币、实行复汇率制。复汇率制包括双重汇率制（如规定贸易汇率与资本项目汇率）、多重汇率、官方汇率与市场汇率混合使用、外汇转移证制度（出口商缴汇后得到外汇转移证，该证可转卖，凭之按官价购汇）。

对于货币输出、输入的管制是限制现钞输出、输入，超过限额需申报批准，严禁黄金输出。

2. 调节国际收支的措施

国际收支调节政策主要包括外汇缓冲政策（用融资手段弥补）、财政和货币政策、汇率政策和直接管理手段。具体调节措施因国际收支不平衡因素而定。对于国际收支的短期不平衡，通常采用中央银行对外借贷和外汇平衡基金干预进行调节；对于国际收支因产业结构调整而产生的长期不平衡，则要采用必要的财政和货币政策，货币升值、贬值甚至外汇管制进行调节，但调节必须有助于产业结构改善。通常在短期逆差时采用中央银行对外联络借款、减少外汇平衡基金的方法进行调整，在长期逆差时采用紧缩财政和货币政策进行调整。

知识拓展

国际货币基金组织

国际货币基金组织（International Monetary Fund，简称 IMF），自1947 年开始其业务活动以来，在维持汇率稳定、消除外汇管制、平衡国际收支以及促进国际货币合作方面做了大量有益的工作，它是布雷顿森林体系的产物，在当前的国际货币制度中，也仍然在许多的方面发挥着重要作用。IMF 的会员国有两种，凡参加 1944 年布雷顿森林会议，并于 1945 年 12 月 31 日前在协议上签字正式参加的国家称为创始会员国，共有 39 个。在此之后参加的国家，称为其他会员国。IMF 由理事会、执行董事会、总裁和众多业务机构组成。理事会的执行董事会任命若干特定的常设委员会，理事会还可以建立临时委员会。各常设委员会向理事会提供建议，但不行使权力，也不直接贯彻执行理事会的决议。IMF 的最高决策机构是理事会，由各会员国选派一名理事和一名副理事组成，任期 5 年，其任免由会员国本国决定。

国际汇率制度运作与发展

第二次世界大战后近 60 多年中，国际汇率制度发生了重大变动。这种变动反映了国际经济的变化。

1944 年 7 月，美、英、法、中、苏等 44 国代表在美国布雷顿森林举行了联合国货币金融会议，这一会议通过了《国际货币基金协定》。由此而形成了以美元为中心的国际货币体系，又称“布雷顿森林体系”。在这一体系下，西方各国实行了黄金美元本位制（又称国际黄金汇兑本位制）。这一制度的基本内容是：第一，美元与黄金挂钩，国际货币基金组织各国确认美国在 1934 年 1 月所规定的美元与黄金比价即 35 美元等于一盎司黄金。各国有义务协助美国维持美元官价，美国承担准许各国中央银行按官价向美国兑换黄金的义务。第二，其他各国货币与美元挂钩，即其他国家的货币与美元保持固定汇率。只有在一国国际收支出现“根本不平衡”时才能调整汇率。市场汇率波动超过 1% 时，各国政府有义务干预，而汇率调整超过 10% 时，需经国际货币基金组织同意。这就是 20 世纪 70 年代之前西方各国所实施的固定汇率制度。

20 世纪 60 年代之后，由于多次发生美元危机，这一货币体系发生动摇。1971 年 8 月 15 日，美国宣布停止美元兑换黄金，同年 12 月，根据西方“十国集团”达成的史密森协定，美元贬值 7.89%，即从每盎司黄金 35 美元，改为 38 美元，并将汇率波动幅度从 1% 扩大为 2.25%。1973 年 2 月，美元再度贬值 10%，即每盎司黄金升为 42.22 美元，由此起，西方各国相继放弃了固定汇率制而采用了浮动汇率制。目前，各国主要采用浮动汇率制。

浮动汇率制取代固定汇率制标志着以美元为中心的国际货币体制的崩溃。这种体制崩溃的另一表现则是美元再不是唯一的国际通货。应该说，在目前的国际货币体制中，美元仍有重要的地位，但这一地位已不是独占的了，马克、日元、瑞士法郎等市值稳定的通货也与美元分享国际通货的作用。这种国际通货的多元化，有利于世界经济的稳定。

本章小结

◆国际贸易的深度和广度，是衡量一个国家开放经济程度的标志。对于国际贸易，经济学家对其原理做出了各种阐述，主要有自由贸易理论、保护贸易理论等。

◆国与国之间的交往，涉及货币往来。一个国家与其他国家发生货币往来，称为国际收支。国际收支平衡表是一国在一定时期内，与所有其他国家或地区的经济交往收支状况的统计报表。按照现行的做法，国际收支平衡表是按复式簿记原理——借贷法记载。通常国际收支平衡表由经常账户、资本账户、平衡账户组成。

◆外汇是外国货币，或者对外国货币的索取权，如在外国的存款和外国的支付承诺等。汇率又称“外汇行市”或“汇价”，是一国货币单位同他国货币单位的兑换比率。它是由于国际结算中本币与外币折合兑换的需要而产生的。

◆在开放经济中，国民收入的均衡仍然是由总需求与总供给决定。各国的国内生产总值决定与变动是相互影响的。一国的失业和通货膨胀会通过不同的渠道传递到其他国家。各国经济的这种相互依赖性，是分析开放经济中一国经济调节的出发点。各国经济通过国际贸易和国际金融联为一体，这就是全球经济一体化。

◆在开放经济中，各国国内生产总值的决定与变动是相互影响的。一国国内总需求与国内生产总值的增加会通过进口的增加而影响对国外产品的需求，进行经济调节时，一方面要考虑各国经济的相互关系，另一方面又要同时实现内在均衡与外在均衡，各国制定的对外贸易政策和国际金融政策成为规范一国对外贸易和资金流动的主要政策。

主要概念

绝对优势理论　比较优势理论　国际贸易理论　经常账户　资本账户　外汇　汇率　固定汇率制　浮动汇率制度　直接标价法　间接标价法　对外贸易政策　关税　非关税壁垒

思考与应用

一、单项选择题

1. 当国际收支赤字时，一般来说要使用的调整策略为（　　）。

A. 汇率升值　　B. 增加进口

C. 增加出口　　D. 外汇管制

2. 编制国际收支平衡表的原则是（　　）。

A. 平衡预算　　B. 净出口

C. 国际贸易原理　　D. 复式记账原理

3. 如果国际收支顺差，意味着商业银行和中央银行的外汇准备（　　）。

A. 增加　　B. 减少　　C. 不变　　D. 不能确定

4. 经济开放度是衡量一国开放程度的指标，即（　　）。

A. 进口与国内生产总值之间的比例

B. 出口与国内生产总值之间的比例

C. 出口减去进口与国内生产总值之间的比例

D. 出口与进口的平均值与国内生产总值之间的比例

5. 开放条件下国民收入均衡的条件是（　　）。

A. $I=S$　　B. $I+G=S+T$

C. $I+G+X=S+T+M$　　D. $I+G+X+N=S+T+M+F$

6. 美元贬值将会（　　）。

A. 有利于美国出口不利于进口

B. 减少美国的出口和进口

C. 增加美国的出口和进口

D. 减少美国的出口并增加其进口

7. 如果经常项目上出现赤字，则（　　）。

A. 出口和进口都减少　　B. 出口和进口相等

C. 出口和进口相等且减少　　D. 出口小于进口

8. 影响各国之间经济开放程度较小的因素是（　　）。

A. 边际消费倾向　　B. 边际进口倾向

C. 国家的大小

9. 从纯经济的观点来看，最好的关税税率为（　　）。

A. 能使国内、外的同类商品价格相等

B. 不至于引起国外的贸易报复

C. 使国际收支达到平衡

D. 零

10. 与对外贸易乘数无关的因素是（　　）。

A. 边际消费倾向　　B. 边际税收倾向

C. 边际进口倾向　　D. 边际效率倾向

11. 在下列情况下，乘数最大的是（　　）。

A. 封闭型国家的边际消费倾向是 0.6

B. 封闭型国家的边际储蓄倾向是 0.3

C. 开放型国家的边际消费倾向是 0.8，边际进口倾向是 0.2

D. 开放型国家的边际储蓄倾向是 0.3，边际进口倾向是 0.2

12. 一般来说，外贸乘数比投资乘数要（　　）。

A. 大　B. 小　C. 相等　D. 无法比较

13. 决定国际间资本流动的主要因素是各国的（　　）。

A. 收入水平　B. 利率水平

C. 价格水平　D. 进出口差额

14. 在开放经济中，不是政府宏观政策最终目标的是（　　）。

A. 国际收支平衡　B. 不存在贸易逆差或顺差

C. 经济均衡增长　D. 消除通货膨胀

二、多项选择题

1. 国际收支平衡表中的经常项目主要有（　　）。

A. 商品贸易收支　B. 劳务收支

C. 国际间单方面转移支付　D. 外汇储备

E. 基尼系数

2. 组成国际收支平衡表的项目有（　　）。

A. 经常项目　B. 资本项目　C. 调整项目

D. 错误与遗漏项目　E. 官方储备项目

3. 关于国际贸易理论研究，正确的说法是（　　）。

A. 亚当·斯密研究了绝对优势原理

B. 李嘉图研究了绝对优势原理

C. 李嘉图研究了相对优势原理

D. 亚当·斯密研究了相对优势原理

E. 马克思研究了帕累托改进原理

4. 资源禀赋理论与相对优势理论的差别是强调（　　）。

A. 劳动价值理论　B. 一般均衡理论　C. 相对优势

D. 比较优势　E. 序数效用

5. 影响进口的直接因素是（　　）。

A. 初始进口　B. 边际进口倾向　C. 国民收入

D. 边际消费倾向　E. 消费者剩余

6. 使国民收入增加的因素有（　　）。

A. 边际消费倾向提高　B. 边际税收倾向提高

C. 边际进口倾向提高　D. 边际储蓄倾向提高

E. 汇率下降

7. 要提高国民收入增长率，就要（　　）。

A. 提高边际消费倾向　B. 降低边际消费倾向

C. 提高边际进口倾向　D. 降低边际进口倾向

E. 提高边际储蓄倾向

三、判断题

1. （　　）外汇储备增加会减少一国中央银行干预外汇市场的能力。

2. （　　）如果进口大于出口（逆差），说明漏出大于注入，会使国民经济总产出水平减少。

3.（　　）在汇率不变的情况下，解决外汇不足的办法是减少出口，或者增加进口。

4.（　　）在开放经济条件下，汇率与国内利率有直接的相关关系，提高国内利率会吸引国际资本流入本国，从而有望缩小国际收支逆差。

5.（　　）国际收支平衡表中资本项目包括长期资本和短期资本。

6.（　　）国际收支平衡表不设错误和遗漏项目也是平衡的。

7.（　　）汇率在我国使用直接标价法，美国使用间接标价法。

8.（　　）当边际消费倾向等于边际进口倾向时，乘数为零。

9.（　　）一般来说，外贸乘数要大于投资乘数。

10.（　　）本国货币贬值，有利于进口增加，不利于出口。

11.（　　）乘数的大小与边际进口倾向的大小同方向变动。

12.（　　）在开放经济中，国民收入因为边际进口倾向的存在而变小了，进口倾向越大，乘数越小。

四、计算题

1. 某国总需求增加100亿元，边际消费倾向为0.6，边际进口倾向为0.2，请计算：

（1）该国的对外贸易乘数。

（2）国内生产总值增加多少？

（3）国内生产总值增加后进口会增加多少？

2. 美元与人民币原为1∶8，以后变为1∶7，据此计算：

（1）中国出口到美国的某产品原人民币1000元，汇率变动前后美元价格各为多少？

（2）美国出口到中国的某产品原美元价格为400美元，汇率变动后美元价格为多少？

（3）这种变动是有利于增加美国向中国的出口，还是有利于中国向美国的出口？

五、问题与思考

1. 如何运用国际贸易理论发展国际贸易？

2. 自由贸易理论有哪些？

3. 保护贸易理论有哪些？

4. 国际收支平衡账户有哪些？

5. 外汇变动对一国进出口的影响有哪些？

6. 查找资料看看人民币与美元的汇率，用本章的理论分析人民币升值对中美经济的影响。

参 考 文 献

[1] 梁小民编著. 西方经济学. 北京：中央广播电视大学出版社，2002.
[2] [美] 曼昆著. 经济学原理. 梁小民译. 北京：北京大学出版社，1999.
[3] 侯荣华主编. 西方经济学. 北京：中央广播电视大学出版社，2003.
[4] 魏勋等主编. 现代西方经济学教程. 天津：南开大学出版社，2000.
[5] 顾钰民主编. 西方经济学. 上海：同济大学出版社，2001.
[6] [美] 保罗·萨缪尔森. 经济学. 第 17 版. 萧琛译. 北京：人民邮电出版社，2006.
[7] 张淑云编著. 经济学从理论到实践. 第 2 版. 北京：化学工业出版社，2007.